21 世纪高等院校创新课程规划教材
精品资源共享课规划教材

管理运筹学

主　编　陈胜利
副主编　江秀萍　唐淑兰

中国财经出版传媒集团
经济科学出版社
Economic Science Press

图书在版编目（CIP）数据

管理运筹学／陈胜利主编．—北京：经济科学出版社，2019.1

21 世纪高等院校创新课程规划教材

ISBN 978 -7 -5218 -0129 -3

Ⅰ.①管…　Ⅱ.①陈…　Ⅲ.①管理学 - 运筹学 - 高等学校 - 教材　Ⅳ.①C931.1

中国版本图书馆 CIP 数据核字（2019）第 007317 号

责任编辑：周胜婷
责任校对：郑淑艳
责任印制：邱　天

管理运筹学

主　编　陈胜利

副主编　江秀萍　唐淑兰

经济科学出版社出版、发行　新华书店经销

社址：北京市海淀区阜成路甲 28 号　邮编：100142

总编部电话：010 -88191217　发行部电话：010 -88191522

网址：www.esp.com.cn

电子邮件：esp@esp.com.cn

天猫网店：经济科学出版社旗舰店

网址：http：//jjkxcbs.tmall.com

固安华明印业有限公司印装

787 ×1092　16 开　20 印张　450000 字

2019 年 1 月第 1 版　2019 年 1 月第 1 次印刷

ISBN 978 -7 -5218 -0129 -3　定价：45.00 元

前　言

运筹学是一门研究如何有效地组织和管理人机系统的科学。由于它同管理科学的紧密联系，研究解决实际问题时的系统优化思想，以及从提出问题、分析建模、求解到方案实施的一整套严密科学方法，使它在培养提高管理人才的素质上起到重要作用。运筹学已成为高等院校经济管理类专业普遍开设的一门重要专业基础课。

为了适应高等院校经济管理类专业教学的需要，经过多年的努力，我们团队建设的运筹学课程于2017年获批成为西安财经大学精品资源共享课。作者根据财经类高等院校本科教学的实际，在参阅了国内外大量专家同行的专著、教材、文献资料的基础上，并结合自己多年的教学经验，编写了此书。

本书基于运筹学这门学科的理论体系，同时考虑经济管理类专业的特点和授课课时，编选了线性规划、运输问题、整数规划、动态规划、图与网络分析、博弈论和存贮论等运筹学的基本内容。

本书主要是针对经济管理类专业学生编写的，适用于经济管理类各专业以及经济管理类相近专业的本科生，也适应于相关专业的硕士研究生。

以培养学生运用运筹学方法分析问题和解决问题的实际能力为目的，在编写本书过程中，我们力求做到以下几点：

（1）兼顾理论、突出实用。

注意到本学科理论上的严谨性，对有关的一些重要原理和方法，给予了必要的推理和论证。同时，立足于实用性，以培养学生的应用能力为主，通过大量的例题说明运筹学的建模与技巧、解决问题的原理与方法。

（2）循序渐进、由易到难。

本书中每章开头都以经济管理中的典型实例为引子，然后引出相关概念，并提出建立问题模型的方法，归纳模型的特点，再给出求解问题的一般方法，有助于读者更深入地了解和掌握运用运筹学解决实际问题的过程和方法，提高其分析问题、解决问题的能力和水平。例题也是由易到难，循序渐进，易于掌握。

（3）突出博弈论，体现经管特色。

博弈论作为运筹学的一个重要分支，是当今经济学乃至整个社会科学中极为重要的一门科学，它用数学工具对种种社会经济现象进行深入的规范性分析，获取了丰硕的研究成果。本书利用两章，较系统地介绍了完全信息静态博弈、完全信息动态博弈、不完全信息静态博弈和不完全信息动态博弈的理论和方法，更好地为高校经管类专业学生提供更加实用的理论和方法。

(4) 利用软件，突出实践。

计算机的应用对运筹学的发展起到巨大的推动作用，运筹学软件的兴起，使得我们无须为每个问题去编写计算机程序。本书在力图使读者掌握必要的算法的基础上，特别强调培养运用计算机软件解决问题的能力。为此，我们在编写《管理运筹学》的同时，还同步配套编写了《管理运筹学实训》，并系统介绍了 WinQSB 和 Matlab 等软件的使用方法，突出实践教学。

全书共 9 章，由陈胜利主编并统稿，主要分工如下：

陈胜利（西安财经大学）编写了绪论和第一、第二、第三、第六、第九章；

江秀萍（西安财经大学）和陈胜利（西安财经大学）编写了第四、第八章；

唐淑兰（西安财经大学）和陈胜利（西安财经大学）编写第五、第七章。

本书涵盖了运筹学的主要分支，内容比较全面，对不同专业的学生，可根据教学课时和专业要求选择相应的内容进行讲解。

我们在编写本书过程中还参考了国内外一些专著、教材和论文，特别是在博弈论部分，我们参考了罗云峰主编的《博弈论教程》中的许多实例和模型，在图与网络分析部分我们参考了徐大勇编著的《运筹学》中的一些实例和模型。另外，本书在出版过程中还得到了西安财经大学 2017 年度校级教材建设项目资助，在此向其表示衷心的感谢！

由于编者知识和水平限制，本书难免会有不尽完善之处，期盼读者赐教。

编　者

2018 年 9 月于西安

目　录

绪 论

第一节 运筹学的产生和发展

运筹学在英国称为 operational research，在美国称为 operations research（OR）可译为“操作研究”或“作业研究”。中文“运筹”一词来源于《史记——留侯世家》，刘邦夸奖张良，“夫运筹帷幄之中，决胜千里之外，吾不如子房”。这一古语不但传达了运筹学的渊源，而且反映了它的内涵，同时又显示其军事起源，并且也表明它在我国已早有萌芽。

运筹学的渊源可以追溯到很久以前，甚至可以说自人类诞生以来，一直都在经历着通过运筹作出决策的过程，在我国历史上就有不少的记载。例如，战国时代齐王与田忌赛马的故事、北宋年间丁渭修复皇宫的事例等都有一些朴素的运筹学思想。在国外也记载着很多早期先驱者致力于这方面研究的成果。例如，1736 年欧拉解决了著名的哥尼斯堡七桥问题，1915 年哈里斯（F. W. Harris）推导出经济订货批量公式，1917 年爱尔朗（A. K. Erlang）进行了关于自动拨号设备对电话需求影响的实验等。但是，限于生产力发展水平，这些思想方法只是停留在自发地和零星地应用于个别问题上，还没有形成一种系统的科学方法。

运筹学作为一门现代新兴的科学，人们普遍认为，起源于第二次世界大战期间的军事运筹活动。运筹学一词正式使用是在 1938 年，当时英国为解决空袭的早期预警，做好反侵略战争准备，积极进行雷达的研究。但随着雷达性能的改善和配置数量的增多，出现了来自不同雷达站的信息以及雷达站同整个防空作战系统的协调配合问题。1938 年 7 月，波得塞（Bawdsey）雷达站的负责人罗伊（A. P. Rowe）提出立即进行整个防空作战系统运行的研究，并用“operational research”一词作为这方面研究的描述，这就是运筹学（OR）这个名词的起源。1940 年 9 月英国成立了由物理学家布莱克特（P. M. S Blackett）领导的跨学科 11 人小组，称为“OR”小组，这标志着世界第一次开始正式的运筹学活动，后来发展到每一个英军指挥部都成立运筹学小组。随后，美国于 1942 年 3 月也成立了 17 人的运筹学小组，研究美国海军反潜艇部队的深水炸弹的起爆深度和反潜艇策略等问题。1939 年苏联数学家康托罗维奇（L. V. Kantor Tovich）出版了《生产组织与计划中的数学方法》一书，对列宁格勒胶合板厂的计划任务建立了一个线性规划模型，并提出了“解乘数法”的求解方法，为数学与管理科学的结合作出了开创性的工作。这些早期的运筹工作，为以后运筹学的发展积累了丰富的经验。

第二次世界大战以后，当工业逐渐恢复繁荣时，由于迫切需要解决各组织内与日俱增的复杂性和专门化所面临的问题，一些曾经在军事运筹小组工作过的专家和学者，除了一部分继续从事国防战略、武装规划的研究之外，大部分人转向注重工农业生产等民用部门应用这类方法的可能性，并且探讨了运筹学在工商企业和其他国民经济部门的应用，取得了良好的效果。

从 1945 年到 20 世纪 50 年代初，被称为运筹学的创建时期。此阶段的特点是从事运筹学研究的人数不多，范围较小，运筹学的出版物、学会等寥寥无几。最早英国一些战时从事运筹学研究的人积极讨论如何将运筹学方法应用于民用部门，于 1948 年成立“运筹学俱乐部”，在煤炭、电力等部门推广应用运筹学取得一些进展。1948 年美国麻省理工学院把运筹学作为一门课程介绍，1950 年英国伯明翰大学正式开设运筹学课程，1952 年在美国喀斯工业大学设立了运筹学的硕士和博士学位。第一本运筹学杂志《运筹学季刊》（*O. R. Quarterly*）1950 年于英国创刊。第一个运筹学会——美国运筹学会于 1952 年成立，并于同年出版《运筹学杂志》（*Journal of ORSA*）。1947 年丹齐格（G. B. Danzig）在研究美国空军资源的优化配置时，提出了线性规划及其通用解法——单纯形法。50 年代初，用电子计算机求解线性规划获得成功，1951 年莫尔斯（P. M. Morse）和金博尔（G. E. Kimball）合著的《运筹学方法》（*Operation Research Methods*）一书正式出版。所有上述，标志运筹学这门学科的基本形成。

20 世纪 50 年代初期到 50 年代末期，被认为是运筹学的成长时期。此阶段的一个特点是电子计算机技术的迅速发展，使得运筹学中一些方法如单纯形法、动态规划方法等，得以用来解决实际管理系统中的优化问题，促进了运筹学的推广应用。50 年代末，美国大约有半数的大公司在自己的经营管理中应用运筹学，如用于制订生产计划、物资储备、资源分配、设备更新等方面的决策。另一个特点是有更多刊物、学会出现。从 1956 年到 1959 年就有法国、印度、日本、荷兰、比利时等 10 个国家成立运筹学会，又有 6 种运筹学刊物问世。1957 年在英国牛津大学召开了第一次国际运筹学会议，以后每 3 年举行一次。1959 年成立国际运筹学联合会（International Federation of Operations Research Societies ，IFORS）。

自 20 世纪 60 年代以来，被认为是运筹学迅速发展和开始普及的时期。此阶段的特点是运筹学进一步细分为各个分支，专业学术团体的迅速增多，更多期刊的创办，运筹学书籍的大量出版以及更多学校将运筹学课程纳入教学计划之中。第三代电子数字计算机的出现，促使运筹学得以用来研究一些大的复杂的系统，如城市交通、环境污染、国民经济计划等。

20 世纪 50 年代中期，钱学森、许国志等教授将运筹学由西方引入我国，并结合我国的特点在国内推广应用。六七十年代，由华罗庚教授领导的一批运筹学工作者，在全国大力推广和普及统筹法、优选法，取得了一批可喜的成果。我国第一个运筹学小组于 1956 年在中国科学院力学研究所成立，1958 年建立了运筹学研究室。1960 年在山东济南召开全国应用运筹学的经验交流和推广会议，1962 年和 1978 年先后在北京和成都召开了全国运筹学专业学术会议，1980 年 4 月成立中国运筹学会。在农林、交通运输、建筑、机械、冶金、石油化工、水利、邮电、纺织等部门，运筹学的方法已开始得到应用推广。除中国运筹学会外，中国系统工程学会以及与国民经济各部门有关的专业学会，也都把运筹学应用作为重要的研究领域。我国各高等院校，特别是各经济管理类专业中已普遍把运筹学作为一门专业的主干课程列入教学计划之中。

第二节　运筹学的研究对象及特点

运筹学是一门新兴科学，至今还没有公认统一且确切的释义，下面给出几个具有代表性的释义来说明运筹学的研究对象及特点。

英国运筹学会给出的释义：运筹学是一系列科学方法的应用。在工业、商业、政府部门及国防中，用这些方法处理大量的人员、机器、材料和资金等复杂问题。这种方法的特点是科学地建立系统模型，包括度量各种因素，例如分析机会和风险，以此预测和比较各种决策、策略或控制的结果，使管理机构科学地确定它的政策及其行动。

美国运筹学会给出的释义：运筹学研究的内容是，在需要对有限资源进行分配的情况下，作出人机系统最优设计和操作的科学决策。

虽然这两个释义尚存在某些不足之处，但运筹学的研究领域如此广泛，人们下这样的定义还是有用的。值得注意的是，这两个释义都强调推动实际工作，即帮助决策者处理复杂的实际问题。另外，上述两个释义还涉及方法论，但只提到了“科学性”，由于科学方法的多种多样，这个术语就显得太一般了，运筹学方法论的更精彩描述是建立在“模型”基础上的。

《大英百科全书》中的释义：运筹学是一门应用于管理有组织系统的科学，运筹学为掌管这类系统的人提供决策目标和数量分析的工具。

《中国大百科全书》中的释义：运筹学是用数学方法研究经济、民政和国防等部门在内外环境的约束条件下合理分配人力、物力、财力等资源，使实际系统有效运行的技术科学。它可以用来预测发展趋势，制定行动规划或优选可行方案（《中国大百科全书　自动控制与系统工程卷》，1991 年版）。

《辞海》（1979 年版）中的释义：运筹学主要研究经济活动与军事活动中能用数量来表达有关运用、筹划与管理方面的问题，它根据问题的要求，通过数学的分析与运算，作出综合性的合理安排，以达到较经济较有效地使用人力、物力。

《中国企业管理百科全书》（1984 年版）中的释义：运筹学应用分析、试验、量化的方法，对经济管理系统中人、财、物等有限资源进行统筹安排，为决策者提供有依据的最优方案，以实现最有效的管理。

虽然上述这四个释义所强调的侧重点略有不同，但总的含义大体一致。一般来说，运筹学的研究对象是各种有组织的系统的经营管理问题，运筹学研究的系统是在一定时空条件下存在、为人所能控制和操纵、有两个以上行动方案可供抉择而需要人们作决策的系统，运筹学研究的问题是能用数量表示，且与系统各项活动有关的带有运用、筹划、使用、安排、控制等方面的问题。运筹学的任务就是在现有条件下，根据问题的要求，对有关活动中错综复杂的数量模型进行分析研究，并归纳为一定的模型，然后运用有关原理和方法求得解决问题的最优途径和方案，以求实现预期目标。

运筹学作为一门定量决策科学，利用数学、计算机科学以及其他科学的新成就，研究各种系统尤其是经济管理系统中运行的数量化规律，合理使用与统筹安排人力、物力、财力等资源，为决策者提供有依据的最佳方案，以实现最有效的管理并获得满意的经济效益和社会效果。就其理论与应用意义上进行归纳，运筹学具有以下一些主要特点：

（1）系统的整体观念。所谓系统可以理解为是由相互关联、相互制约、相互作用的一些部分组成的具有某种功能的有机整体。例如一个企业的经营管理由很多子系统组成，包括生产、技术、供应、销售、财务等，各子系统的工作好坏直接影响企业经营管理好坏。但各子系统的目标往往不一致，生产部门为提高劳动生产率，希望增大产品批量；销售部门为满足市场用户需求，要求产品适销对路、小批量、多花色品种；财务部门强调减少库存，加速资金周转，以降低成本等。运筹学研究不是对各子系统的决策行为孤立评价，而是把有关子系统相互关联的决策结合起来考虑，把相互影响和制约的各个方面作为一个统一体，从系统整体利益出发，寻找一个优化协调的方案。

（2）多学科的综合。一个企业的有效管理涉及很多方面，运筹学研究吸收来自不同领域、具有不同经验和技能的专家。由于专家们来自不同的学科领域，具有不同的经历经验，增强了发挥小组集体智慧提出问题和解决问题的能力。这种多学科的协调配合在研究的初期，在分析和确定问题的主要方面，在选定和探索解决问题的途径时，显得特别重要。

（3）模型方法的应用。在各门学科的研究中广泛应用实验的方法，但运筹学研究的系统往往不能搬到实验室来，代替的方法是建立这个问题的数学模型和模拟模型。应当指出，制定决策是运筹学应用的核心，而建立模型则是运筹学方法的精髓。学习运筹学要掌握的最重要技巧就是提高对运筹学数学模型的表达、运算和分析的能力。

第三节　运筹学模型及其研究方法

1. 模型的功能

运筹学研究和解决问题的核心是正确建立和使用模型。通常，模型可以认为是客观世界或现实系统的代表或抽象描述，是帮助人们认识、分析和解决实际问题的有力工具。人们在管理工作或其他工作中，为了研究某些问题的共性，为有助于解决实际问题，经常使用一些文字、数字、符号、公式、图标以及实物，用以描述客观事物的某些特征和内在联系，从而表示或解释某一系统的过程，这就是模型。它具有以下功能：

（1）模型是现实问题某一主要方面的描述或抽象，比现实本身简单和概括，使人易于认识、理解和操作。

（2）模型是由与研究实际问题有关的主要因素所构成的，并表明这些因素的相互关系，从而能够更简明地揭示出问题的本质。

（3）通过模型可以进行试验，用以分析和预测所研究事物或系统的特征及性质。尤其在研究工业系统、军事系统、政府或社会系统的最优管理或运行的问题时十分必要，因为这样可以避免由于真实对象的干扰而导致不可预测的风险。

（4）利用模型可以在相对短的时间内获得所研究问题的结果。特别对一个复杂问题的研究，利用模型，使研究者不必真的实现计划即可改变其参数，从而不必等待一段较长的时间就可以得到问题的答案。

（5）利用模型可以根据过去和现在的信息进行预测，并可用来培训教育人才。

2. 模型的形式

模型有三种基本形式：形象模型、模拟模型及符号或数学模型，目前用得最多的是符号或数学模型。数学模型是将现实系统或问题中有关参数和因素及其相互关系归纳成一个或一组数学表达式，并可以用一定的分析和计算方法进行求解，以实现反映系统变化规律的主要目标。运筹学中所使用的数学模型，一般是由决策变量、约束或限制条件以及目标函数构成，其实质表现为在约束条件允许的范围内，寻求目标函数的最优解。其中决策变量是模型所代表的系统中受到控制或能够控制的变量，在模型中表现为未知参数，对模型进行分析研究就是通过选定决策变量来实现其最优解；约束条件反映出实际问题中不受控制的系统变量或环境变量对受控制的决策变量的限制关系；目标函数是模型所代表的性能指标或有效性的宏观度量，在模型中表现为决策变量的函数，反映了实际问题所要达到的理想目标。

数学模型的一般形式可表示为：

$$\max(\min) Z = f(x_1, x_2, \cdots, x_n)$$

$$\text{s. t.} \begin{cases} g_i(x_1, x_2, \cdots, x_n) \leqslant (=, \geqslant) 0,\ i = 1, 2, \cdots, m \\ h_j(x_1, x_2, \cdots, x_n) = 0,\ j = 1, 2, \cdots, l \end{cases}$$

其中 $x_j (j = 1, 2, \cdots, n)$ 为决策变量，Z 为目标函数，$g_i(x_1, x_2, \cdots, x_n) \leqslant 0$ 和 $h_j(x_1, x_2, \cdots, x_n) = 0$ 为约束条件。

针对实际问题所建立的运筹学模型，一般应满足两个基本要求：一是要能完整地描述所研究的系统，以便能代替现实供我们分析研究；二是在适合所研究问题的前提下，模型应尽量简单。但是，要实现这些要求，在开始建模时，往往不容易做到，而且选择什么样的模型和确定建立模型的范围，在开始阶段也很难判断，需要有丰富的实践经验和熟练技巧，有时需要多次反复修改，最后才能确定下来。所以建立模型是一种创造性的劳动。一般来说，这项工作应由运筹学工作者与专业实际工作者共同协作进行最为适宜。

3. 运筹学模型的建立和分析

运用运筹学方法分析和解决问题，作为一个过程实际上是一个科学决策的过程，这个过程的核心是建立运筹学模型和对模型进行分析、求解。正确地进行这个过程一般需要以下步骤：

（1）提出并形成问题。任何决策问题进行定量分析前，先必须认真地进行定性分析。一是要确定决策目标，明确主要应决策什么，选取上述决策时的有效性度量，以及在对方案比较时这些度量的权衡；二是要辨认哪些是决策中的关键因素，在选取这些关键因素时存在哪些资源或环境的限制。分析时往往先提出一个初步的目标，通过对系统中各种因素和相互关系的研究，使这个目标进一步明确化。此外还需要同有关人员进一步讨论，明确有关研究问题的过去与未来，问题的边界、环境以及包含这个问题在内的更大系统的有关情况，以便在对问题的表述中明确要不要把整个问题分成若干较小的子问题。在上述分析基础上，可以列出表述问题的各种基本要素，包括哪些是可控的决策变量、哪些是不可控的变量，确定限制变量取值的各种工艺技术条件，以及确定优化和对方案改进的目标。

（2）建立模型。模型是对现实世界的事物、现象、过程或系统的简化描述或其部分属性的模仿，是对实际问题的抽象概括和严格的逻辑表达。模型表达了问题中可控的决策变量、不可控变量、工艺技术条件及目标有效度量之间的相互关系。模型的正确建立是运筹学研究中的关键一步，对模型的研制是一项艺术，它是将实际问题、经验、科学方法三者有机结合的创造性的工作。建立模型的好处，一是使问题的描述高度规范化，掌握其本质规律。如管理中，对人力、设备、材料、资金的利用安排都可以归纳为所谓资源的分配利用问题，可建立起一个统一的规划模型，而对规划模型的研究代替了对一个个具体问题的分析研究。二是建立模型后，可以通过输入各种数据资料，分析各种因素同系统整体目标之间的因果关系，从而确立一套逻辑的分析问题的程序方法。三是建立系统的模型为应用电子计算机来解决实际问题架设起桥梁。建立模型时既要尽可能包含系统的各种信息资料，又要抓住本质的因素。一般建模时应尽可能选择建立数学模型，即用数学语言描述的一类模型。但有时问题中的各种关系难于用数学语言描绘，或问题中包含的随机因素较多时，也可以建立起一个模拟的模型，即将问题的因素、目标及运行时的关系用逻辑框图的形式表示出来。

（3）分析并求解模型。根据所建模型的性质及其数学特征，选择适当的求解方法。例如经典法、迭代法或模拟法等，求出模型的解。根据问题的要求，可分别求出最优解、次最优解或满意解；依据对解的精度的要求及算法上实现的可能性，又可区分为精确解和近似解等。

（4）检验并评价模型。将实际问题的数据资料代入模型，找出的精确的或近似的解毕竟是模型的解，为了检验得到的解是否正确，常采用回溯的方法。即将历史的资料输入模型，研究得到的解与历史实际的符合程度，以判断模型是否正确。当发现有较大误差时，要将实际问题同模型重新对比，检查实际问题中的重要因素在模型中是否已考虑，检查模型中各公式的表达是否前后一致；当输入发生微小变化时，检验输出变化的相对大小是否合适；当模型中各参数取极值时检验问题的解。还要检查模型是否容易求解，并在规定时间内算出所需的结果等，以便发现问题进行修正。

（5）建立起对解的有效控制。任何模型都有一定的适用范围，模型的解是否有效，要首先注意模型是否继续有效，并依据灵敏度分析的方法，确定最优解保持稳定时的参数变化范围。一旦外界条件参数变化超出这个范围时，及时对模型和导出的解进行修正。

（6）方案的实施。这是很关键但也是很困难的一步。只有实施方案后，研究成果才能有收获。这一步要求明确：方案由谁去实施？什么时间去实施？如何实施？要求估计实施过程可能遇到的阻力，并为此制订相应的克服困难的措施。

上述步骤往往需要交叉反复进行。因此在运筹学的研究中，除对系统进行定性分析和收集必要的资料外，一项主要工作是努力去建立一个用以描述现实世界复杂问题的数学模型。这个模型是近似的，它既精确到足以反映问题的本质，又粗略到足以求出数量上的解。本书中介绍的各类模型的例子都是经过大大简化了的，只能用于帮助对各类模型的理解。若要较深刻领会各类模型的建模过程，必须通过对实际问题的研究分析，才能掌握运筹学研究问题的科学方法和艺术。

第一章 线性规划引论

本章要点

1. 掌握线性规划模型的特点；
2. 会将一般线性规划问题化为标准型；
3. 会用图解法求两个决策变量的线性规划问题；
4. 理解可行解、最优解、基、基解、基可行解和凸集概念。

第一节 线性规划问题及数学模型

线性规划（linear programming，LP）是运筹学中研究较早、发展较快、应用广泛、方法较成熟的一个重要分支，它是辅助人们进行科学管理的一种数学方法。最早研究这方面问题的是苏联数学家康托罗维奇，他在1939年著的《生产组织与计划中的数学方法》一书中，首次提出了线性规划问题。以后，美国数学者希奇柯克（F. L. Hitchcock，1941）和柯普曼（T. C. Koopman，1947）又独立地提出了运输问题这类特殊的线性规划问题。特别是在1947年，美国学者丹齐格提出了线性规划问题的一般解法——单纯形法，为线性规划的发展奠定了基础。随着电子计算机的发展，线性规划已广泛应用于工业、农业、商业、交通运输、经济管理和国防等各个领域，成为现代化管理的有力工具之一。

一、线性规划问题实例

从管理的角度来看，任何一个企业可供利用的资源（包括人力、物力和财力等）都是有限的，如何合理地利用和调配人力、物力，如何充分发挥现有资金和设备的能力，不断提高生产效率，使企业获得最大效益；或者是在既定任务的条件下，如何统筹安排，尽量做到用最少的人力、物力和财力资源，去完成某一任务，这些都是企业的决策者和管理人员十分关心的问题。其实这是一个问题的两个方面，就是寻找在一定的条件下，使某个指标达到最优的问题。这也是线性规划问题所要研究的问题。诸如资源的合理利用问题、生产的组织与计划问题、合理下料问题、配料问题、场址的选择问题、作物的合理布局问题、运输问题、人员的分配问题和投资项目的合理选择问题等，都属于这类问题。下面通过管理中的几个实例来说明这类问题，并建立它们的数学模型。

1. 资源的合理利用问题

【例 1.1】 红旗工厂要生产甲、乙两种产品，要消耗 A_1、A_2、A_3 三种资源（例如钢材、煤炭和设备台时），已知每种产品对这三种资源的消耗、这三种资源的现有数量和每件产品可获得利润。单位产品所需资源数量如表 1－1 所示，试制订出利润最大的生产计划。

表 1－1

项目	甲	乙	资源限制
资源 A_1	0	5	15
资源 A_2	6	2	24
资源 A_3	1	1	5
单件利润	2	1	

为了建立此问题的数学模型，首先要选定决策变量，即决策人可控制的因素。本例中，可令决策变量 x_1、x_2 分别表示工厂生产甲、乙产品的数量。

其次，要确定对决策变量的限制条件，称为约束条件。本例中，由于资源 A_1、A_2、A_3 都是有限的，故决策变量必须满足下列条件：

$$\begin{cases} 0x_1+5x_2\leqslant 15 & (\text{对资源 } A_1 \text{ 的限制}) \\ 6x_1+2x_2\leqslant 24 & (\text{对资源 } A_2 \text{ 的限制}) \\ x_1+x_2\leqslant 5 & (\text{对资源 } A_3 \text{ 的限制}) \end{cases}$$

并且，根据实际问题需要和计算方面考虑，还要对决策变量 x_1、x_2 加上非负限制，即：

$$x_1\geqslant 0, x_2\geqslant 0$$

最后，要确定问题的目标，即决策人用来评价问题不同方案优劣的标准，这种目标总是决策变量的函数，称为目标函数。在本例中要确定甲、乙产品的数量 x_1 和 x_2 使得工厂获得的利润 $z=2x_1+x_2$ 最大，即：

$$\max z=2x_1+x_2$$

因此，本例的数学模型可归结为：求 x_1、x_2，使得：

$$\max z=2x_1+x_2$$

$$\text{s. t.} \begin{cases} 0x_1+5x_2\leqslant 15 \\ 6x_1+2x_2\leqslant 24 \\ x_1+x_2\leqslant 5 \\ x_1, x_2\geqslant 0 \end{cases}$$

其中“s. t.”是“Subject to”的缩写，意思为“受约束于……”。这类问题通常称为资源的合理利用问题。

2. 生产组织与计划问题

【例 1.2】某车间用三种不同型号的机床 A_1、A_2、A_3 加工 B_1、B_2 两种零件，机床台数、生产效率（每台机场每个工作日完成零件的个数）如表 1－2 所示，问如何合理安排机床的加工任务，才能使生产的零件总数最多？

表 1－2

机床	产品		机床台数
	B_1	B_2	
A_1	30	40	40
A_2	55	30	40
A_3	23	37	20

设决策变量 x_{ij}（$i=1，2，3；j=1，2$）表示生产 B_j 种零件的 A_i 型机床的台数，则问题可归纳为：求 x_{ij}（$i=1，2，3；j=1，2$），使得：

$$\max z = 30x_{11} + 40x_{12} + 55x_{21} + 30x_{22} + 23x_{31} + 37x_{32}$$

$$\text{s. t.} \begin{cases} x_{11} + x_{12} \leqslant 40 \\ x_{21} + x_{21} \leqslant 40 \\ x_{31} + x_{32} \leqslant 20 \\ x_{ij} \geqslant 0 (i=1,2,3; j=1,2) \end{cases}$$

这类问题通常称为生产组织计划问题。

3. 合理下料问题

在生产中经常会遇到这样的问题，把长度一定的线材截成尺寸不同的零件毛坯，或在面积一定的板材上切割形状、尺寸不同的零件毛坯。在一般条件下，很难使材料完全利用，总会多出一些料头，如果恰当地搭配下料，则可以减少料头，使原材料得到充分利用，这就是合理下料问题。合理下料问题所要解决的是怎样组成和选择下料方案，在满足各种零件毛坯数量要求的前提下，使总的原材料消耗最少。

【例 1.3】某工厂计划将多根 1 米长的圆钢料裁成 40cm、30cm、20cm 长的钢料，分别为 20 根、45 根和 50 根，问如何下料，才能使原材料最省？

分析此问题，所谓“如何下料最省”是指把 1 米长的圆钢按三种不同的规格剪裁，使废料最省或是使用的圆钢数最少；把 1 米长的圆钢裁成三种不同规格的钢料，有八种比较经济的下料方案，如表 1－3 所示。

表 1-3

钢料规格	裁剪方案								需求量
	Ⅰ	Ⅱ	Ⅲ	Ⅳ	Ⅴ	Ⅵ	Ⅶ	Ⅷ	
40（根）	2	1	1	1	0	0	0	0	20
30（根）	0	2	1	0	3	2	1	0	45
20（根）	1	0	1	3	0	2	3	5	50
余料（cm）	0	0	10	0	10	0	10	0	

设决策变量 $x_j(j=1,2,\cdots,8)$ 表示第 j 种方案所使用圆钢的根数，则数学模型为：

$$\min z = \sum_{j=1}^{8} x_j$$

$$\text{s.t.}\begin{cases}2x_1+x_2+x_3+x_4\geqslant 20\\2x_2+x_3+3x_5+2x_6+x_7\geqslant 45\\x_1+x_3+3x_4+2x_6+3x_7+x_8\geqslant 50\\x_j\geqslant 0,j=1,2,\cdots,8\end{cases}$$

4. 合理配料问题

【例 1.4】合理配料问题也可以归结为合理下料问题类似的形式。如表 1-4 给出 5 种合金的有关数据，现用这 5 种合金制成一种含铅、锌、锡之比为 3∶2∶5 的新合金，试给出费用最小的生产方案。

表 1-4

成分	合金种类				
	1	2	3	4	5
铅	30	10	50	10	50
锌	60	20	20	10	10
锡	10	70	30	80	40
费用（元/千克）	15	13	18	12.7	14

决策人可控制的因素是 5 种合金在新合金中所占比例。设其为决策变量，即设在新合金中第 j 种合金所占的份额为 $x_j(j=1,2,3,4,5)$，如果新合金重量为 Skg，则每种合金的需要量为 $Sx_j(j=1,2,3,4,5)$，总费用为 $S(15x_1+13x_2+18x_3+12.7x_4+14x_5)$，略去 S，由此得模型为：

$$\min z = 15x_1 + 13x_2 + 18x_3 + 12.7x_4 + 14x_5$$

$$\text{s. t.} \begin{cases} 0.3x_1 + 0.1x_2 + 0.5x_3 + 0.1x_4 + 0.5x_5 = 0.3 \\ 0.6x_1 + 0.2x_2 + 0.2x_3 + 0.1x_4 + 0.1x_5 = 0.2 \\ 0.1x_1 + 0.7x_2 + 0.3x_3 + 0.8x_4 + 0.4x_5 = 0.5 \\ x_1 + x_2 + x_3 + x_4 + x_5 = 1 \\ x_i \geqslant 0, (i = 1, 2, \cdots, 5) \end{cases}$$

前面的例子可分为两种类型。第 1 种类型：资源给定，怎么安排使收益（利润）最大；第 2 种类型：任务确定，怎样安排使费用最小。【例 1.1】～【例 1.4】都为一定的约束条件下的目标函数的优化问题。

5. 运输问题

【例 1.5】在生产实践中经常还会遇到运输问题，如从产地 A_1、A_2 向目的地 B_1、B_2、B_3 运送货物（单位：千吨），A_1、A_2 的输出量分别为 50、30，B_1、B_2、B_3 的需要量为 40、20、20，从各产地运到各目的地的运费如表 1－5 所示，问如何安排运输计划，可使总费用最少？

表 1－5

产地	目的地			产量（千吨）
	B_1	B_2	B_3	
A_1	5	8	4	50
A_2	7	2	3	30
销量（千吨）	40	20	20	

决策人可控制的因素是每个产地到每个销地的运输量，设 $x_{ij}(i=1,2;j=1,2,3)$ 表示产地 i 到销地 j 的运输量，则问题的数学模型可归结为：求 $x_{ij}(i=1,2;j=1,2,3)$，使得：

$$\min z = 5x_{11} + 8x_{12} + 4x_{13} + 7x_{21} + 2x_{22} + 3x_{23}$$

$$\text{s. t.} \begin{cases} x_{11} + x_{12} + x_{13} = 50 \\ x_{21} + x_{22} + x_{23} = 30 \\ x_{11} + x_{21} = 40 \\ x_{12} + x_{22} = 20 \\ x_{13} + x_{23} = 20 \\ x_{ij} \geqslant 0, (i = 1, 2; j = 1, 2, 3) \end{cases}$$

由此可知，线性规划问题建模可以分为三步：第一步设决策变量，第二步写约束条件，第三步写目标函数。

二、线性规划问题的数学模型

上面我们在经济管理领域中建立了几个实际问题的数学模型，这些问题虽然具体意义各不相同，但从数学模型来看，它们都有一些共同特点，主要表现在：

（1）求一组决策变量 x_j 或 $x_{ij}(i=1,2,\cdots,m;j=1,2,\cdots,n)$，一般这些决策变量是非负的。

（2）确定决策变量可能受到的约束，称为约束条件，它们可以用决策变量的线性等式或不等式表示。

（3）在满足约束条件的前提下，使某个函数值达到最大（如利润、收益等）或最小（如成本、运费、消耗等）。这种函数称为目标函数，它是决策变量的线性函数。

具备以上三个要素的问题称为线性规划问题。因此，我们将目标函数和约束条件都是决策变量的线性函数的规划问题称之为线性规划问题。简单地说，线性规划问题就是求线性目标函数在线性约束条件下的极值问题。

【例 1.6】 下列 6 个规划问题：

（1）$\min z=-2x_1+3\sqrt{x_2}$

$$\text{s.t.}\begin{cases}4x_1+x_2\leqslant 1\\x_1-4x_2\geqslant 3\\x_1,x_2\geqslant 0\end{cases}$$

（2）$\max z=2x_1+3x_2$

$$\text{s.t.}\begin{cases}4x_1^2+x_2\leqslant 1\\x_1-2x_2\leqslant 2\\x_1,x_2\geqslant 0\end{cases}$$

（3）$\max z=2x_1+x_2$

$$\text{s.t.}\begin{cases}3x_1+x_2\leqslant 8\\x_1-5x_2\leqslant 7\\x_1\geqslant 0,x_2\leqslant 0\end{cases}$$

（4）$\min z=-4x_1+8x_2^{\frac{1}{3}}$

$$\text{s.t.}\begin{cases}5x_1+6x_2^2\leqslant 3\\2x_1-4x_2\geqslant 2\\x_1,x_2\geqslant 0\end{cases}$$

（5）$\max z=4x_1+9x_2$

$$\text{s.t.}\begin{cases}4x_1^2+x_2\leqslant 2\\x_1-2\sqrt[5]{x_2}\leqslant 4\\x_1,x_2\geqslant 0\end{cases}$$

（6）$\max z=5\sin x_1+6\cos x_2$

$$\text{s.t.}\begin{cases}3\sqrt[3]{x_1}+x_2\leqslant 1\\x_1-5\tan x_2\leqslant 6\\x_1\geqslant 0,x_2\leqslant 0\end{cases}$$

其中是线性规划问题有（　　）。

A. 1 个　　B. 2 个　　C. 3 个　　D. 4 个

线性规划问题的数学模型可分为一般形式和标准形式两种，下面分别介绍，并讨论它们之间的转化。

1. 线性规划问题的一般形式

线形规划问题一般模型为：

$$\max(\text{或}\min)z=c_1x_1+c_2x_2+\cdots+c_nx_n \tag{1.1}$$

$$\text{s.t.}\begin{cases}a_{11}x_1+a_{12}x_2+\cdots+a_{1n}x_n\leqslant(\text{或}\geqslant,\text{或}=)b_1\\a_{21}x_1+a_{22}x_2+\cdots+a_{2n}x_n\leqslant(\text{或}\geqslant,\text{或}=)b_2\\\cdots\\a_{m1}x_1+a_{m2}x_2+\cdots+a_{mn}x_n\leqslant(\text{或}\geqslant,\text{或}=)b_m\\x_j\geqslant 0,j=1,2,\cdots,n\end{cases}\begin{matrix}\\(1.2)\\\\\\(1.3)\end{matrix}$$

其中 a_{ij}、b_i、c_j 为已知常数，式（1.1）称为目标函数，式（1.2）和式（1.3）称为约束条件，式（1.3）称为非负约束条件。

以上给出的是线性规划问题的一般形式。对于不同的问题而言，目标函数可能是求极大值或极小值；约束条件可以是线性不等式，或者线性等式，或者既有线性不等式也有线性等式；变量可以是非负限制，也可以没有。为了研究问题的方便，我们将线性规划问题统一写成标准形式。

2. 线性规划问题的标准形式

线形规划问题标准模型为：

$$\max z = c_1x_1 + c_2x_2 + \cdots + c_nx_n \tag{1.4}$$

$$\text{s.t.}\begin{cases} a_{11}x_1 + a_{12}x_2 + \cdots + a_{1n}x_n = b_1 \\ a_{21}x_1 + a_{22}x_2 + \cdots + a_{2n}x_n = b_2 \quad (1.5) \\ \qquad\vdots \\ a_{m1}x_1 + a_{m2}x_2 + \cdots + a_{mn}x_n = b_m \\ x_j \geqslant 0, j = 1, 2, \cdots, n \quad (1.6) \end{cases}$$

并且假设 $b_i \geqslant 0$（$i=1$，2，…，m），否则将方程两边同乘以 -1，将右端常数化为非负。线性规划问题标准模型还可以有以下几种形式表示。

（1）简记形式：

$$\max z = \sum_{j=1}^{n} c_jx_j \tag{1.7}$$

$$\text{s.t.}\begin{cases} \sum_{j=1}^{n} a_{ij}x_j = b_i(i = 1,2,\cdots,m) \quad (1.8) \\ x_j \geqslant 0,(j = 1,2,\cdots,n) \quad (1.9) \end{cases}$$

（2）矩阵形式：

$$\max z = \mathbf{CX} \tag{1.10}$$

$$\text{s.t.}\begin{cases} \mathbf{AX} = \mathbf{b} \quad (1.11) \\ \mathbf{X} \geqslant 0 \quad (1.12) \end{cases}$$

（3）向量形式：

$$\max z = \mathbf{CX} \tag{1.13}$$

$$\text{s.t.}\begin{cases} \sum_{j=1}^{n} \mathbf{P}_jx_j = \mathbf{b} \quad (1.14) \\ \mathbf{X} \geqslant 0 \quad (1.15) \end{cases}$$

其中 $\mathbf{C} = (c_1, c_2, \cdots, c_n)$ 为行向量，

$$
\mathbf{A} = \begin{pmatrix} a_{11} & a_{12} & \cdots & a_{1n} \\ a_{21} & a_{22} & \cdots & a_{2n} \\ \vdots & \vdots & & \vdots \\ a_{m1} & a_{m2} & \cdots & a_{mn} \end{pmatrix}
$$

为 $m \times n$ 阶矩阵，$\mathbf{X} = (x_1, x_2, \cdots, x_n)^T$，$\mathbf{b} = (b_1, b_2, \cdots, b_m)^T$，$\mathbf{P}_j = (a_{1j}, a_{2j}, \cdots, a_{mj})^T$ 均为列向量。“T”表示向量转置，“0”表示零向量。

我们称 **A** 为约束条件系数矩阵，简称为约束矩阵；$c_j(j=1,2,\cdots,n)$ 为目标函数的系数，又称为价值系数，**C** 为价值向量；$b_i(i=1,2,\cdots,m)$ 为第 i 个约束条件的右端常数，**b** 为右端向量；$x_j(j=1,2,\cdots,n)$ 为决策变量，**X** 为决策向量；$\mathbf{P}_j(j=1,2,\cdots,n)$ 为 **A** 的第 j 列向量。

线性规划问题的标准形式有以下特征：

（1）目标函数为求极大值（也可以用求极小值问题作为标准形式，本书以讨论极大值问题为主）。

（2）所有的约束条件（非负约束条件除外）都是等式，即它们是由含有 n 个决策变量的 m 个方程组成的线性方程组，且右端常数均非负。

（3）所有的决策变量均非负。

3. 线性规划问题的一般形式怎样转化为标准形式

上面提到的线性规划问题的一般形式（1.1）~式(1.3）怎样转化为标准形式（1.4）~式(1.6）呢？一般来说，大致有以下几种情形：

（1）目标函数的转换。如果问题的目标函数是求极小值，即求 $\min z = \sum_{j=1}^{n} c_j x_j$，则可先将目标函数乘以 -1，化为求极大值问题，即求：

$$
\max z' = -z = -\sum_{j=1}^{n} c_j x_j
$$

（2）约束条件的转换。如果某一约束条件是线性不等式 $\sum_{j=1}^{n} a_{ij} x_j \leqslant b_i$（或者 $\sum_{j=1}^{n} a_{ij} x_j \geqslant b_i$），则通过引入松弛变量 $x_{n+i} \geqslant 0$，将它转化为 $\sum_{j=1}^{n} a_{ij} x_j + x_{n+i} = b_i$（或 $\sum_{j=1}^{n} a_{ij} x_j - x_{n+i} = b_i$）。反之，若有必要，有时需要将等式约束 $\sum_{j=1}^{n} a_{ij} x_j = b_i$，等价地转换为两个不等式，即：

$$
\begin{cases} \sum_{j=1}^{n} a_{ij} x_j \leqslant b_i \\ \sum_{j=1}^{n} a_{ij} x_j \geqslant b_i \end{cases}
$$

（3）变量的转换。如果某个变量的约束条件为 $x_j \geqslant l_j$（或 $x_j \leqslant l_j$），则可令 $y_j = x_j - l_j$（或 $y_j = l_j - x_j$），将 y_j 变为非负的变量；如果某个变量 x_j 无非负限制（称为自由变量），则

可令：

$$\begin{cases} x_j = x_j' - x_j'' \\ x_j', x_j'' \geqslant 0 \end{cases}$$

代入原问题，将自由变量替换掉。

【例 1.7】将下列线性规划问题转化为标准形式。

$$\min z = -2x_1 + 3x_2 + x_3$$

$$\text{s. t.} \begin{cases} 4x_1 + x_2 + x_3 \leqslant 7 \\ x_1 - 4x_2 - x_3 \geqslant 3 \\ -3x_1 + x_2 + 2x_3 = -6 \\ x_1, x_2 \geqslant 0, x_3 \text{ 为自由变量} \end{cases}$$

解：引入松弛变量 x_4、x_5，再令自由变量 $x_3 = x_3' - x_3''$，将第三个约束方程两边都乘以 -1，并将极小值问题反号，转化为求极大值问题，得标准形式为：

$$\max z' = -z = 2x_1 - 3x_2 - x_3' + x_3''$$

$$\text{s. t.} \begin{cases} 4x_1 + x_2 + x_3' - x_3'' + x_4 = 7 \\ x_1 - 4x_2 - x_3' + x_3'' - x_5 = 3 \\ 3x_1 - x_2 - 2x_3' + 2x_3'' = 6 \\ x_1, x_2, x_3', x_3'', x_4, x_5 \geqslant 0 \end{cases}$$

第二节　线性规划问题的图解法

对于只有两个决策变量的线性规划问题，我们可以用在平面上作图的方法求解，这种方法称为图解法。图解法比较简单、直观，它对于我们理解线性规划问题的实质和求解的基本原理也是有帮助的。在介绍图解法之前，下面先介绍两个基本概念。

定义 1.1　在线性规划问题中，凡满足所有约束条件式（1.11）和式（1.12）的解 $\mathbf{X} = (x_1, x_2, \cdots, x_n)^T$ 称为线性规划问题的可行解。所有可行解的集合称为可行解集（或可行域），记作：

$$\mathbf{D} = \{\mathbf{X} \mid \mathbf{AX} = \mathbf{b}, \mathbf{X} \geqslant 0\},$$

定义 1.2　设线性规划问题的矩阵形式［式（1.10）～式（1.12）］的可行域为 D，若存在 $\mathbf{X}^* \in \mathbf{D}$，使得对于任意的 $\mathbf{X} \in \mathbf{D}$，都有：

$$\mathbf{CX}^* \geqslant \mathbf{CX}$$

则称 $\mathbf{X}^*$ 为线性规划问题的最优解，相应的目标函数值称为最优值，记作 z^*，即：

$$z^* = \mathbf{CX}^*$$

实际上，在线性规划问题中，满足目标函数的可行解称为最优解；对不存在可行域的线性规划问题，称该问题无解。

一、图解法的步骤

图解法求解的目的，一是判断线性规划问题的求解结局；二是在存在最优解的条件下，把问题的最优解找出来。

一般来说，图解法的步骤为：首先在平面上建立直角坐标系；然后图示约束条件，找出可行域或判断是否存在可行域；再图示目标函数；最后寻找最优解。

下面通过实例来说明线性规划问题的图解法。先将【例 1.1】的数学模型重列如下：

$$\max z = 2x_1 + x_2$$

$$\text{s.t.}\begin{cases} 0x_1 + 5x_2 \leqslant 15 & (1.16) \\ 6x_1 + 2x_2 \leqslant 24 & (1.17) \\ x_1 + x_2 \leqslant 5 & (1.18) \\ x_1, x_2 \geqslant 0 & (1.19) \end{cases}$$

（1）以变量 x_1 为横坐标轴，x_2 为纵坐标轴画出直角平面坐标系，并适当选取单位坐标长度。由变量的非负约束条件式（1.19）可知，满足该条件的解（对应坐标系中的一个点）均在第Ⅰ象限内。

（2）图示约束条件，找出可行域。约束条件式（1.16）可以理解为 $x_2=3$ 的直线和$x_2=3$ 直线的半平面，如图 1－1 阴影部分所示。类似地，约束条件式（1.17）在坐标系中是含直线 $6x_1+2x_2=24$ 上的点及其左下方的半平面；约束条件式（1.18）是含直线 $x_1+x_2=5$ 上的点及其左下方的半平面。同时满足条件式（1.16）~式(1.19）的点如图 1－2 所示，图中凸多边形 $OA_1A_2A_3A_4$ 所包含的区域（阴影部分）是【例 1.1】线性规划问题的可行域。

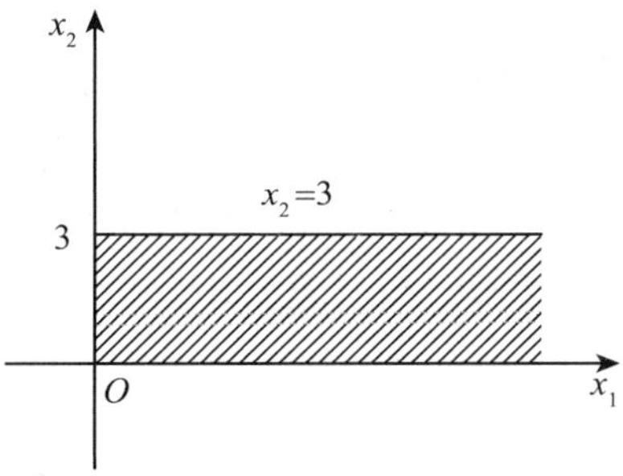

图 1－1

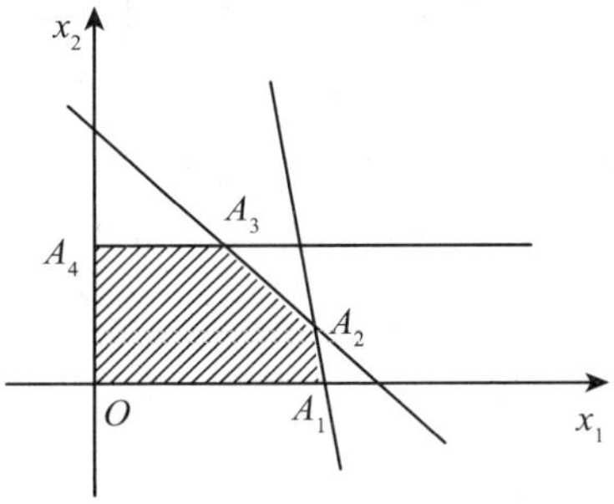

图 1－2

（3）图示目标函数。由于 z 是一个要优化的目标函数值，随 z 的变化，$z=2x_1+x_2$ 是斜率为 －2 的一族平行的直线（见图 1－3），图中向量 P 表示 z 的增大方向。

（4）最优解的确定。因最优解是可行域中使目标函数值达到最优的点，将图 1－2 和图 1－3合并得到图 1－4，可以看出，当代表目标函数的那条直线由原点开始向右上方移动时，z 的值逐渐增大，一直移动到可行域边界相切为止，切点就是代表最优解的点。因为再继续向右上方移动，目标函数直线 z 的值虽然可以增大，但在目标函数直线上找不出一个点位于可行域内部或边界上。

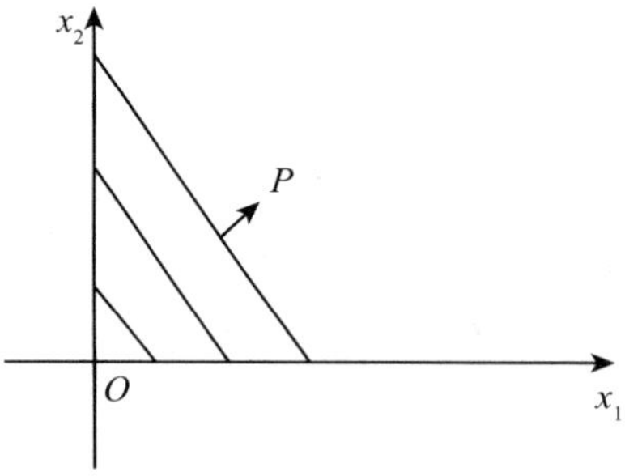

图 1－3

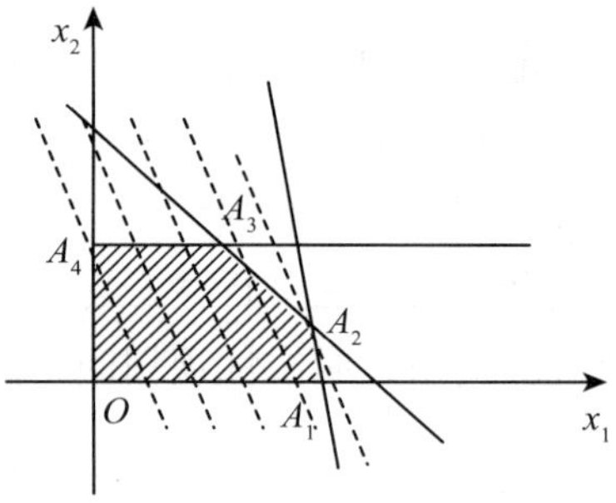

图 1－4

本例中目标函数与可行域的切点是 A_2，该点坐标可由求解直线方程 $6x_1+2x_2=24$ 和 $x_1+x_2=5$ 得到，为$(x_1,x_2)=\left(\frac{7}{2},\frac{3}{2}\right)$，将其代入目标函数得$\frac{17}{2}$，即红旗工厂分别生产$\frac{7}{2}$单位甲产品、$\frac{3}{2}$单位乙产品，能获利最大，最大值为$\frac{17}{2}$。

上面【例 1.1】给出的是目标函数求极大值的线性规划问题的图解法，若目标函数是求极小值的线性规划问题，那么平移目标函数时，应该从右上方向左下方移动，直到最后与可行域边界相切，切点就是代表最优解的点。

二、线性规划问题求解的几种可能结局

【例 1.1】用图解法得到的最优解是唯一的，但对线性规划问题的求解还可能出现下列几种结局：

（1）无穷多个最优解。如将【例 1.1】中目标函数改变为 $\max z=3x_1+x_2$，则表示目标函数的直线恰好与约束条件式（1.17）平行。当目标函数向优化方向移动时，与可行域不是在一个点上，而是与线段 A_1A_2 相切，见图 1－5。这时点 A_1、A_2 及 A_1 与点 A_2 之间的所有点都使目标函数 z 到达最大，即有无穷多最优解，或多重最优解。下列线性规划问题也存在无穷多个最优解，感兴趣的读者可以尝试利用上述图解法对其进行求解。

$$\min z=x_1-x_2$$

$$\text{s. t.}\begin{cases}2x_1-x_2\geqslant -2\\x_1-2x_2\leqslant 2\\x_1+x_2\leqslant 5\\x_1\geqslant 0,x_2\geqslant 0\end{cases}$$

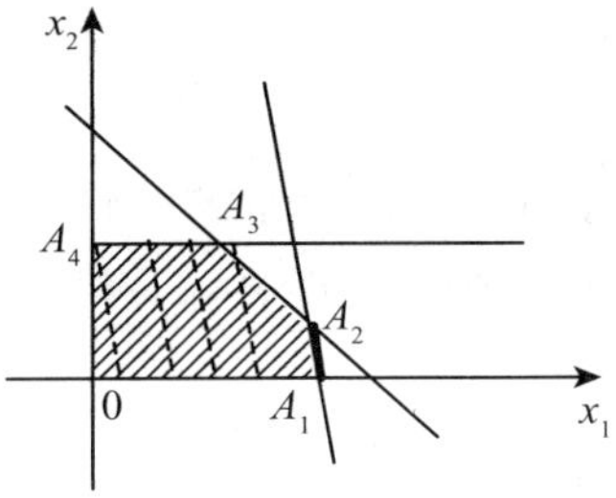

图 1－5

（2）无界解。如将【例 1.1】中的约束条件式（1.17）去掉，只包含约束条件式（1.16）、式（1.18）和式（1.19），这时可行域可伸展到无穷，即变量 x_1 的取值可无限增大，不受限制，由此目标函数值也可增大至无穷，如图 1－6 所示，这种情况下问题的最优解无界。产生无界解的原因是由于在建立实际问题的数学模型时遗漏了某些必要的资源约束条件。下面的线性规划问题也存在无界解，感兴趣的读者可以尝试利用上述图解法对其进行求解。

$$\min z = -2x_1 + x_2$$

$$\text{s. t.}\begin{cases} x_1 + x_2 \geqslant 1 \\ x_1 - 3x_2 \geqslant -3 \\ x_1 \geqslant 0, x_2 \geqslant 0 \end{cases}$$

（3）无解，或无可行解。如下线性规划问题模型：

$$\max z = 2x_1 + x_2$$

$$\text{s. t.}\begin{cases} x_1 + x_2 \leqslant 2 \\ x_1 + x_2 \geqslant 3 \\ x_1, x_2 \geqslant 0 \end{cases}$$

用图解法求解时看出不存在满足所有约束的公共区域（可行域），如图 1－7 所示，说明问题无解。其原因是模型的约束条件之间存在矛盾，建模时有错误。

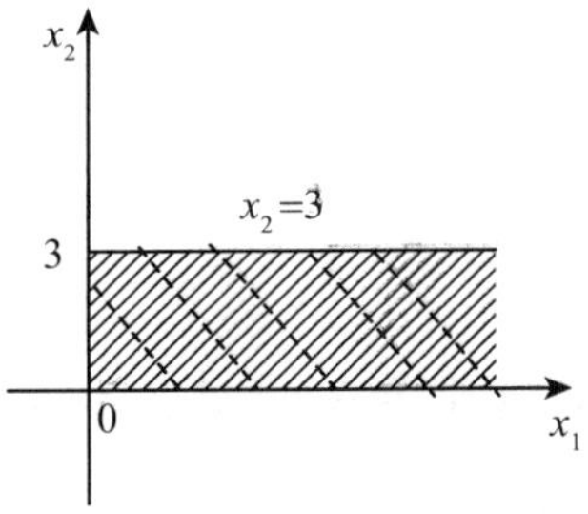

图 1－6

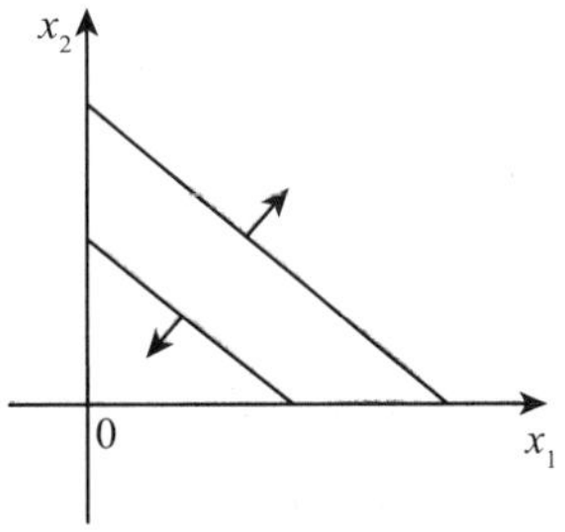

图 1－7

三、由图解法得到的启示

图解法虽然只能用来求解只有两个决策变量的线性规划问题，但它的解题思路和几何上直观得到的一些概念判断，对下一章要讲的求解一般线性规划问题的单纯形法有很大的启示：

（1）求解线性规划问题时，解的情况有：唯一最优解；无穷多最优解；无界解；无可行解。

（2）若线性规划问题有可行解，则可行域是一个凸多边形（或凸多面体），它可能是有界的；也可能是无界的。

（3）若线性规划问题的最优解存在，则最优解或最优解之一（如果有无穷多个最优解）一定是在凸多边形的某一个顶点。如果最优解是唯一的，这个最优解一定在该凸多边形的某个顶点上；如果是无穷多最优解，那么它一定充满凸多边形的一条边界（包括该边界的两个顶点）。

（4）解题思路是，先找出凸集的任何一顶点，计算在顶点的目标函数值。比较周围相邻顶点的目标函数值是否比这个值大，如果为否，则该顶点就是最优解的点或最优解的点之一，否则转到比这个点的目标函数值更大的另一顶点，重复上述过程，一直到找出使目标函数值达到最大的顶点为止。

在下一节中，将对上述（2）、（3）两点进行证明，并建立起凸集顶点的代数概念特征，然后再在下一章通过代数计算实现第（4）点的解题思路。

第三节　线性规划问题的解的基本性质

一、解的基本概念

在讨论线性规划问题的一般解法之前，先要了解线性规划问题解的概念及有关性质，由本章第一节可知，线性规划问题的标准形式可以表示为：

$$\max z = \mathbf{CX} \tag{1.20}$$

$$\text{s. t.} \begin{cases} \mathbf{AX} = \mathbf{b} & (1.21) \\ \mathbf{X} \geqslant 0 & (1.22) \end{cases}$$

其中 $C = (c_1, c_2, \cdots, c_n)$ 为行向量；$X = (x_1, x_2, \cdots, x_n)^T$，$\mathbf{b} = (\mathrm{b}_1, \mathrm{b}_2, \cdots, \mathrm{b}_n)^{\mathrm{T}}$ 均为列向量，$\mathbf{A} = (a_{ij})_{mn}$ 为 $m \times n$ 矩阵；$\mathbf{b} \geqslant 0$。

定义 1.3　在线性规划问题中，设 $\mathbf{A}$ 为约束方程（1.21）的 $m \times n$ 阶系数矩阵（设 $m < n$），$\mathbf{A}$ 的秩为 m，$\mathbf{B}$ 是矩阵 A 中的一个 $m \times m$ 阶的满秩子矩阵，称 $\mathbf{B}$ 是线性规划问题

的一个基。不失一般性，设：

$$\mathbf{B}=\begin{pmatrix} a_{11} & \cdots & a_{1m} \\ \vdots & & \vdots \\ a_{m1} & \cdots & a_{mm} \end{pmatrix}=(\mathbf{P}_1,\mathbf{P}_2,\cdots,\mathbf{P}_m)$$

B 中的每个列向量 $\mathbf{P}_j$（$j=1$，2，…，m）称为基向量，与基向量 $\mathbf{P}_j$ 对应的变量 x_j 称为基变量。线性规划问题中除基变量以外的变量称为非基变量。并记：

$$\mathbf{N}=\begin{pmatrix} a_{1m+1} & \cdots & a_{1n} \\ \vdots & & \vdots \\ a_{mn+1} & \cdots & a_{nn} \end{pmatrix}=(\mathbf{P}_{m+1},\mathbf{P}_{m+2},\cdots,\mathbf{P}_n)$$

则系数矩阵 **A** 可以写成分块形式：

$$\mathbf{A}=(\mathbf{B},\mathbf{N}) \tag{1.23}$$

将基变量和非基变量组成的向量分别记为：

$$\mathbf{X}_B=(x_1,x_2,\cdots,x_m)^T,\mathbf{X}_N=(x_{m+1},x_{m+2},\cdots,x_n)^T$$

则向量 X 也可以写成分块形式：

$$\mathbf{X}=\begin{pmatrix} \mathbf{X}_B \\ \mathbf{X}_N \end{pmatrix} \tag{1.24}$$

再将式（1.23）和式（1.24）代入约束方程式（1.21），得：

$$(\mathbf{B},\mathbf{N})\begin{pmatrix} \mathbf{X}_B \\ \mathbf{X}_N \end{pmatrix}=\mathbf{b}$$

由矩阵的乘法可得：

$$\mathbf{B}\mathbf{X}_B+\mathbf{N}\mathbf{X}_N=\mathbf{b}$$

又因 **B** 是非奇异矩阵，所以 $\mathbf{B}^{-1}$存在，将上式两边乘以 $\mathbf{B}^{-1}$，移项得：

$$\mathbf{X}_B=\mathbf{B}^{-1}\mathbf{b}-\mathbf{B}^{-1}\mathbf{N}\mathbf{X}_N \tag{1.25}$$

现在可以把 $\mathbf{X}_N$ 看作一组自由变量（又称独立变量），给它们任意一组值 $\bar{\mathbf{X}}_N$，则由式（1.25）可得对应的 $\mathbf{X}_B$ 的一组值 $\bar{\mathbf{X}}_B$，于是

$$\bar{\mathbf{X}}=\begin{pmatrix} \bar{\mathbf{X}}_B \\ \bar{\mathbf{X}}_N \end{pmatrix}$$

便是约束方程式（1.21）的一个解。特别地，令 $\bar{\mathbf{X}}_N=0$，则 $\bar{\mathbf{X}}_B=\mathbf{B}^{-1}\mathbf{b}$。我们把约束方程组的这种特殊形式的解

$$\mathbf{X}=\begin{pmatrix}\mathbf{B}^{-1}\mathbf{b}\\ 0\end{pmatrix} \tag{1.26}$$

称为基解。具体定义如下：

定义 1.4 在线性规划问题约束方程式（1.21）中，对于选定的基 **B**，令所有非基变量 $\mathbf{X}_N=0$，得到的解（1.26），称为相应于基 **B** 的基解。

因为基 B 是 A 中的一个 $m\times m$ 阶可逆矩阵，即它的列是从 A 的 n 列中选择线性无关的 m 列，其选法最多有 C_n^m 种，故基的个数最多有 C_n^m 个，于是一个线性规划问题的基解最多是 C_n^m 个。

由定义 1.4 可知，基解满足方程式（1.21），但不一定满足非负约束条件式（1.22），于是又有下面的定义。

定义 1.5 在基解（1.26）中，若 $\mathbf{X}_B=\mathbf{B}^{-1}\mathbf{b}\geqslant 0$，则称此基解为基可行解，这时对应的基称为可行基。

定义 1.6 若定义 1.5 中的基可行解是最优解，则称此解为基最优解。

定义 1.7 基最优解所对应的基称为最优基。

可行解、基解、基可行解、基最优解、最优解的关系如图 1－8 所示。

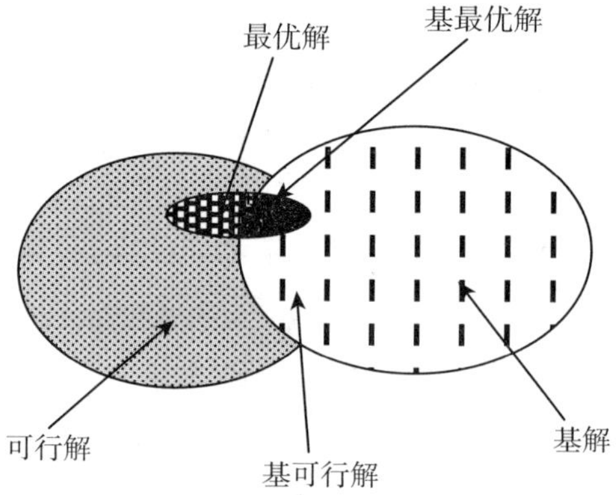

图 1－8

【例 1.8】 已知线性规划问题

$$\max z=4x_1-2x_2-x_3$$

$$\text{s.t.}\begin{cases}5x_1+x_2-x_3\leqslant 3\\ -10x_1+6x_2+2x_3\leqslant 2\\ x_1,x_2,x_3\geqslant 0\end{cases}$$

试求其基、基解、基可行解，并确定最优解。

解：该线性规划问题的标准型为：

$$\max z = 4x_1 - 2x_2 - x_3$$

$$\text{s. t.} \begin{cases} 5x_1 + x_2 - x_3 + x_4 = 3 \\ -10x_1 + 6x_2 + 2x_3 + x_5 = 2 \\ x_1, x_2, \cdots, x_5 \geqslant 0 \end{cases}$$

约束方程的系数矩阵为 2×5 矩阵：

$$\mathbf{A} = \begin{pmatrix} 5 & 1 & -1 & 1 & 0 \\ -10 & 6 & 2 & 0 & 1 \end{pmatrix}$$

矩阵 $\mathbf{A}$ 的秩 $r(A) = 2$，2 阶子矩阵有 10 个，其中基矩阵有 9 个。基矩阵及其对应的基解分别如下：

$$\mathbf{B}_1 = \begin{bmatrix} 5 & 1 \\ -10 & 6 \end{bmatrix}, \mathbf{X}_1 = (2/5, 1, 0, 0, 0)^T; \mathbf{B}_2 = \begin{bmatrix} 5 & 0 \\ -10 & 1 \end{bmatrix}, \mathbf{X}_2 = (3/5, 0, 0, 0, 8)^T$$

$$\mathbf{B}_3 = \begin{bmatrix} 5 & 1 \\ -10 & 0 \end{bmatrix}, \mathbf{X}_3 = (-1/5, 0, 0, 4, 0)^T; \mathbf{B}_4 = \begin{bmatrix} 1 & -1 \\ 6 & 2 \end{bmatrix}, \mathbf{X}_4 = (0, 1, -2, 0, 0)^T$$

$$\mathbf{B}_5 = \begin{bmatrix} 1 & 1 \\ 6 & 0 \end{bmatrix}, \mathbf{X}_5 = (0, 1/3, 0, 8/3, 0)^T; \mathbf{B}_6 = \begin{bmatrix} 1 & 0 \\ 6 & 1 \end{bmatrix}, \mathbf{X}_6 = (0, 3, 0, 0, -16)^T$$

$$\mathbf{B}_7 = \begin{bmatrix} -1 & 0 \\ 2 & 1 \end{bmatrix}, \mathbf{X}_7 = (0, 0, -3, 0, 4)^T; \mathbf{B}_8 = \begin{bmatrix} -1 & 1 \\ 2 & 0 \end{bmatrix}, \mathbf{X}_8 = (0, 0, 1, 4, 0)^T$$

$$\mathbf{B}_9 = \begin{bmatrix} 1 & 0 \\ 0 & 1 \end{bmatrix}, \mathbf{X}_9 = (0, 0, 0, 3, 2)^T$$

在上述 9 个基解中，因 $\mathbf{X}_1$、$\mathbf{X}_2$、$\mathbf{X}_5$、$\mathbf{X}_8$、$\mathbf{X}_9$ 基解的基变量非负，所以 $\mathbf{X}_1$、$\mathbf{X}_2$、$\mathbf{X}_5$、$\mathbf{X}_8$、$\mathbf{X}_9$ 是基可行解。在这 5 个基可行解中，当基可行解为最优解 $\mathbf{X}_2 = (3/5, 0, 0, 0, 8)^T$ 时，目标函数值 z 最大，所以该线性规划问题最优解为 $\mathbf{X}_2 = (3/5, 0, 0, 0, 8)^T$，对应的目标函数最优值为$z = \dfrac{12}{5}$。

二、解的基本性质

我们先给出判别可行解是否为基可行的准则。

定理 1.1 线性规划问题可行解 $\bar{\mathbf{X}}$ 是基可行解的充要条件是它的非零分量所对应的列向量线性无关。

证明：若 $\bar{\mathbf{X}} = 0$，则定理成立；否则 $\bar{\mathbf{X}} \neq 0$，不妨设 $\bar{\mathbf{X}}$ 的前 k 个分量为非零分量：

$$\bar{\mathbf{X}} = (\bar{x}_1, \bar{x}_2, \cdots, \bar{x}_k, 0, \cdots, 0)^T, \bar{x}_j > 0 (j = 1, 2, \cdots, k)$$

先证必要性。若 $\bar{\mathbf{X}}$ 是基可行解，则它的非零分量必定是基变量，它们所对应的列向量 $\mathbf{P}_1$，$\mathbf{P}_2$，$\cdots$，$\mathbf{P}_k$ 是基向量，故必线性无关。

再证充分性。若 $\mathbf{P}_1$，$\mathbf{P}_2$，…，$\mathbf{P}_k$ 线性无关，则必有 $k \leqslant m$，由于 $\bar{\mathbf{X}}$ 是线性规划问题的可行解，即 $\mathbf{A}\bar{\mathbf{X}} = \mathbf{B}$，$\bar{\mathbf{X}} \geqslant 0$，故：$\sum_{j=1}^{k} \mathbf{P}_j \bar{x}_j = \mathbf{b}$。若 $k = m$，则 $\mathbf{B} = (\mathbf{P}_1, \mathbf{P}_2, \cdots, \mathbf{P}_k)$ 就是一个基，$\bar{\mathbf{X}}$ 为与 $\mathbf{B}$ 相对应的基可行解，定理成立。

若 $k < m$，则一定可以从其余的 $n-k$ 个列向量中再挑出 $m-k$ 个，设为 $\mathbf{P}_{k+1}$，$\mathbf{P}_{k+2}$，…，$\mathbf{P}_m$，使 $\mathbf{P}_1, \mathbf{P}_2, \cdots, \mathbf{P}_k, \mathbf{P}_{k+1}, \mathbf{P}_{k+2}, \cdots, \mathbf{P}_m$ 构成基 $\mathbf{B}$，易知 $\bar{\mathbf{X}}$ 对应于 $\mathbf{B}$ 的基可行解，定理也成立。证毕。

推论 1.1 线性规划问题满足约束方程式（1.21）的任意一个解 $\bar{\mathbf{X}} = (\bar{x}_1, \bar{x}_2, \cdots, \bar{x}_n)^T$ 是基解的充要条件是它的非零分量所对应的列向量线性无关。

事实上，在定理 1.1 的证明中，把非负性条件去掉，并不影响证明过程，故知推论 1.1 成立。线性规划问题的可行解、基可行解和最优解之间有以下关系，通常称它们为线性规划问题的基本定理。

定理 1.2 若一个线性规划问题有可行解，则它必有基可行解。

证明：设 $\mathbf{X}^{(0)}$ 是线性规划问题的一个可行解，若 $\mathbf{X}^{(0)} = 0$，则由定理 1.1 可知它是一个基可行解，定理成立。若 $\mathbf{X}^{(0)} \neq 0$，不妨设 $\mathbf{X}^{(0)}$ 的前 k 个分量为非零分量：

$$\mathbf{X}^{(0)} = (x_1^{(0)}, x_2^{(0)}, \cdots, x_k^{(0)}, 0, \cdots, 0)^T, x_j^{(0)} > 0 (j = 1, 2, \cdots, k; k \leqslant m)$$

如果这些非零分量所对应的列向量 $\mathbf{P}_1$，$\mathbf{P}_2$，…，$\mathbf{P}_k$ 线性无关，则由定理 1.1 可知，$\mathbf{X}^{(0)}$ 是一个基可行解，定理成立。否则，我们证明：从 $\mathbf{X}^{(0)}$ 出发，必可找到线性规划问题的一个基可行解。

因 $\mathbf{P}_1$，$\mathbf{P}_2$，…，$\mathbf{P}_k$ 线性相关，即存在不全为零的数 δ_1，δ_2，…，δ_k，使得

$$\sum_{j=1}^{k} \delta_j \mathbf{P}_j = 0 \tag{1.27}$$

假定有 $\delta_i \neq 0$，取

$$\varepsilon = \min\left\{ \frac{x_i^{(0)}}{|\delta_i|} \,\middle|\, \delta_i \neq 0 \right\} \tag{1.28}$$

则

$$\mathbf{X}^{(1)} = \mathbf{X}^{(0)} + \varepsilon\delta, \mathbf{X}^{(2)} = \mathbf{X}^{(0)} - \varepsilon\delta$$

其中 $\delta = (\delta_1, \delta_2, \cdots, \delta_k, 0, \cdots, 0)^T$。

由式（1.28）可知，必有

$$x_j^{(0)} \pm \varepsilon\delta_j \geqslant 0 (j = 1, 2, \cdots, n) \tag{1.29}$$

即 $\mathbf{X}^{(1)} \geqslant 0$，$\mathbf{X}^{(2)} \geqslant 0$，又因为由式（1.27）可知，

$$\sum_{j=1}^{n} (x_j^{(0)} \pm \varepsilon\delta_j) \mathbf{P}_j = \sum_{j=1}^{n} x_j^{(0)} \mathbf{P}_j \pm \varepsilon \sum_{j=1}^{n} \delta_j \mathbf{P}_j = \mathbf{b}$$

故有 $\mathbf{AX}^{(1)}=\mathbf{b}$，$\mathbf{AX}^{(2)}=\mathbf{b}$。所以，$\mathbf{X}^{(1)}$ 和 $\mathbf{X}^{(2)}$ 是线性规划问题的两个可行解。

再由 ε 的取值可知，在式（1.29）中，至少有一个 ε 等于零。于是所作的可行解 $\mathbf{X}^{(1)}$ 或 $\mathbf{X}^{(2)}$ 中，它的非零分量的个数至少比 $\mathbf{X}^{(0)}$ 的减少 1。如果这些非零分量所对应的列向量线性无关，则 $\mathbf{X}^{(1)}$ 或 $\mathbf{X}^{(2)}$ 为基可行解，定理成立。

否则，我们又可以从 $\mathbf{X}^{(1)}$ 或 $\mathbf{X}^{(2)}$ 出发，重复上述步骤，再构造一个新的可行解 $\mathbf{X}^{(3)}$ 或 $\mathbf{X}^{(4)}$，使它的非零分量的个数继续减少，这样经过有限次重复之后，必可找到一个可行解 $\mathbf{X}^{(l)}$ 或 $\mathbf{X}^{(l+1)}$，使它的非零分量对应的列向量线性无关（因为在最坏的情况下，到只有一个非零分量时，对应的只有一个非零的列向量，它必然是线性无关的），故 $\mathbf{X}^{(l)}$ 或 $\mathbf{X}^{(l+1)}$ 必为基可行解。证毕。

定理 1.3　若一个线性规划问题有最优解，则一定存在一个基可行解是它的最优解。

证明：设 $\mathbf{X}^*=(x_1^*,x_2^*,\cdots,x_n^*)^T$ 是线性规划问题的一个最优解，如果 $\mathbf{X}^*$ 是基可行解，则定理成立。否则，如果 $\mathbf{X}^*$ 不是基本解（但仍是可行解），则根据定理 1.2 的证明方法，可以构造两个可行解：

$$\mathbf{X}^{(1)}=\mathbf{X}^*+\varepsilon\delta,\mathbf{X}^{(2)}=\mathbf{X}^*-\varepsilon\delta$$

它的非零分量的个数比 $\mathbf{X}^*$ 的减少，且有

$$\mathbf{CX}^{(1)}=\mathbf{CX}^*+\varepsilon\mathbf{C}\delta,\mathbf{CX}^{(2)}=\mathbf{CX}^*-\varepsilon\mathbf{C}\delta \tag{1.30}$$

又因为 $\mathbf{X}^*$ 是最优解，故有

$$\mathbf{CX}^*\geqslant\mathbf{CX}^{(1)},\mathbf{CX}^*\geqslant\mathbf{CX}^{(2)} \tag{1.31}$$

由式（1.30）和式（1.31）可知，必有 $\mathbf{CX}^*=\mathbf{CX}^{(1)}=\mathbf{CX}^{(2)}$，即 $\mathbf{X}^{(1)}$ 和 $\mathbf{X}^{(2)}$ 仍为最优解。

如果 $X^{(1)}$ 或 $X^{(2)}$ 是基可行解，则定理成立。否则，重复上述步骤，继续构造新的可行解，至多经过有限步，必可找到一个基可行解 $\mathbf{X}^{(l)}$ 或 $\mathbf{X}^{(l+1)}$，使得 $\mathbf{CX}^*=\mathbf{CX}^{(l)}$ 或 $\mathbf{CX}^*=\mathbf{CX}^{(l+1)}$，即得到一个基可行解 $\mathbf{X}^{(l)}$ 或 $\mathbf{X}^{(l+1)}$ 为最优解。证毕。

第四节　线性规划问题的几何意义

在线性规划问题的图解法中，我们已经看到，如果一个线性规划问题有最优解，则这个最优解一定可以在可行域的顶点达到。而上面定理 1.3 又指出，如果线性规划问题有最优解，则一定存在一个基可行解是最优解。可见，线性规划问题的基可行解与可行域的顶点是相对应的。为了证明这一点，我们先介绍凸集和顶点的概念。

定义 1.8　设集合 $C\subseteq E^n$（E^n 表示 n 维欧氏空间），若对于任意的 $\mathbf{X}^{(1)},\mathbf{X}^{(2)}\in C$ 及实数 $\lambda\in[0,1]$，都有 $\lambda\mathbf{X}^{(1)}+(1-\lambda)\mathbf{X}^{(2)}\in C$，则称 C 是一个凸集。这里，$\lambda\mathbf{X}^{(1)}+(1-\lambda)\mathbf{X}^{(2)}$ 称为 $\mathbf{X}^{(1)}$ 和 $\mathbf{X}^{(2)}$ 的凸组合。

凸集的几何意义是：若以集合中任意两点为端点的线段仍在该集合中，则称该集合为

凸集。如图 1 -9 所示：(a) 和 (b) 为凸集，(c) 和 (d) 为非凸集。

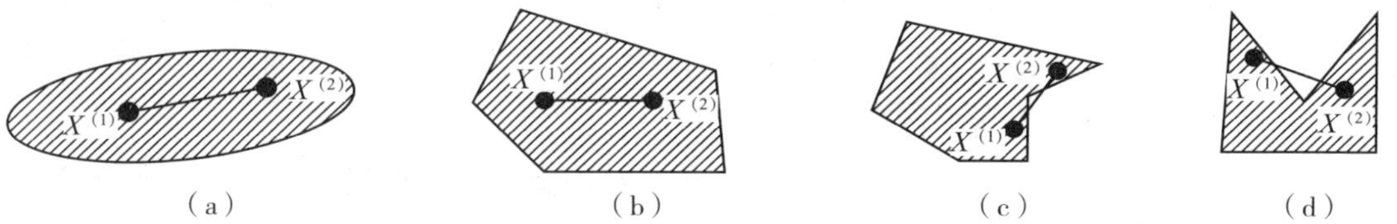

图 1 -9

例如，实心圆、实心球体、实心立方体都是凸集；圆周上所有点的集合不是凸集。我们还规定，空集∅为凸集。

定理 1.4 线性规划问题的可行解集 $\mathbf{D}=\{\mathbf{X}\mid \mathbf{AX}=\mathbf{b},\mathbf{X}\geqslant 0\}$ 是凸集。

证明：任取 $\mathbf{X}^{(1)}$，$\mathbf{X}^{(2)}\in\mathbf{D}$ 及 $\lambda\in[0,1]$，考虑 $\mathbf{X}=\lambda\mathbf{X}^{(1)}+(1-\lambda)\mathbf{X}^{(2)}$，由于 $\mathbf{X}^{(1)}$，$\mathbf{X}^{(2)}\geqslant 0$ 及 $0\leqslant\lambda\leqslant 1$，故必有 $\mathbf{X}\geqslant 0$，又由于 $\mathbf{AX}^{(1)}=\mathbf{b}$，$\mathbf{AX}^{(2)}=\mathbf{b}$，故 $\mathbf{AX}=A[\lambda\mathbf{X}^{(1)}+(1-\lambda)\mathbf{X}^{(2)}]=\lambda\mathbf{AX}^{(1)}+(1-\lambda)\mathbf{AX}^{(2)}=\mathbf{b}$，所以 $\mathbf{X}\in\mathbf{D}$，于是 $\mathbf{D}$ 是凸集。证毕。

定义 1.9 设 $\mathbf{C}\subseteq E^n$ 是一个凸集，$\mathbf{X}^{(0)}\in C$，若 C 中不存在任意相异的两点 $\mathbf{X}^{(1)}$ 和 $\mathbf{X}^{(2)}$ ($\mathbf{X}^{(1)}\neq\mathbf{X}^{(2)}$) 使得 $\mathbf{X}^{(0)}=\lambda\mathbf{X}^{(1)}+(1-\lambda)\mathbf{X}^{(2)}$，其中 $\lambda\in[0,1]$，则称 $\mathbf{X}^{(0)}$ 是 $\mathbf{C}$ 的一个顶点。

定义 1.10 设 $\mathbf{C}\subseteq E^n$ 是一个凸集，如果对于任意的 $\mathbf{X}\in\mathbf{C}$，都存在一个向量 $\mathbf{P}\neq 0$，使得对于所有的 $\lambda>0$，都有 $\mathbf{X}+\lambda\mathbf{P}\in\mathbf{C}$，则称此凸集 $\mathbf{C}$ 是无界的；否则称 $\mathbf{C}$ 是有界的。

因此，如果 $\mathbf{C}$ 中存在一点 $\mathbf{X}^{(0)}$，对于每个向量 $\mathbf{P}\neq 0$，存在一个 $\lambda>0$，使得 $\mathbf{X}^{(0)}+\lambda\mathbf{P}\notin\mathbf{C}$，那么 $\mathbf{C}$ 是有界的。

定理 1.5 （顶点与基可行解的等价性定理）设线性规划问题的可行域为 $\mathbf{D}$，$\mathbf{X}^{(0)}\in\mathbf{D}$，则 $X^{(0)}$ 是 D 的顶点的充要条件是 $\mathbf{X}^{(0)}$ 为线性规划问题的基可行解。

证明：必要性。用反证法，设 $\mathbf{X}^{(0)}$ 是 $\mathbf{D}$ 的顶点，但不是线性问题的基可行解。不妨设 $\mathbf{X}^{(0)}$ 的非零分量为 $x_1^{(0)},x_2^{(0)},\cdots,x_k^{(0)}$ ($k\leqslant m$)，它对应的列向量为 $\mathbf{P}_1,\mathbf{P}_2,\cdots,\mathbf{P}_k$，则由定理 1.1 可知它们必定线性相关，即存在不全为零的数 $\delta_1,\delta_2,\cdots,\delta_k$，使得：

$$\sum_{j=1}^{k}\delta_j\mathbf{P}_j=0$$

仿定理 1.2 的证法，可以构造出线性规划问题的两个不同的可行解：

$$\mathbf{X}^{(1)}=\mathbf{X}^{(0)}+\varepsilon\delta,\mathbf{X}^{(2)}=\mathbf{X}^{(0)}-\varepsilon\delta$$

其中 $\delta=(\delta_1,\delta_2,\cdots,\delta_k,0,\cdots,0)^T$。于是有 $\mathbf{X}^{(0)}=\frac{1}{2}\mathbf{X}^{(1)}+\frac{1}{2}\mathbf{X}^{(2)}$，从而 $\mathbf{X}^{(0)}$ 不是 $\mathbf{D}$ 的顶点，与假设矛盾。

充分性。仍用反证法，设 $\mathbf{X}^{(0)}$ 是线性规划问题的基可行解，但不是 $\mathbf{D}$ 的顶点，则在 $\mathbf{D}$ 中可以找到相异的两点：

$$\mathbf{X}^{(1)}=(x_1^{(1)},x_2^{(1)},\cdots,x_n^{(1)})^T,\mathbf{X}^{(2)}=(x_1^{(2)},x_2^{(2)},\cdots,x_n^{(2)})^T,(\mathbf{X}^{(1)}\neq\mathbf{X}^{(2)})$$

使得

$$\mathbf{X}^{(0)}=\lambda\mathbf{X}^{(1)}+(1-\lambda)\mathbf{X}^{(2)},\lambda\in[0,1]$$

由于 $\mathbf{X}^{(0)},\mathbf{X}^{(1)},\mathbf{X}^{(2)}\geqslant 0$，且 $\lambda\in[0,1]$，则上式表明，当 $\mathbf{X}^{(0)}$ 的某个分量为零时，$\mathbf{X}^{(1)}$ 和 $\mathbf{X}^{(2)}$ 的相应分量也必为零，即当 $j\geqslant k$ 时，有 $x_j^{(0)}=x_j^{(1)}=x_j^{(2)}=0$，于是

$$\sum_{j=1}^{k}\mathbf{P}_j x_j^{(1)}=\mathbf{b},\sum_{j=1}^{k}\mathbf{P}_j x_j^{(2)}=\mathbf{b}$$

将上面两式相减，得

$$\sum_{j=1}^{k}\mathbf{P}_j(x_j^{(1)}-x_j^{(2)})=0$$

由于 $\mathbf{X}^{(1)}\neq\mathbf{X}^{(2)}$，所以上式中的 $\mathbf{P}_j$ 的系数不全为零，故向量 $\mathbf{P}_1$，$\mathbf{P}_2$，…，$\mathbf{P}_k$ 线性相关，这与 $\mathbf{X}^{(0)}$ 是基可行解的假设相矛盾。证毕。

推论 1.2 若线性规划问题的可行域有界，则此问题的最优解一定可以在其可行域 **D** 的顶点上达到。

定理 1.6 设线性规划问题在多个顶点 $\mathbf{X}^{(1)},\mathbf{X}^{(2)},\cdots,\mathbf{X}^{(k)}$ 处到达最优，则

$$\mathbf{X}^*=\sum_{i=1}^{k}\lambda_i\mathbf{X}^{(i)},\lambda_i\geqslant 0,\sum_{i=1}^{k}\lambda_i=1 \tag{1.32}$$

也是线性规划问题的最优解。

证明：设目标函数的最优值为 z^*，则由假设有

$$z^*=\mathbf{CX}^{(i)}(i=1,2,\cdots,k)$$

由式（1.32）可知，有

$$\mathbf{CX}^*=\mathbf{C}\sum_{i=1}^{k}\lambda_i\mathbf{X}^{(i)}=\sum_{i=1}^{k}\lambda_i z^*=z^*$$

故 $\mathbf{X}^*$ 是线性规划问题的最优解。证毕。

由式（1.32）确定的 $\mathbf{X}^*$ 称为 $\mathbf{X}^{(1)},\mathbf{X}^{(2)},\cdots,\mathbf{X}^{(k)}$ 的凸组合。

定理 1.6 说明，若线性规划问题有两个或多于两个的最优解，则它就有无穷多个最优解。另外，若线性规划问题可行域无界，则可能有无限最优解，也可能有有限最优解。若有有限最优解，则必在可行域的某个顶点上达到。

根据以上讨论，我们可以得出如下结论：

（1）若线性规划问题有可行解，则可行解集 **D** 是一个凸集，该凸集可能是有限的，也可能是无限的，它有有限个顶点。

（2）线性规划问题的每个基可行解都对应于可行解集的一个顶点。若线性规划问题有

最优解，则此最优解必在基可行解（顶点）上。若线性规划问题有两个或多个最优解，则它们的凸组合也是该线性规划问题的最优解，即有无穷多个最优解。

（3）线性规划问题基可行解的个数是有限的，即可行域形成的凸集的顶点个数是有限的，如果有 n 个变量，m 个约束方程（$m<n$），约束系数矩阵秩为 m，则基可行解（或顶点）不会超过 C_n^m 个。

上述性质告诉我们，求解线性规划问题，只需在基可行解的集合中进行搜索。然而要求出并比较所有的基可行解的方法通常是不切实际的，因为基可行解的个数尽管有限，但当 m 和 n 增大时，C_n^m 值的增加也是很快的。下一章我们将介绍如何按一定的规则，在基可行解的一个子集合上去搜索最优解，这就是单纯形方法。

本章小结

本章首先通过管理中的几个实例引出线性规划问题，建立数学模型，介绍了线性规划问题的一些基本概念和基本性质。重点介绍了线性规划的各种模型、线性规划的特点、线性规划问题的各种解概念及其之间的关系、凸集概念，为后面线性规划问题求解奠定基础。此外，本章还着重讲述了图解法的实施步骤以及线性规划问题几种可能的解结果。

本章习题

1. 试述线性规划问题的可行解、基解、基可行解和最优解的概念及他们之间的关系。

2. 试述线性规划问题的概念及其特征。

3. 论述用图解法求解两个变量线性规划问题的最优解的一般步骤。

4. 按下列各题要求，建立线性规划问题数学模型。

（1）某厂生产甲、乙两种产品，这两种产品均需要 A、B、C 三种资源，每种产品的资源消耗量及单位产品销售后所能获得的利润值以及这三种资源的储备（单位略去）如表 1－6 所示。建立使得该厂能获得最大利润的生产计划的线性规划模型。

表 1－6

项目	A	B	C	单位产品利润
单位甲产品资源消耗量	9	4	3	70
单位乙产品资源消耗量	4	6	10	120
资源的储备量	360	200	300	

（2）某农场有 100 公顷土地及 15 000 元资金可用于发展生产。农场劳动力情况为秋冬季3 500人日；春夏季 4 000 人日。如劳动力本身用不了时可外出打工，春秋季收入为 25 元/人日，秋冬季收入为 20 元/人日。该农场种植三种作物：大豆、玉米、小麦，并饲养奶牛和

鸡。种作物时不需要专门投资，而饲养每头奶牛需投资800元，每只鸡投资3元。养奶牛时每头需拨出1.5公顷土地种饲料，并占用人工秋冬季为100人日，春夏季为50人日，每头奶牛的年净收入900元。养鸡时不占用土地，需人工为每只鸡秋冬季0.6人日，春夏季为0.3人日，每只鸡的年净收入2元。农场现有鸡舍允许最多养1 500只鸡，牛栏允许最多养200头。三种作物每年需要的人工及收入情况如表1－7所示。试决定该农场的经营方案，使年净收入为最大。

表1－7

项目	大豆	玉米	麦子
秋冬季需人日数	20	35	10
春夏季需人日数	50	75	40
年净收入（元/公顷）	3 000	4 100	4 600

(3) 消费者购买某一时期需要的营养物（如大米、猪肉、牛奶等），希望获得其中的营养成分（如蛋白质、脂肪、维生素等）。设市面上现有这3种营养物，其分别含有各种营养成分数量、各营养物价格和根据医生建议消费者这段时间至少需要的各种营养成分的数量（单位都略去）如表1－8所示。问消费者怎么购买营养物，才能既获得必要的营养成分，而花钱又最少？

表1－8

营养成分	营养物			至少需要的营养成分数量
	甲	乙	丙	
A	4	6	20	80
B	1	1	2	65
C	1	0	3	70
D	21	7	35	450
价格	25	20	45	

(4) 某建筑工地有一批长为10米的钢筋（型号相同），今要截成长度为3米的钢筋90根，长度为4米的钢筋60根，问如何下料才能使所用的原材料最省？

(5) 某工厂生产过程中需要长度为3.1米、2.5米和1.7米的同种棒料毛坯分别为200根、100根和300根。现有的原料为9米长棒材，问如何下料可使废料最少？

(6) 某企业生产甲、乙两种产品，其单位利润分别为2元和3元。每生产一件甲产品需劳动力3人，原材料2斤。每生产一件乙产品需劳动力6人，原材料1斤。企业现有劳动力24人，原材料10斤。试问该企业应如何安排生产才能获得最大利润？

(1) $\min z = 2x_1 + 3x_2$

$$\text{s. t.}\begin{cases}4x_1 + 6x_2 \geqslant 6\\3x_1 + 2x_2 \geqslant 4\\x_1, x_2 \geqslant 0\end{cases}$$

(2) $\max z = 3x_1 + 2x_2$

$$\text{s. t.}\begin{cases}2x_1 + x_2 \leqslant 2\\3x_1 + 4x_2 \geqslant 12\\x_1, x_2 \geqslant 0\end{cases}$$

(3) $\max z = 10x_1 + 5x_2$

$$\text{s. t.}\begin{cases}3x_1 + 4x_2 \leqslant 9\\5x_1 + 2x_2 \leqslant 8\\x_1, x_2 \geqslant 0\end{cases}$$

(4) $\max z = 5x_1 + 6x_2$

$$\text{s. t.}\begin{cases}2x_1 - x_2 \geqslant 2\\-2x_1 + 3x_2 \leqslant 2\\x_1, x_2 \geqslant 0\end{cases}$$

10. 对下列线性规划问题找出所有基解，指出哪些是基可行解，并确定最优解。

(1) $\max z = 3x_1 + 5x_2$

$$\text{s. t.}\begin{cases}x_1 + x_3 = 4\\2x_2 + x_4 = 12\\3x_1 + 2x_2 + x_5 = 18\\x_j \geqslant 0, j = 1, 2, \cdots, 5\end{cases}$$

(2) $\min z = 5x_1 - 2x_2 + 3x_3 + 2x_4$

$$\text{s. t.}\begin{cases}x_1 + 2x_2 + 3x_3 + 4x_4 = 7\\2x_2 + 2x_2 + x_3 + 2x_4 = 3\\x_j \geqslant 0, j = 1, 2, \cdots, 4\end{cases}$$

第二章　线性规划问题的单纯形法

本章要点

1. 掌握单纯形法的基本原理；
2. 掌握单纯形法求解线性规划问题的步骤；
3. 会用单纯形法（包括大 M 法和两阶段法）求解线性规划问题。

第一节　单纯形法的引入

单纯形法（simplex algorithm）是求解线性规划问题的基本方法之一，它是美国学者丹齐格在 1947 年提出来的，1953 年他又提出了改进的单纯形法。1954 年，贝尔（Beale）又提出了对偶单纯形法，随后又提出了原始—对偶单纯形法，使单纯形法更为完善。

由第一章的讨论可知，若线性规划问题有最优解，则一定可以在基可行解上达到，单纯形法就是建立在这个原理基础之上的。它的基本思想是：首先从可行域中找一个基可行解，然后判断它是否最优，若是则停止计算；否则，就找一个更好的基可行解，再进行检验。如此反复经过有限次迭代，直到找到最优解，或者判定它无界（即无有限最优解）为止。

下面以第一章的【例 1.1】的数学模型为例引出单纯形法。

【例 2.1】 求解下列线性规划问题：

$$\max z = 2x_1 + x_2$$

$$\text{s.t.}\begin{cases} 0x_1 + 5x_2 \leqslant 15 \\ 6x_1 + 2x_2 \leqslant 24 \\ x_1 + x_2 \leqslant 5 \\ x_1, x_2 \geqslant 0 \end{cases}$$

解：先引入松弛变量 x_3、x_4、x_5，将问题转化为标准形式：

$$\max z = 2x_1 + x_2 \tag{2.1}$$

$$\text{s.t.}\begin{cases} 0x_1 + 5x_2 + x_3 = 15 \\ 6x_1 + 2x_2 + x_4 = 24 \qquad (2.2) \\ x_1 + x_2 + x_5 = 5 \\ x_j \geqslant 0 (j = 1, 2, \cdots, n) \qquad (2.3) \end{cases}$$

约束方程组的系数矩阵为：

$$\mathbf{A}=\begin{pmatrix}0 & 5 & 1 & 0 & 0\\ 6 & 2 & 0 & 1 & 0\\ 1 & 1 & 0 & 0 & 1\end{pmatrix}=(\mathbf{P}_1,\mathbf{P}_2,\mathbf{P}_3,\mathbf{P}_4,\mathbf{P}_5)$$

因为$\mathbf{P}_3$，$\mathbf{P}_4$，$\mathbf{P}_5$ 线性无关，故可以作为一个初始基：

$$\mathbf{A}=\begin{pmatrix}1 & 0 & 0\\ 0 & 1 & 0\\ 0 & 0 & 1\end{pmatrix}=(\mathbf{P}_3,\mathbf{P}_4,\mathbf{P}_5)=\mathbf{E}(\text{单位矩阵})$$

对应于基$\mathbf{B}_0$ 的基变量为 x_3、x_4、x_5，非基变量为 x_1、x_2，令 $x_1=x_2=0$，由方程组（2.2）可得：

$$x_3=15,x_4=24,x_5=5$$

于是可得基可行解：

$$\mathbf{X}^{(0)}=(0,0,15,24,5)^T$$

及对应的目标函数值 $z^{(0)}=0$。

这个初始基可行解表示：工厂没有安排生产产品甲、乙，因此 A_1、A_2、A_3 三种资源都没有利用（x_3，x_4，x_5 表示剩余的资源数），工厂的利润指标 $z^{(0)}=0$。

由目标函数式（2.1）可知：首先目标函数中不含基变量 x_3，x_4，x_5；其次，非基变量 x_1、x_2 的系数都是正数，如果将其中一个变量，例如 x_1（或 x_2）由非基变量换为基变量（称为“进基”），则 x_1（或 x_2）的取值可能由零变为正值，就会使目标函数值增大。从经济意义上讲，安排生产产品甲或乙，都可以使工厂的利润指标增加。所以，只要不含基变量的目标函数的表达式（2.1）中有非基变量的系数为正，就表示目标函数系数值有改进可能。为使目标函数值增加得快一些，可选择正系数中最大的那个非基变量进基。因为：

$$\max\{2,1\}=2$$

而 2 是非基变量 x_1 的系数，因此确定 x_1 进基。但基变量的个数是一定的（等于约束条件系数矩阵 $\mathbf{A}$ 的秩），于是还要确定从原基变量 x_3、x_4、x_5 中换出来哪一个成为非基变量（称为“出基”）。为此，我们进行以下分析。

由约束方程组（2.2）可知：

$$\begin{cases}x_3=15-5x_2\\ x_4=24-6x_1-2x_2\\ x_5=5-x_1-x_2\end{cases}\tag{2.4}$$

当 x_1 进基后，这时 x_2 仍为非基变量，即 $x_2=0$，同时还要保证所有的变量都满足非负约束（2.3），于是有：

$$\begin{cases}x_3=15>0\\x_4=24-6x_1\geqslant 0\\x_5=5-x_1\geqslant 0\end{cases}\tag{2.5}$$

为使不等式组（2.5）都成立，只有选择：

$$x_1=\min\left\{\frac{24}{6},\frac{5}{1}\right\}=4$$

而当 $x_1=4$ 时，基变量 $x_4=0$，即 x_4 由基变量变成了非基变量，也就是用 x_1 去替换 x_4，这一过程称为“换基”。

为了求得以 x_3、x_1、x_5 为基变量的一个基可行解和进一步分析问题，需要将方程组（2.2）中的 x_1 位置和 x_4 的位置对换。为此，只要将原约束方程组的增广矩阵进行初等行变换，使新基变量 x_1 所对应的系数列向量 $\mathbf{P}_1$ 变为原基变量 x_4 所对应的系数列向量 $\mathbf{P}_4$，即将：

$$\mathbf{P}_1=\begin{pmatrix}0\\6\\1\end{pmatrix}\xrightarrow[\text{变换}]{\text{初等行}}\begin{pmatrix}0\\1\\0\end{pmatrix}=\mathbf{P}_4$$

矩阵的变换过程如下：

$$\bar{\mathbf{A}}=\begin{pmatrix}0&5&1&0&0&\cdots&15\\6&2&0&1&0&\cdots&24\\1&1&0&0&1&\cdots&5\end{pmatrix}\xrightarrow{②\div 6}\begin{pmatrix}0&5&1&0&0&\cdots&15\\1&1/3&0&1/6&0&\cdots&4\\1&1&0&0&1&\cdots&5\end{pmatrix}$$

$$\xrightarrow{(-1)\times②+③}\begin{pmatrix}0&5&1&0&0&\cdots&15\\1&1/3&0&1/6&0&\cdots&4\\0&2/3&0&-1/6&1&\cdots&1\end{pmatrix}$$

变换后的增广矩阵所表示的方程组是：

$$\begin{cases}x_3=15-5x_2\\x_1=4-\dfrac{1}{3}x_2-\dfrac{1}{6}x_4\\x_5=1-\dfrac{1}{3}x_2+\dfrac{1}{6}x_4\end{cases}\tag{2.6}$$

这时得新基 $\mathbf{B}_1=(\mathbf{P}_3,\mathbf{P}_1,\mathbf{P}_5)$，基变量为 x_3、x_1、x_5，非基变量为 x_2、x_4。若令非基变量为零，得到新的基可行解为：

$$\mathbf{X}^{(1)}=(4,0,15,0,1)^T$$

新的目标函数值为 $z^{(1)}=8$。

将式（2.6）代入式（2.1）得，$z^{(1)}=8+\frac{1}{3}x_2-\frac{1}{3}x_4$，非基变量 x_2 的系数仍然为正值，

这说明目标函数值还可以增大，即 $\mathbf{X}^{(1)}$ 不是最优解。

重复上述操作，将 x_2 进基，x_5 出基，继续迭代，得到另一基可行解：

$$\mathbf{X}^{(2)}=\left(\frac{7}{2},\frac{3}{2},0,0,0\right)^T$$

而此时得到目标函数的表达式是：

$$z^{(2)}=\frac{17}{2}-\frac{1}{4}x_4-\frac{1}{2}x_5 \tag{2.7}$$

由式（2.7）可知，非基变量 x_4 和 x_5 的系数都是负数，即目标函数不能再改善，于是 $\mathbf{X}^{(2)}$ 就是最优解，即当工厂生产甲产品 $\frac{7}{2}$ 件，乙产品生产 $\frac{3}{2}$ 件时，工厂获利最大为 $\frac{17}{2}$。

现将每步迭代得到的结果与图解法作对比，其几何意义就很清楚了。

【例 2.1】的线性规划问题是二维的，即两个变量 x_1、x_2，当加入松弛变量 x_3、x_4、x_5 后，变换为高维的，这时可以想象，满足所有约束条件的可行域是高维空间的凸多面体（凸集），这个凸多面体上的顶点就是基可行解。初始基可行解 $\mathbf{X}^{(0)}=(0,0,15,24,5)^{\mathrm{T}}$ 相当于第一章图 1－4 中的原点 $O(0,0)$；$\mathbf{X}^{(1)}=(4,0,15,0,1)^{\mathrm{T}}$ 相当于图中的 A_1（4，0）点，$\mathbf{X}^{(2)}=\left(\frac{7}{2},\frac{3}{2},0,0,0\right)^{\mathrm{T}}$ 相当于图中的 $A_2\left(\frac{7}{2},\frac{3}{2}\right)$ 点。从初始基可行解 $X^{(0)}$ 开始，依次得到 $\mathbf{X}^{(1)}$，$\mathbf{X}^{(2)}$，这相当于图 1－4 目标函数的等值线由小到大平行移动，首先碰到 $A_1(4,0)$ 点，然后碰到 $A_2\left(\frac{7}{2},\ \frac{3}{2}\right)$ 点，再继续移动就离开可行域了，故 $A_2\left(\frac{7}{2},\ \frac{3}{2}\right)$ 点为取得最优值的顶点，这就是单纯形法的基本思想。

第二节　单纯形法的基本原理

单纯形法作为一种迭代算法，其基本思想是：先找出一个基可行解，判断其是否为最优解，如果不是最优解，则通过线性变换得到相邻的新基可行解，再判断该新基可行解是否最优，如此重复进行，直到找到最优解为止。

1. 确定初始基可行解

对标准的线性规划问题

$$\max z=\mathbf{CX} \tag{2.8}$$

$$\text{s. t.}\begin{cases}\sum\limits_{j=1}^{n}\mathbf{P}_j x_j=\mathbf{b} & (2.9)\\ \mathbf{X}\geqslant 0 & (2.10)\end{cases}$$

在约束条件式（2.9）的变量的系数矩阵中总会存在一个单位矩阵：

$$(\mathbf{P}_1,\mathbf{P}_2,\cdots,\mathbf{P}_m)=\begin{pmatrix}1&0&\cdots&0\\0&1&\cdots&0\\\vdots&\vdots&&\vdots\\0&0&\cdots&1\end{pmatrix} \tag{2.11}$$

由第一章定义 1.4 和定义 1.5 可知，式（2.11）中 $\mathbf{P}_1$，$\mathbf{P}_2$，…，$\mathbf{P}_m$ 称为基向量，同其对应的变量 x_1，x_2，…，x_m 称为基变量，模型中的其他变量 x_{m+1}，x_{m+2}，…，x_n 称为非基变量。式（2.11）中，令所有非基变量都等于零，即可找到一个解：

$$\mathbf{X}=(x_1,x_2,\cdots,x_m,x_{m+1},x_{m+2},\cdots,x_n)^T=(b_1,b_2,\cdots,b_m,0,0,\cdots,0)^T$$

因为 $\mathbf{b}\geqslant 0$，基 $\mathbf{X}$ 满足约束式（1.10），是一个基可行解。

2. 从一个基可行解转换为相邻的基可行解

定义 2.1：两个基可行解称为相邻的，如果它们之间变换且仅变换一个基变量。

设初始基可行解中的前 m 个为基变量，即：

$$X^{(0)}=(x_1^{(0)},x_2^{(0)},\cdots,x_m^{(0)},0,0,\cdots,0)^T$$

代入约束条件式（2.9）有：

$$\sum_{i=0}^{m}\mathbf{P}_i x_i^{(0)}=\mathbf{b} \tag{2.12}$$

写出式（2.12）系数矩阵的增广矩阵：

$$\begin{matrix}\mathbf{P}_1 & \mathbf{P}_2 & \cdots & \mathbf{P}_m & \mathbf{P}_{m+1} & \cdots & \mathbf{P}_j & \cdots & \mathbf{P}_n & \mathbf{b}\end{matrix}$$

$$\left(\begin{array}{cccccccccc|c}1&0&\cdots&0&a_{1,m+1}&\cdots&a_{ij}&\cdots&a_{1n}&b_1\\0&1&\cdots&0&a_{2,m+1}&\cdots&a_{2j}&\cdots&a_{2n}&b_2\\\vdots&\vdots&\vdots&\vdots&\vdots&\vdots&\vdots&\vdots&\vdots&\vdots\\0&0&\cdots&1&a_{m,m+1}&\cdots&a_{mj}&\cdots&a_{mn}&b_m\end{array}\right)$$

因 $\mathbf{P}_1$，$\mathbf{P}_2$，…，$\mathbf{P}_m$ 是一个基，其他向量 $\mathbf{P}_j$ 可用这个基的线性组合来表示，有：

$$\mathbf{P}_j=\sum_{i=1}^{m}a_{ij}\mathbf{P}_i$$

或

$$\mathbf{P}_j-\sum_{i=1}^{m}a_{ij}\mathbf{P}_i=0 \tag{2.13}$$

将式（2.13）乘上一个正数 $\theta>0$ 得：

$$\theta\left(\mathbf{P}_j-\sum_{i=1}^{m}a_{ij}\mathbf{P}_i\right)=0 \tag{2.14}$$

式（2.12）+式（2.14）并经过整理后得：

$$= -\frac{c_k}{a_{lk}} + \frac{1}{a_{lk}}\sum_{i=1}^{m} c_i a_{ik}$$

$$= -\frac{\sigma_k}{a_{lk}}(j = l) \tag{2.23}$$

$$\sigma_j{}' = c_j - \left(\sum_{i=1}^{l-1} c_i a_{ik} + \sum_{i=l+1}^{m} c_i a_{ik}\right) - \frac{a_{lj}}{a_{lk}}\left(-\sum_{i=1}^{l-1} c_i a_{ik} + c_k - \sum_{i=l+1}^{m} c_i a_{ik}\right)$$

$$= \left(c_j - \sum_{i=1}^{m} c_i a_{ik}\right) - \frac{a_{lj}}{a_{lk}}\left(c_k - \sum_{i=1}^{m} c_i a_{ik}\right)$$

$$= \sigma_j - \frac{a_{lj}}{a_{lk}} \cdot \sigma_k (j \neq l) \tag{2.24}$$

第 4 步：重复第 2、3 两步，一直到计算结束为止

【例 2.2】 用单纯形法求下列线性规划问题：

$$\max z = 2x_1 + x_2$$

$$\text{s. t.} \begin{cases} 0x_1 + 5x_2 \leqslant 15 \\ 6x_1 + 2x_2 \leqslant 24 \\ x_1 + x_2 \leqslant 5 \\ x_1, x_2 \geqslant 0 \end{cases}$$

解：先将上述问题转化为标准形式有：

$$\max z = 2x_1 + x_2 + 0x_3 + 0x_4 + 0x_5$$

$$\text{s. t.} \begin{cases} 0x_1 + 5x_2 + x_3 + 0x_4 + 0x_5 = 15 \\ 6x_1 + 2x_2 + 0x_3 + x_4 + 0x_5 = 24 \\ x_1 + x_2 + 0x_3 + 0x_4 + x_5 = 5 \\ x_j \geqslant 0, j = 1, 2, \cdots, 5 \end{cases}$$

其约束条件系数矩阵的增广矩阵为：

$$\begin{matrix} \mathbf{P}_1 & \mathbf{P}_2 & \mathbf{P}_3 & \mathbf{P}_4 & \mathbf{P}_5 & \mathbf{b} \end{matrix}$$

$$\left(\begin{array}{ccccc:c} 0 & 5 & 1 & 0 & 0 & 15 \\ 6 & 2 & 0 & 1 & 0 & 24 \\ 1 & 1 & 0 & 0 & 1 & 5 \end{array}\right)$$

$\mathbf{P}_3$、$\mathbf{P}_4$、$\mathbf{P}_5$ 是单位矩阵，构成一个基，对应变量 x_3、x_4、x_5 是基变量。令非基变量 x_1、x_2 等于零，即找到一个初始基可行解：

$$\mathbf{X} = (0, 0, 15, 24, 5)^T$$

由此列出初始单纯形表，见表 2－3。

表 2-3

$c_j \to$			2	1	0	0	0
$\mathbf{C}_B$	$\mathbf{X}_B$	**b**	x_1	x_2	x_3	x_4	x_5
0	x_3	15	0	5	1	0	0
0	x_4	24	[6]	2	0	1	0
0	x_5	5	1	1	0	0	1
σ_j			2	1	0	0	0

表中有大于零的检验数，故表中基可行解不是最优解。因非基变量检验数 $\sigma_1=2>\sigma_2=1$，故确定 x_1 为换入变量。将 **b** 列除以 $\mathbf{P}_1$ 的同行数字得：

$$\theta=\min\left\{\infty,\frac{24}{6},\frac{5}{1}\right\}=\frac{24}{6}=4$$

由此 6 为主元素，作为标志对主元素 6 加上方括号 [ ]，主元素所在行基变量 x_4 为换出变量，如图 2-1 所示。

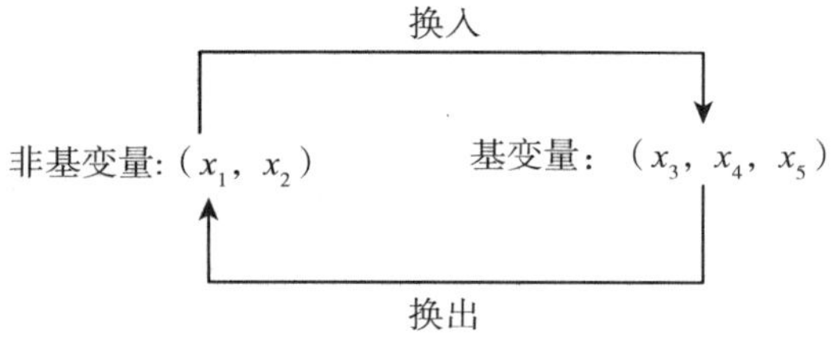

图 2-1

由图 2-1 可知，用 x_1 替换 x_4，得到一个新的基 $\mathbf{P}_3$，$\mathbf{P}_1$，$\mathbf{P}_5$，按照上述单纯形法计算第 3 步的(1)～(3)，可以得到新的基可行解，并列出新的单纯形表（见表 2-4）。

表 2-4

$c_j \to$			2	1	0	0	0
$\mathbf{C}_B$	$\mathbf{X}_B$	**b**	x_1	x_2	x_3	x_4	x_5
0	x_3	15	0	5	1	0	0
2	x_1	4	1	2/6	0	1/6	0
0	x_5	1	0	[4/6]	0	-1/6	1
σ_j			0	1/3	0	-1/3	0

由于表 2-4 中还存在大于零的检验数 $\sigma_2=1/3$，故非基变量 x_2 换入，基变量 x_5 换出，如图 2-2 所示。

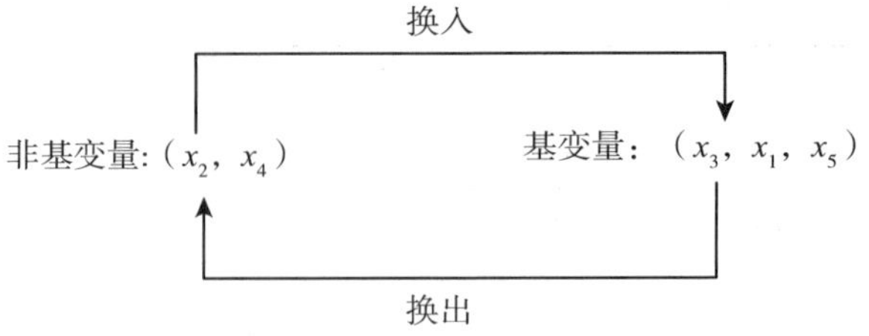

图 2－2

重复上述步骤得表 2－5。

表 2－5

$c_j \to$			2	1	0	0	0
$\mathbf{C}_B$	$\mathbf{X}_B$	**b**	x_1	x_2	x_3	x_4	x_5
0	x_3	15/2	0	0	1	5/4	－15/2
2	x_1	7/2	1	0	0	1/4	－1/2
1	x_2	3/2	0	1	0	－1/4	3/2
σ_j			0	0	0	－1/4	－1/2

表 2－5 中所有非基变量检验数 $\sigma_j \leqslant 0$，且基变量中不含人工变量，故表中的基可行解 $\mathbf{X}=\left(\frac{7}{2},\frac{3}{2},\frac{15}{2},0,0\right)^{\mathrm{T}}$ 为最优解，代入目标函数得 $z=\frac{17}{2}$。

由【例 2.2】单纯形法求解可知，在最优单纯形表 2－5 中可以查得最优基 **B** 的逆矩阵 $\mathbf{B}^{-1}$，它就在与初始表中单位矩阵（初始基）相对应的位置。

这是因为单纯形法要求初始基是一个单位矩阵 **E**（包含由松弛变量和原变量系数的列向量构成的单位矩阵。如果没有这样的单位矩阵，还得人为地去凑一个单位矩阵，这一点将在下一节讨论）。经过若干次迭代以后，这个单位矩阵 **E** 变成了什么呢？为了说明这一点，我们不妨将系数矩阵 **A** 写成分块形式

$$\mathbf{A}=(\mathbf{B} \mid \mathbf{E} \mid \mathbf{D})$$

其中 **B** 为最优基，**E** 为初始基，**B** 和 **E** 都是 $m \times m$ 阶方阵，**D** 为其余非基向量所组成的$m \times (n-2m)$阶矩阵。

在最优单纯形表中，由最优基 **B** 组成的方阵总是单位矩阵。实际上，单纯形法的计算过程（主要是矩阵的初等变换）就是逐步将 **B** 化为单位矩阵的过程。这个过程也相当于进行如下的运算：

$$\mathbf{B}^{-1}\mathbf{A}=(\mathbf{B}^{-1}\mathbf{B} \mid \mathbf{B}^{-1}\mathbf{E} \mid \mathbf{B}^{-1}\mathbf{D})=(\mathbf{E} \mid \mathbf{B}^{-1} \mid \mathbf{B}^{-1}\mathbf{D})$$

可以看到，当最优基 **B** 最后化为单位矩阵时，初始基所形成的单位矩阵则转化为 $\mathbf{B}^{-1}$。

【例 2.2】中，最优基 **B** 和最优基 **B** 的逆矩阵 $\mathbf{B}^{-1}$ 分别为：

$$\mathbf{B}=\begin{pmatrix}1 & 0 & 5\\ 0 & 6 & 2\\ 0 & 1 & 1\end{pmatrix},\mathbf{B}^{-1}=\begin{pmatrix}1 & \frac{5}{4} & -\frac{15}{2}\\ 0 & \frac{1}{4} & -\frac{1}{2}\\ 0 & -\frac{1}{4} & \frac{3}{2}\end{pmatrix}$$

最后，对于单纯形法求解线性规划问题，还需做如下两点说明：

（1）在单纯形迭代步骤中，选择进基变量的法则是：若

$$\sigma_k=\max_j\{\sigma_j \mid \sigma_j>0, 1\leqslant j\leqslant n\}$$

则选择与 σ_k 相对应的变量 x_k 为进基变量。

现在若同时有几个 $\sigma_j>0$ 都等于最大的 σ_k，那么选取哪个变量为进基变量 x_k 呢？一般来讲，可以取其中任何一个变量作为进基变量 x_k；也可以选取其中下标最小的那个变量作为进基变量 x_k。

（2）在单纯形迭代步骤中，选择出基变量的法则是：若

$$\theta=\min_i\left\{\frac{b_i}{a_{ik}} \mid a_{ik}>0\right\}=\frac{b_l}{a_{lk}}$$

则选择 x_l 是换出基的变量。

现在若同时有几个$\frac{b_i}{a_{ik}}$（$a_{ik}>0$）都等于最小的 θ，那么选取哪个变量为出基变量 x_l 呢？一般来讲，可以取其中任何一个变量作为出基变量 x_l；也可以选取最小下标 i 对应的变量作为出基变量 x_l。

第四节　单纯形法的进一步讨论

一、大 M 法

前面讨论的线性规划模型转化为标准形式后，其系数矩阵都含有单位矩阵（组成的列向量线性无关），因此很容易确定一个基，且容易确定一组基变量，进而容易得到初始基可行解。但是，在很多线性规划的模型中加入松弛变量化为标准形式之后仍然得不到单位矩阵，如下面的【例 2.3】。为了容易得到一组基向量和初始基可行解，可以在约束条件等式左边加若干虚拟变量，从而得到一个单位矩阵。这种人为加入，为了易于得到基矩阵而添加的变量称为人工变量，所构成的可行基称为人工基。

由于人工变量是为了凑出单位向量而人为加入的，因此其取值必须为零，否则将破坏

现有的约束条件，使其成为不可行解。如何满足对人工变量取零的要求呢？一般采用的方法是：在目标函数中加入防止人工变量取正数的限制项，即对于求目标函数最大值的线性规划问题，在目标函数中加入人工变量与 $-M$ 乘积项（对于求目标函数最大值的线性规划问题，在目标函数中加入人工变量与 M 乘积项）。其中，M 被公认为一个非常大的正数。在目标函数中加入这个限制项的目的是，只要人工变量取值不为零，就会在很大程度上减小（增大）目标函数值，从而得不到最优解，因此称 M 为惩罚因子。

大 M 法求解一般线性规划问题的步骤如下：

（1）将线性规划模型转化为目标函数求极大值问题，约束条件为等号，且右端常数为非负数。

（2）考察约束条件系数矩阵中是否存在单位矩阵，如果不存在，在某约束等式左边引入合适的人工变量，补充缺失的单位向量，构成基矩阵；同时在目标函数中加入惩罚项。这样单位向量对应的变量作为基变量，便可得到一个初始解，建立初始单纯形表。

（3）进行判优及换基迭代的过程与第三节单纯形计算过程类似。一般来说，进行有限次判优和迭代循环后，得到所有检验数都小于等于零，或者不能继续换基迭代的终止单纯形表。

下面用【例 2. 3】来说明大 M 法的求解过程。

【例 2. 3】 用单纯形法求解下列线性规划问题：

$$\max z = 3x_1 + 2x_2 - x_3$$

$$\text{s. t.} \begin{cases} -4x_1 + 3x_2 + x_3 \geqslant 4 \\ x_1 - x_2 + 2x_3 \leqslant 10 \\ -2x_1 + 2x_2 - x_3 = -1 \\ x_1, x_2, x_3 \geqslant 0 \end{cases}$$

解：先将上述问题转化为标准形式，有：

$$\max z = 3x_1 + 2x_2 - x_3 + 0x_4 + 0x_5$$

$$\text{s. t.} \begin{cases} -4x_1 + 3x_2 + x_3 - x_4 + 0x_5 = 4 \\ x_1 - x_2 + 2x_3 + 0x_4 + x_5 = 10 \\ 2x_1 - 2x_2 + x_3 + 0x_4 + 0x_5 = 1 \\ x_j \geqslant 0, j = 1, 2, \cdots, 5 \end{cases}$$

上述模型约束条件系数中只有单位向量 $(0, 1, 0)^T$，缺少单位向量 $(1, 0, 0)^T$ 和 $(0, 0, 1)^T$，因此给第一个约束条件左边加入人工变量 x_6，第三个约束条件左边加入人工变量 x_7，使约束条件系数矩阵中包含单位矩阵；同时在目标函数中加入 $-Mx_6$ 和 $-Mx_7$ 项，得：

$$\max z = 3x_1 + 2x_2 - x_3 + 0x_4 + 0x_5 - Mx_6 - Mx_7$$

$$
\text{s. t.}\begin{cases}-4x_1+3x_2+x_3-x_4+0x_5+x_6=4\\x_1-x_2+2x_3+0x_4+x_5=10\\2x_1-2x_2+x_3+0x_4+0x_5+x_7=1\\x_j\geqslant 0, j=1,2,\cdots,7\end{cases}
$$

在约束条件系数矩阵的增广矩阵中 $\mathbf{P}_6$、$\mathbf{P}_5$、$\mathbf{P}_7$ 是单位矩阵，构成一个基，对应变量 x_6、x_5、x_7 是基变量。令非基变量 x_1、x_2、x_3、x_4 等于零，即找到一个初始基可行解：

$$
\mathbf{X}=(0,0,0,0,10,4,1)^T
$$

然后利用第三节介绍的单纯形法求解，其过程见表 2－6。

表 2－6

	$c_j\rightarrow$			3	2	－1	0	0	－M	－M
	$\mathbf{C}_B$	$\mathbf{X}_B$	**b**	x_1	x_2	x_3	x_4	x_5	x_6	x_7
	－M	x_6	4	－4	3	1	－1	0	1	0
	0	x_5	10	10	－1	2	0	1	0	0
换出	－M	x_7	1	1	－2	[1]	0	0	0	1
		σ_j		3－2M	2＋M	－1＋2M	－M	0	0	0
换出	－M	x_6	3	－6	[5]	0	－1	0	1	
	0	x_5	8	－3	3	0	0	1	0	
	－1	x_3	1	2	－2	1	0	0	0	
		σ_j		5－6M	5M	0	－M	0	0	
	0	x_2	3/5	－6/5	1	0	－1/5	0		
换出	0	x_5	31/5	[3/5]	0	0	3/5	1		
	－1	x_3	11/5	－2/5	0	1	－2/5	0		
		σ_j		5	0	0	0	0		
	2	x_2	13	0	1	0	1	2		
	3	x_1	31/3	1	0	0	1	5/3		
	－1	x_3	19/3	0	0	1	0	2/3		
		σ_j		0	0	0	－5	－25/3		

在终止单纯形表中，由于 $\sigma_j\leqslant 0(j=1,2,\cdots,5)$，并且人工变量 x_6、x_7 为非基变量，因此得到原问题最优解 $\mathbf{X}=\left(\frac{31}{3},13,\frac{19}{3},0,0\right)^T$，$\max z=\frac{152}{3}$。

对于大 M 法，还有如下一些问题需要说明：

（1）在 $\mathbf{b}\geqslant 0$ 的条件下，如果原来的系数矩阵 $\mathbf{A}$ 中已经有 l 个$(0<l<m)$不同的单位列

向量（包括松弛变量的系数形成的单位列向量），则只需要再引进 $m-l$ 个人工变量，使它们所在的列和原来 l 个单位列向量合成一个单位矩阵就行了，这样可以减少计算量。

（2）在单纯形迭代中，某个人工变量一旦离开基，它的任务就完成了，我们可以把这一列删去（如表 2－6 的最后一列和倒数第二列空白处），不再予以考虑，更不要把它再换到基里去。当然，如果还需要通过最终表查到最后基的逆矩阵，则这些列不能删去，而应继续进行变换。

（3）设原问题为（P），采用大 M 法所构造的新问题为（P'），则大 M 法的结果可能有两种：一种是（P'）有最优解，设为$\begin{pmatrix}\mathbf{X}^*\\ \mathbf{X}_M^*\end{pmatrix}$。若这时 $\mathbf{X}_M^*=0$，则 $\mathbf{X}^*$ 就是原问题（P）的最优解（【例 2.3】就是这一类）；若 $\mathbf{X}_M^*\neq 0$，则原问题（P）无可行解。另一种是（P'）无界。这时若所有的人工变量都取零值，则原问题（P）也无界；若至少一个人工变量取正值，则原问题（P）无可行解。

二、两阶段法

用大 M 法处理人工变量，在用手工计算求解时不会碰到麻烦。但用电子计算机求解时，对 M 就只能在计算机内输入一个机器最大字长的数字。如果线性规划问题中的 a_{ij}、b_i 和 c_j 等参数值与这个代表 M 的数相对比较接近，或远远小于这个数字，由于计算机计算时取值上的误差，有可能使计算结果发生错误。为了克服这个困难，可以对添加人工变量后的线性规划问题分两个阶段来计算，称两阶段法。

两阶段法的第一阶段是先求解一个目标函数中只包含人工变量的线性规划问题，即令目标函数中其他变量的系数取零，人工变量的系数取某个正的常数（一般取 1），在保持原约束条件不变的情况下求这个目标函数极小化时的解。显然在第一阶段中，当人工变量取值为 0 时，目标函数取值也为 0。这时候的最优解就是原线性规划问题的一个基可行解。如果第一阶段求解结果最优解的目标函数值不为 0，也即最优解的基变量中含有非零的人工变量，表明原线性规划问题无可行解。

当第一阶段求解结果表明问题有可行解时，第二阶段就是在原问题中去除人工变量，并从此可行解（即第一阶段的最优解）出发，继续寻找问题的最优解。

【例 2.4】 用两阶段法求解【例 2.3】的线性规划问题：

$$\max z=3x_1+2x_2-x_3$$

$$\text{s. t.}\begin{cases}-4x_1+3x_2+x_3\geqslant 4\\ x_1-x_2+2x_3\leqslant 10\\ -2x_1+2x_2-x_3=-1\\ x_1,x_2,x_3\geqslant 0\end{cases}$$

解：将上述问题转化为标准形式，有：

$$\max z = 3x_1 + 2x_2 - x_3 + 0x_4 + 0x_5$$

$$\text{s. t.} \begin{cases} -4x_1 + 3x_2 + x_3 - x_4 + 0x_5 = 4 \\ x_1 - x_2 + 2x_3 + 0x_4 + x_5 = 10 \\ 2x_1 - 2x_2 + x_3 + 0x_4 + 0x_5 = 1 \\ x_j \geqslant 0, j = 1, 2, \cdots, 5 \end{cases}$$

在第一个和第三个约束条件中分别加入人工变量 x_6 和 x_7，构造第一阶段模型：

$$\max w = x_6 + x_7 \rightarrow \max - w = -x_6 - x_7$$

$$\text{s. t.} \begin{cases} -4x_1 + 3x_2 + x_3 - x_4 + 0x_5 + x_6 = 4 \\ x_1 - x_2 + 2x_3 + 0x_4 + x_5 = 10 \\ 2x_1 - 2x_2 + x_3 + 0x_4 + 0x_5 + x_7 = 1 \\ x_j \geqslant 0, j = 1, 2, \cdots, 7 \end{cases}$$

用单纯形法求解第一阶段模型，见表 2－7。

表 2－7

$c_j \rightarrow$			0	0	0	0	0	−1	−1
$\mathbf{C}_B$	$\mathbf{X}_B$	**b**	x_1	x_2	x_3	x_4	x_5	x_6	x_7
−1	x_6	4	−4	3	1	−1	0	1	0
0	x_5	10	10	−1	2	0	1	0	0
−1	x_7（换出）	1	1	−2	[1]	0	0	0	1
σ_j			−2	1	2	−1	0	0	0
−1	x_6（换出）	3	−6	[5]	0	−1	0	1	
0	x_5	8	−3	3	0	0	1	0	
0	x_3	1	2	−2	1	0	0	0	
σ_j			−6	5	0	−1	0	0	
0	x_2	3/5	−6/5	1	0	−1/5	0		
0	x_5	31/5	[3/5]	0	0	3/5	1		
0	x_3	11/5	−2/5	0	1	−2/5	0		
σ_j			0	0	0	0	0		

由表 2－7 的终止表可以看出，人工变量不在基变量中，因此第一阶段的最优解为 $\mathbf{X} = \left(0, \frac{3}{5}, \frac{11}{5}, 0, \frac{31}{5}\right)^{\mathrm{T}}$，$\max w = 0$，说明找到了原问题的一组基可行解，将它作为初始基可行解，求使原问题的目标函数达到最优的解。注意，应将表 2－7 的最后一张子表中的 b 系数作为约束条件系数，第二阶段模型表述为：

$$\max z = 3x_1 + 2x_2 - x_3$$

$$\text{s. t.} \begin{cases} -\dfrac{6}{5}x_1 + x_2 - \dfrac{1}{5}x_4 = \dfrac{3}{5} \\ \dfrac{3}{5}x_1 + \dfrac{3}{5}x_4 + x_5 = \dfrac{31}{5} \\ 2x_1 - 2x_2 + x_3 + 0x_4 + 0x_5 = 1 \\ x_j \geqslant 0, j = 1, 2, \cdots, 5 \end{cases}$$

用单纯形法求解第二阶段模型过程见表 2－8。

表 2－8

换出

$c_j \to$			3	2	－1	0	0
$\mathbf{C}_B$	$\mathbf{X}_B$	**b**	x_1	x_2	x_3	x_4	x_5
0	x_2	3/5	－6/5	1	0	－1/5	0
0	x_5	31/5	[31/5]	0	0	3/5	1
0	x_3	11/5	－2/5	0	1	－2/5	0
σ_j			5	0	0	0	0
2	x_2	13	0	1	0	1	2
3	x_1	31/3	1	0	0	1	5/3
－1	x_3	19/3	0	0	1	0	2/3
σ_j			0	0	0	－5	－25/3

在单纯形表 2－8 中，最后一行的检验数 $\sigma_j \leqslant 0 (j = 1, 2, \cdots, 5)$，因此原问题最优解 $\mathbf{X} = \left(\dfrac{31}{3}, 13, \dfrac{19}{3}, 0, 0\right)^{\mathrm{T}}, \max z = \dfrac{152}{3}$。

对照大 M 法和两阶段法，其每一步的迭代结果均类似，最后结果相同。值得注意的是，在两阶段法的第二阶段中，初始表中目标函数系数和检验数不能引用第一阶段最后表的数字，必须代入原模型中的目标函数系数，然后根据检验数公式，计算第二阶段初始单纯形表中各个变量的检验数。

两阶段法解的判断：

（1）第一阶段的最优值 $w = 0$ 时，只能说明原问题有可行解，第二阶段问题不一定有最优解，存在原问题无界的可能性。无界解的判断条件是，检验数 σ_k 不能满足判优条件，且所有的 $a_{ik} \leqslant 0$。

（2）第一阶段的最优值 $w \neq 0$ 时，原问题无可行解。

第五节　单纯形法解的讨论

由第一章图解法可知，线性规划问题存在唯一最优解、无穷多最优解、无界解和无可行解4种情况。由【例2.2】可知，若在最优单纯形表中所有基变量取值均大于零，且非基变量的检验数都小于零，则线性规划问题有唯一最优解。也就是说，若线性规划问题有唯一最优解，则基变量的检验数一定为零，而非基变量的检验数为负值。下面通过实例讨论线性规划问题有无穷多最优解、无界解和无可行解的条件。

一、无穷多个最优解

【例2.5】用单纯形法求线性规划问题：

$$\max z = 3x_1 + 2x_2$$

$$\text{s.t.}\begin{cases} -x_1 + 2x_2 \leqslant 4 \\ 3x_1 + 2x_2 \leqslant 14 \\ x_1 - x_2 \leqslant 3 \\ x_1, x_2 \geqslant 0 \end{cases}$$

解：引入松弛变量 x_3、x_4、x_5，将问题化为标准形式：

$$\max z = 3x_1 + 2x_2 + 0x_3 + 0x_4 + 0x_5$$

$$\text{s.t.}\begin{cases} -x_1 + 2x_2 + x_3 + 0x_4 + 0x_5 = 4 \\ 3x_1 + 2x_2 + 0x_3 + x_4 + 0x_5 = 14 \\ x_1 - x_2 + 0x_3 + 0x_4 + x_5 = 3 \\ x_1, x_2, \cdots, x_5 \geqslant 0 \end{cases}$$

其约束条件系数矩阵的增广矩阵为：

$$\begin{array}{cccccc} \mathbf{P}_1 & \mathbf{P}_2 & \mathbf{P}_3 & \mathbf{P}_4 & \mathbf{P}_5 & \mathbf{b} \end{array}$$

$$\left(\begin{array}{ccccc:c} -1 & 2 & 1 & 0 & 0 & 4 \\ 3 & 2 & 0 & 1 & 0 & 14 \\ 1 & -1 & 0 & 0 & 1 & 3 \end{array}\right)$$

$\mathbf{P}_3$、$\mathbf{P}_4$、$\mathbf{P}_5$ 是单位矩阵，构成一个基，对应变量 x_3、x_4、x_5 是基变量。令非基变量 x_1、x_2 等于零，即找到一个初始基可行解：

$$\mathbf{X} = (0, 0, 4, 14, 3)^T$$

由此列出初始单纯形表，见表2-9。

表 2－9

$c_j \to$			3	2	0	0	0
$\mathbf{C}_B$	$\mathbf{X}_B$	**b**	x_1	x_2	x_3	x_4	x_5
0	x_3	4	－1	2	1	0	0
0	x_4	14	3	2	0	1	0
0	x_5	3	[1]	－1	0	0	1
σ_j			3	2	0	0	0

表中有大于零的检验数，故表中基可行解不是最优解。因非基变量检验数 $\sigma_1=3>\sigma_2=2$，故确定 x_1 为换入变量。将 **b** 列除以 $\mathbf{P}_1$ 的同行非负数字，得：

$$\theta=\min\left\{\frac{14}{3},\frac{3}{1}\right\}=\frac{3}{1}=3$$

由此 1 为主元素，作为标志对主元素 1 加上方括号 [ ]，主元素所在行基变量 x_5 为换出变量，如图 2－3 所示。

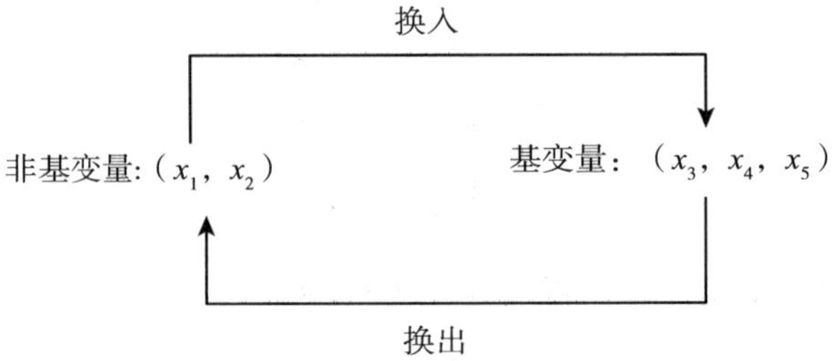

图 2－3

由图 2－3 可知，用 x_1 替换 x_5，得到一个新的基 $\mathbf{P}_3$、$\mathbf{P}_4$、$\mathbf{P}_1$，按照单纯形法计算，可以得到新的基可行解，并列出新的单纯形表（见表 2－10）。

表 2－10

$c_j \to$			2	1	0	0	0
$\mathbf{C}_B$	$\mathbf{X}_B$	**b**	x_1	x_2	x_3	x_4	x_5
0	x_3	15	0	1	1	0	1
0	x_4	4	1	[5]	0	1	－3
3	x_5	1	0	－3	0	0	1
σ_j			0	5	0	0	－3

由于表 2－10 中还存在大于零的检验数 $\sigma_2=5$，故非基变量 x_2 换入，基变量 x_4 换出，如图 2－4 所示。

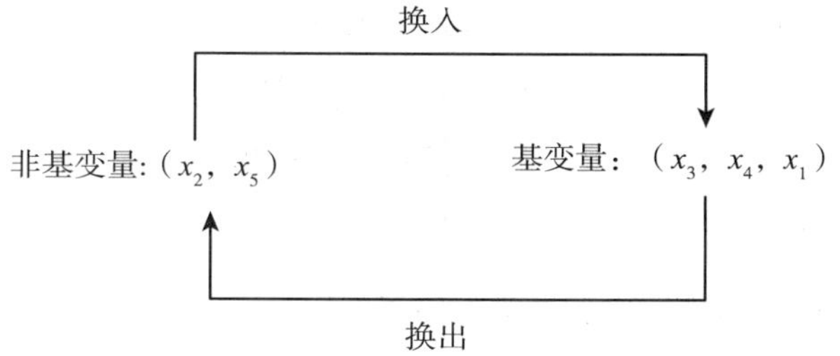

图 2－4

重复上述步骤得表 2－11。

表 2－11

$c_j \to$			2	1	0	0	0
$\mathbf{C}_B$	$\mathbf{X}_B$	**b**	x_1	x_2	x_3	x_4	x_5
0	x_3	6	0	0	1	－1/5	－8/5
2	x_2	1	1	1	0	1/5	－3/5
3	x_1	4	0	0	0	－1/5	2/5
σ_j			0	0	0	－1	0
0	x_5	15/4	0	0	5/8	－1/8	1
2	x_2	13/4	0	1	3/8	1/8	0
3	x_1	5/2	1	0	－1/4	1/4	0
σ_j			0	0	0	－1	0

非基变量检验数为零

非基变量检验数为零

表 2－11 中，当 $\mathbf{X}_1^* = (4,1,6,0,0)^T$ 时，$z^* = 14$；当 $\mathbf{X}_2^* = \left(\frac{5}{2},\frac{13}{4},0,0,\frac{15}{4}\right)^T$ 时，$z^* = 14$。因此，$\mathbf{X}_1^*$ 和 $\mathbf{X}_2^*$ 是该线性规划问题的两个最优解，由第一章知识可知，$\mathbf{X}_1^*$ 和 $\mathbf{X}_2^*$ 的凸组合

$$\mathbf{X}^* = \lambda \mathbf{X}_1^* + (1-\lambda)\mathbf{X}_2^* = \lambda \begin{pmatrix} 4 \\ 1 \\ 6 \\ 0 \\ 0 \end{pmatrix} + (1-\lambda) \begin{pmatrix} 5/2 \\ 13/4 \\ 0 \\ 0 \\ 15/4 \end{pmatrix}, 0 \leqslant \lambda \leqslant 1$$

也是该问题的最优解，故有无穷多个最优解。

一般来说，在一个线性规划问题最优单纯形表中，如果非基变量的检验数中有零，则该线性规划问题有无穷多最优解。

二、无界解

【例 2.6】 用单纯形法求线性规划问题：

$$\max z = 2x_1 + x_2$$

$$\text{s. t.}\begin{cases} x_1 - x_2 \leqslant 10 \\ 2x_1 - x_2 \leqslant 40 \\ x_1, x_2 \geqslant 0 \end{cases}$$

解：引入松弛变量 x_3、x_4，将问题化为标准形式：

$$\max z = 2x_1 + x_2 + 0x_3 + 0x_4$$

$$\text{s. t.}\begin{cases} x_1 - x_2 + x_3 + 0x_4 = 10 \\ 2x_1 - x_2 + 0x_3 + x_4 = 40 \\ x_1, x_2, x_3, x_4 \geqslant 0 \end{cases}$$

建立初始单纯形表，计算过程见表 2－12。

表 2－12

$c_j \rightarrow$			2	1	0	0
$\mathbf{C}_B$	$\mathbf{X}_B$	**b**	x_1	x_2	x_3	x_4
0	x_3	10	[1]	−1	1	0
0	x_4	40	2	−1	0	1
	σ_j		2	1	0	0
2	x_1	10	1	−1	1	0
0	x_4	20	0	[1]	−2	1
	σ_j		0	3	−2	0
2	x_1	30	1	0	−1	1
1	x_2	20	0	1	−2	1
	σ_j		0	0	4	−3

列向量为负值

非基检验数为正值

迭代到表 2－12 的最后一步，仍存在非基变量检验数 $\sigma_3 > 0$，但非基变量 x_3 所对应的列向量 $a_{i3} < 0(i = 1, 2)$，因此不能确定出基变量，即增加 x_3 的取值，不会使现有基变量减少，也就是对 x_1 和 x_2 的取值无限制，因而目标函数将趋向于无穷大。

一般来说，在任意一次迭代过程中，如果任何一个可行基的变量（检验数为正数）对应的系数所有元素都小于等于零，那么可以确定该线性规划问题无最优解，或称为无界解。

三、无可行解

【**例 2.7**】用单纯形法求线性规划问题：

$$\max z = 2x_1 + 4x_2$$

$$\text{s. t.}\begin{cases}2x_1-3x_2\geqslant 2\\ -x_1+x_2\geqslant 3\\ x_1,x_2\geqslant 0\end{cases}$$

解：引入松弛变量 x_3、x_4 及人工变量 x_5、x_6 将问题化为标准形式：

$$\max z=2x_1+4x_2+0x_3+0x_4-Mx_5-Mx_6$$

$$\text{s. t.}\begin{cases}2x_1-3x_2-x_3+0x_4+x_5+0x_6=2\\ 2x_1-x_2+0x_3-x_4+0x_5+x_6=3\\ x_1,x_2,\cdots,x_6\geqslant 0\end{cases}$$

建立初始单纯形表，计算过程见表 2－13。

表 2－13

$c_j\rightarrow$			2	4	0	0	$-M$	$-M$
$\mathbf{C}_B$	$\mathbf{X}_B$	**b**	x_1	x_2	x_3	x_4	x_5	x_6
$-M$	x_5	2	[2]	-3	-1	0	1	0
$-M$	x_6	3	-1	1	0	-1	0	0
σ_j			$2+M$	$4-2M$	$-M$	$-M$	0	0
2	x_1	1	1	$-3/2$	$-1/2$	0	$1/2$	0
$-M$	x_6	4	0	$-1/2$	$-1/2$	-1	$1/2$	1
σ_j			0	$7-\frac{M}{2}$	$1-\frac{M}{2}$	$-M$	$-1-\frac{M}{2}$	0

由表 2－13 可知，已求得大 M 问题的最优解：

$$\mathbf{X}^*=(1,0,0,0,0,4)^{\mathrm{T}}$$

及目标函数最优值 $z^*=2-4M$。

但在 $\mathbf{X}^*$ 中有人工变量 x_6 是基变量而取值不为零，所以该问题无可行解。

本章小结

本章首先阐述了单纯形法的基本思想，单纯形法的求解步骤；之后，介绍了单纯形法的一般法则及最优性判别准则，以及用单纯性法求解线性规划问题的过程，并进一步介绍了求解线性规划问题的两种人工变量法，即大 M 法和两阶段法；最后，讨论了线性规划问题解的各种情形。

本章习题

1. 单纯形法的基本原理是什么？

2. 在用单纯形法求解线性规划问题时，换入和换出变量如何确定？

3. 在用单纯形法求解线性规划问题时，如何判断一个基可行解是否是最优解？

4. 简述在用单纯形法求解线性规划问题时，分别满足什么条件线性规划问题有唯一最优解、无穷多最优解、无界解和无可行解。

5. 在求解线性规划问题时，什么情形下适合用大 M 方法求解？

6. 简述用大 M 法和两阶段法求解线性规划问题的思路，并比较异同。

7. 分别用图解法和单纯形法求解下列线性规划问题，并对照指出单纯形法迭代的每一步相当于图解法可行域中的哪一个顶点。

（1）$\max z=10x_1+5x_2$

$$\text{s. t.}\begin{cases}3x_1+4x_2\leqslant 9\\5x_1+2x_2\leqslant 8\\x_1, x_2\geqslant 0\end{cases}$$

（2）$\max z=2x_1+x_2$

$$\text{s. t.}\begin{cases}5x_2\leqslant 15\\6x_1+2x_2\leqslant 24\\x_1+x_2\leqslant 5\\x_1, x_2\geqslant 0\end{cases}$$

8. 用单纯形法求解下列线性规划问题。

（1）$\min z=2x_1+3x_2$

$$\text{s. t.}\begin{cases}4x_1+6x_2\geqslant 6\\3x_1+2x_2\geqslant 4\\x_1,\ x_2\geqslant 0\end{cases}$$

（2）$\max z=3x_1+2x_2$

$$\text{s. t.}\begin{cases}2x_1+x_2\leqslant 2\\3x_1+4x_2\geqslant 12\\x_1,\ x_2\geqslant 0\end{cases}$$

（3）$\max z=10x_1+5x_2$

$$\text{s. t.}\begin{cases}3x_1+4x_2\leqslant 9\\5x_1+2x_2\leqslant 8\\x_1,\ x_2\geqslant 0\end{cases}$$

（4）$\max z=5x_1+6x_2$

$$\text{s. t.}\begin{cases}2x_1-x_2\geqslant 2\\-2x_1+3x_2\leqslant 2\\x_1,\ x_2\geqslant 0\end{cases}$$

（5）$\max z=2x_1-x_2+x_3$

$$\text{s. t.}\begin{cases}3x_1+x_2+x_3\leqslant 60\\x_1-x_2+2x_3\leqslant 10\\x_1+x_2-x_3\leqslant 20\\x_j\geqslant 0\ (j=1,\ 2,\ 3)\end{cases}$$

（6）$\max z=3x_1+5x_2$

$$\text{s. t.}\begin{cases}x_1\leqslant 4\\2x_2\leqslant 12\\3x_1+2x_2\leqslant 18\\x_j\geqslant 0\ (j=1,\ 2)\end{cases}$$

（7）$\max z=6x_1+2x_2+10x_3+8x_4$

$$\text{s. t.}\begin{cases}5x_1+6x_2-4x_3-4x_4\leqslant 20\\3x_1-3x_2+2x_3+8x_4\leqslant 25\\4x_1-2x_2+x_3+3x_4\leqslant 10\\x_j\geqslant 0\ (j=1,\ 2,\ 3,\ 4)\end{cases}$$

（8）$\max z=2x_1-x_2+x_3$

$$\text{s. t.}\begin{cases}3x_1+x_2+x_3\leqslant 40\\x_1-x_2+2x_3\leqslant 10\\x_1+x_2-2x_3\leqslant 20\\x_j\geqslant 0\ (j=1,\ 2,\ 3)\end{cases}$$

（9）$\min z=-3x_1+x_2+x_3$

$$\text{s. t.}\begin{cases}x_1-2x_2+x_3\leqslant 15\\-4x_1+x_2+2x_3\leqslant 4\\-2x_1+x_3\leqslant 3\\x_j\geqslant 0\ (j=1,\ 2,\ 3)\end{cases}$$

（10）$\max z=2x_1+3x_2+5x_3$

$$\text{s. t.}\begin{cases}2x_1+2x_2+3x_3\leqslant 12\\x_1+2x_2+2x_3\leqslant 8\\4x_1+6x_3\leqslant 16\\4x_2+3x_3\leqslant 12\\x_j\geqslant 0\ (j=1,\ 2,\ 3)\end{cases}$$

9. 分别用大 M 法和两阶段法求解下列线性规划问题。

（1）$\max z=-2x_1-x_2+x_3+x_4$

$$\text{s. t.}\begin{cases}x_1-x_2+2x_3-x_4=2\\2x_1+x_2-3x_3+x_4=6\\x_1+x_2+x_3+x_4=7\\x_j\geqslant 0(j=1,2,3,4)\end{cases}$$

（2）$\max z=2x_1-x_2+2x_3$

$$\text{s. t.}\begin{cases}x_1+x_2+x_3\geqslant 6\\-2x_1+x_3\geqslant 2\\2x_2-x_3\geqslant 0\\x_j\geqslant 0\ (j=1,\ 2,\ 3)\end{cases}$$

（3）$\min z=2x_1+3x_2+x_3$

$$\text{s. t.}\begin{cases}x_1+4x_2+2x_3\geqslant 8\\3x_1+2x_2\geqslant 6\\x_j\geqslant 0(j=1,2,3)\end{cases}$$

（4）$\max z=10x_1+15x_2+12x_3$

$$\text{s. t.}\begin{cases}5x_1+3x_2+x_3\leqslant 9\\-5x_1+6x_2+15x_3\leqslant 15\\2x_2+x_2+x_3\geqslant 5\\x_j\geqslant 0(j=1,2,3)\end{cases}$$

10. 已知线性规划问题为：

$$\max Z=c_1x_1+c_2x_2$$

$$\text{s. t.}\begin{cases}a_{11}x_1+a_{12}x_2\leqslant b_1\\a_{21}x_1+a_{22}x_2\leqslant b_2\\x_j\geqslant 0(j=1,2)\end{cases}$$

最优单纯形如表 2－14 所示。求 a_{11}、a_{12}、a_{21}、a_{22}、b_1、b_2、c_1、c_2 的值。

表 2－14

$\mathbf{X}_B$	**b**	x_1	x_2	x_3	x_4
x_1	1	0	0	3	－1
x_2	2	1	1	－1	1
$z=8$		0	0	－3	－1

11. 某一求目标函数极大值的线性规划问题，用单纯形法求解得最终单纯形表如表 2－15所示，其中常数 a_1、a_2、a_3、d 和 σ_1 未知，且不含人工变量。问应如何限制这些参数，使得下列结论成立：

表 2-15

X_B	b	x_1	x_2	x_3	x_4	x_5
x_3	4	-1	1	1	0	0
x_4	1	a_1	-4	0	1	0
x_5	d	a_2	a_3	0	0	1
z		σ_1	-2	0	0	0

（1）现有解为唯一最优解。

（2）现有解为最优解，但最优解有无穷多个。

（3）存在可行解，但目标函数无界。

12. 已知某线性规划问题单纯形法计算时，得到的初始单纯形表和最优单纯形表如表 2-16所示，请填上表中空白处数字。

表 2-16

$c_j \to$			2	-1	1	0	0	0
C_B	X_B	b	x_1	x_2	x_3	x_4	x_5	x_6
0	x_4	60	3	1	1	1	0	0
0	x_5	10	1	-1	2	0	1	0
0	x_6	20	1	1	-1	0	0	1
σ_j			2	-1	1	0	0	0
⋮						⋮		
0	x_4					1	-1	-2
2	x_1					0	1/2	1/2
-1	x_2					0	-1/2	1/2
σ_j								

13. 已知某线性规划问题的目标函数为 $\max z = 28x_4 + x_5 + 2x_6$，约束条件为≤，设 x_1、x_2、x_3 为松弛变量，用单纯形计算时某一步的表格如表 2-17 所示。

表 2-17

$c_j \to$			0	0	0	28	1	2
C_B	X_B	b	x_1	x_2	x_3	x_4	x_5	x_6
2	x_6	a	3	0	-14/3	0	1	1
0	x_2	5	6	d	2	0	5/2	0

续表

$c_j \to$			0	0	0	28	1	2
$\mathbf{C}_B$	$\mathbf{X}_B$	**b**	x_1	x_2	x_3	x_4	x_5	x_6
28	x_4	0	0	e	f	1	0	0
$z = 14$			b	c	0	0	-1	g

（1）求 $a-g$。

（2）表中给出的解是否为最优解？

14. 已知某线性规划问题初始单纯形表和用单纯形法迭代后得到表 2-18，试求未知参数 $a-l$。

表 2-18

$c_j \to$			c_1	c_2	c_3	0	0
$\mathbf{C}_B$	$\mathbf{X}_B$	**b**	x_1	x_2	x_3	x_4	x_5
0	x_4	6	b	c	d	1	0
0	x_5	1	-1	3	e	0	1
σ_j			a	-1	2	0	0
c_1	x_1	f	g	2	1	1/2	0
0	x_5	4	h	i	-1	1/2	1
σ_j			0	-7	j	k	l

第三章　线性规划的对偶理论

本章要点

1. 理解线性规划原问题和对偶问题，会将线性规划原问题转化为对偶问题；
2. 掌握对偶问题的基本性质；
3. 会用对偶单纯形求解线性规划问题；
4. 理解影子价格含义；
5. 会进行线性规划问题的灵敏度分析。

第一节　线性规划的对偶问题

线性规划问题具有对偶性，即任何一个求极大值的线性规划问题，都有一个求极小值的线性规划问题与之对应，反之则相反。如果把其中一个叫作原问题，则另一个就叫作它的对偶问题，并称这相互联系的两个问题为一对对偶问题。研究对偶问题之间的关系及其解的性质，就构成了线性规划问题的对偶理论（duality theory）。对偶理论是线性规划问题的重要理论之一，它从不同角度考察同一个问题，当其中一个线性规划问题最优解求解出来后，会自动地给出另一个线性规划问题的最优解，这样，我们就可以根据两个问题的模型，求解其中一个规模较小的一个问题，从而得到另外一个问题的最优解。

一、对偶问题的提出

下面通过实例来说明对偶问题的经济学意义。

【例 3.1】 第一章红旗工厂利用该工厂资源生产两种产品，其线性规划问题为：

$$\max z = 2x_1 + x_2$$
$$\text{s.t.}\begin{cases} 0x_1 + 5x_2 \leqslant 15 \\ 6x_1 + 2x_2 \leqslant 24 \\ x_1 + x_2 \leqslant 5 \\ x_1, x_2 \geqslant 0 \end{cases} \tag{3.1}$$

现在从另外一个角度提出问题：假设某一个公司想把红旗工厂的资源收买过来，它至少要付出多大代价，才能使红旗工厂愿意放弃生产活动，出让自己的资源呢？

显然，红旗工厂愿意出让自己资源的条件是，出让资源获得的利润应不低于用同等数量资源由自己组织生产活动时获取的盈利。设 y_1、y_2、y_3 分别表示 A_1、A_2、A_3 三种资源的单位出让价。因红旗公司用 0 单位 A_1 资源，6 单位 A_2 资源，1 单位 A_3 资源可以生产 1 单位甲产品，获利 2 单位利润；用 5 单位 A_1 资源，2 单位 A_2 资源，1 单位 A_3 资源可以生产 1 单位乙产品，获利 1 单位利润。则红旗工厂愿意出让生产 1 单位甲产品所需要的 A_1、A_2、A_3 三种资源而不愿意生产的条件为：

$$0y_1 + 6y_2 + y_3 \geqslant 2 \tag{3.2}$$

愿意出让生产 1 单位乙产品所需要的 A_1、A_2、A_3 三种资源而不愿意生产的条件为：

$$5y_1 + 2y_2 + y_3 \geqslant 1 \tag{3.3}$$

又该公司希望用最小代价把红旗公司的全部资源收买过来，故有：

$$\min z = 15y_1 + 24y_2 + 5y_3 \tag{3.4}$$

显然 $y_i \geqslant 0$（$i=1$，2，3），再综合式（3.2）和式（3.3），有：

$$\begin{aligned} &\min z = 15y_1 + 24y_2 + 5y_3 \\ &\text{s.t.} \begin{cases} 0y_1 + 6y_2 + y_3 \geqslant 2 \\ 5y_1 + 2y_2 + y_3 \geqslant 1 \\ y_i \geqslant 0 (i = 1, 2, 3) \end{cases} \end{aligned} \tag{3.5}$$

对于上述式（3.1）和式（3.5）两个线性规划问题，通常称前者为原问题，后者是前者的对偶问题。

二、对偶问题模型的建立

下面我们介绍如何建立线性规划问题的对偶问题。

（一）对称式对偶问题

对于下面线性规划问题：

$$\begin{aligned} &\max z = c_1x_1 + c_2x_2 + \cdots + c_nx_n \\ &\text{s.t.} \begin{cases} a_{11}x_1 + a_{12}x_2 + \cdots + a_{1n}x_n \leqslant b_1 \\ a_{21}x_1 + a_{22}x_2 + \cdots + a_{2n}x_n \leqslant b_2 \\ \qquad \vdots \\ a_{m1}x_1 + a_{m2}x_2 + \cdots + a_{mn}x_n \leqslant b_m \\ x_j \geqslant 0, j = 1, 2, \cdots, n \end{cases} \end{aligned} \tag{3.6}$$

其对偶问题为：

$$\min w = b_1x_1 + b_2x_2 + \cdots + b_nx_n$$

$$\text{s. t.} \begin{cases} a_{11}y_1 + a_{21}y_2 + \cdots + a_{m1}y_m \geqslant c_1 \\ a_{12}y_1 + a_{22}y_2 + \cdots + a_{m2}y_m \geqslant c_2 \\ \quad\vdots \\ a_{1n}y_1 + a_{2n}y_2 + \cdots + a_{mn}y_m \geqslant c_n \\ y_i \geqslant 0, i = 1, 2, \cdots, n \end{cases} \tag{3.7}$$

我们把这种形式的对偶问题称为对称式对偶问题，即：

原问题	对偶问题
$\max z = \sum_{j=1}^{n} c_j x_j$ $\text{s. t.} \begin{cases} \sum_{j=1}^{n} a_{ij}x_j \leqslant b_i & i = 1,2,\cdots,m \\ x_j \geqslant 0 & j = 1,2,\cdots,n \end{cases}$	$\min w = \sum_{i=1}^{m} b_i y_i$ $\text{s. t.} \begin{cases} \sum_{i=1}^{m} a_{ij}x_i \geqslant c_j & j = 1,2,\cdots,n \\ y_i \geqslant 0 & j = 1,2,\cdots,m \end{cases}$

用矩阵形式表示为：

原问题	对偶问题
$\max z = \mathbf{CX}$ $\text{s. t.} \begin{cases} \mathbf{AX} \leqslant \mathbf{b} \\ \mathbf{X} \geqslant 0 \end{cases}$	$\min w = \mathbf{Y}^T\mathbf{b}$ $\text{s. t.} \begin{cases} \mathbf{Y}^T\mathbf{A} \geqslant \mathbf{C} \\ \mathbf{Y} \geqslant 0 \end{cases}$

其中，$\mathbf{C} = (c_1, c_2, \cdots, c_n)$；$\mathbf{X} = (x_1, x_2, \cdots, x_n)^T$；$\mathbf{Y} = (y_1, y_2, \cdots, y_m)^T$；$\mathbf{b} = (b_1, b_2, \cdots, b_m)^T$；

$$\mathbf{A} = \begin{pmatrix} a_{11} & a_{12} & \cdots & a_{1n} \\ a_{21} & a_{22} & \cdots & a_{2n} \\ \vdots & \vdots & & \vdots \\ a_{m1} & a_{m2} & \cdots & a_{mn} \end{pmatrix}。$$

通过对比发现对称式对偶问题的特点是：全部的约束条件均为不等式，且对极大化问题其约束为“≤”，对极小化问题其约束为“≥”；全部变量均为非负。

对称式对偶问题之间的关系如下：

（1）若原问题目标函数求极大值，则对偶问题目标函数求极小值；反之则相反。

（2）原问题约束条件的个数与对偶问题变量数相等，而原问题的变量数与对偶问题的约束条件个数相等。

（3）原问题目标函数中变量系数是对偶问题约束条件中右端的常数，而原问题约束条件中右端的常数项则是对偶问题目标函数中的变量系数。

（4）原问题和对偶问题的约束条件不等式的符号方向相反。

（5）原问题约束条件的系数矩阵与对偶问题约束条件的系数矩阵互为转置。

（6）变量皆为非负。

对偶问题是相互的，若将线性规划式（3.6）看成原问题，则线性规划式（3.7）就是它的对偶问题。

（二）一般形式的对偶问题

一对对偶问题的特点如下：原问题的决策变量与对偶问题的约束条件是一一对应的，原问题决策变量的个数等于对偶问题约束条件的个数，原问题决策变量的正负决定对偶问题的约束条件不等号的方向；同样，原问题的约束条件与对偶问题的决策变量也有这种关系。因此我们可以直接根据原问题的形式写出对偶问题的形式，具体方法如下：

1. 目标函数

（1）若原问题目标为“max”，则对偶问题目标为“min”；反之则相反。

（2）对偶问题目标函数中的系数为原问题约束条件中右端的常数项。

2. 约束条件

（1）若原问题目标有 n 个变量，则对偶问题有 n 个约束条件。

（2）若原问题目标第 j 个变量 $x_j \geq 0$，则对偶问题第 j 个约束条件的不等号方向与其目标方向相反，即当对偶问题为“min”时，第 j 个约束条件的不等号为“$\geq$”；当对偶问题为“max”时，第 j 个约束条件的不等号为“$\leq$”。

（3）若原问题目标第 j 个变量 $x_j \leq 0$，则对偶问题第 j 个约束条件的不等号方向与其目标方向相同，即当对偶问题为“min”时，第 j 个约束条件的不等号为“$\leq$”；当对偶问题为“max”时，第 j 个约束条件的不等号为“$\geq$”。

（4）若原问题第 j 个变量 x_j 为自由变量时，则对偶问题的第 j 个约束条件为“=”，与目标函数求极大极小无关。

（5）对偶问题约束条件右端常数项为原问题目标函数中的变量系数。

（6）对偶问题约束条件系数矩阵为原问题约束条件的系数矩阵的转置。

3. 变量

（1）原问题有 m 个约束条件，则对偶问题有 m 个变量。

（2）若原问题第 i 个约束条件的不等号方向与其目标函数方向相反，则对偶问题的第 i 变量 $y_i \geq 0$，即当原问题为“max”且第 i 个约束条件的不等号为“$\leq$”时，或当原问题为“min”且第 i 个约束条件的不等号为“$\geq$”时，对偶问题的第 i 个变量 $y_i \geq 0$。

（3）若原问题第 i 个约束条件的不等号方向与其目标函数方向相同，则对偶问题的第 i 变量 $y_i \leq 0$，即当原问题为“max”且第 i 个约束条件的不等号为“$\geq$”时，或当原问题为“min”且第 i 个约束条件的不等号为“$\leq$”时，对偶问题的第 i 个变量 $y_i \leq 0$。

（4）若原问题第 i 个约束条件为“=”，则对偶问题的第 i 个变量为自由变量，与目标函数求极大极小无关。

下面将对称和不对称线性规划原问题同对偶问题的对应关系，统一归纳为如表 3－1 所示。

表 3－1

项目	原问题（对偶问题）	对偶问题（原问题）
A	约束系数矩阵	约束系数矩阵的转置
b	约束条件右端项向量	目标函数中价格系数向量
C	目标函数中价格系数向量	约束条件右端项向量
目标函数	$\max z=\sum_{j=1}^{n}c_jx_j$	$\min w=\sum_{i=1}^{m}b_iy_i$
变量	$\begin{cases}x_j(j=1,2,\cdots,n)\\x_j\geqslant0\\x_j\leqslant0\\x_j\text{ 无约束}\end{cases}$	$\left.\begin{matrix}\text{有 } n \text{ 个}(j=1,2,\cdots,n)\\\sum_{i=1}^{m}a_{ij}y_i\geqslant c_j\\\sum_{i=1}^{m}a_{ij}y_i\leqslant c_j\\\sum_{i=1}^{m}a_{ij}y_i=c_j\end{matrix}\right\}$约束条件
约束条件	$\begin{cases}\text{有 } m \text{ 个}(i=1,2,\cdots,m)\\\sum_{j=1}^{n}a_{ij}x_j\leqslant b_i\\\sum_{j=1}^{n}a_{ij}x_j\geqslant b_i\\\sum_{j=1}^{n}a_{ij}x_j=b_i\end{cases}$	$\left.\begin{matrix}y_i\ (j=1,\ 2,\ \cdots,\ m)\\y_i\geqslant0\\y_i\leqslant0\\y_i\text{ 无约束}\end{matrix}\right\}$变量

【例 3.2】 建立下列线性规划问题的对偶问题。

$$\max z=2x_1+3x_2-5x_3+x_4$$

$$\text{s. t.}\begin{cases}4x_1+x_2-3x_3+2x_4\geqslant5\\3x_1-2x_3+7x_4\leqslant4\\-2x_1+3x_2+4x_3+x_4=6\\x_1\leqslant0,x_2,x_3\geqslant0,x_4\text{ 为自由变量}\end{cases}$$

解：由于原问题有 4 个变量，3 个约束条件，所以对偶问题有 3 个变量，4 个约束条件；原问题求“max”，对偶问题求“min”；原问题第 1 个变量为小于等于零、第 2 个大于等于零、第 3 个大于等于零和第 4 个无约束，对偶问题第 1 个约束条件为“≤”、第 2 个约束条件为“≥”、第 3 个约束条件为“≥”和第 4 个约束条件为“＝”；原问题第 1 个约束条件为“≥”、第 2 个约束条件为“≤”和第 3 个约束条件为“＝”，对偶问题第 1 个变量为小于等于零、第 2 个为大于等于零和第 3 个为无约束。于是可得对偶问题模型为：

$$\min w=5y_1+4y_2+6y_3$$

$$\text{s. t.}\begin{cases}4y_1+3y_2-2y_3\leqslant 2\\ y_1+3y_3\geqslant 3\\ -3y_1-2y_2+4y_3\geqslant -5\\ 2y_1+7y_2+y_3=1\\ y_1\leqslant 0,y_2\geqslant 0,y_3\text{ 为自由变量}\end{cases}$$

【**例 3.3**】建立下列线性规划问题的对偶问题。

$$\min z=4x_1-3x_2-5x_3+x_4$$

$$\text{s. t.}\begin{cases}5x_1+x_2-2x_3+x_4\leqslant 5\\ 2x_1-x_3+3x_4=2\\ -x_1+3x_2+2x_3+x_4\geqslant 4\\ x_1\leqslant 0,x_2,x_3\geqslant 0,x_4\text{ 为自由变量}\end{cases}$$

解：由于原问题有 4 个变量，3 个约束条件，所以对偶问题有 3 个变量，4 个约束条件；原问题求“min”，对偶问题求“max”；原问题第 1 个变量为小于等于零、第 2 个大于等于零、第 3 个大于等于零和第 4 个无约束，对偶问题第 1 个约束条件为“≥”、第 2 个约束条件为“≤”、第 3 个约束条件为“≤”和第 4 个约束条件为“=”；原问题第 1 个约束条件为“≤”、第 2 个约束条件为“=”和第 3 个约束条件为“≥”，对偶问题第 1 个变量为小于等于零、第 2 个为无约束和第 3 个为大于等于零。于是可得对偶问题模型为：

$$\max w=5y_1+2y_2+4y_3$$

$$\text{s. t.}\begin{cases}5y_1+2y_2-y_3\geqslant 4\\ y_1+3y_3\leqslant -3\\ -2y_1-y_2+2y_3\leqslant -5\\ y_1+3y_2+y_3=1\\ y_1\leqslant 0,y_2\text{ 为自由变量},y_3\geqslant 0\end{cases}$$

第二节　对偶问题的基本性质

定理 3.1（对称性定理）　对偶问题的对偶是原问题。

证明：设原问题为：

$$\max z=\mathbf{CX}$$

$$\text{s. t.}\begin{cases}\mathbf{AX}\leqslant\mathbf{b}\\ \mathbf{X}\geqslant 0\end{cases}\tag{3.8}$$

其对偶问题为：

$$\min w = \mathbf{Y}^T\mathbf{b}$$
$$\text{s. t.} \begin{cases} \mathbf{Y}^T\mathbf{A} \geqslant \mathbf{C} \\ \mathbf{Y} \geqslant 0 \end{cases} \tag{3.9}$$

将对偶问题的约束条件两端乘以 −1，又因为 $\min w = -\max(-w)$，所以对偶问题转化为：

$$\max(-w) = \mathbf{Y}^T(-\mathbf{b})$$
$$\text{s. t.} \begin{cases} \mathbf{Y}^T(-\mathbf{A}) \leqslant -\mathbf{C} \\ \mathbf{Y} \geqslant 0 \end{cases} \tag{3.10}$$

式（3.10）的对偶问题为：

$$\max(-z) = -\mathbf{CX}$$
$$\text{s. t.} \begin{cases} -\mathbf{AX} \geqslant -\mathbf{b} \\ \mathbf{X} \geqslant 0 \end{cases} \tag{3.11}$$

因 $\max(-z) = -\max z$，所以有：

$$\max z = \mathbf{CX}$$
$$\text{s. t.} \begin{cases} \mathbf{AX} \leqslant \mathbf{b} \\ \mathbf{X} \geqslant 0 \end{cases} \tag{3.12}$$

对称性说明线性规划问题的对偶问题是唯一的，也是可逆的、相互的。

定理 3.2（弱对偶性定理） 若 $\mathbf{X}$ 和 $\mathbf{Y}$ 分别是对称式对偶问题式（3.8）和式（3.9）的可行解，则必有 $\mathbf{CX} \leqslant \mathbf{Y}^T\mathbf{b}$。

证明：因为 $\mathbf{X}$ 是式（3.8）的可行解，所以有 $\mathbf{AX} \leqslant \mathbf{b}$。因为 $\mathbf{Y}$ 是式（3.9）的可行解，所以 $\mathbf{Y}^T \geqslant 0$，用 $\mathbf{Y}^T$ 左乘上式两端，得 $\mathbf{Y}^T\mathbf{AX} \leqslant \mathbf{Y}^T\mathbf{b}$。由 $\mathbf{Y}$ 是式（3.9）的可行解，得 $\mathbf{Y}^T\mathbf{A} \geqslant \mathbf{C}$，由于 $\mathbf{X} \geqslant 0$，有 $\mathbf{Y}^T\mathbf{AX} \geqslant \mathbf{CX}$。所以有：

$$\mathbf{CX} \leqslant \mathbf{Y}^T\mathbf{AX} \leqslant \mathbf{Y}^T\mathbf{b}$$

定理 3.2 说明线性规划式（3.8）的任意一个可行解所对应的目标值都是其对偶问题式（3.9）目标值的下界；同理，线性规划式（3.9）的任意一个可行解所对应的目标值都是其对偶问题式（3.8）目标函数值的一个上界。由此我们可以得到以下结论。

推论 3.1 若原问题式（3.8）有可行解，但其目标函数值无上界，则对偶问题式（3.9）没有可行解。

证明：采用反证法，假设对偶问题式（3.9）有可行解，令 $\mathbf{Y}^T$ 为可行解，由定理 3.2 可知，其目标值为原问题的上界，即对原问题式（3.8）的任意可行解 $\mathbf{X}$，都有 $\mathbf{CX} \leqslant \mathbf{Y}^T\mathbf{b}$ 成立。这与已知原问题目标函数值无上界矛盾，所以对偶问题没有可行解。

同理可得如下结论。

推论 3.2　若原问题式（3.8）有可行解，但对偶问题式（3.9）没有可行解，则原问题目标函数值无上界。

推论 3.3　若原问题式（3.8）没有可行解，则对偶问题式（3.9）要么没有可行解，要么目标函数值无下界。

因为对偶问题是对称的，所以将上述推论条件中的原问题式（3.8）换成对偶问题式（3.9），结论中的对偶问题式（3.9）换成原问题式（3.8），同样成立。

【例 3.4】 应用对偶理论证明线性规划问题

$$\max z = 3x_1 - 5x_2 + x_3$$

$$\text{s. t.}\begin{cases} 2x_1 - x_3 \geqslant 4 \\ 2x_1 - x_2 + x_3 \geqslant 3 \\ x_1, x_2, x_3 \geqslant 0 \end{cases}$$

有可行解，但没有最优解。

解：显然，$\mathbf{X} = (2,0,0)^T$ 为该问题的可行解。该线性规划问题的对偶问题为：

$$\min w = 4y_1 + 3y_2$$

$$\text{s. t.}\begin{cases} 2y_1 + 2y_2 \geqslant 3 \\ -y_2 \geqslant -5 \\ -y_1 + y_2 \geqslant 1 \\ y_1, y_2 \leqslant 0 \end{cases}$$

其中，第一个约束条件 $2y_1 + 2y_2 \geqslant 3$，但 y_1，$y_2 \leqslant 0$，显然矛盾，所以对偶问题没有可行解。由推论 3.2 可知，原问题目标函数值无上界，即没有最优解。

定理 3.3（最优性判定定理）　若 $\mathbf{X}^*$ 和 $\mathbf{Y}^*$ 分别是原问题式（3.8）和对偶问题式（3.9）的可行解，且有：

$$\mathbf{CX}^* = (\mathbf{Y}^*)^T\mathbf{b}$$

则 $\mathbf{X}^*$ 和 $\mathbf{Y}^*$ 分别是相应线性规划问题的最优解。

证明：由定理 3.2 可知，对原问题的任一可行解 $\mathbf{X}$，都有 $\mathbf{CX} \leqslant (\mathbf{Y}^*)^T\mathbf{b} = \mathbf{CX}^*$，即 $\mathbf{CX} \leqslant \mathbf{CX}^*$ 成立，所以 $\mathbf{X}^*$ 是原问题式（3.8）的最优解。同理可证，对对偶问题任一可行解 $\mathbf{Y}$，都有 $\mathbf{Y}^T\mathbf{b} \geqslant \mathbf{CX}^* = (\mathbf{Y}^*)^T\mathbf{b}$ 成立，即 $\mathbf{Y}^*$ 是对偶问题式（3.9）的最优解。

定理 3.4（强对偶性定理）　若一对对偶问题，原问题和对偶问题都有可行解，则它们都有最优解，且目标函数的最优值必定相等。

证明：由于原问题和对偶问题都有可行解 $\mathbf{X}$ 和 $\mathbf{Y}$，根据定理 3.2 可知，原问题目标函数值具有上界，对偶问题目标函数值具有下界，因此两者均具有最优解。定理的上半部分得证，下面证明定理的下半部分。

将原问题转化为如下标准形式：

$$\max z = \mathbf{CX}$$

$$\text{s.t.}\begin{cases}\mathbf{AX}+\mathbf{EX}_S=\mathbf{b}\\ \mathbf{X}\geqslant 0\end{cases}$$

其中，$\mathbf{X}_S$ 为松弛变量构成的列向量；$\mathbf{E}$ 为单位矩阵。设 $\mathbf{X}^*$ 为原问题的最优解，$\mathbf{B}$ 为其对应的基矩阵，$\mathbf{C}_B$ 为基变量的目标函数系数行向量，$\mathbf{C}'=(\mathbf{C},\mathbf{0})$，其中，向量 $\mathbf{0}$ 为松弛变量的目标函数系数构成的向量，则有：

$$\mathbf{C}'-\mathbf{C}_B\mathbf{B}^{-1}(\mathbf{A},\mathbf{E})\leqslant\mathbf{0}$$

令 $(\mathbf{Y}^*)^T=\mathbf{C}_B\mathbf{B}^{-1}$，有：

$$(\mathbf{C},\mathbf{0})-((\mathbf{Y}^*)^T\mathbf{A},(\mathbf{Y}^*)^T\mathbf{E})\leqslant\mathbf{0}$$
$$\mathbf{C}-((\mathbf{Y}^*)^T\mathbf{A},-(\mathbf{Y}^*)^T)\leqslant\mathbf{0}$$

即：

$$(\mathbf{Y}^*)^T\mathbf{A}\geqslant\mathbf{C}\text{ 且 }(\mathbf{Y}^*)^T\geqslant\mathbf{0}$$

所以 $\mathbf{Y}^*=(\mathbf{C}_B\mathbf{B}^{-1})^T$ 为对偶问题的可行解。又因为 $(\mathbf{Y}^*)^T\mathbf{b}=\mathbf{C}_B\mathbf{B}^{-1}\mathbf{b}=\mathbf{CX}^*$，所以 $\mathbf{Y}^*$ 为对偶问题最优解。

定理 3.4 表明，对于一对对偶问题，当求出其中一个问题的最优解后，可以同时得到另一个问题的最优解。下面我们以【例 3.1】为例进行说明，【例 3.1】中原问题的最优单纯形表如表 3－2 所示。

表 3－2

$c_j\rightarrow$			2	1	0	0	0
$\mathbf{C}_B$	$\mathbf{X}_B$	$\mathbf{b}$	x_1	x_2	x_3	x_4	x_5
0	x_3	15/2	0	0	1	5/4	－15/2
2	x_1	7/3	1	0	0	1/4	－1/2
1	x_2	3/2	0	1	0	－1/4	3/2
σ_j			0	0	0	－1/4	－1/2

而对偶问题的最优单纯形表如表 3－3 所示。

表 3－3

$c_j\rightarrow$			－15	－24	－5	0	0
$\mathbf{C}_B$	$\mathbf{X}_B$	$\mathbf{b}$	y_1	y_2	y_3	y_4	y_5
－24	y_2	1/4	－5/4	1	0	－1/4	1/4
－5	y_3	1/2	15/2	0	1	1/2	－3/2
σ_j			－15/2	0	0	－7/2	－3/2

由表 3－2 可知，原问题的最优单纯形表中松弛变量的检验数的绝对值分别为 $|\sigma_3|=0$，$|\sigma_4|=1/4$，$|\sigma_5|=1/2$，恰好是对偶问题最优单纯形表 3－3 中决策变量的取值，即 $y_1=0$，$y_2=1/4$，$y_3=1/2$。也就是说，定理 3.4 证明中的 $\mathbf{Y}^*$ 等于最优单纯形表中松弛变量的检验数的绝对值。反过来也一样，对偶问题的最优单纯形表中松弛变量的检验数的绝对值分别为 $|\sigma_4|=7/2$，$|\sigma_5|=3/2$，原问题决策变量 $x_1=7/2$，$x_2=3/2$，恰好相等。并且两个最优解的目标函数值都为 17/2。

所以，当求解出一个问题的最优解后，可以通过下列公式得到其对偶问题的最优解：

$$y_i=|\sigma_{n+i}|$$

其中，y_i 为对偶问题的第 i 个决策变量；σ_{n+i} 为原问题的最优单纯形表中第 i 个松弛变量的检验数；n 为原问题决策变量的个数。

这样我们就可以根据一对对偶问题中约束条件的数量，选择其中较少的一个问题求解，从而得到另一个问题的最优解，减少计算量。

定理 3.5（互补松弛定理） 若 $\mathbf{X}^*=(x_1^*,x_2^*,\cdots,x_n^*)^T$ 和 $\mathbf{Y}^*=(y_1^*,y_2^*,\cdots,y_m^*)^T$ 分别为原问题式（3.8）和对偶问题式（3.9）的最优解，那么：

（1）当 $x_j^*>0$，则有 $\sum\limits_{i=1}^{m}a_{ij}y_i^*=c_j$。

（2）当 $y_i^*>0$，则有 $\sum\limits_{j=1}^{n}a_{ij}x_j^*=b_i$。

（3）当 $\sum\limits_{j=1}^{n}a_{ij}x_j^*<b_i$，则有 $y_i^*=0$。

（4）当 $\sum\limits_{i=1}^{m}a_{ij}y_i^*>c_j$，则有 $x_j^*=0$。

证明：由于 $\mathbf{X}^*=(x_1^*,x_2^*,\cdots,x_n^*)^T$ 和 $\mathbf{Y}^*=(y_1^*,y_2^*,\cdots,y_m^*)^T$ 分别为原问题式（3.8）和对偶问题式（3.9）的最优解，所以：

$$\mathbf{CX}^*=(\mathbf{Y}^*)^T\mathbf{AX}^*=(\mathbf{Y}^*)^T\mathbf{b}$$

将其展开得：

$$\sum_{j=1}^{n}c_jx_j^*=\sum_{i=1}^{m}\sum_{j=1}^{n}a_{ij}x_j^*y_i^*=\sum_{i=1}^{m}b_iy_i^*$$

于是有：

$$\sum_{j=1}^{n}\left(\sum_{i=1}^{m}a_{ij}y_i^*-c_j\right)x_j^*=0$$

因为 $x_j^*>0$，所以 $\sum\limits_{i=1}^{m}a_{ij}y_i^*=c_j$。同理因为 $\sum\limits_{i=1}^{m}a_{ij}y_i^*>c_j$，所以 $x_j^*=0$。

将互补松弛定理应用于其对偶问题可得：当 $y_i^*>0$，则有 $\sum\limits_{j=1}^{n}a_{ij}x_j^*=b_i$；当 $\sum\limits_{j=1}^{n}a_{ij}x_j^*<$

b_i，则有 $y_i^*=0$。

互补松弛定理表明，如果我们习惯上把某一可行点处的严格不等式约束称为松约束（或不起作用约束），而把严格等式约束称为紧约束（或起作用约束），这样，上述互补松弛定理可以概括为一句话：即对于最优解 $\mathbf{X}^*$ 和 $\mathbf{Y}^*$ 而言，松约束的对偶问题是紧约束。具体来说，互补松弛定理可以概括如下：

（1）若原问题最优解 $\mathbf{X}^*$ 是松约束，则对偶问题的约束条件是紧约束。

（2）若原问题最优解 $\mathbf{X}^*$ 是紧约束，则对偶问题的约束条件是松约束。

（3）若对偶问题最优解 $\mathbf{Y}^*$ 是松约束，则原问题的约束条件是紧约束。

（4）若对偶问题最优解 $\mathbf{Y}^*$ 是紧约束，则原问题的约束条件是松约束。

（5）若原问题取最优解 $\mathbf{X}^*$ 时，原问题约束条件是松约束，则对偶问题变量 $\mathbf{Y}^*$ 是紧约束。

（6）若原问题取最优解 $\mathbf{X}^*$ 时，原问题约束条件是紧约束，则对偶问题变量 $\mathbf{Y}^*$ 是松约束。

（7）若对偶问题取最优解 $\mathbf{Y}^*$ 时，对偶问题约束条件是松约束，则原问题变量 $\mathbf{X}^*$ 是紧约束。

（8）若对偶问题取最优解 $\mathbf{Y}^*$ 时，对偶问题约束条件是紧约束，则原问题变量 $\mathbf{X}^*$ 是松约束。

以上关系称为一对对偶问题之间的互补松弛关系或松紧关系，它不仅在理论上而且在实际中，都有重要的意义。在计算上，若已知一个线性规划问题的最优解，则可以利用互补松弛定理求另一个问题的最优解。

【例 3.5】已知线性规划问题

$$\max z=x_1+4x_2+3x_3$$

$$\text{s. t.}\begin{cases}2x_1+3x_2-5x_3\leqslant 2\\3x_1-x_2+6x_3\geqslant 1\\x_1+x_2+x_3=4\\x_1\geqslant 0,x_2\leqslant 0,x_3\text{ 为自由变量}\end{cases}$$

的最优解为 $\mathbf{X}^*=(0,0,4)^T$，最优值 $z^*=12$，试用对偶理论求对偶问题的最优解。

解：该线性规划问题的对偶问题为：

$$\min w=2y_1+y_2+4y_3$$

$$\text{s. t.}\begin{cases}2y_1+3y_2+y_3\geqslant 1\\3y_1-y_2+y_3\leqslant 4\\-5y_1+6y_2+y_3=3\\y_1\geqslant 0,y_2\leqslant 0,y_3\text{ 为自由变量}\end{cases}$$

将 $\mathbf{X}^*=(0,0,4)^T$ 代入原问题约束条件可知，

$$\begin{cases}2x_1^*+3x_2^*-5x_3^*=-20<2\\3x_1^*-x_2^*+6x_3^*=24>1\\x_1^*+x_2^*+x_3^*=4\end{cases}$$

即对 $\mathbf{X}^*$ 而言，原问题前两个约束为松约束，由互补松弛条件可知，对偶问题前两个变量为紧约束，必有 $y_1^*=y_2^*=0$，代入对偶问题的第3个约束得 $y_3^*=3$。于是对偶问题的最优解为 $\mathbf{Y}^*=(0,0,3)^T$，最优值 $w^*=12$。

【**例 3.6**】已知线性规划问题

$$\max z=2x_1+x_2$$

$$\text{s.t.}\begin{cases}0x_1+5x_2\leqslant 15\\6x_1+2x_2\leqslant 24\\x_1+x_2\leqslant 5\\x_1,x_2\geqslant 0\end{cases}$$

的对偶问题最优解为 $\mathbf{Y}^*=\left(0,\frac{1}{4},\frac{1}{2}\right)^T$，试用对偶理论求原问题的最优解。

解：该线性规划问题的对偶问题为：

$$\min w=15y_1+24y_2+5y_3$$

$$\text{s.t.}\begin{cases}0y_1+6y_2+y_3\geqslant 2\\5y_1+2y_2+y_3\geqslant 1\\y_1,y_2\geqslant 0\end{cases}$$

由对偶问题最优解 $\mathbf{Y}^*=\left(0,\frac{1}{4},\frac{1}{2}\right)^T$ 可知，$y_1^*=0$，$y_2^*=\frac{1}{4}>0$，$y_3^*=\frac{1}{2}>0$，所以对偶问题最优解第一个分量为紧约束，第二个和第三个分量为松约束。由互补松弛定理可知，原问题第一个约束条件为松约束，第二个和第三个约束条件为紧约束，即：

$$\begin{cases}0x_1^*+5x_2^*<15\\6x_1^*+2x_2^*=24\\x_1^*+x_2^*=5\end{cases}$$

得 $x_1^*=\frac{7}{2}$，$x_2^*=\frac{3}{2}$，所以原问题最优解 $\mathbf{X}^*=\left(\frac{7}{2},\ \frac{3}{2}\right)^T$。

第三节 影子价格

从上节对偶问题的基本性质可以看出，当线性规划原问题求得最优解 $x_j^*\ (j=1,2,\cdots,n)$

时，其对偶问题也得到最优解 $y_i^*(i=1,2,\cdots,m)$，且代入各自目标函数值有：

$$z^* = \sum_{j=1}^{n} c_j x_j^* = \sum_{i=1}^{m} b_i y_i^* = w^* \tag{3.13}$$

式中 b_i 是线性规划问题约束条件的右端项，它代表第 i 种资源的拥有量；对偶变量 y_i^* 的意义代表在资源最优利用条件下对单位第 i 种资源的估价。这种估价不是资源的市场价格，而是根据单位第 i 种资源在最优方案中作出的贡献而做的估价，为区别起见，称为影子价格（shadow price）。为了进一步理解影子价格，下面分析 b_i 增加一个单位时所引起的目标函数最优值的变化情况。

由式（3.13）可得：

$$z^* = b_1 y_1^* + b_2 y_2^* + \cdots + b_i y_i^* + \cdots + b_m y_m^* \tag{3.14}$$

当 b_i 变为 b_i+1（其余的右端常数不变，并假设这种变化不影响最优基 **B**。更一般情况将在本章第五节灵敏度分析部分讨论），目标函数的最优值变为：

$$z^{*\prime} = b_1 y_1^* + b_2 y_2^* + \cdots + (b_i+1) y_i^* + \cdots + b_m y_m^* \tag{3.15}$$

于是目标函数最优值的该变量为：

$$\Delta z^* = z^{*\prime} - z^* = y_i^* \tag{3.16}$$

由式（3.16）可以看出 y_i^* 的意义，它表示右端常数 b_i 增加 1 个单位时所引起的目标函数最优值的改变量，也可以写成：

$$\frac{\partial z^*}{\partial b_i} = y_i^* \ (i=1,2,\cdots,m) \tag{3.17}$$

即 y_i^* 表示 z^* 对 b_i 的变化率。

定义 3.1 在一对对偶问题中，若原问题的某个约束条件右端常数 b_i 增加 1 个单位时，所引起的目标函数最优值 z^* 的改变量 y_i^* 称为第 i 个约束条件的影子价格，又称为边际价格。

由定义 3.1 可知：

（1）影子价格不是市场价格，它是根据企业本身的资源情况 b_i、消耗系数 a_{ij} 和产品的利润 c_j 计算出来的一种价格，是新增资源所创造的价值，是边际价格。不同的企业，即使是相同的资源，其影子价格也不一定相同。就是同一个企业，在不同的生产周期，资源的影子价格也不完全一样。因此，企业的决策者可以把本企业资源的影子价格与当时的市场价格进行比较，当第 i 种资源的影子价格高于市场价格时，则企业可以买进该种资源；而当某种资源的影子价格低于市场价格时，则企业可以卖出该种资源，以获取较大的利润。随着资源的买进和卖出，它的影子价格也将发生变化，直到影子价格与市场价格保持同等水平时，才处于平衡状态。所以，我们又说影子价格是一种机会成本，它在决定企业的经常策略中起着十分重要的作用。

（2）影子价格是一种边际价格，由定义 3.1 可知，y_i^* 的价值理论上相当于在资源得到最优利用的生产条件下，b_i 每增加 1 个单位时的目标函数值。图 3－1 为【例 3.1】用图解法求解时的情形，图中阴影部分标出了问题的可行域，点$\left(\frac{7}{2}, \frac{3}{2}\right)$是最优解，代入目标函数得 $z=\frac{17}{2}$。

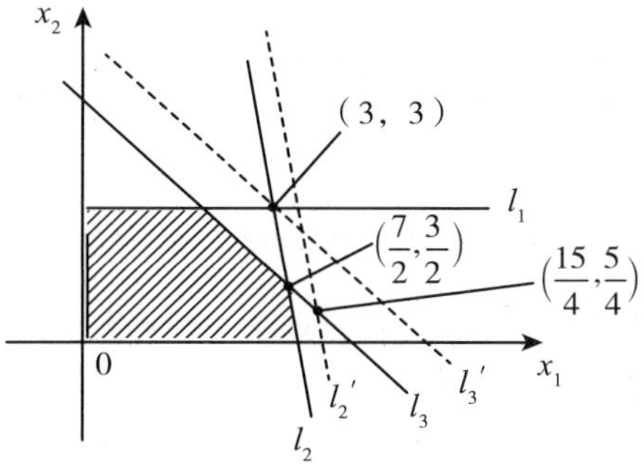

图 3－1

在该例目标函数和其他不变的条件下，如果约束条件直线 l_2 右端项增加 1 个单位，变为 $6x_1+2x_2\leqslant 25$，可行域边界线将由 l_2 移至 l_2'，最优点为$\left(\frac{15}{4}, \frac{5}{4}\right)$，代入目标函数得 $z=\frac{25}{4}$，说明第 2 种资源的边际价格为$\frac{1}{4}$。又如第 3 个约束条件右端常数增加 1 个单位，可行域边界由 l_3 移至 l_3'，最优解的点为（3，3），代入目标函数值得 $z=9$，说明第 3 种资源的边际价格为$\frac{1}{2}$。

（3）在上一节的互补松弛定理中，有当 $\sum_{j=1}^{n} a_{ij}x_j^* < b_i$ 时，$y_i^*=0$；当 $y_i^*>0$ 时，$\sum_{j=1}^{n} a_{ij}x_j^* = b_i$，这表明生产过程中如果某种资源 b_i 未得到充分利用时，该种资源的影子价格为零；又当资源的影子价格不为零时，表明该种资源在生产过程中已经耗费完毕。

（4）用单纯形法求解线性规划问题时，检验数的计算公式为：

$$\sigma_j = c_j - \sum_{i=1}^{m} a_{ij}y_i$$

其中 c_j 代表第 j 种产品的利润，$\sum_{i=1}^{m} a_{ij}y_i$ 是生产该种产品所消耗各项资源的影子价格的总和，即产品的隐含成本。当产品利润大于各项资源的隐含成本总和时，表明生产该项产品有利，可在计划中安排，否则用这些资源来生产别的产品更为有利，就不在生产计划中安排。这就是单纯形表中各个检验数的经济意义。

（5）一般来说，对线性规划问题的求解是确定资源的最优分配方案，而对于对偶问题的求解则是确定对资源的恰当估价，这种估价直接涉及资源的最有效利用。当某种资源的影子价格大于零时，表明该资源在企业内部有获利能力。企业买进该资源用于扩大生产，进而赚取更多利润；而当某种资源的影子价格小于零，表明该资源在企业内部没有获利能力，企业应把该资源卖掉；当某种资源的影子价格等于零时，表明该种资源在企业内部处于平衡状态，既不用买进也不用卖出。由此可见，影子价格对市场具有调节作用。

第四节　对偶单纯形法

在利用单纯形法求解线性规划问题时，如果将要求解的线性规划问题化为标准型之后，约束条件系数矩阵中有单位矩阵且右端常数非负，那么可以采用第二章中的一般单纯形法求解①。当一个线性规划问题的约束条件中包含“≥”约束时，将其化为标准后，约束条件系数矩阵中往往没有单位矩阵，但右端常数为非负，为了获得初始基可行解，必须增加人工变量，利用大 M 法或两阶段法可以求解，但是求解过程相对比较麻烦。为了使得求解过程更加简单，一种方法是尽量不引入人工变量，但是为了得到一个基解，需要在约束条件系数矩阵中得到一个单位矩阵，通常是在约束条件两边同时乘以 -1，将系数为负的松弛变量变为系数为正的松弛变量，但这样就不能确保约束条件右端常数都是非负的。经过处理后，当线性规划问题约束条件系数中存在单位矩阵且约束条件右端常数小于零时，我们得到的初始基解是不可行的，但该基解的检验数满足最优检验。当基解不可行，该基解的检验数满足最优检验时，对偶问题对应的解是可行的，那么可以通过迭代，在不断减少对偶问题目标值的基础上，使得原问题逐渐变得可行，也就得到了原问题的最优解，这就是对偶单纯形法的原理，其优点是不需要引入人工变量。

下面给出对偶单纯形法的计算步骤：

（1）给出一组满足最优检验的基解。

（2）若当前基解可行，则得到最优解，计算停止；否则转入下一步。

（3）确定出基变量。选择负数基解中的最小值所对应的变量作为出基变量：

$$b_r' = \min_r \{ b_i' \mid b_i' < 0 \}$$

即选择第 r 行对应的基变量作为出基变量。

（4）确定入基变量。若出基变量所在行的系数都大于等于零，则该问题无可行解，停止计算；否则，按下式确定入基变量：

$$\theta = \min_j \left\{ \frac{\sigma_j}{a_{rj}} \mid a_{rj} < 0, \sigma_j \leqslant 0 \right\} = \frac{\sigma_s}{a_{rs}}$$

---

① 这里提到的一般单纯形是指第二章中求解【例 2.2】所采用的单纯形法。

即选择非基变量 x_s 为入基变量。

（5）以 a_{rs}为主元素进行消元计算，得到新的单纯形表，转第（2）步。

下面举例说明对偶单纯形法的计算步骤。

【例 3.7】用对偶单纯形法求下列线性规划问题：

$$\min w = 15y_1 + 24y_2 + 5y_3$$

$$\text{s. t.}\begin{cases} 0y_1 + 6y_2 + y_3 \geqslant 2 \\ 5y_1 + 2y_2 + y_3 \geqslant 1 \\ y_1, y_2 \geqslant 0 \end{cases}$$

解：将该线性规划问题化为标准型得：

$$\max w' = -15y_1 - 24y_2 - 5y_3 + 0y_4 + 0y_5$$

$$\text{s. t.}\begin{cases} 0y_1 + 6y_2 + y_3 - y_4 + 0y_5 = 2 \\ 5y_1 + 2y_2 + y_3 + 0y_4 - y_5 = 1 \\ y_i \geqslant 0 (i = 1, 2, \cdots, 5) \end{cases}$$

为了使约束条件系数中有单位矩阵，将约束条件等式两边同时乘以“-1”，得：

$$\max w' = -15y_1 - 24y_2 - 5y_3 + 0y_4 + 0y_5$$

$$\text{s. t.}\begin{cases} 0y_1 - 6y_2 - y_3 + y_4 + 0y_5 = -2 \\ -5y_1 - 2y_2 - y_3 + 0y_4 + y_5 = -1 \\ y_i \geqslant 0 (i = 1, 2, \cdots, 5) \end{cases}$$

初始单纯形表如表 3-4 所示。

表 3-4

$c_j \to$			-15	-24	-5	0	0
$\mathbf{C}_B$	$\mathbf{Y}_B$	**b**	y_1	y_2	y_3	y_4	y_5
0	y_4（换出）	-2	0	[-6]	-1	1	0
0	y_5	-1	5	-2	-1	0	1
σ_j			-15	-24	-5	0	0

表 3-4 中所有检验数 $\sigma_j \leqslant 0$，满足最优性检验，但是解不可行。由于 $\min\{-2, -1\} = -2$，所以选择 y_4 为出基变量。由于 $\min\left\{\frac{-24}{-6}, \frac{-5}{-1}\right\} = 4$，所以选择 y_2 为入基变量。以 a_{12}为主元素进行消元，得到表 3-5。

表 3－5

换出

$c_j \rightarrow$			−15	−24	−5	0	0
$\mathbf{C}_B$	Y_B	**b**	y_1	y_2	y_3	y_4	y_5
−24	y_2	1/3	0	1	1/6	−1/6	0
0	y_5	−1/3	5	0	[−2/3]	−1/3	1
σ_j			−15	0	−1	−4	0

表 3－5 中所有检验数 $\sigma_j \leqslant 0$，满足最优性检验，但是 $y_5 = -\frac{1}{3}$ 不可行，所以选择 y_5 为出基变量。由于 $\min\left\{\frac{-1}{-2/3}, \frac{-4}{-1/3}\right\} = \frac{3}{2}$，所以选择 y_3 为入基变量。以 a_{23} 为主元素进行消元，得到表 3－6。

表 3－6

$c_j \rightarrow$			−15	−24	−5	0	0
$\mathbf{C}_B$	Y_B	**b**	y_1	y_2	y_3	y_4	y_5
−24	y_2	1/4	−5/4	1	0	−1/4	1/4
−5	y_3	1/2	15/2	0	1	1/2	−3/2
σ_j			−15/2	0	0	−7/2	−3/2

所以，得该线性规划问题的最优解 $\mathbf{Y}^* = \left(0, \frac{1}{4}, \frac{1}{2}\right)^T$，目标函数最优值 $w^* = \frac{17}{2}$。

第五节　灵敏度分析

线性规划灵敏度分析又称后验分析，是指求出一个线性规划问题最优解后，当模型中的某些条件发生变化时，对最优解的稳定性和目标函数值的敏感性的分析。我们前面的求解和分析，都假设线性规划问题的各种参数 c_j、b_i 和 a_{ij} 都固定不变。但是在实际生活中，c_j、b_i 和 a_{ij} 会经常发生变化。例如，市场行情的变化会引起价值系数 c_j 的变化；资源投入量的改变会引起右端常数 b_i 的变化；工艺条件的改变会引起消耗系数 a_{ij} 的变化；增加新产品会引起决策变量的增加；增加新的资源限制会引起约束条件的增加等。因此很自然会提出如下两个问题：

（1）当这些参数中，有一个或几个发生变化时，已求得的线性规划问题的最优解会有什么变化？

（2）当这些参数在什么范围内变化时，已求得的线性规划问题的最优解或最优基不变？

这两个问题正是灵敏度分析所要讨论的问题。

当线性规划模型中的系数发生变化后，可以使用单纯形法重新计算，得到新的最优解。但是这样很烦琐，我们将利用已经求出的最优单纯形表，将变化的系数反映在其中，这样无须重新求解就可以得到新的最优解，并进行灵敏度分析。

一、灵敏度分析的基本原理

考虑如下标准型线性规划问题：

$$\max z = \mathbf{CX}$$
$$\text{s. t.} \begin{cases} \mathbf{AX} = \mathbf{b} \\ \mathbf{X} \geqslant 0 \end{cases}$$

对于选定的基 **B**，不妨设 $\mathbf{B} = (\mathbf{P}_1, \mathbf{P}_2, \cdots, \mathbf{P}_m)$，将问题转化为如下形式：

$$\max z = \mathbf{C}_B\mathbf{B}^{-1}\mathbf{b} + (\mathbf{C}_N - \mathbf{C}_B\mathbf{B}^{-1}\mathbf{N})\mathbf{X}_N$$
$$\text{s. t.} \begin{cases} \mathbf{X}_B + \mathbf{B}^{-1}\mathbf{N}X_N = \mathbf{B}^{-1}\mathbf{b} \\ \mathbf{X}_B, \mathbf{X}_N \geqslant \mathbf{0} \end{cases}$$

列出单纯形表如表 3－7 所示。

表 3－7

$\mathbf{C}$			$\mathbf{C}_B$	$\mathbf{C}_N$
$\mathbf{C}_B$	$\mathbf{X}_B$	$\mathbf{b}$	$\mathbf{X}_B$	$\mathbf{X}_N$
$\mathbf{C}_B$	$\mathbf{X}_B$	$\mathbf{B}^{-1}\mathbf{b}$	$\mathbf{E}$	$\mathbf{B}^{-1}\mathbf{N}$
$z = \mathbf{C}_B\mathbf{B}^{-1}\mathrm{b}$			0	$\mathbf{C}_N - \mathbf{C}_B\mathbf{B}^{-1}\mathbf{N}$

所以，线性规划问题的基解 $\mathbf{X} = \begin{pmatrix} \mathbf{X}_B \\ \mathbf{X}_N \end{pmatrix} = \begin{pmatrix} \mathbf{B}^{-1}\mathbf{b} \\ \mathbf{0} \end{pmatrix}$ 是最优解的条件是：

$$\mathbf{X}_B = \mathbf{B}^{-1}\mathbf{b} \geqslant \mathbf{0} \tag{3.18}$$
$$\sigma_N = \mathbf{C}_N - \mathbf{C}_B\mathbf{B}^{-1}\mathbf{N} \leqslant \mathbf{0} \tag{3.19}$$

式（3.18）称为可行性条件，式（3.19）称为最优性条件。

如果表 3－7 中的参数满足式（3.18）和式（3.19）条件，则该单纯形表已是最优单纯形表，相应的解 $\mathbf{X} = \begin{pmatrix} \mathbf{B}^{-1}\mathbf{b} \\ \mathbf{0} \end{pmatrix}$ 为最优解，基 **B** 为最优基。如果某些参数发生变化，就可能使这个最优解或最优基发生变化。例如，目标函数系数 **C** 的变化，就可能影响式（3.19）是否仍然成立；右端常数 $\mathbf{b}_i$ 的变化，可能影响式（3.18）是否仍然成立；矩阵 **A** 的变化，可能同时影响式（3.18）和式（3.19）的变化。

灵敏度分析的理论依据是看式（3.18）和式（3.19）的条件是否仍成立，它所研究的问题概括起来就是：

（1）为了保持现有的最优解或最优基不变，找出这些参数的变化范围，即所谓的稳定性分析。

（2）当这些参数超出了式（3.18）和式（3.19）的约束范围，如何在原有最优解或最优基基础上，作微小调整，尽快求出新的最优解或最优基。

下面分析 c_j、b_i 和 a_{ij}变化时，如何进行灵敏度分析。

二、c_j 值的灵敏度分析

目标函数系数 c_j 的变化仅仅影响到检验数 σ_j 的变化，从而影响最优性条件是否成立。下面我们就 c_j 在最优单纯形表中是非基变量系数还是基变量系数讨论检验数的变化情况。

1. c_j 为非基变量系数

【例 3.8】线性规划问题

$$\max z = 2x_1 - x_2 + x_3$$

$$\text{s. t.} \begin{cases} 3x_1 - 2x_2 + 2x_3 \leqslant 15 \\ -x_1 + x_2 + x_3 \leqslant 3 \\ x_1 - x_2 + x_3 \leqslant 4 \\ x_1, x_2, x_3 \geqslant 0 \end{cases}$$

的最优单纯形表如表 3 - 8 所示。

表 3 - 8

$c_j \to$			2	-1	1	0	0	0
$\mathbf{C}_B$	$\mathbf{X}_B$	**b**	x_1	x_2	x_3	x_4	x_5	x_6
-1	x_2	24	0	1	5	1	3	0
0	x_6	7	0	0	2	0	1	1
2	x_1	21	1	0	4	1	2	0
σ_j			0	0	-2	-1	-1	0

问：当 x_3 的系数 c_3 在什么范围内变化时，最优解不发生变化？

解：显然 x_3 为非基变量，将 x_3 的系数 c_3 代入最优单纯形表 3 - 8 中，得单纯形表 3 - 9。

表 3－9

$c_j \to$			2	−1	C_3	0	0	0
$\mathbf{C}_B$	$\mathbf{X}_B$	**b**	x_1	x_2	x_3	x_4	x_5	x_6
−1	x_2	24	0	1	5	1	3	0
0	x_6	7	0	0	2	0	1	1
2	x_1	21	1	0	4	1	2	0
σ_j			0	0	c_3-3	−1	−1	0

显然，要保持当前最优解不变，条件是所有非基变量检验数都小于等于零。因为 x_3 为非基变量，可以看出其系数的变化仅影响 x_3 的检验数，对其余非基变量检验数没有影响。因此，要最优解不变，只需 $c_3-3\leqslant 0$，解得 $c_3\leqslant 3$，即当 x_3 的系数 c_3 在 $c_3\leqslant 3$ 变化时，最优解不变。

2. c_j 为基变量系数

当 c_j 为基变量系数时，其变化会影响所有非基变量的检验数，若要保证最优解不变，必须使所有非基变量的检验数都小于等于零。

【例 3.9】 线性规划问题

$$\max z=2x_1+x_2$$
$$\text{s.t.}\begin{cases}0x_1+5x_2\leqslant 15\\6x_1+2x_2\leqslant 24\\x_1+x_2\leqslant 5\\x_1,x_2\geqslant 0\end{cases}$$

的最优单纯形表如表 3－10 所示。求：（1）x_1 的系数 c_1 在什么范围内变化时，最优解不发生变化？（2）若 x_1 的系数 c_1 从原来的 2 减少到 $\frac{3}{2}$，且 x_2 的系数 c_2 从原来的 1 增加到 2 时最优解是否发生变化？若发生变化，求新的最优解。

表 3－10

$c_j \to$			2	1	0	0	0
$\mathbf{C}_B$	$\mathbf{X}_B$	**b**	x_1	x_2	x_3	x_4	x_5
0	x_3	15/2	0	0	1	5/4	−15/2
2	x_1	7/2	1	0	0	1/4	−1/2
1	x_2	3/2	0	1	0	−1/4	3/2
σ_j			0	0	0	−1/4	−1/2

解：（1）将 x_1 的系数 c_1 代入最优单纯形表 3－10 中，经计算得如下单纯形表 3－11。

表 3－11

$c_j \rightarrow$			c_1	1	0	0	0
$\mathbf{C}_B$	$\mathbf{X}_B$	**b**	x_1	x_2	x_3	x_4	x_5
0	x_3	15/2	0	0	1	5/4	－15/2
c_1	x_1	7/3	1	0	0	1/4	－1/2
1	x_2	3/2	0	1	0	－1/4	3/2
σ_j			0	0	0	$\frac{1-c_1}{4}$	$\frac{c_1-3}{2}$

为使表 3－11 中的解仍为最优解，应有：

$$\frac{1-c_1}{4} \leqslant 0, \frac{c_1-3}{2} \leqslant 0$$

解得：

$$1 \leqslant c_1 \leqslant 3$$

即 x_1 的系数 c_1 在［1，3］区间内变化时，最优解不发生变化。

（2）将 c_1 和 c_2 的变化直接反映到最终单纯形表中，得如表 3－12 所示的单纯形表。

表 3－12

$c_j \rightarrow$			c_1	1	0	0	0
$\mathbf{C}_B$	$\mathbf{X}_B$	**b**	x_1	x_2	x_3	x_4	x_5
0	x_3（换出）	15/2	0	0	1	［5/4］	－15/2
$\frac{3}{2}$	x_1	7/3	1	0	0	1/4	－1/2
2	x_2	3/2	0	1	0	－1/4	3/2
σ_j			0	0	0	$\frac{1}{8}$	$-\frac{9}{4}$

因非基变量 x_4 的检验数大于零，故需要继续用单纯形法迭代计算，得表 3－13。

表 3－13

$c_j \rightarrow$			c_1	1	0	0	0
$\mathbf{C}_B$	$\mathbf{X}_B$	**b**	x_1	x_2	x_3	x_4	x_5
0	x_4	6	0	0	4/5	1	－6
$\frac{3}{2}$	x_1	2	1	0	－1/5	0	1
2	x_2	3	0	1	1/5	0	0
σ_j			0	0	$-\frac{1}{10}$	0	$-\frac{3}{2}$

所以，当 x_1 的系数 c_1 从原来的 2 减少到 $\frac{3}{2}$，且 x_2 的系数 c_2 从原来的 1 增加到 2 时，最优解发生变化，新的最优解为 $\mathbf{X}=(2,3)^T$。

三、b_i 值的灵敏度分析

右端常数项 b_i 的变化在实际问题中反映为可用资源数量的变化。由式（3.18）可知，b_i 变化反映到最终单纯形表上将引起 **b** 列数字的变化。当最终单纯形表中 **b** 列的数字变化时，一种情形是 **b** 列数字仍然非负，原问题基解可行，此时问题的最优基不变，变化后的 **b** 列值为最优解；另一种情形是 **b** 列数字有小于零的，原问题基解不可行，用对偶单纯形迭代可以继续找出最优解。

【例 3.10】在【例 3.9】中：（1）若其他参数不变，右端常数 b_2 变为 32，最优解是否变化？若变化，求新的最优解；（2）若其他参数不变，右端常数 b_3 在什么范围变化，最优基不变？

解：（1）因变化后 $\mathbf{b}=[15,32,5]^T$，由 $\mathbf{b}'=\mathbf{B}^{-1}\mathbf{b}$ 可得：

$$\mathbf{b}'=\begin{pmatrix}1 & 5/4 & -15/2\\ 0 & 1/4 & -1/2\\ 0 & -1/4 & 3/2\end{pmatrix}\begin{pmatrix}15\\ 32\\ 5\end{pmatrix}=\begin{pmatrix}35/2\\ 11/2\\ -1/2\end{pmatrix}$$

将其反映到最终单纯形表中得表 3－14。

表 3－14

$c_j\to$			2	1	0	0	0
$\mathbf{C}_B$	$\mathbf{X}_B$	**b**	x_1	x_2	x_3	x_4	x_5
0	x_3	35/2	0	0	1	5/4	−15/2
2	x_1	11/2	1	0	0	1/4	−1/2
1	x_2（换出）	−1/2	0	1	0	[−1/4]	3/2
σ_j			0	0	0	−1/4	−1/2

因表 3－14 中原问题为非可行解，故用对偶单纯形法继续计算得表 3－15。

表 3－15

$c_j\to$			2	1	0	0	0
$\mathbf{C}_B$	$\mathbf{X}_B$	**b**	x_1	x_2	x_3	x_4	x_5
0	x_3	15	0	5	1	0	0
2	x_1	5	1	1	0	0	1
0	x_4	2	0	−4	0	1	−6
σ_j			0	−1	0	0	−2

旗工厂的最优生产计划。

解：由题意可知，变化后的 $\mathbf{P}_2=(8,4,1)^T$，则有：

$$\sigma_2'=3-\left(0,\frac{1}{4},\frac{1}{2}\right)\begin{pmatrix}8\\4\\1\end{pmatrix}=\frac{3}{2}$$

$$\mathbf{P}_2'=\begin{pmatrix}1 & 5/4 & -15/2\\0 & 1/4 & -1/2\\0 & -1/4 & 3/2\end{pmatrix}\begin{pmatrix}8\\4\\1\end{pmatrix}=\begin{pmatrix}11/2\\1/2\\1/2\end{pmatrix}$$

将原来最优单纯形表中的第 2 列系数向量 $\mathbf{P}_2=(0,0,1)^T$ 用 $\mathbf{P}_2'=\left(\frac{11}{2},\frac{1}{2},\frac{1}{2}\right)^T$ 代替，并将其反映到最优单纯形表中，得表 3－18。

表 3－18

$c_j\rightarrow$			2	3	0	0	0
$\mathbf{C}_B$	$\mathbf{X}_B$	**b**	x_1	x_2'	x_3	x_4	x_5
0	x_3	15/2	0	11/2	1	5/4	－15/2
2	x_1	7/2	1	1/2	0	1/4	－1/2
1	x_2'	3/2	0	1/2	0	－1/4	3/2
σ_j			0	3/2	0	－1/4	－1/2

由于表 3－18 中没有单位矩阵，将其系数矩阵进行初等变换，确保 x_2'是基变量，得到单纯形表，如表 3－19 所示。

表 3－19

$c_j\rightarrow$			2	3	0	0	0
$\mathbf{C}_B$	$\mathbf{X}_B$	**b**	x_1	x_2'	x_3	x_4	x_5
0	x_3	－9	0	0	1	4	－24
2	x_1	2	1	0	0	1/2	－2
3	x_2'	3	0	1	0	－1/2	3
σ_j			0	3/2	0	1/2	－5

表 3－19 中，原问题和对偶问题都不是可行解，在表 3－19 中第 1 行约束条件等式两边同乘以－1，再加上人工变量 x_6，得：

$$-x_3-4x_4+24x_5+x_6=9 \qquad (3.20)$$

将式（3.20）替换表 3－19 中的第 1 行，得表 3－20。

表 3－20

$c_j \rightarrow$			2	3	0	0	0	$-M$
$\mathbf{C}_B$	$\mathbf{X}_B$	**b**	x_1	x_2'	x_3	x_4	x_5	x_6
$-M$	x_6	9	0	0	-1	-4	[24]	1
2	x_1	2	1	0	0	1/2	-2	0
3	x_2'	3	0	1	0	$-1/2$	3	0
	σ_j		0	0	$-M$	$\frac{1}{2}-4M$	$-5+24M$	0

因表 3－20 中，对偶问题为非可行解，用单纯形法计算得表 3－21。

表 3－21

$c_j \rightarrow$			2	3	0	0	0	$-M$
$\mathbf{C}_B$	$\mathbf{X}_B$	**b**	x_1	x_2'	x_3	x_4	x_5	x_6
0	x_5	3/8	0	0	$-1/24$	$-1/6$	1	1/24
2	x_1	11/4	1	0	$-1/12$	1/6	0	1/21
3	x_2'	15/8	0	1	1/8	0	0	$-1/8$
	σ_j		0	0	$-5/24$	$-1/3$	0	$-M+\frac{5}{24}$

由表 3－21 可知，红旗工厂的最优生产计划为生产 $\frac{11}{4}$ 单位产品甲，生产 $\frac{15}{8}$ 单位产品乙能够获利最大。

六、增加一个约束条件

企业在生产过程中由于对某些事情预见不足，会出现额外的限制，如某种原材料的供应原本可以满足需要，但由于自然灾害或人为事故，交通瘫痪，从而造成供应不足，这就需要在线性规划模型中增加约束条件。

如果增加约束条件后，最优解仍然满足约束，则不会对最优解产生影响，否则就会改变最优解，这时需要重新计算新的最优解，我们可以在原最优单纯形表基础上，采用对偶单纯形法求解。

【例 3.13】 在【例 3.1】中，若红旗工厂生产 1 单位的产品甲和乙，除了消耗 A_1、A_2、A_3 三种资源外，还需要消耗一种资源 A_4，生产 1 单位甲需要消耗 3 单位 A_4，生产 1 单位乙需要消耗 2 单位 A_4，A_4 的最大资源拥有量为 12 单位，试分析红旗工厂在生产产品甲和乙

并消耗 A_4 资源后的最优生产计划。

解：由题意可知，该问题相当于在原问题的基础上增加了一个约束条件 $3x_1+2x_2\leqslant 12$，在该约束条件中引入松弛变量 x_6，得：

$$3x_1+2x_2+x_6=12 \tag{3.21}$$

以 x_6 为基变量，将式（3.21）反映到最优单纯形表中得表 3－22。

表 3－22

$c_j\rightarrow$			2	1	0	0	0	0	
$\mathbf{C}_B$	$\mathbf{X}_B$	**b**	x_1	x_2	x_3	x_4	x_5	x_6	
0	x_3	15/2	0	0	1	5/4	－15/2	0	①
2	x_1	7/2	1	0	0	1/4	－1/2	0	②
1	x_2	3/2	0	1	0	－1/4	3/2	0	③
0	x_6	12	3	2	0	0	0	1	④
σ_j			0	0	0	－1/4	－1/2	0	

表 3－22 中，x_1 和 x_2 所在的列不是单位向量，故需要进行变换，得表 3－23。

表 3－23

$c_j\rightarrow$			2	1	0	0	0	0	
$\mathbf{C}_B$	$\mathbf{X}_B$	**b**	x_1	x_2	x_3	x_4	x_5	x_6	
0	x_3	15/2	0	0	1	5/4	－15/2	0	(1)
2	x_1	7/2	1	0	0	1/4	－1/2	0	(2)
1	x_2	3/2	0	1	0	－1/4	3/2	0	(3)
0	x_6	－3/2	0	0	0	－1/4	－3/2	1	(4)
σ_j			0	0	0	－1/4	－1/2	0	

表 3－23 中的（1）（2）（3）行同表 3－22 中的①②③行，表 3－23 中的（4）行由以下变换得到：（4）＝④－3×②－2×③。

因表 3－23 中对偶问题为可行解，原问题为非可行解，故用对偶单纯形法迭代计算得到表 3－24。

表 3－24

$c_j \to$			2	1	0	0	0	0
$\mathbf{C}_B$	$\mathbf{X}_B$	**b**	x_1	x_2	x_3	x_4	x_5	x_6
0	x_3	15	0	0	1	5/2	0	－5
2	x_1	4	1	0	0	1/3	0	－1/3
1	x_2	0	0	1	0	－1/2	0	1
0	x_5	1	0	0	0	1/6	1	－2/3
σ_j			0	0	0	－1/6	0	－1/3

由表 3－24 可知，增加约束条件后，红旗工厂的最优生产计划为只生产 4 单位甲产品。

本章小结

本章介绍了线性规划问题的对偶问题，深入讨论了原问题与对偶问题之间的关系，重点介绍了对偶单纯形法的性质，解释了影子价格的经济学含义、对偶问题的相关理论，系统介绍了对偶单纯形法的基本原理和实施步骤。最后，本章还着重介绍了灵敏度分析，包括目标函数系数变化的灵敏度分析、约束条件右端常数变化的灵敏度分析、约束条件系数矩阵变化的灵敏度分析，探讨了线性规划问题中各种参数变化时，原来的最优解或最优解的结构是否以及如何发生变化，进而获得最优解保持不变的参数取值范围，对管理者随机应变地进行管理决策具有重要的指导意义。

本章习题

1. 判断下列说法是否正确，并说明为什么。

（1）如果线性规划问题原问题存在可行解，则其对偶问题也一定存在可行解。

（2）如果线性规划问题对偶问题无可行解，则原问题一定也无可行解。

（3）在互为对偶的一对原问题与对偶问题中，不管原问题是求极大值或极小值，原问题可行解的目标函数值一定不超过其对偶问题可行解的目标函数值。

（4）任何线性规划问题具有唯一的对偶问题。

（5）若原问题无最优解，则对偶问题无可行解。

（6）若原问题与对偶问题都可行，则其都有最优解。

（7）若原问题具有无界解，则对偶问题不可行。

（8）若对偶问题有可行解，则原问题也有可行解。

（9）若原问题有多重解，则对偶问题也有多重解。

（10）原问题与对偶问题互为对偶问题，或者同时都有最优解，或者同时都无最优解。

2. 简答题。

（1）用对偶单纯形法求解线性规划问题时，与一般单纯形法相比，进基变量和出基变量选取有什么不一样？

（2）对偶单纯形法的基本思想是什么？

（3）简述互补松弛定理、最优性判定定理。

（4）什么是灵敏度分析？灵敏度分析主要分析哪两个问题？

（5）什么是影子价格，影子价格在经济管理活动中有什么作用？

3. 写出下列线性规划问题的对偶问题。

（1）$\max z = x_1 + 5x_2 + 3x_3$

$$\text{s. t.}\begin{cases}2x_1 + 3x_2 - 5x_3 \leqslant 3 \\ 3x_1 - x_2 + 6x_3 \geqslant 2 \\ x_1 + x_2 + 2x_3 = 5 \\ x_1 \geqslant 0, x_2 \leqslant 0, x_3 \text{ 为自由变量}\end{cases}$$

（2）$\min z = 3x_1 + 5x_2 + 3x_3$

$$\text{s. t.}\begin{cases}4x_1 + 3x_2 - 5x_2 \leqslant 2 \\ 3x_1 - x_2 + 6x_3 \geqslant 1 \\ x_1 + x_2 + 2x_3 = 5 \\ x_1 \leqslant 0, x_3 \geqslant 0, x_2 \text{ 为自由变量}\end{cases}$$

（3）$\max z = x_1 - 5x_2 - 7x_3$

$$\text{s. t.}\begin{cases}2x_1 - 3x_2 + 5x_3 \leqslant 9 \\ 3x_1 - x_2 + 6x_3 \leqslant 7 \\ x_1 + x_2 + 2x \geqslant 5 \\ x_1 \geqslant 0, x_2 \leqslant 0, x_3 \text{ 为自由变量}\end{cases}$$

（4）$\min z = 4x_1 + x_2 - 3x_3$

$$\text{s. t.}\begin{cases}4x_1 + x_2 - 5x_3 \geqslant 2 \\ 3x_1 - 4x_2 + 6x_3 \geqslant 1 \\ x_1 + x_2 - 2x_3 \leqslant 5 \\ x_2 \leqslant 0, x_3 \geqslant 0, x_1 \text{ 为自由变量}\end{cases}$$

4. 给出线性规划问题

$$\max z = 2x_1 + 4x_2 + x_3 + x_4$$

$$\text{s. t.}\begin{cases}x_1 + 2x_2 + x_4 \leqslant 8 \\ 2x_1 + x_2 \leqslant 6 \\ x_2 + x_3 + x_4 \leqslant 6 \\ x_1 + x_2 + x_3 \leqslant 9 \\ x_j \geqslant 0, (j = 1, 2, \cdots, 4)\end{cases}$$

要求：（1）写出其对偶问题；（2）已知原问题最优解为 $\mathbf{X}^* = (2,2,4,0)^T$，试根据对偶理论直接求出对偶问题最优解。

5. 线性规划问题

$$\min z = 2x_1 - x_2 + 2x_3$$

$$\text{s. t.}\begin{cases}-x_1 + x_2 + x_3 = 4 \\ -x_1 + x_2 - kx_3 \leqslant 6 \\ x_1 \leqslant 0, x_2 \geqslant 0, x_3 \text{ 为自由变量}\end{cases}$$

的最优解为 $X^* = (-5, 0, -1)^T$。则：（1）求 k 值；（2）建立对偶问题并求其最优解。

6. 有以下线性规划问题

$$\max Z = 2x_1 + x_2 + 5x_3 + 6x_4$$
$$\text{s. t.} \begin{cases} 2x_1 + x_3 + x_4 \leqslant 8 \\ 2x_1 + 2x_2 + x_3 + 2x_4 \leqslant 12 \\ x_1 \geqslant 0, x_2 \geqslant 0, x_3 \geqslant 0, x_4 \geqslant 0 \end{cases}$$

已知其对偶规划问题的最优解为 $\mathbf{Y} = (4, 1)^T$，用对偶理论求其原问题的最优解。

7. 用对偶单纯形法求解下列线性规划问题。

（1）$\min z = 10x_1 + 5x_2 + 3x_3$

$$\text{s. t.} \begin{cases} 5x_1 + x_2 + 3x_3 \leqslant 5 \\ 3x_1 + 4x_2 + 2x_3 = 4 \\ 2x_1 + 6x_2 + 5x_3 \geqslant 6 \\ x_1, x_2, x_3 \geqslant 0 \end{cases}$$

（2）$\min z = 2x_1 + 3x_2 + 5x_3 + 2x_4 + 3x_5$

$$\text{s. t.} \begin{cases} x_1 + x_2 + 2x_3 + x_4 + 3x_5 \geqslant 4 \\ 2x_1 - 2x_2 + 3x_3 + x_4 + x_5 \geqslant 3 \\ x_j \geqslant 0, (j = 1, 2, \cdots, 5) \end{cases}$$

8. 已知线性规划的标准形式为：

$$\max z = -x_1 + 2x_2 + x_3 + 0 \cdot x_4 + 0 \cdot x_5$$
$$\begin{cases} x_1 + x_2 + x_3 + x_4 = 6 \\ 2x_1 - x_2 + x_5 = 4 \\ x_j \geqslant 0 (j = 1, 2, \cdots, n) \end{cases}$$

其最优单纯形表如表 3-25 所示。问：（1）当 c_1 由 -1 变为 4 时，求新问题的最优解。（2）讨论 c_2 在什么范围内变化时，原有的最优解仍是最优解。

表 3-25

c_j			-1	2	1	0	0
$\mathbf{C}_B$	$\mathbf{X}_B$	**b**	x_1	x_2	x_3	x_4	x_5
2	x_2	6	1	1	1	1	0
0	x_5	10	3	0	1	1	1
	$-Z$	-12	-3	0	-1	-2	0

9. 已知线性规划问题

$$\max z = 2x_1 + 3x_2 + x_3$$
$$\text{s. t.} \begin{cases} \frac{1}{3}x_1 + \frac{1}{3}x_2 + \frac{1}{3}x_3 + x_4 = 1 \\ \frac{1}{3}x_1 + \frac{4}{3}x_2 + \frac{7}{3}x_3 + x_5 = 3 \\ x_j \geqslant 0 (j = 1, 2, \cdots, n) \end{cases}$$

的最优单纯形表如表 3－26 所示。问：若 $\mathbf{P}_3$ 由原来的 $\begin{bmatrix}1/3\\7/3\end{bmatrix}\rightarrow\begin{bmatrix}1/10\\1/3\end{bmatrix}$，则最优解将如何改变？

表 3－26

c_j			2	3	1	0	0	
$\mathbf{C}_B$	$\mathbf{X}_B$	**b**	x_1	x_2	x_3	x_4	x_5	
2	x_1	1	1	0	－1	4	－1	6
3	x_2	2	0	1	2	－1	1	10/3
	$-Z$	－8	0	0	－3	－5	－1	

10. 已知线性规划问题

$$\max z = -x_1 - x_2 + 4x_3$$
$$\begin{cases} x_1 + x_2 + 2x_3 \leqslant 9 \\ x_1 + x_2 - x_3 \leqslant 2 \\ -x_1 + x_2 + x_3 \leqslant 4 \\ x_1, x_2, x_3 \geqslant 0 \end{cases}$$

的最优单纯形表如表 3－27 所示。要求：(1) 增加一个新变量 x_7，且 $c_7=3$，$\mathbf{P}_7=(3,\ 1,\ -3)^T$，求新问题的最优解。(2) 增加新约束 $-3x_1+x_2+6x_3\leqslant 17$，求新问题的最优解。

表 3－27

c_j			－1	－1	4	0	0	0
$\mathbf{C}_B$	$\mathbf{X}_B$	**b**	x_1	x_2	x_3	x_4	x_5	x_6
－1	x_1	1/3	1	－1/3	0	1/3	0	－2/3
0	x_5	6	0	2	0	0	1	1
4	x_3	13/3	0	2/3	1	1/3	0	1/3
	$-Z$	－17	0	－4	0	－1	0	－2

11. 已知线性规划问题

$$\max z = 3x_1 + 4x_2$$
$$\text{s. t.} \begin{cases} x_1 + x_2 \leqslant 5 \\ 2x_1 + 4x_2 \leqslant 12 \\ 3x_1 + 2x_2 \leqslant 8 \\ x_1 \geqslant 0, x_2 \geqslant 0 \end{cases}$$

的最优单纯型表如表 3－28 所示。要求：（1）写出该线性规划的对偶问题。（2）若 c_2 从 4 变成 5，最优解是否会发生改变，为什么？（3）若 b_2 的量从 12 上升到 15，最优解是否会发生变化，为什么？（4）如果增加一种产品 x_6，其 $\mathbf{P}_6=(2,3,1)^{\mathrm{T}}$，$c_6=4$ 该产品是否应该投产？为什么？

表 3－28

基变量		x_1	x_2	x_3	x_4	x_5
x_3	3/2	0	0	1	－1/8	－1/4
x_2	5/2	0	1	0	3/8	－1/4
x_1	1	1	0	0	－1/4	1/2
σ_j		0	0	0	－3/4	－1/2

第四章　运输问题

本章要点

1. 了解运输问题数学模型特点；
2. 掌握求解运输问题的表上作业法；
3. 了解产销不平衡运输问题。

第一节　运输问题及其数学模型

在生产实际中，经常需要将某种物资从一些产地运往一些销地，因而存在如何调运使总的运费最小的问题。这类问题一般称为运输问题。

运输问题的数学定义在1941年由美国数学家希奇柯克给出，但有关运输问题的研究可以回溯到1781年法国数学家蒙日（Gaspard Monge）的研究工作。1920～1930年，苏联数学家托尔斯泰（A. N. Tolstoy）针对铁路交通路线问题建立了运输问题的数学模型，并最早提出了运输方案最优判定的闭回路法。

运输问题一般可用线性规划模型来描述，因此也可以用单纯形法求解。但由于其模型结构特殊，学者们提供了更为简便和直观的解法——表上作业法，表上作业法也是基于单纯形思想的求解方法。此外，有些线性规划问题从实际意义上看，并非运输问题，但其模型结构类似运输问题，也可以化作运输问题进行求解。

一、运输问题的数学模型

本章研究单一品种物资的运输问题，首先来分析下面的问题。

【例4.1】 设某种物品有3个产地 A_1、A_2、A_3，各产地的产量分别是 a_1、a_2、a_3；有4个销地 B_1、B_2、B_3、B_4，各销地的销量分别为 b_1、b_2、b_3、b_4。假设从产地 $A_i(i=1,2,3)$ 向销地 $B_j(j=1,2,3,4)$ 运输单位物品的运价是 c_{ij}，该问题的运输表如表4－1所示，问怎样调运这些物品才能使总运费最小?

表 4-1

产地	销地				产量
	B_1	B_2	B_3	B_4	
A_1	c_{11}	c_{12}	c_{13}	c_{14}	a_1
A_2	c_{21}	c_{22}	c_{23}	c_{24}	a_2
A_3	c_{31}	c_{32}	c_{33}	c_{34}	a_3
销量	b_1	b_2	b_3	b_3	

如果该运输问题的总产量等于总销量，即有：

$$\sum_{i=1}^{3} a_i = \sum_{j=1}^{4} b_i$$

则称该运输问题为产销平衡运输问题；反之，则称产销不平衡运输问题。下面，我们建立产销平衡问题数学模型，然后讨论产销平衡运输问题的特点。

解：我们可以分三步建立该问题的数学模型：

（1）设决策变量。设 $x_{ij}(x_{ij}\geqslant 0)$ 表示由产地 $A_i(i=1,2,3)$ 运往销地 $B_j(j=1,2,3,4)$ 的物品数量。

（2）写目标函数。该运输问题的目标函数为：

$$\min z = \sum_{i=1}^{3}\sum_{j=1}^{4} c_{ij}x_{ij}$$

（3）写出约束条件。该运输问题约束条件有产量约束和销量约束，具体为：

$$\text{s. t.}\begin{cases}\sum_{i=1}^{3} x_{ij} = b_j \\ \sum_{j=1}^{4} x_{ij} = a_i\end{cases}$$

综合可得该运输问题数学模型为：

$$\min z = \sum_{i=1}^{3}\sum_{j=1}^{4} c_{ij}x_{ij}$$

$$\text{s. t}\begin{cases}\sum_{i=1}^{3} x_{ij} = b_j \\ \sum_{j=1}^{4} x_{ij} = a_i \\ x_{ij} \geqslant 0\end{cases}$$

这是一个 3 个产地、4 个销地且产销平衡的运输问题的数学模型，当有 m 个产地 n 个销地时，一般化的产销平衡的运输问题的数学模型为：

$$\min z = \sum_{i=1}^{m}\sum_{j=1}^{n} c_{ij}x_{ij}$$

$$\text{s.t.}\begin{cases}\sum_{i=1}^{m} x_{ij} = b_j(j = 1,2,\cdots,n) \\ \sum_{j=1}^{n} x_{ij} = a_i(i = 1,2,\cdots,m) \\ x_{ij} \geqslant 0(i = 1,2,\cdots,m;j = 1,2,\cdots,n)\end{cases} \tag{4.1}$$

式（4.1）运输问题数学模型满足线性规划问题特点：有一组非负的决策变量；目标函数是线性的；所有约束条件是线性不等式或等式。因此，式（4.1）运输问题是一个线性规划模型，可以用一般的单纯形法求解。但是，当用线性规划的单纯形法求解运输问题时，先得在每个约束条件中引入一个人工变量，这样一来，即使对于 $m=3$，$n=4$ 这样简单的运输问题，变量数目也会达到19个之多（未考虑去掉多余的约束条件），因而需要寻求更简单的解法。

为了说明适于求解运输问题的更好解法，先分析一下运输问题数学模型的特点。

二、产销平衡运输问题数学模型特

式（4.1）模型中，包含了 $m\times n$ 个变量，$(m+n)$ 个约束条件，且有特殊结构的系数矩阵，即：

$$\begin{array}{c} \begin{array}{cccccccccccc} x_{11} & x_{12} & \cdots & x_{1n} & x_{21} & x_{22} & \cdots & x_{2n} & \cdots & x_{m1} & x_{m2} & \cdots & x_{mn} \end{array} \\ \left(\begin{array}{ccccccccccccc} 1 & 1 & \cdots & 1 & & & & & & & & & \\ & & & & 1 & 1 & \cdots & 1 & & & & & \\ & & & & & & & & \ddots & & & & \\ & & & & & & & & & 1 & 1 & \cdots & 1 \\ 1 & & & & 1 & & & & & 1 & & & \\ & 1 & & & & 1 & & & & & 1 & & \\ & & \ddots & & & & \ddots & & & & & \ddots & \\ & & & 1 & & & & 1 & & & & & 1 \end{array}\right) \begin{array}{l} \left.\begin{array}{c} \\ \\ \\ \\ \end{array}\right\} m\text{ 行} \\ \left.\begin{array}{c} \\ \\ \\ \\ \end{array}\right\} n\text{ 行} \end{array} \end{array}$$

其系数列向量的结构为：

$$\begin{array}{c} \text{第 } i \text{ 个}\downarrow \qquad\qquad \downarrow\text{第 } m+j \text{ 个} \\ A_{ij} = (0,\cdots,0,1,0,0,1,0,\cdots,0)^T \end{array}$$

即除第 i 个和第 $(m+j)$ 个分量为1外，其他分量全都等于0。

由此可见，运输问题的约束条件具有以下特点：

（1）约束条件系数矩阵的元素等于0或1。

（2）约束条件系数矩阵的每一列有两个非零元素，这对应于每一个变量在前 m 个约束方程中出现一次，在后 n 个约束方程中也出现一次。

对于产销平衡的运输问题，除了上述两个特点外，还有以下特点：

（1）所有结构约束条件都是等式约束。

（2）各产地产量之和等于各销地销量之和。

对于式（4.1）模型，可用单纯形法求解。由于供需平衡，约束条件线性相关，独立的约束条件个数是“产地数 + 销地数 - 1”，即 $m+n-1$，也就是说，在用单纯形法求解时，基本解中的基变量个数，应是 $m+n-1$ 个。

关于运输问题的数学模型有以下定理。

定理4.1 运输问题的数学模型必有最优解。

首先，运输问题一定有可行解；而且其中单位运价 $c_{ij} \geqslant 0$，因此对于任一可行解必有目标函数值大于等于零，即目标函数有下界。因此，对于极小化的运输问题必有最优解。

定理4.2 运输问题约束方程系数矩阵 **A** 的秩为 $m+n-1$，即 $R(A)=m+n-1$。

由定理4.1可知，我们在求解运输问题时不需要进行无最优解的判别；另外从定理4.2可知，运输问题任一基可行解的非零分量的个数不能多于 $m+n-1$，或者说基变量的个数为 $m+n-1$。

第二节 用表上作业法求解运输问题

对运输问题的数学模型，尽管约束条件中，决策变量 x_{ij} 的系数非0即1，呈有规则的三角形排列，但具体用单纯形表求解时，却并不方便，因此一般我们用单纯形法的表格形式——表上作业法求解此类运输问题，所有的求解工作都可在表中进行，比纯粹的单纯形法更加简单直观，虽然形式不同，但是原理都是单纯形法。

利用表上作业法进行求解的计算步骤如下：

第一步，确定初始调运方案，找到初始解；根据定理4.2，确定基变量的个数是 $m+n-1$。

第二步，判断当前的调运方案是否最优，如果不是最优解，就在运输表上对这个解作出调整，确定调入新的基变量。

第三步，确定调入的基变量，确定新的调运方案，再判别，再改进，直到得出最优解为止。

在利用表上作业法求解时，不必像单纯形法一样列出数学模型，去掉多余的约束等式。

一、求解初始调运方案的方法

与一般的线性规划不同，产销平衡的运输问题一定具有可行解（同时也一定存在最优解），这一点是显然的。确定初始基可行解的方法有很多，在此介绍比较简单但能给出较好初始方案的最小元素法、沃格尔（Vogel）法、西北角法。

下面通过一个例子，分别介绍三种方法的应用。

【例 4.2】 设有某物资从 A_1、A_2、A_3 处运往 B_1、B_2、B_3、B_4 四个地方，各处供应量、需求量及单位运价见表 4－2（单位：万元）。问应如何安排运输方案，才能使总运费最少？

表 4－2

产地	销地				产量
	B_1	B_2	B_3	B_4	
A_1	2	9	10	7	9
A_2	1	3	4	2	5
A_3	8	4	2	5	7
销量	3	8	4	6	21

1. 最小元素法

运输问题的目标是求总运费最小，最小元素法的基本思想是按单位运价的大小顺序确定运输数量，先从单位运价表中最小的单位运价处开始确定分配运输数量，然后从次小的单位运价处确定分配的运输数量，一直到求出初始基可行解为止。

具体步骤如下：

（1）先确定运价最小的单元格所对应的变量值。若有几个单元格的运价同时最小，则任取一个。令该变量取尽可能大的值，将此值填入该变量的对应位置并画圈○。画圈○单元格对应的变量是基变量。

（2）在画圈单元格所在的行或列中取 0 值的变量处打上 ×。打 × 单元格对应的变量是非基变量。

（3）重复步骤（1）和步骤（2），直到列表中所有单元格都被画上○或者打上 ×。

用最小元素法求【例 4.2】产销平衡运输问题初始调运方案具体步骤如下：

第一步，在调运表 4－2 所有单位运价中，$c_{21}=1$ 最小，所以先给 x_{21} 分配运量，$x_{21}=$

min{3, 5}=3。由于 B_1 的销量已经满足，所以 x_{11} 和 x_{31} 所在的单元格打×，如表 4－3 所示①。

表 4－3

产地	销地				产量
	B_1	B_2	B_3	B_4	
A_1	× 2	9	10	7	9
A_2	③ 1	3	4	2	~~5~~ 2
A_3	× 8	4	2	5	7
销量	3	8	4	6	21

第二步，在没有分配的单元格（既没有画上○也没有打上×的单元格）中，单位运价最小的是 $c_{24}=c_{33}=2$，故可任取一个，如取 $c_{24}=2$，则给 x_{24} 分配运量，$x_{24}=\min\{2, 6\}=2$。由于 A_2 的运量已经满足，所以 x_{22} 和 x_{23} 所在的单元格打×，如表 4－4 所示。

表 4－4

产地	销地				产量
	B_1	B_2	B_3	B_4	
A_1	× 2	9	10	7	9
A_2	③ 1	× 3	× 4	② 2	~~5~~ 2
A_3	× 8	4	2	5	7
销量	3	8	4	~~6~~ 4	21

第三步，在没有分配的单元格（既没有画上○也没有打上×的单元格）中，单位运价最小的是 $c_{33}=2$，则给 x_{33} 分配运量，$x_{33}=\min\{4, 7\}=4$。由于 B_3 的销量已经满足，所以 x_{13} 所在的单元格打×，如表 4－5 所示。

① 文中的 c_{ij} 表示从产地 i 运往销地 j 的单位运输成本，x_{ij} 表示从产地 i 运往销地 j 的单位运输数量，不同。

表 4 – 5

产地	销地				产量
	B_1	B_2	B_3	B_4	
A_1	× 2	9	× 10	7	9
A_2	③ 1	× 3	× 4	② 2	~~5~~ 2
A_3	× 8	4	④ 2	5	~~7~~ 3
销量	3	8	4	~~6~~ 4	21

第四步，在没有分配的单元格（既没有画上○也没有打上×的单元格）中，单位运价最小的是 $c_{32}=4$，则给 x_{32} 分配运量，$x_{32}=\min\{8, 3\}=3$。由于 A_3 的运量已经满足，所以 x_{34} 所在的单元格打×，如表 4 – 6 所示。

表 4 – 6

产地	销地				产量
	B_1	B_2	B_3	B_4	
A_1	× 2	9	× 10	7	9
A_2	③ 1	× 3	× 4	② 2	~~5~~ 2
A_3	× 8	③ 4	④ 2	× 5	~~7~~ 3
销量	3	~~8~~ 5	4	~~6~~ 4	21

第五步，在没有分配的单元格（既没有画上○也没有打上×的单元格）中，单位运价最小的是 $c_{14}=7$，则给 x_{14} 分配运量，$x_{14}=\min\{4, 9\}=4$，如表 4 – 7 所示。

表 4 – 7

产地	销地				产量
	B_1	B_2	B_3	B_4	
A_1	× 2	9	× 10	④ 7	~~9~~ 5
A_2	③ 1	× 3	× 4	② 2	~~5~~ 2

续表

产地	销地				产量
	B_1	B_2	B_3	B_4	
A_3	× 8	③ 4	④ 2	× 5	~~7~~ 3
销量	3	~~8~~ 5	4	~~6~~ 4	21

第六步，在没有分配的单元格（既没有画上○也没有打上×的单元格）中，单位运价最小的是 $c_{12}=9$，则给 x_{12} 分配运量，$x_{12}=\min\{5,5\}=5$，如表 4－8 所示。

表 4－8

产地	销地				产量
	B_1	B_2	B_3	B_4	
A_1	× 2	⑤ 9	× 10	④ 7	~~9~~ 5
A_2	③ 1	× 3	× 4	② 2	~~5~~ 2
A_3	× 8	③ 4	④ 2	× 5	~~7~~ 3
销量	3	~~8~~ 5	4	~~6~~ 4	21

所以【例 4.2】平衡运输问题的初始调运方案为：

$$\text{基变量}: x_{12}=5, x_{14}=4, x_{21}=3, x_{24}=2, x_{32}=3, x_{33}=4$$
$$\text{非基变量}: x_{11}=x_{13}=x_{22}=x_{23}=x_{31}=x_{34}=0$$

相应的目标函数值（总费用）为：

$$z=\sum_{i=1}^{3}\sum_{j=1}^{4}c_{ij}x_{ij}$$
$$=9\times5+7\times4+1\times3+2\times2+4\times3+2\times4=100(\text{万元})$$

【例 4.3】 用最小元素法求如表 4－9 所示的运输问题的初始调运方案。

表 4－9

产地	销地				产量
	B_1	B_2	B_3	B_4	
A_1	2	4	3	1	40
A_2	10	8	5	4	60

续表

产地	销地				产量
	B_1	B_2	B_3	B_4	
A_3	7	6	6	8	50
销量	40	30	40	40	150

解：用最小元素法求产销平衡运输问题初始调运方案如表 4－10 所示。

表 4－10

产地	销地				产量
	B_1	B_2	B_3	B_4	
A_1	⓪ 2	× 4	× 3	㊵ 1	40
A_2	⑳ 10	× 8	㊵ 5	× 4	~~60~~ 20
A_3	⑳ 7	㉚ 6	× 6	× 8	~~50~~ 20
销量	~~40~~ 20	30	40	40	150

需要说明的是，若按照最小元素法步骤求解，得到的解如表 4－11 所示。这样不满足基变量个数为 $m+n-1$，为了使得基变量个数满足 $m+n-1$，需要在同时划去的行或列的任一空格位置添上一个“0”，这个“0”表示该变量是基变量。这里选取单位运输成本最小的 $c_{11}=2$，将 x_{11}分配数量 0 并画圈○，得表 4－10。

表 4－11

产地	销地				产量
	B_1	B_2	B_3	B_4	
A_1	× 2	× 4	× 3	㊵ 1	40
A_2	⑳ 10	× 8	㊵ 5	× 4	~~60~~ 20
A_3	⑳ 7	㉚ 6	× 6	× 8	~~50~~ 20
销量	~~40~~ 20	30	40	40	150

在用最小元素法确定初始基本可行解的时候，有可能出现以下两种特殊情况：

（1）当在中间步骤未划去的单位运价表中寻找最小元素时，有多个元素同时达到最小。这时从这些最小元素中任意选择一个作为基变量即可，如【例4.2】。

（2）当在中间步骤未划去的单位运价表中寻找最小元素时，发现该元素所在行的剩余产量等于该元素所在列的剩余销售量。这时在产销平衡表相应的位置填上该剩余产量数，而在单位运价表中就要同时划去该行和该列，最终会导致基变量个数小于 $m+n-1$。为了使调运方案中数字的格数仍为 $m+n-1$，需要在同时划去的行或列的任一空格位置添上一个“0”，这个“0”表示该变量是基变量，只是取值为0，即此时的调运方案是一个退化的基本可行解，如【例4.3】。

2. 沃格尔（Vogel）法

沃格尔法是另一种确定初始调运方案的方法，具体过程对最小元素法进行了一定的改进，最小元素法虽然简洁方便，但是却没有综合考虑运费，有时按最小单位运价有限安排物品调运时，可能导致在后面不得不采用运费很高的其他产地，从而使整个运输费用增加。沃格尔法在进行基变量的选择时，不像最小元素法，仅仅通过运费表中的最小元素来确定，而是要先计算单位运费表中各行、各列最小元素与次小元素之差（称为差额）。一产地的产品，如果不能按照最小运费就近供应，就考虑次小运费。差额越大，说明不能按最小运费调运时，运费增加就越多。因此，对于差额最大处，就优先采用最小运费调用。

具体步骤如下：

（1）对运输表格的每一行找到最小与次小单位运价，并计算次小单位运价与最小单位运价的差值，对列作同样处理。再从差值最大的行或列中找到最小单位运价，令其对应的变量取尽可能大的值，将此值填入该变量的对应位置并画圈○。

（2）在画圈○单元格所在的行或列中取0值的变量处打上×。

（3）重复步骤（1）和步骤（2），直到列表中所有单元格都被画上○或者打上×。

用沃格尔法求【例4.2】产销平衡运输问题的初始调运方案具体步骤如下：

第一步，在表4－2中找出各行、各列最小元素与次最小元素间的差额，分别填入最右一列和最下一行，行或列的最大差值为5；从第1行取最小的单位运价 $c_{11}=2$，对 x_{11} 分配的数量为 $x_{11}=\min\{3, 9\}=3$，将此值填入该变量的对应位置并画圈○，且由于 B_1 的运量已经满足，所以 x_{21} 和 x_{31} 所在的单元格打×，如表4－12所示。

表4－12

产地	销地				产量	行差值
	B_1	B_2	B_3	B_4		
A_1	③ 2	9	10	7	~~9~~ 6	5
A_2	× 1	3	4	2	5	1

续表

产地	销地				产量	行差值
	B_1	B_2	B_3	B_4		
A_3	× 8	4	2	5	7	2
销量	3	8	4	6	21	
列差值	1	1	2	3		

第二步，在表4－12中找出各行、各列最小元素与次最小元素间的差额（除去画圈○和打×的元素），分别填入最右一列和最下一行，行或列的最大差值为3，从第4列最小的单位运价 $c_{24}=2$，对 x_{24}分配的数量为 $x_{24}=\min\{5,6\}=5$，将此值填入该变量的对应位置并画圈○，且由于 A_2 的销量已经满足，所以 x_{22} 和 x_{23} 所在的单元格打×，如表4－13所示。

表4－13

产地	销地				产量	行差值
	B_1	B_2	B_3	B_4		
A_1	③ 2	9	10	7	~~9~~ 6	5 2
A_2	× 1	× 3	× 4	⑤ 2	5	1 1
A_3	× 8	4	2	5	7	2 2
销量	3	8	4	~~6~~ 1	21	
列差值	1	1 1	2 2	3 3		

第三步，在表4－13中找出各行、各列最小元素与次最小元素间的差额（除去画圈○和打×的元素），分别填入最右一列和最下一行，行或列的最大差值为8，从第3列最小的单位运价 $c_{33}=2$，对 x_{33}分配的数量为 $x_{33}=\min\{4,7\}=4$，将此值填入该变量的对应位置并画圈○，且由于 B_3 的运量已经满足，所以 x_{13}所在的单元格打×，如表4－14所示。

表 4－14

产地	销地				产量	行差值
	B_1	B_2	B_3	B_4		
A_1	③ 2	9	× 10	7	~~9~~ 6	5 2 2
A_2	× 1	× 3	× 4	⑤ 2	5	1 1
A_3	× 8	4	④ 2	5	~~7~~ 3	2 2 2
销量	3	8	4	~~6~~ 1	21	
列差值	1	1 1 5	2 2 8	3 3 2		

第四步，在表 4－14 中找出各行、各列最小元素与次最小元素间的差额（除去画圈○和打×的元素），分别填入最右一列和最下一行，行或列的最大差值为 5，从第 2 列最小的单位运价 $c_{32}=4$，对 x_{32} 分配的数量为 $x_{32}=\min\{3, 8\}=3$，将此值填入该变量的对应位置并画圈○，且由于 A_3 的销量已经满足，所以 x_{34} 所在的单元格打×，如表 4－15 所示。

表 4－15

产地	销地				产量	行差值
	B_1	B_2	B_3	B_4		
A_1	③ 2	9	× 10	7	~~9~~ 6	5 2 2 2
A_2	× 1	× 3	× 4	⑤ 2	5	1 1
A_3	× 8	③ 4	④ 2	× 5	~~7~~ 3	2 2 2 1
销量	3	~~8~~ 5	4	~~6~~ 1	21	
列差值	1	1 1 5 5	2 2 8	3 3 2 2		

第五步，在表 4－15 中找出各行、各列最小元素与次最小元素间的差额（除去画圈○和打×的元素），分别填入最右一列和最下一行，行或列的最大差值为 2，从第 1 行最小的

单位运价 $c_{14}=7$，对 x_{14} 分配的数量为 $x_{14}=\min\{1,\ 6\}=1$，将此值填入该变量的对应位置并画圈○，最后对 x_{12} 分配数量为 5，且 A_1 的销量已经满足，如表 4－16 所示。

表 4－16

产地	销地				产量	行差值
	B_1	B_2	B_3	B_4		
A_1	③ 2	⑤ 9	× 10	① 7	~~9~~ 6	5 2 2 2 2
A_2	× 1	× 3	× 4	⑤ 2	5	1 1
A_3	× 8	③ 4	④ 2	× 5	~~7~~ 3	2 2 2 1
销量	3	~~8~~ 5	4	~~6~~ 1	21	
列差值	1	1 1 5 5 0	2 2 8	3 3 2 2 0		

用沃格尔法求得【例 4.2】平衡运输问题的初始调运方案为：

$$\text{基变量}: x_{11}=3, x_{12}=5, x_{14}=1, x_{24}=5, x_{32}=3, x_{33}=4$$

$$\text{非基变量}: x_{13}=x_{21}=x_{22}=x_{23}=x_{31}=x_{34}=0$$

相应的目标函数值（总费用）为：

$$\begin{aligned} z &= \sum_{i=1}^{3}\sum_{j=1}^{4} c_{ij}x_{ij} \\ &= 3\times2+5\times9+1\times7+2\times5+4\times3+2\times4=88(\text{万元}) \end{aligned}$$

用沃格尔法求【例 4.3】产销平衡运输问题初始调运方案如表 4－17 所示。

表 4－17

产地	销地				产量	行差值
	B_1	B_2	B_3	B_4		
A_1	㊵ 2	× 4	× 3	⓪ 1	40	1
A_2	× 10	× 8	⑳ 5	㊵ 4	~~60~~ 20	1 1 3

续表

产地	销地				产量	行差值
	B_1	B_2	B_3	B_4		
A_3	× 7	㉚ 6	⑳ 6	× 8	~~50~~ 30	0 0 0 0
销量	40	30	~~40~~ 20	40	150	
列差值	5	2 2 2 0	2 1 1 0	3 4		

对于【例 4.2】，用沃格尔法得到的初始调运方案下目标函数值小于用最小元素法得到的初始调运方案下目标函数值。一般来说，沃格尔法得到的方案总不差于最小元素法所得的方案，毕竟沃格尔法考虑到了行列的最小两个元素，比只考虑一个最小元素的方法要好一些。

3. 西北角法

西北角法又称为左上角法，操作简单。此法是纯粹的人为的规定，没有理论依据和实际背景，但它易操作，特别适合在计算机上编程计算，因而受到欢迎。具体操作，我们仍以【例 4.2】为例。

具体步骤如下：

（1）先确定左上角变量的值，令它取尽可能大的值。将这个值填入该变量对应的单元格，并在该数字上画圈。

（2）在画圈○单元格所在的行或列中取 0 值的变量处打上 ×。

（3）重复步骤（1）和步骤（2），直到列表中所有单元格都被画上○或者打上 ×。

用西北角法求【例 4.2】产销平衡运输问题的初始调运方案具体步骤如下：

第一步，从表 4－2 中左上角 x_{11} 所在的单元格开始，对 x_{11} 分配的数量为 $x_{11}=\min\{3, 9\}=3$，将此值填入该变量的对应位置并画圈○，且由于 B_1 的运量已经满足，所以 x_{21} 和 x_{31} 所在的单元格打 ×，如表 4－18 所示。

表 4－18

产地	销地				产量
	B_1	B_2	B_3	B_4	
A_1	③ 2	9	10	7	~~9~~ 6
A_2	× 1	3	4	2	5

续表

产地	销地				产量
	B_1	B_2	B_3	B_4	
A_3	× 8	4	2	5	7
销量	3	8	4	6	21

第二步，在表 4－18 没有分配的单元格中，左上角变量为 x_{12}，从 x_{12} 所在的单元格开始，对 x_{12} 分配的数量为 $x_{12}=\min\{6,8\}=6$，将此值填入该变量的对应位置并画圈○，且由于 A_1 的销量已经满足，所以 x_{13} 和 x_{14} 所在的单元格打×，如表 4－19 所示。

表 4－19

产地	销地				产量
	B_1	B_2	B_3	B_4	
A_1	③ 2	⑥ 9	× 10	× 7	~~9~~ 6
A_2	× 1	3	4	2	5
A_3	× 8	4	2	5	7
销量	3	~~8~~ 2	4	6	21

第三步，在表 4－19 没有分配的单元格中，左上角变量为 x_{22}，从 x_{22} 所在的单元格开始，对 x_{22} 分配的数量为 $x_{22}=\min\{2,5\}=2$，将此值填入该变量的对应位置并画圈○，且由于 B_2 的运量已经满足，所以 x_{32} 所在的单元格打×，如表 4－20 所示。

表 4－20

产地	销地				产量
	B_1	B_2	B_3	B_4	
A_1	③ 2	⑥ 9	× 10	× 7	~~9~~ 6
A_2	× 1	② 3	4	2	~~5~~ 3
A_3	× 8	× 4	2	5	7
销量	3	~~8~~ 2	4	6	21

第四步，在表 4－20 没有分配的单元格中，左上角变量为 x_{23}，从 x_{23} 所在的单元格开始，对 x_{23} 分配的数量为 $x_{23}=\min\{3,4\}=3$，将此值填入该变量的对应位置并画圈○，且由于 A_2 的销量已经满足，所以 x_{24} 所在的单元格打×，如表 4－21 所示。

表 4－21

产地	销地				产量
	B_1	B_2	B_3	B_4	
A_1	③ 2	⑥ 9	× 10	× 7	~~9~~ 6
A_2	× 1	② 3	③ 4	× 2	~~5~~ 3
A_3	× 8	× 4	2	5	7
销量	3	~~8~~ 2	~~4~~ 1	6	21

第五步，在表 4－21 的没有分配的单元格中，左上角变量为 x_{33}，从 x_{33} 所在的单元格开始，对 x_{33} 分配的数量为 $x_{33}=\min\{1,7\}=1$，将此值填入该变量的对应位置并画圈○，且由于 B_3 的运量已经满足，最后在 x_{34} 处分配数量为 $x_{34}=\min\{6,6\}=6$，如表 4－22 所示。

表 4－22

产地	销地				产量
	B_1	B_2	B_3	B_4	
A_1	③ 2	⑥ 9	× 10	× 7	~~9~~ 6
A_2	× 1	② 3	③ 4	× 2	~~5~~ 3
A_3	× 8	× 4	① 2	⑥ 5	~~7~~ 6
销量	3	~~8~~ 2	~~4~~ 1	6	21

用西北角法求得【例 4.2】平衡运输问题的初始调运方案为：

基变量：$x_{11}=3, x_{12}=6, x_{22}=2, x_{34}=3, x_{33}=1, x_{34}=6$

非基变量：$x_{13}=x_{14}=x_{21}=x_{24}=x_{31}=x_{32}=0$

相应的目标函数值（总费用）为：

$$z=\sum_{i=1}^{3}\sum_{j=1}^{4}c_{ij}x_{ij}$$

$$=3\times2+6\times9+2\times3+4\times3+2\times1+5\times6=110(\text{万元})$$

虽然西北角法没有理论依据和实际背景，但是将结果从统计学的角度来分析，和最小元素法以及沃格尔法差距并不大，因此在计算机编程中，西北角法更受青睐。

4. 三种方法的比较

（1）从解的优良性上考虑，沃格尔法优于最小元素法，最小元素法优于西北角法。

（2）从编程的可操作性上考虑，西北角法优于最小元素法，最小元素法优于沃格尔法。

（3）折中考虑，则是最小元素法操作简便。

二、解的最优性检验

得到运输问题的初始基本可行解后，就要判断这个解是否为最优解。在单纯形法中，判断一个基本可行解是否最优及如何改进，是根据各非基变量的检验数来确定的。这里我们使用了调运表，对一个调运方案，我们也是计算出它的非基变量的检验数，以判断当前的方案是否最优及如何改进的。计算非基变量的检验数即计算×格的检验数。因运输问题的目标函数是要求实现最小化，所以当所有的非基变量检验数都大于等于0时为最优解（检验数为0意味着存在多重最优解）。闭回路法和对偶变量法（位势法）是常用的两种方法。

1. 闭回路法

下面我们首先看闭回路的定义。

定义4.1（闭回路的定义） 在运输问题的调运表中，凡能排成 $x_{i_1j_1}$，$x_{i_1j_2}$，$x_{i_2j_3}$，…，$x_{i_sj_s}$，$x_{i_sj_1}$ 形式的变量集合，称为一个闭回路，其中 i_1，i_2，…，i_s；j_1，j_2，…，j_s 互不相同，集合中各变量称为该闭回路的顶点，相邻两个变量的连线称为闭回路的边。

例如，对 $m=3$，$n=4$ 的运输问题，变量集合 $\{x_{11}, x_{14}, x_{21}, x_{24}\}$ 构成了一个闭回路，其形状如表4－23所示。

表4－23

产地	销地			
	B_1	B_2	B_3	B_4
A_1	x_{11}	x_{12}	x_{13}	x_{14}
A_2	x_{21}	x_{22}	x_{23}	x_{24}
A_3	x_{31}	x_{32}	x_{33}	x_{34}

变量集合 $\{x_{11}, x_{12}, x_{22}, x_{23}, x_{33}, x_{31}\}$ 构成了一个闭回路，其形状如表4－24所示。

表 4 – 24

产地	销地			
	B_1	B_2	B_3	B_4
A_1	x_{11}	x_{12}	x_{13}	x_{14}
A_2	x_{21}	x_{22}	x_{23}	x_{24}
A_3	x_{31}	x_{32}	x_{33}	x_{34}

变量集合 $\{x_{11}, x_{12}, x_{32}, x_{33}, x_{23}, x_{21}\}$ 构成了一个闭回路，其形状如表 4 – 25 所示，注意 x_{22}不是顶点。

表 4 – 25

产地	销地			
	B_1	B_2	B_3	B_4
A_1	x_{11}	x_{12}	x_{13}	x_{14}
A_2	x_{21}	x_{22}	x_{23}	x_{24}
A_3	x_{31}	x_{32}	x_{33}	x_{34}

变量集合 $\{x_{11}, x_{12}, x_{22}, x_{23}, x_{13}, x_{14}, x_{34}, x_{31}\}$ 构成了一个闭回路，其形状如表 4 – 26所示。

表 4 – 26

产地	销地			
	B_1	B_2	B_3	B_4
A_1	x_{11}	x_{12}	x_{13}	x_{14}
A_2	x_{21}	x_{22}	x_{23}	x_{24}
A_3	x_{31}	x_{32}	x_{33}	x_{34}

表 4 – 23 ~ 表 4 – 26 给出了四种常见的闭回路图形，更为复杂的闭回路通常是上述图形的组合。

闭回路有以下特点：

（1）每个顶点都是转角。

（2）每行或每列只有且仅有两个顶点。

（3）每个顶点的连线都是水平的或垂直的。

定理 4. 3 运输问题有 $m+n-1$ 个变量 $x_{i1j1}, x_{i2j2}, \cdots, x_{isjs}$ $(s=m+n-1)$ 构成某一基可行解的基变量的充要条件是：不包含以这些变量为顶点的闭回路。

该定理能帮助我们简便地求出基可行解或判别某一可行解是否为基可行解，我们把这种方法称为闭回路法。具体做法是：对每一个非基变量（打 × 格子对应变量）规定一条封闭的回路。这条回路是从一个非基变量的格子开始，并回到这个格子而结束，中间由若干条水平和垂直的线段所组成，而这些线段的端点必须是基变量（打○格子对应变量），也就是回路的转角点必须是一个基变量。

对于每个非基变量 x_{ij}，我们可以找到包含它的闭回路，而非基变量的检验数就是在该闭回路中计算，具体步骤如下：

从非基变量 x_{ij} 出发构造闭回路，将 x_{ij} 看作一个顶点，后面的顶点依次编号（顺时针或逆时针）。将闭回路中顶点按编号划分为奇偶两类，编号为奇数的顶点记为奇点，编号为偶数的点记为偶点。则非基变量 x_{ij} 的检验数 σ_{ij} 按下式计算：

$$\sigma_{ij} = \text{奇点运价之和} - \text{偶点运价之和} \tag{4.2}$$

下面我们用闭回路法求表 4－27 中的非基变量的检验数，并判断最小元素法所得到的初始调运方案的最优性。

表 4－27

产地	销地				产量
	B_1	B_2	B_3	B_4	
A_1	× 2	⑤ 9	× 10	④ 7	9
A_2	③ 1	× 3	× 4	② 2	5
A_3	× 8	③ 4	④ 2	× 5	7
销量	3	8	4	6	21

以非基变量 x_{11} 为起点，变量集合 $\{x_{11}, x_{14}, x_{24}, x_{21}\}$ 构成了一个闭回路，其形状如表 4－27 所示。闭回路中 x_{11} 和 x_{24} 为奇点，x_{14} 和 x_{21} 为偶点，由此可得非基变量 x_{11} 的检验数为：

$$\sigma_{11} = (c_{11} + c_{24}) - (c_{14} + c_{21}) = (2 + 2) - (1 + 7) = -4$$

以非基变量 x_{13} 为起点，变量集合 $\{x_{13}, x_{33}, x_{32}, x_{12}\}$ 构成了一个闭回路，其形状如表 4－28 所示。闭回路中 x_{13} 和 x_{32} 为奇点，x_{33} 和 x_{12} 为偶点，由此可得非基变量 x_{13} 的检验数为：

$$\sigma_{13} = (c_{13} + c_{32}) - (c_{33} + c_{12}) = (10 + 4) - (2 + 9) = 3$$

表 4－28

产地	销地				产量
	B_1	B_2	B_3	B_4	
A_1	× 2	⑤ 9	× 10	④ 7	9
A_2	③ 1	× 3	× 4	② 2	5
A_3	× 8	③ 4	④ 2	× 5	7
销量	3	8	4	6	21

以非基变量 x_{22} 为起点，变量集合 $\{x_{22}, x_{12}, x_{14}, x_{24}\}$ 构成了一个闭回路，其形状如表 4－29 所示。闭回路中 x_{22} 和 x_{14} 为奇点，x_{12} 和 x_{24} 为偶点，由此可得非基变量 x_{22} 的检验数为：

$$\sigma_{22} = (c_{22} + c_{14}) - (c_{24} + c_{12}) = (7 + 3) - (2 + 9) = -1$$

表 4－29

产地	销地				产量
	B_1	B_2	B_3	B_4	
A_1	× 2	⑤ 9	× 10	④ 7	9
A_2	③ 1	× 3	× 4	② 2	5
A_3	× 8	③ 4	④ 2	× 5	7
销量	3	8	4	6	21

以非基变量 x_{23} 为起点，变量集合 $\{x_{23}, x_{24}, x_{14}, x_{12}, x_{32}, x_{33}\}$ 构成了一个闭回路，其形状如表 4－30 所示。闭回路中 x_{23}、x_{14} 和 x_{32} 为奇点，x_{24}、x_{12} 和 x_{33} 为偶点，由此可得非基变量 x_{23} 的检验数为：

$$\sigma_{22} = (c_{23} + c_{14} + c_{32}) - (c_{24} + c_{12} + c_{33}) = (7 + 4 + 4) - (2 + 9 + 2) = 2$$

表 4 – 30

产地	销地				产量
	B_1	B_2	B_3	B_4	
A_1	× 2	⑤ 9	× 10	④ 7	9
A_2	③ 1	× 3	× 4	② 2	5
A_3	× 8	③ 4	④ 2	× 5	7
销量	3	8	4	6	21

以非基变量 x_{31} 为起点，变量集合 $\{x_{31}, x_{32}, x_{12}, x_{14}, x_{24}, x_{21}\}$ 构成了一个闭回路，其形状如表 4 – 31 所示。注意 x_{22} 不是顶点。闭回路中 x_{31}、x_{12} 和 x_{24} 为奇点，x_{14}、x_{21} 和 x_{32} 为偶点，由此可得非基变量 x_{31} 的检验数为：

$$\sigma_{31} = (c_{31} + c_{12} + c_{24}) - (c_{14} + c_{21} + c_{32}) = (8 + 9 + 2) - (4 + 1 + 7) = 7$$

表 4 – 31

产地	销地				产量
	B_1	B_2	B_3	B_4	
A_1	× 2	⑤ 9	× 10	④ 7	9
A_2	③ 1	× 3	× 4	② 2	5
A_3	× 8	③ 4	④ 2	× 5	7
销量	3	8	4	6	21

以非基变量 x_{34} 为起点，变量集合 $\{x_{34}, x_{14}, x_{12}, x_{32}\}$ 构成了一个闭回路，其形状如表 4 – 32 所示。闭回路中 x_{34} 和 x_{12} 为奇点，x_{24} 和 x_{32} 为偶点，由此可得非基变量 x_{34} 的检验数为：

$$\sigma_{31} = (c_{34} + c_{12}) - (c_{14} + c_{32}) = (5 + 9) - (4 + 7) = 3$$

表 4－32

产地	销地				产量
	B_1	B_2	B_3	B_4	
A_1	× 2	⑤ 9	× 10	④ 7	9
A_2	③ 1	× 3	× 4	② 2	5
A_3	× 8	③ 4	④ 2	× 5	7
销量	3	8	4	6	21

运用闭回路法计算表 4－16 的初始调运方案的非基变量检验数如下所示：

以非基变量 x_{13} 为起点，变量集合 $\{x_{13}, x_{33}, x_{32}, x_{12}\}$ 构成了一个闭回路，其形状如表 4－33 所示。闭回路中 x_{13} 和 x_{32} 为奇点，x_{33} 和 x_{12} 为偶点，由此可得非基变量 x_{13} 的检验数为：

$$\sigma_{13}=(c_{13}+c_{32})-(c_{33}+c_{12})=(10+4)-(9+2)=3$$

表 4－33

产地	销地				产量
	B_1	B_2	B_3	B_4	
A_1	③ 2	⑤ 9	× 10	① 7	9
A_2	× 1	× 3	× 4	⑤ 2	5
A_3	× 8	③ 4	④ 2	× 5	7
销量	3	8	4	6	21

以非基变量 x_{21} 为起点，变量集合 $\{x_{21}, x_{24}, x_{14}, x_{11}\}$ 构成了一个闭回路，其形状如表 4－34 所示。闭回路中 x_{21} 和 x_{14} 为奇点，x_{24} 和 x_{11} 为偶点，由此可得非基变量 x_{21} 的检验数为：

$$\sigma_{21}=(c_{21}+c_{14})-(c_{24}+c_{11})=(7+1)-(2+2)=4$$

表 4-34

产地	销地								产量
	B_1		B_2		B_3		B_4		
A_1	③	2	⑤	9	×	10	①	7	9
A_2	×	1	×	3	×	4	⑤	2	5
A_3	×	8	③	4	④	2	×	5	7
销量	3		8		4		6		21

同理可分别以 x_{22}，x_{23}，x_{31}，x_{34}为起点，构建闭回路，得各闭回路中非基变量检验数为 $\sigma_{22}=-1$，$\sigma_{23}=2$，$\sigma_{31}=11$，$\sigma_{34}=3$。

感兴趣的读者可以用闭回路法判断表 4-17 的初始调运方案是否是最优的。

2. 对偶变量法

利用闭回路法计算非基变量检验数需找到包含该非基变量的闭回路，这样做非常麻烦，下面我们介绍对偶变量法（也叫位势法）只需要简单的代数计算即可得到检验数。

在第二章介绍单纯形法时，我们曾给出一个检验数的计算公式，即：

$$\sigma_j = c_j - c_B B^{-1} P_j = c_j - YP_j \tag{4.3}$$

其中，$Y=c_B B^{-1}$为关于基 B 的对偶变量。

利用这一原理，也可以类似地求出运输问题的基可行解中，非基变量 x_{ij}对应的检验数。为此，我们首先写出运输问题式（4.1）的对偶问题。

由于运输问题式（4.1）的约束条件共有 $m+n$ 个，前 m 个是关于产地产量的限制，后 n 个是关于销量的限制。因此，其对偶问题中的对偶变量也应有 $m+n$ 个，前 m 个记为 u_i $(i=1,2,\cdots,m)$，后 n 个记为 $v_j(j=1,2,\cdots,n)$，并记 $Y=(u_1,u_2,\cdots,u_m;v_1,v_2,\cdots,v_n)$。又由于运输问题式（4.1）的约束系数矩阵 **A** 的特殊结构，根据第三章中介绍的对偶问题的规则，可以直接写出运输问题式（4.1）的对偶问题：

$$\max w = \sum_{i=1}^{m} a_i u_i + \sum_{j=1}^{n} b_j v_j$$

$$\text{s. t.} \begin{cases} u_i + v_j \leqslant c_{ij}(i=1,2,\cdots,m;j=1,2,\cdots,n) \\ u_i, v_j \text{ 无符号限制} \end{cases}$$

其中变量 $u_i(i=1,2,\cdots,m)$又称为行位势，$v_j(j=1,2,\cdots,n)$又称为列位势。

再根据式（4.3），可以写出运输问题的检验数计算公式：

$$\sigma_{ij} = c_{ij} - \mathbf{YP}_j$$

$$= c_{ij} - (u_1, u_2, \cdots, u_m; v_1, v_2, \cdots, v_n)\begin{bmatrix} 0 \\ \vdots \\ 1 \\ 0 \\ \vdots \\ 1 \\ \vdots \\ 0 \end{bmatrix} = c_{ij} - (u_i + v_j)$$

即

$$\sigma_{ij} = c_{ij} - (u_i + v_j)$$

如何确定这些位势的值呢？由于基变量的个数为 $m+n-1$，所以共有 $m+n-1$ 个方程。而未知量共有 $m+n$ 个，所以上述方程组有无穷多组解。我们只需要求出一组即可，最简单的方法就是令其中一个位势为0，继而可求出剩余全部位势的值。

下面我们用对偶变量法求表4-8 中的非基变量的检验数（见表4-35），并判断最小元素法所得到的初始调运方案的最优性。

表4-35

产地	销地				产量	u_i
	B_1	B_2	B_3	B_4		
A_1	× 2	⑤ 9	× 10	④ 7	9	0
A_2	③ 1	× 3	× 4	② 2	5	-5
A_3	× 8	③ 4	④ 2	× 5	7	-5
销量	3	8	4	6	21	
v_j	6	9	7	7		

以基变量（打圈○数字所在格子的变量）建立如下位势方程组：

$$\begin{cases} u_1 + v_2 = 9 \\ u_1 + v_4 = 7 \\ u_2 + v_1 = 1 \\ u_2 + v_4 = 2 \\ u_3 + v_2 = 4 \\ u_3 + v_3 = 2 \\ u_1 = 0 \end{cases}$$

解得 $u_1=0$，$u_2=-5$，$u_3=-5$，$v_1=6$，$v_2=9$，$v_3=7$，$v_4=7$。

再利用公式 $\sigma_{ij}=c_{ij}-(u_i+v_j)$ 计算非基变量的检验数：

$$\sigma_{11}=c_{11}-(u_1+v_1)=2-(6+0)=-4$$
$$\sigma_{13}=c_{13}-(u_1+v_3)=10-(7+0)=3$$
$$\sigma_{22}=c_{22}-(u_2+v_2)=3-(9-5)=-1$$
$$\sigma_{23}=c_{23}-(u_2+v_3)=4-(7-5)=2$$
$$\sigma_{31}=c_{31}-(u_3+v_1)=8-(6-5)=7$$
$$\sigma_{34}=c_{34}-(u_3+v_4)=5-(7-5)=3$$

运用对偶变量法计算表 4－16 的初始调运方案的非基变量检验数，如表 4－36 所示。

表 4－36

产地	销地				产量	u_i
	B_1	B_2	B_3	B_4		
A_1	③ 2	⑤ 9	× 10	① 7	~~9~~ 6	0
A_2	× 1	× 3	× 4	⑤ 2	5	－5
A_3	× 8	③ 4	④ 2	× 5	~~7~~ 3	－5
销量	3	~~8~~ 5	4	~~6~~ 1	21	
v_j	2	9	7	7		

得非基变量检验数为 $\sigma_{13}=3$，$\sigma_{21}=4$，$\sigma_{22}=-1$，$\sigma_{23}=2$，$\sigma_{31}=11$，$\sigma_{34}=3$。

感兴趣的读者可以运用对偶变量法判表 4－17 的初始调运方案是否是最优的。

三、解的改进

表上作业法的核心思想仍然是单纯形法，故每次迭代仍需要确定入基变量和出基变量。

若存在检验数为负值，则说明当前基本可行解不是最优解，需进行方案的调整，具体调整方案如下：

选择一个检验数为负的非基变量作为入基变量，以该入基变量为起点寻找闭回路，在闭回路中的偶点中确定出基变量，并以该出基变量的运量值作为调整量，在闭回路中进行调整，即所有奇点运量加上调整量，所有偶点运量减去调整量。闭回路之外的所有变量，其值不做调整。这样便得到一组更优的基本可行解。

入基变量的选择：与单纯形法相同，选择（负的）检验数最小值对应的变量作为入基变量。

出基变量的选择：选择闭回路中所以偶点运量最小的基变量作为出基变量。因为所有偶点运量要减去调整量，所以这样可以保证得到的仍是基本可行解。

例如，在表4－35中，x_{11}和x_{22}的检验数都为负，因为$\min\{-4,-1\}=-4$，所以选择x_{11}作为进基变量。以x_{11}为起点找闭回路，如表4－37所示。在闭回路中，偶点变量为x_{14}和x_{21}，因为$\min\{4,3\}=3$，所以出基变量选择x_{21}，调整量为其运量3。

表4－37

产地	销地				产量
	B_1	B_2	B_3	B_4	
A_1	× 2	⑤ 9	× 10	④ 7	9
A_2	③ 1	× 3	× 4	② 2	5
A_3	× 8	③ 4	④ 2	× 5	7
销量	3	8	4	6	21

在闭回路中进行调整：奇点变量加上调整量，所以$x_{11}=0+3=3$（x_{11}是非基变量，运量为0而不是－4），$x_{24}=2+3=5$；偶点减去调整量，所以$x_{14}=4-3=1$，$x_{21}=3-3=0$，x_{21}成为非基变量。整个调整过程如图4－1所示。

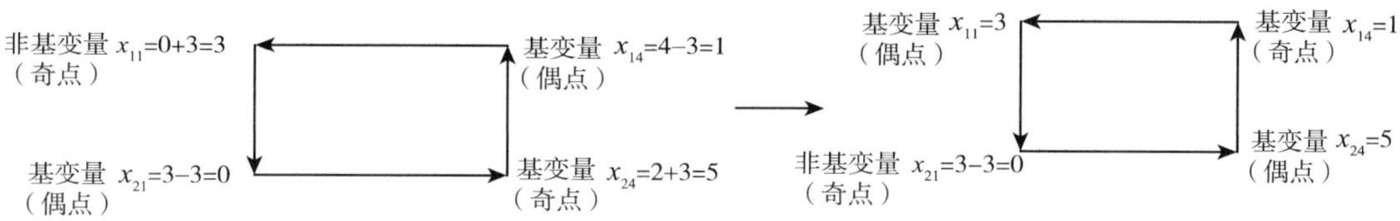

图4－1

调整后的结果如表4－38所示。

表4－38

产地	销地				产量
	B_1	B_2	B_3	B_4	
A_1	③ 2	⑤ 9	× 10	① 7	9
A_2	× 1	× 3	× 4	⑤ 2	5

续表

产地	销地				产量
	B_1	B_2	B_3	B_4	
A_3	× 8	③ 4	④ 2	× 5	7
销量	3	8	4	6	21

由上面求解我们发现，表 4－38 所给出的基本可行解刚好是沃格尔法直接求得的基本可行解，如表 4－36 所示。这进一步说明，通常情形下，沃格尔法优于最小元素法。

对表 4－38 所给出的基本可行解（第一次调整后的新调运方案），利用闭回路法或者对偶变量法求其非基变量检验数得：

$$\sigma_{13}=3,\sigma_{21}=4,\sigma_{22}=-1,\sigma_{23}=2,\sigma_{31}=11,\sigma_{34}=3$$

因 x_{22} 的检验数都为负，所以选择 x_{22} 作为进基变量。以 x_{22} 为起点找闭回路，如表 4－39 所示。在闭回路中，偶点变量为 x_{24} 和 x_{12}，因为 min｛5，5｝＝5，这时两个基变量的值均为极小值，但每次只取一个基变量出基，而且可以取其中任何一个基变量出基。例如选 x_{12} 出基，在闭回路上调整，如图 4－2 所示。

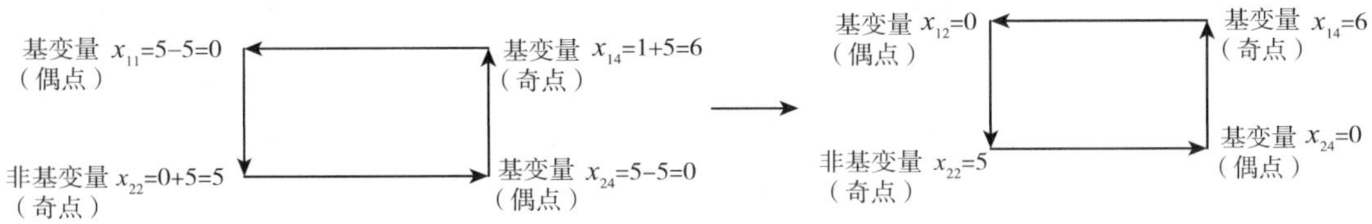

图 4－2

调整后的结果如表 4－39 所示。

表 4－39

产地	销地				产量
	B_1	B_2	B_3	B_4	
A_1	③ 2	× 9	× 10	⑥ 7	9
A_2	× 1	⑤ 3	× 4	⓪ 2	5
A_3	× 8	③ 4	④ 2	× 5	7
销量	3	8	4	6	21

对表 4－39 所给出的基本可行解（第二次调整后的新调运方案），利用闭回路法或者对偶变量法求其非基变量检验数，得：

$$\sigma_{12}=1,\sigma_{13}=4,\sigma_{21}=4,\sigma_{23}=3,\sigma_{31}=10,\sigma_{34}=2$$

因所有非基变量检验数 $\sigma_{ij}\geqslant 0$，故第二次调整后得到的基可行解为最优解。此时，有：

$$\text{基变量}:x_{11}=3,x_{14}=6,x_{22}=5,x_{24}=0,x_{32}=3,x_{33}=4$$
$$\text{非基变量}:x_{13}=x_{21}=x_{22}=x_{23}=x_{31}=x_{34}=0$$

相应的目标函数值（总费用）为：

$$\begin{aligned} z &= \sum_{i=1}^{3}\sum_{j=1}^{4}c_{ij}x_{ij} \\ &= 3\times 2+6\times 7+3\times 5+3\times 4+4\times 2+2\times 0=83(\text{万元}) \end{aligned}$$

四、退化解

产销平衡问题必定存在最优解，而究竟有几个最优解，和单纯形法中一样，主要看非基变量的检验数是否为 0。如果 × 格处的检验数为 0，则存在无穷多个最优解，这里不再详细说明。下面举例说明退化解的情形。

当运输问题基本可行解中非零解个数少于 $m+n-1$ 时，这种情况称为退化。为了满足基变量个数等于 $m+n-1$ 的要求，就会出现基变量取值为 0 的情况。

例如，我们用沃格尔法求表 4－40 所示的初始调运方案时，首先令 $x_{11}=40$，此时产量和销量都满足要求，但不能同时对第一行和第一列都打 ×，只能选择一行或一列打 ×，否则基变量个数将小于 6 个。我们选择对列打 ×，这样第二次对 x_{14} 分配运量时只能为 0，但要画圆圈○，表示该变量是基变量，虽然取值为 0（即退化）。然后对 x_{12} 和 x_{13} 单元格打 ×。完整的分配过程上表 4－40 所示。

表 4－40

产地	销地				产量	行差值
	B_1	B_2	B_3	B_4		
A_1	㊵ 2	× 4	× 3	⓪ 1	40	1
A_2	× 10	× 8	⑳ 5	㊵ 4	60 20	1 1 3
A_3	× 7	㉚ 6	⑳ 6	× 8	50 30	0 0 0 0

续表

产地	销地				产量	行差值
	B_1	B_2	B_3	B_4		
销量	40	30	40 20	40	150	
列差值	5	2 2 2 0	2 1 1 0	3 4		

另外还有一种情形会出现退化，即当确定出基变量时，若有两个偶点运量都最小，只能选择一个作为出基变量（非基变量），另一个在调整后，虽然其运量为0，但仍要画圆圈○，表示基变量，如表4－41所示。

表4－41

产地	销地				产量
	B_1	B_2	B_3	B_4	
A_1	③ 2	⑤ 9	× 10	① 7	9
A_2	× 1	× 3	× 4	⑤ 2	5
A_3	× 8	③ 4	④ 2	× 5	7
销量	3	8	4	6	21

在上述表4－41中，当调整以x_{22}为起点的闭回路时，两个偶点x_{24}和x_{12}的运量都为5，减去5都为0，但只能选取一个作为出基变量。若选x_{12}为出基变量，则x_{24}虽然取值为0，但仍为基变量，需要对其画圆圈○。

五、需要说明的几个问题

（1）若运输问题的一组基可行解中，存在多个检验数为负的非基变量，则取它们其中的任一变量作为进基变量都可使目标函数值得到改善，通常取检验数最小的作为进基变量。

（2）当迭代到最优解时，若存在非基变量的检验数等于0，则说明该运输问题有多重最优解。

（3）为保证基变量的个数等于 $m+n-1$，当出现退化现象时，取值为 0 的基变量要画圆圈○，不能打 ×。

（4）标准的运输问题目标函数是求运费最小，若将单位运费改为单位运输收入，则目标函数要求极大值，此时有两种处理方法：

一种是将极大化问题转化为极小化问题。设极大化问题的单位运输收入或利润为 c_{ij}，用一个较大的数 M 去减每一个 c_{ij}，如可令 $M=\max\{c_{ij}\}$，这样得到新的费用 $c_{ij}'=M-c_{ij}$，将 c_{ij}' 作为极小化问题的单位运价表，用表上作业法求出最优解。

二是不改变目标函数，但在分配初始运量时，改用最大元素法，并对最优检验数作适当变化。与单纯形法类似，若采用 $\sigma_{ij}=c_{ij}-(u_i+v_j)$ 作为检验数，则当所有 $\sigma_{ij}\leqslant 0$ 时达到最优；若采用 $\sigma_{ij}=u_i+v_j-c_{ij}$ 作为检验数，则最优检验不变。

第三节　产销不平衡的运输问题

前面讲的表上作业法，都是以产销平衡为前提的，即 $\sum_{i=1}^{m}a_i=\sum_{j=1}^{n}b_j$。但实际上产销往往是不平衡的。这就需要把产销不平衡问题转化为产销平衡问题进行解决。产销不平衡问题有两种情况。

一、产大于销

产大于销的运输问题的特征是 $\sum_{i=1}^{m}a_i>\sum_{j=1}^{n}b_j$，此时运输问题的数学模型可以写成：

$$\min z=\sum_{i=1}^{m}\sum_{j=1}^{n}c_{ij}x_{ij}$$

$$\text{s. t.}\begin{cases}\sum_{j=1}^{n}x_{ij}\leqslant a_i(i=1,\cdots,m)\\ \sum_{i=1}^{m}x_{ij}=b_j(j=1,\cdots,n)\\ x_{ij}\geqslant 0(i=1,\cdots,m;j=1,\cdots,n)\end{cases}$$

解此类问题时，可增加一个虚设的销地 B_{n+1}，其销量为 $b_{n+1}=\sum_{i=1}^{m}a_i-\sum_{j=1}^{n}b_j$。若用 $x_{i,n+1}(i=1,2,\cdots,m)$ 表示从产地 A_i 到销地 B_{n+1} 的运量，并令单位运价 $c_{i,n+1}=0(i=1,2,\cdots,m)$，表示这些物资实际上没有运输，而是存储在原地。这样处理后，就变成了 m 个产地，$n+1$ 个销地的平衡运输问题，数学模型为：

$$\min z = \sum_{i=1}^{m}\sum_{j=1}^{n+1} c_{ij}x_{ij}$$

$$\text{s. t.}\begin{cases}\sum_{j=1}^{n+1} x_{ij} = a_i(i = 1,\cdots,m)\\ \sum_{i=1}^{m} x_{ij} = b_j(j = 1,\cdots,n+1)\\ x_{ij} \geqslant 0(i = 1,\cdots,m;j = 1,\cdots,n+1)\end{cases}$$

【**例 4.4**】求解表 4－42 的极小化运输问题的最优解。

表 4－42

产地	销地				产量
	B_1	B_2	B_3	B_4	
A_1	3	11	3	7	8
A_2	1	9	2	8	5
A_3	7	4	10	5	10
销量	3	6	5	6	23 / 20

该问题的产量大于销量，是一个典型的产销不平衡的问题，需要增加一个假想的销售地 B_5，销量是 23－20＝3，因为这是一个假想的销售地，因此产地 A_1、A_2 和 A_3 到它的单位运价为 0，对最后的解没有任何影响，于是在表 4－42 的销地这一栏又增加了 B_5 这一列，得到表 4－43。

表 4－43

产地	销地					产量
	B_1	B_2	B_3	B_4	B_5	
A_1	3	11	3	7	0	8
A_2	1	9	2	8	0	5
A_3	7	4	10	5	0	10
销量	3	6	5	6	3	23

对表 4－43 利用前面的表上作业法可得到最优解。

二、销大于产

销大于产的运输问题的特征是 $\sum_{i=1}^{m} a_i < \sum_{j=1}^{n} b_j$，此时运输问题的数学模型可以写成：

$$\min z = \sum_{i=1}^{m} \sum_{j=1}^{n} c_{ij} x_{ij}$$

$$\text{s. t.} \begin{cases} \sum_{j=1}^{n+1} x_{ij} = a_i (i = 1, \cdots, m) \\ \sum_{i=1}^{m} x_{ij} \leqslant b_j (j = 1, \cdots, n) \\ x_{ij} \geqslant 0 (i = 1, \cdots, m; j = 1, \cdots, n) \end{cases}$$

此时，我们假想一个不存在的产地 A_{m+1}，其产量为 $a_{m+1} = \sum_{j=1}^{n} b_j - \sum_{i=1}^{m} a_i$。同样增加松弛变量 $x_{m+1,j}(j=1,2,\cdots,n)$，并令其单位运价 $c_{m+1,j}=0(j=1,2,\cdots,n)$。这样处理后，就变成了 $m+1$ 个产地，n 个销地的平衡运输问题，数学模型为：

$$\min z = \sum_{i=1}^{m+1} \sum_{j=1}^{n} c_{ij} x_{ij}$$

$$\text{s. t.} \begin{cases} \sum_{j=1}^{n} x_{ij} = a_i (i = 1, \cdots, m+1) \\ \sum_{i=1}^{m+1} x_{ij} = b_j (j = 1, \cdots, n) \\ x_{ij} \geqslant 0 (i = 1, \cdots, m+1; j = 1, \cdots, n) \end{cases}$$

【例 4.5】 求解表 4－44 的极小化运输问题的最优解。

表 4－44

产地	销地				产量
	B_1	B_2	B_3	B_4	
A_1	3	11	3	7	6
A_2	1	9	2	8	5
A_3	7	4	10	5	7
销量	3	6	5	6	18 / 20

该问题的销量大于产量，是一个典型的销大于产的产销不平衡问题，需要假想一个产地 A_4，其产量为 20 - 18 = 2，A_4 到其他产地的单位运价为 0。在表 4 - 44 中增加一行构成了表 4 - 45。

表 4 - 45

产地	销地				产量
	B_1	B_2	B_3	B_4	
A_1	3	11	3	7	6
A_2	1	9	2	8	5
A_3	7	4	10	5	7
A_4	0	0	0	0	2
销量	3	6	5	6	20

对表 4 - 45 利用表上作业法可得到最优解。

本章小结

本章介绍了一类非常有用且比较特殊的线性规划问题，其建模思想和方法与线性规划问题的相同。根据运输问题自身的特点，重点介绍了表上作业法。表上作业法的关键是确定初始调运方案、最优性判断、解的改进等，其核心思想仍然是单纯形法的基本原理。所以从逻辑结构上，本章首先介绍确定标准的产销平衡的运输问题初始运输方案的最小元素法、沃格尔法和西北角法，接着介绍了判断最优性的闭回路法和对偶变量法，最后介绍了解的调整方法。在此基础上，介绍了产销不平衡的运输问题的模型和求解方法。

本章习题

1. 公司有三个生产同类产品的工厂，生产的产品由 4 个销售点销售，各工厂的生产量、各销售点的销售量及各工厂到各销售点的单位产品运价（单位：万元/吨）如表 4 - 46所示。问该公司应如何调运产品，在满足各销售点需要量的前提下，使总的运费最小。

表 4－46

销地	产地				产量
	B_1	B_2	B_3	B_4	
A_1	3	11	3	10	7
A_2	1	9	2	8	4
A_3	7	4	10	5	9
销量	3	6	5	6	20

2. 表 4－47 和表 4－48 给出的调运方案是否为表上作业法迭代时的基可行解？为什么？

表 4－47

产地	销地				产量
	B_1	B_2	B_3	B_4	
A_1		5	0	10	15
A_2		10	15		25
A_3	5				5
销量	5	15	15	10	

表 4－48

产地	销地				产量
	B_1	B_2	B_3	B_4	
A_1	25		20	5	50
A_2	35			5	40
A_3		40		20	60
销量	60	40	20	30	

3. 表 4－49 是一个运输问题的产销平衡表和单位运价表，试求该运输问题最优解。

表 4－49

产地	销地			产量
	1	2	3	
A	2	1	5	15
B	5	4	3	14
C	3	8	5	4
销量	10	10	10	

4. 某运输平衡问题如表 4－50 所示。要求：（1）分别用最小元素法、沃格尔法和西北角法求上述运输平衡问题的初始调运方案。（2）在上述沃格尔求得的初始调运方案的基础上求最优解。

表 4－50

产地	销地					产量
	1	2	3	4	5	
1	10	18	5	6	20	20
2	6	15	9	12	15	55
3	3	6	3	14	10	65
4	8	5	2	20	8	30
5	12	7	10	10	16	10
销量	25	40	50	30	35	

5. 某厂需于当年每个季度末分别提供 10 台、15 台、25 台、20 台同一规格的柴油机。已知该厂各季度的生产能力及生产每台柴油机的成本如表 4－51 所示。如果生产出来的柴油机当季不交货的，每台每积压一个季度需存储、维护等费用 0.15 万元。要求在完成合同的情况下，作出使该厂全年生产（包括储存、维护）费用最小的决策（利用运输问题的解法求解）。

表 4－51

季度	生产能力（台）	单位成本（万元）
1	25	10.8
2	35	11.1
3	30	11
4	10	11.3

6. 如果运输问题的单位运价表的第 r 行的元素 c_{ij} 都加上一个常数 k，问最优解是否发生变化？目标函数值变化多大？

7. 如果运输问题的单位运价表的第 l 行的元素 c_{ij} 都加上一个常数 k，问最优解是否发生变化？目标函数值变化多大？

8. 求解表 4－52 极小化运输问题的最优解。

表 4－52

产地	销地				产量
	B_1	B_2	B_3	B_4	
A_1	2	11	3	4	70
A_2	10	3	5	9	50

续表

产地	销地				产量
	B_1	B_2	B_3	B_4	
A_3	7	8	1	2	70
销量	22	30	40	60	

9. 求解表 4 – 53 极小化运输问题的最优解。

表 4 – 53

产地	销地				产量
	B_1	B_2	B_3	B_4	
A_1	3	11	3	10	7
A_2	1	9	2	8	4
A_3	7	4	10	5	9
销量	3	6	5	6	

10. 简述运输问题数学模型及其特点。

第五章　整数规划问题

本章要点

1. 掌握整数规划模型和特点；
2. 了解整数规划应用；
3. 会求解整数规划问题，会用割平面方程求整数规划问题；
4. 会用匈牙利法求解指派问题。

在前面讨论的规划问题中，决策变量限于正的连续数值，可以是正的分数或小数。然而在现实问题中，决策变量通常只有非负整数才有意义。比如问题的决策变量表示人数、机器台数、物体的个数等。自美国学者高莫瑞（R. E. Gomory）在1958年提出割平面法之后，用来求解整数最优解的规划论的一个独立分支整数规划（integer programming，IP）就形成了。从目标函数与约束条件的构成又可将整数规划细分为线性和非线性的整数规划。目前流行的整数规划的方法往往只适用于整数线性规划（integer linear programming，ILP），所以本书重点讨论整数线性规划。

通常，整数规划问题可以分为以下几种类型：

（1）纯整数规划（pure integer linear programming）或称为全整数线性规划（all integer linear programming）：所有的决策变量都为整数。

（2）混合整数规划（mixed integer linear programming）：仅一部分决策变量为整数。

（3）0－1整数规划（zero-one integer linear programming）：决策变量取值仅限于0或1。

第一节　整数规划问题及数学模型

一、问题的提出

一般情况下，松弛问题的最优解不一定刚好满足变量的整数约束条件，因而不一定是整数规划的最优解。此时，若对松弛问题中的变量简单取整，所得到的解不一定是整数规划问题的最优解，甚至不一定是整数规划问题的可行解。通过下面的例子可以看到求解整数规划问题的意义。

【例5.1】某厂拟用集装箱运输甲、乙两种箱装物品，每箱货物的体积、重量、可获利润及集装箱的托运限制如表5-1。问如何安排甲、乙货物的箱数能使得利润最大?

表5-1

货物	体积（m^3）	重量（kg）	利润（百元）
甲	2	12	40
乙	2.5	8	30
托运限制	25	100	

解：(1) 决策变量：设 x_1、x_2 分别为甲、乙货物托运的箱数（整数）。

(2) 约束条件：该问题约束条件为：

$$\text{s.t.}\begin{cases}2x_1+2.5x_2\leqslant 25\\12x_1+8x_2\leqslant 100\\x_1,x_2\geqslant 0,x_1,x_2\text{ 取整数}\end{cases}$$

(3) 目标函数：该问题目标函数为：

$$\max z=40x_1+30x_2$$

归纳起来，该问题的数学模型为：

$$\max z=40x_1+30x_2$$
$$\text{s.t.}\begin{cases}2x_1+2.5x_2\leqslant 25\\12x_1+8x_2\leqslant 100\\x_1,x_2\geqslant 0,x_1,x_2\text{ 取整数}\end{cases}\tag{5.1}$$

若暂时不考虑整数条件，采用一般线性规划求解方法，求得最优解为：

$$x_1=3.571,x_2=7.142,z=357.14$$

想求得整数解，考虑以下方法是否可行：

第一，四舍五入。$x_1=3.571$，取 $x_1=4$；$x_2=7.142$，取 $x_2=7$。但不满足约束条件，故不可行。

第二，舍去小数。$x_1=3.571$，取 $x_1=3$；$x_2=7.142$，取 $x_2=7$。此时 $z=330$，此解为可行解，但非最优解。而事实上，若取 $x_1=5$，$x_2=5$ 时，得 $z=350$，且可以证明此解是最优解。

故用上述两种方法将解取整均不可行，需要另外寻求求解整数线性规划问题的理论和方法。

二、整数规划问题的实例

1. 背包问题

背包问题是指由于背负的重量有限等原因，旅行者如何选择背哪些物品的问题。只有一个约束条件的，如只有重量限制的情况，称为一维背包问题。如果有两个约束条件，如不仅有重量限制还有体积限制，称为二维背包问题。以此类推。背包问题解决的是若干种用途争用一种资源的问题，如工厂的下料问题、货物装载问题也属于背包问题。

【例 5.2】 一个人准备带一个背包爬山，他的背负能力为 b，有 n 种物品可供他装入包中，已知第 j 种物品的单位重量为$a_j>0$，单位价值为$c_j>0(j=1,2,\cdots,n)$。问此人如何设计携带物品的方案，总价值最大？

解：（1）决策变量：设x_j为第 j 种物品的装入件数。

（2）约束条件：该问题约束条件为：

$$\text{s.t.}\begin{cases}\sum_{j=1}^{n} a_j x_j \leqslant b \\ x_j \geqslant 0 \text{ 且为整数}, j=1,2,\cdots,n\end{cases}$$

（3）目标函数：该问题的目标函数为：

$$\max z = \sum_{j=1}^{n} c_j x_j$$

归纳起来，该问题的数学模型为：

$$\max z = \sum_{j=1}^{n} c_j x_j$$

$$\text{s.t.}\begin{cases}\sum_{j=1}^{n} a_j x_j \leqslant b \\ x_j \geqslant 0 \text{ 且为整数}, j=1,2,\cdots,n\end{cases}$$

2. 选址问题

【例 5.3】 某公司计划在几个地方建厂，可供选择的地点有 A_1，A_2，…，A_m，它们的生产能力分别为 a_1，a_2，…，a_m（为简便起见，假设生产同一种产品），第 i 个工厂的建设费用为$f_i(i=1,2,\cdots,m)$。又有 n 个地点 B_1，B_2，…，B_n 需要销售这种产品，其销量分别为 b_1，b_2，…，b_n，从工厂 A_i 运往销地 B_j 的单位运费为 c_{ij}（见表 5-2），试决定应该在哪些地方建厂，使能既满足各地需要，又使总建设费用和总运输费用最省？

表 5-2

厂址	目的地				生产能力	建设费用
	B_1	B_2	…	B_n		
A_1	c_{11}	c_{12}	…	c_{1n}	a_1	f_1
A_2	c_{21}	c_{22}	…	c_{2n}	a_2	f_2
⋮	⋮	⋮		⋮	⋮	⋮
A_m	c_{m1}	c_{m2}	…	c_{mn}	a_m	f_m
销量	b_1	b_2	…	b_n		

解：（1）决策变量：设 x_{ij} 表示从工厂 A_i 运往销地 B_j 的运量 $(i=1,2,\cdots,m;j=1,2,\cdots,n)$，又设：

$$y_i=\begin{cases}0 & \text{在 } A_i \text{ 建厂}\\ 1 & \text{不在 } A_i \text{ 建厂}\end{cases}(i=1,2,\cdots,m)$$

（2）约束条件：生产能力约束为 $\sum_{j=1}^{n}x_{ij}\leqslant a_iy_i(i=1,2,\cdots,m)$，销量约束为 $\sum_{i=1}^{m}x_{ij}\geqslant b_j(j=1,2,\cdots,n)$。

（3）目标函数：总建设费和总运输费用最省，即 $\min z=\sum_{i=1}^{m}\sum_{j=1}^{n}c_{ij}x_{ij}+\sum_{i=1}^{m}f_iy_i$。

归纳起来，该问题的数学模型为：

$$\min z=\sum_{i=1}^{m}\sum_{j=1}^{n}c_{ij}x_{ij}+\sum_{i=1}^{m}f_iy_i$$

$$\text{s. t.}\begin{cases}\sum_{j=1}^{n}x_{ij}\leqslant a_iy_i\\ \sum_{i=1}^{m}x_{ij}\geqslant b_j\\ x_{ij}\geqslant 0,y_i=0\text{ 或 }1(i=1,2,\cdots,m;j=1,2,\cdots,n)\end{cases}$$

3. 投资决策问题

【例 5.4】某单位有 5 个拟选择的投资项目，其所需投资额与期望收益如表 5－3 所示，由于各项目之间有一定联系，A、C、E 之间必须选择一项且仅需选择一项；B 和 D 之间仅需选择一项；又由于 C 和 D 两项目密切相关，C 的实施必须以 D 的实施为前提条件，该单位共筹资金 15 万元，问应该选择哪些项目投资，使期望收益最大？

表 5－3 单位：万元

项目	所需投资额	期望收益
A	6	10
B	4	8
C	2	7
D	4	6
E	5	9

解：（1）决策变量：设：

$$x_j=\begin{cases}0 & \text{表示项目 } j \text{ 不被选中}\\ 1 & \text{表示项目 } j \text{ 被选中}\end{cases}(j=1,2,3,4,5)$$

（2）写目标函数：期望收益最大，$\max z=10x_1+8x_2+7x_3+6x_4+9x_5$。

(3) 写约束条件：投资额限制条件 $6x_1+4x_2+2x_3+4x_4+5x_5\leqslant 15$；项目 A、C、E 之间必须选择一项且仅需选择一项：$x_1+x_3+x_5=1$；B 和 D 之间仅需选择一项：$x_2+x_4=1$；C 的实施必须以 D 的实施为前提条件：$x_3\leqslant x_4$。

归纳起来，该问题的数学模型为：

$$\max z=10x_1+8x_2+7x_3+6x_4+9x_5$$

$$\text{s.t.}\begin{cases}6x_1+4x_2+2x_3+4x_4+5x_5\leqslant 15\\x_1+x_3+x_5=1\\x_2+x_4=1\\x_3\leqslant x_4\\x_j=0\text{ 或 }1(j=1,2,3,4,5)\end{cases}$$

4. 固定成本问题

【例 5.5】某物流公司拟在 5 个候选地点中建设若干个配送中心，用以满足 6 个批发商对商品的需求。若选中某地建立配送中心，则需要支付一笔固定投资，没被选中的地方则不用支付该投资。每个批发商所需商品只能由建好的配送中心负责运输。每个需求量以及批发商到配送中心的单位运价（万元/千吨）如表 5－4 所示。试问该物流公司如何确定商品运输方案才能使得总成本最小？总成本包括固定投资和运费两部分，并假定商品的总配送能力大于总需求。

表 5－4

候选地点	批发商						所需固定投资（万元）	配送能力（千吨）
	1	2	3	4	5	6		
1	0.5	0.8	1	0.3	0.6	0.2	5	1
2	0.3	1	0.7	1.2	0.6	1	8	12
3	1	0.2	0.1	0.6	0.9	0.7	6	1.5
4	0.5	0.4	1	1.2	1	0.8	10	2.5
5	0.9	0.8	1.2	0.6	1.3	1.5	15	4
需求量（千吨）	0.5	0.8	0.9	1.2	1	0.6		

解：若不考虑建立配送中心的固定投资，该问题就是一个运输问题，即在满足批发商商品需求和配送中心配送能力的基础上，使运费最少。

(1) 决策变量。设 x_{ij} 为配送中心 i 向批发商 j 运输商品的数量，$i=1,2,\cdots,5$；$j=1,2,\cdots,6$。若选择 i 地为配送中心，则成本应为固定投资与运输费用之和。运输费用与运输的商品数量成正比，但固定投资与运输商品的数量无关，只需选择在该地建立配送中心，即使没有向外运输一个商品，该投资也不会减少。所以，与选择问题类似，需要增设一组变量，用来描述是否在 i 地建立配送中心。设：

$$y_i=\begin{cases}0 & \text{不在 } i \text{ 地建设配送中心}\\ 1 & \text{在 } i \text{ 地建设配送中心}\end{cases}\quad(i=1,2,\cdots,5)$$

（2）约束条件。配送中心的配送能力限制为：

$$\sum_{j=1}^{n} x_{ij} \leqslant a_i y_i, i = 1,2,\cdots,m$$

若 $y_i=0$，表明没有选择 i 地建立配送中心，则由 i 地向外运输的商品数量应为0；若$y_i=1$，表明在 i 地建立配送中心，则由 i 地向外运输的商品数量应不超过其配送能力。故：

$$x_{11}+x_{12}+x_{13}+x_{14}+x_{15}+x_{16}\leqslant y_1$$
$$x_{21}+x_{22}+x_{23}+x_{24}+x_{25}+x_{26}\leqslant 2y_2$$
$$x_{31}+x_{32}+x_{33}+x_{34}+x_{35}+x_{36}\leqslant 1.5y_3$$
$$x_{41}+x_{42}+x_{43}+x_{44}+x_{45}+x_{46}\leqslant 2.5y_4$$
$$x_{51}+x_{52}+x_{53}+x_{54}+x_{55}+x_{56}\leqslant 4y_5$$

批发商对商品的需求满足：

$$x_{11}+x_{21}+x_{31}+x_{41}+x_{51}\leqslant 0.5$$
$$x_{12}+x_{22}+x_{32}+x_{42}+x_{52}\leqslant 0.8$$
$$x_{13}+x_{23}+x_{33}+x_{43}+x_{53}\leqslant 0.9$$
$$x_{14}+x_{24}+x_{34}+x_{44}+x_{54}\leqslant 1.2$$
$$x_{15}+x_{25}+x_{35}+x_{45}+x_{55}\leqslant 1$$
$$x_{16}+x_{26}+x_{36}+x_{46}+x_{56}\leqslant 0.6$$

（3）目标函数。

令总运费为f，单位运价为 $c_{ij}(i=1,2,\cdots,5;j=1,2,\cdots,6)$，则

$$f = 0.5x_{11} + 0.8x_{12} + \cdots + 1.5x_{56} = \sum_{i=1}^{5}\sum_{j=1}^{6} c_{ij}x_{ij}$$

设总固定投资为：

$$g=5y_1+8y_2+6y_3+10y_4+15y_5$$

所以目标函数为：

$$\min z=f+g$$

归纳起来，该问题的数学模型为：

$$\min z = f + g$$

$$
\text{s.t.}\begin{cases}
\sum_{j=1}^{n} x_{ij} \leqslant a_i y_i, i = 1,2,\cdots,m; j = 1,2,\cdots,n \\
x_{11} + x_{12} + x_{13} + x_{14} + x_{15} + x_{16} \leqslant y_1 \\
x_{21} + x_{22} + x_{23} + x_{24} + x_{25} + x_{26} \leqslant 2y_2 \\
x_{31} + x_{32} + x_{33} + x_{34} + x_{35} + x_{36} \leqslant 1.5y_3 \\
x_{41} + x_{42} + x_{43} + x_{44} + x_{45} + x_{46} \leqslant 2.5y_4 \\
x_{51} + x_{52} + x_{53} + x_{54} + x_{55} + x_{56} \leqslant 4y_5 \\
x_{11} + x_{21} + x_{31} + x_{41} + x_{51} \leqslant 0.5 \\
x_{12} + x_{22} + x_{32} + x_{42} + x_{52} \leqslant 0.8 \\
x_{13} + x_{23} + x_{33} + x_{43} + x_{53} \leqslant 0.9 \\
x_{14} + x_{24} + x_{34} + x_{44} + x_{54} \leqslant 1.2 \\
x_{15} + x_{25} + x_{35} + x_{45} + x_{55} \leqslant 1 \\
x_{16} + x_{26} + x_{36} + x_{46} + x_{56} \leqslant 0.6 \\
x_{ij} \geqslant 0, y_i = 0 \text{ 或 } 1 (i = 1,2,\cdots,m; j = 1,2,\cdots,n)
\end{cases}
$$

三、整数规划的一般模型

整数规划的应用非常广泛，如上面给出的背包问题、选址问题、投资决策问题、固定成本问题等。整数规划的数学模型的一般形式为：求一组变量x_1，x_2，…，x_n，使得：

$$\max(\text{或 }\min) z = \sum_{j=1}^{n} c_j x_j \tag{5.2}$$

$$\text{s.t.}\begin{cases}
\sum_{j=1}^{n} a_{ij} x_j \leqslant (\text{或 } =, \text{或 } \geqslant) b_i, i = 1,2,\cdots,m \\
x_j \geqslant 0, j = 1,2,\cdots,n, \text{且皆为整数或部分为整数}
\end{cases} \tag{5.3}$$

不考虑整数条件，由目标函数和约束条件构成的规划问题称为该整数规划问题的松弛问题。若松弛问题是一个线性规划问题，其可行解的集合是一个凸集，任意两个可行解的凸组合仍为可行解。整数规划问题的可行解集合是它的松弛问题可行解集合的一个子集，任意两个可行解的凸组合不一定满足整数约束条件，不一定是可行解。由于整数规划问题的可行解一定也是它的松弛问题的可行解（反之则不一定是），所以，前者最优解的目标函数值不会优于后者最优解的目标函数值。

在一般情形下，松弛问题的最优解不会刚好满足变量的整数约束条件，因而不是整数规划的可行解，自然就不是整数规划的最优解。此时，若对松弛问题的这个最优解中不符合整数要求的分量简单地整取，所得到的解不一定是整数规划问题的最优解，甚至也不一定是整数规划问题的可行解。

第二节　整数规划问题的解法

求解整数规划问题的常用方法有割平面法和分支定界法。

一、割平面法

解整数线性规划问题割平面法有许多种类型，但基本思想都是相同的。它的基本思想是：在求解整数规划问题时，先不考虑整数要求，即把它当做线性规划问题求解，如得到的最优解为整数解，那么这个解也是整数规划的最优解；否则，设法在问题中增加一个线性约束条件（称为割平面），把包含这个非整数最优解的一部分可行域从原来的可行域中割去，但不割去任何一个整数可行解。如此进行，直至得到的新可行域的某个有整数坐标的顶点（极点）恰好是问题的最优解为止。这个不断切割的过程，使原问题的最优解逐渐暴露且趋于可行域顶点（极点）的位置，这样就有可能用单纯形法将其求出。这个方法是高莫瑞于 1958 年提出的，所以又叫高莫瑞割平面法。

1. 割平面的基本思想

对于整数规划（IP）问题，首先不考虑对变量的整数要求，用单纯形法先求解对应的松弛（LP）问题。由于 IP 问题的可行解集是由对应的 LP 问题的可行域内全部整数点所组成的，所以若 LP 的最优解是可行域内的整数点，则此解就是 IP 问题的最优解；若 LP 的最优解的分量不全为整数，则设法构建一个特定的线性约束条件（割平面条件）增加在 LP 问题上得到缩小的可行域，在可行域图形上相当于切割掉了可行域中的某一部分边缘区域，且这个非整数最优解恰好在被割掉的区域内，而原 IP 问题的任何整数可行解都未割掉，同时新增加的割平面还必须穿过至少一个可行或者不可行的整数点，此时缩减后可行域的凸性不变。如此重复这个过程，逐步切割可行域，直到得到一个使目标函数达到最优的整数点恰好出现在新可行域的顶点上为止。

2. 割平面方程构建方法

设整数规划

$$\max z = \sum_{j=1}^{n} c_j x_j$$

$$\text{s. t.} \begin{cases} \sum\limits_{i=1}^{m} a_{ij} x_j = b_i \\ x_j \geqslant 0 (i = 1, 2, \cdots, m; j = 1, 2, \cdots, n)\text{，且均为整数} \end{cases} \tag{5.4}$$

对应的松弛问题为：

$$\max z = \sum_{j=1}^{n} c_j x_j$$

$$\text{s. t.}\begin{cases}\sum_{i=1}^{m} a_{ij}x_j = b_i \\ x_j \geqslant 0(i=1,2,\cdots,m;j=1,2,\cdots,n)\end{cases} \tag{5.5}$$

其中：$a_{ij}(i=1,2,\cdots,m;j=1,2,\cdots,n)$和$b_i(i=1,2,\cdots,m)$皆为整数；若不为整数时，可乘上一个倍数化为整数。

用单纯形法求解式（5.5）。在松弛问题的最优单纯形表中，记Q为m个基变量的下标集合，K为$(n-m)$个非基变量的下标集合，则m个约束方程可表示为：

$$x_i + \sum_{j \in K} \bar{a}_{ij}x_j = \bar{b}_i(i \in Q) \tag{5.6}$$

而对应的最优解为$X^* = (x_1^*, x_2^*, \cdots, x_n^*)^T$，其中

$$x_j^* = \begin{cases}\bar{b}_j & j \in Q \\ 0 & j \in K\end{cases}$$

若各$\bar{b}_j(j \in Q)$皆为整数，则X^*满足整数解要求，因而X^*就是纯整数规划的最优解；若$\bar{b}_j(j \in Q)$不全为整数，则X^*不满足整数解要求，因而X^*就不是纯整数规划的可行解，自然也不是原整数规划的最优解。

用割平面方程解整数规划时，若松弛问题的最优解X^*不满足整数解要求，则从X^*非整分量中选取一个，用以构造一个线性规划约束条件，将其加入原松弛问题中，形成一个新的线性规划，然后再对其进行求解。若新的最优解满足整数要求，则它就是整数规划问题最优解；否则，重复上述步骤，直到获得整数规划问题最优解为止。

为最终获得整数最优解，每次增加的线性约束条件应当具备两个基本性质：其一是获得的不符合整数要求的线性规划最优解不满足该线性约束条件，从而不可能在以后的解中再出现；其二是凡整数可行解均满足该线性约束条件，因而整数最优解始终被保留在每次形成的线性规划可行域中。

为此，若$\bar{b}_j(j \in Q)$不是整数，在式（5.6）中对应的约束方程为：

$$x_{i_0} + \sum_{j \in K} \bar{a}_{i_0,j}x_j = \bar{b}_{i_0} \tag{5.7}$$

其中，x_{i_0}和$x_j(j \in k)$按式（5.4）应为整数；$\bar{b}_{i_0}$按假设不是整数；$\bar{a}_{i_0,j}$可能是整数，也可能不是整数。分解$\bar{a}_{i_0,j}$和$\bar{b}_{i_0}$成两部分。一部分是不超过该数的最大整数，另一部分是余下的小数。即：

$$\bar{a}_{i_0,j} = N_{i_0,j} + f_{i_0,j}, N_{i_0,j} \leqslant \bar{a}_{i_0,j}\text{且为整数}, 0 \leqslant f_{i_0,j} < 1(j \in k) \tag{5.8}$$

$$\bar{b}_{i_0} = N_{i_0} + f_{i_0}, N_{i_0} \leqslant \bar{b}_{i_0}\text{且为整数}, 0 < f_{i_0} < 1 \tag{5.9}$$

把式（5.8）和式（5.9）代入式（5.7），移项后得：

$$x_{i_0} + \sum_{j \in K} N_{i_0,j}x_j - N_{i_0} = f_{i_0} - \sum_{j \in K} f_{i_0,j}x_j \tag{5.10}$$

式（5.10）中，等号左边是一个整数，等号右边是一个小于 1 的数，因此有 $f_{i_0} - \sum_{j \in K} f_{i_0,j} x_j \leqslant 0$，即

$$\sum_{j \in K} (-f_{i_0,j} x_j) \leqslant -f_{i_0} \tag{5.11}$$

现在，来考察现行约束条件式（5.11）的性质：

（1）由于式（5.11）中 $j \in k$，所以，如将 X^* 代入，各 x_j 作为非基变量皆为 0，因而有 $0 \leqslant -f_{i_0}$，这和式（5.9）矛盾。由此可见，X^* 不满足式（5.11）。

（2）满足式（5.4）约束的任何一个整数可行解 X 一定也满足式（5.6），式（5.7）是式（5.6）中的一个表达式，当然也满足。因而 X 必定满足式（5.10）和式（5.11）。由此可知，任何整数可行解一定满足式（5.11）。

综上所述，现行约束条件式（5.11）具备上述两个基本性质。将式（5.4）的结构性约束合并，构成一个新的线性规划。记 R 为原松弛问题可行域，R' 为新的线性规划可行域。从几何意义上看，式（5.11）实际上对 R 做了一次"切割"，在留下的 R' 中，保留了整数规划的所有整数可行解，但不符合整数要求的 X^* 被"切割"掉了。随着"切割"过程的不断继续，整数规划最优解最终有机会成为某个线性规划可行域的顶点，作为该线性规划的最优解而被解得。

3. 割平面法求解步骤

（1）将整数规划的松弛问题标准化，并用单纯形法求出其最优解。

（2）若最优解全为整数，则达到最优，否则转到下一步。

（3）从最优单纯形表中选择具有最大小数部分的非整分量所在的行构造割平面约束条件，将其变成割平面方程。

（4）将新约束方程加入最后一个单纯形表中，并用对偶单纯形法求解。

（5）如求出的解仍为非整数，则重复步骤（3）、步骤（4），直至求出整数最优解。

【例 5.6】 用割平面法求解纯整数规划：

$$\max z = x_2$$

$$\text{s. t.} \begin{cases} 3x_1 + 2x_2 \leqslant 6 \\ -3x_1 + 2x_2 \leqslant 0 \\ x_1, x_2 \geqslant 0, \text{且为整数} \end{cases}$$

解：去掉整数约束，并引入松弛变量 x_3，x_4，得松弛问题的标准型为：

$$\max z = x_2$$

$$\text{s. t.} \begin{cases} 3x_1 + 2x_2 + x_3 = 6 \\ -3x_1 + 2x_2 + x_4 = 0 \\ x_1, x_2, x_3, x_4 \geqslant 0 \end{cases}$$

应用单纯形法计算，得到初始单纯形表和最优单纯形表（见表 5－5）。

表 5－5

表类别	c_j			0	1	0	0
	$\mathbf{C}_B$	$\mathbf{X}_B$	$\mathbf{b}$	x_1	x_2	x_3	x_4
初始表	0	x_3	6	3	2	1	0
	0	x_4	0	－3	2	0	1
	$-z$		0	0	1	0	0
最终表	0	x_1	1	1	0	1/6	－1/6
	1	x_2	3/2	0	1	1/4	1/4
	$-z$		－3/2	0	0	－1/4	－1/4

松弛问题的最优解为：$x^{(0)}=(1,3/2)^T$，不满足整数约束，需引入割平面。由于$x_2=3/2$不满足整数要求，其非负真分数部分为 1/2，故以x_2所在行$x_2+\frac{1}{4}x_3+\frac{1}{4}x_4=\frac{3}{2}$为源行生成割平面。按照式（5.11），割平面约束为：

$$\frac{1}{4}x_3+\frac{1}{4}x_4\geqslant\frac{1}{2} \tag{5.12}$$

式（5.12）即为所求割平面，引入松弛变量，变为：

$$-\frac{1}{4}x_1-\frac{1}{4}x_2+x_5=-\frac{1}{2} \tag{5.13}$$

将式（5.13）写进表 5－5，最终得表 5－6。

表 5－6

$c_j\rightarrow$			0	1	0	0	0
$\mathbf{C}_B$	$\mathbf{X}_B$	$\mathbf{b}$	x_1	x_2	x_3	x_4	x_5
0	x_1	1	1	0	1/6	－1/6	0
1	x_2	3/2	0	1	1/4	1/4	0
0	x_5	－1/2	0	0	－1/4	－1/4	1
$-z$		－3/2	0	0	－1/4	－1/4	0

应用对偶单纯形法计算，从而得表 5－7。

表 5－7

$c_j\rightarrow$			0	1	0	0	0
$\mathbf{C}_B$	$\mathbf{X}_B$	$\mathbf{b}$	x_1	x_2	x_3	x_4	x_5
0	x_1	1	1	0	1/6	－1/6	0
1	x_2	3/2	0	1	1/4	1/4	0

续表

$c_j \to$			0	1	0	0	0
$\mathbf{C}_B$	$\mathbf{X}_B$	**b**	x_1	x_2	x_3	x_4	x_5
0	x_5	−1/2	0	0	[−1/4]	−1/4	1
$-z$		−3/2	0	0	−1/4	−1/4	0
0	x_1	2/3	1	0	0	−1/3	2/3
1	x_2	1	0	1	0	0	1
0	x_3	2	0	0	1	1	−4
$-z$		−1	0	0	0	0	−1

此时，$x^{(1)}=(2/3, 1, 2)^T$仍不是整数解，继续以x_1为源行生成割平面。因2/3可分成整数0和2/3之和，−1/3可分成−1和2/3之和，所以，割平面约束为：

$$\frac{2}{3}x_4+\frac{2}{3}x_5 \geqslant \frac{2}{3} \tag{5.14}$$

将生成的割平面式（5.14）加入松弛变量变为：

$$-\frac{2}{3}x_4-\frac{2}{3}x_5+x_6=-\frac{2}{3} \tag{5.15}$$

将式（5.15）写进表5−7，得到表5−8中。

表5−8

$c_j \to$			0	1	0	0	0	0
$\mathbf{C}_B$	$\mathbf{X}_B$	**b**	x_1	x_2	x_3	x_4	x_5	x_6
0	x_1	2/3	1	0	0	−1/3	2/3	0
1	x_2	1	0	1	0	0	1	0
0	x_3	2	0	0	1	1	−4	0
0	x_6	−2/3	0	0	0	−2/3	−2/3	1
$-z$		−1	0	0	0	0	−1	0

应用对偶单纯形法计算，从而得到表5−9。

表5−9

$c_j \to$			0	1	0	0	0	0
$\mathbf{C}_B$	$\mathbf{X}_B$	**b**	x_1	x_2	x_3	x_4	x_5	x_6
0	x_1	2/3	1	0	0	−1/3	2/3	0
1	x_2	1	0	1	0	0	1	0

续表

$c_j \rightarrow$			0	1	0	0	0	0
$\mathbf{C}_B$	$\mathbf{X}_B$	**b**	x_1	x_2	x_3	x_4	x_5	x_6
0	x_3	2	0	0	1	1	-4	0
0	x_6	-2/3	0	0	0	[-2/3]	-2/3	1
$-z$		-1	0	0	0	0	-1	0
0	x_1	1	1	0	0	0	1/3	-1/2
1	x_2	1	0	1	0	0	1	0
0	x_3	1	0	0	1	0	-5	3/2
0	x_4	1	0	0	0	1	1	-3/2
$-z$		0	0	0	0	0	-1	0

至此得到最优表，其最优解为 $x^* = (1,1)^T$，$z^* = 1$，这也是原问题的最优解。

注意：若求出的解中，有多个分量不是整数，则选取 **b** 列各分数中有最大小数部分的行作为源行生成割平面。

二、分支定界法

分支定界法用于解纯整数或混合的整数线性规划问题。它的基本思想是：先求解一个整数规划的线性规划松弛问题，得到可行解，若得到一个整数解，这个解一定是整数规划的最优解。若得到的解不是整数解，则有两条不同的途径：一是将要求解的问题分为几个子问题之和，对每个子问题进行求解，这个过程称为分支。通过求解一系列子规划的松弛规划及不断定界，最后得到原整数规划问题的最优整数解。二是通过不断改进松弛问题，求问题的最优解。

1. 求解步骤

（1）设一个整数线性规划问题为 **A**，与它相应的线性规划松弛问题为 **B**，求解 **B**：

①**B** 没有可行解，则 **A** 也没有可行解，运算结束。

②**B** 有最优解，并符合 **A** 问题中的整数约束条件，则该解即为 **A** 的最优解，运算结束。

③**B** 有最优解，但不符合 **A** 问题中的整数约束条件，则 **B** 的最优目标函数值必是 **A** 的最优目标函数值的上界，记为 $\bar{z}$，转到步骤（2）。

（2）寻找 **A** 的任意可行解的目标函数值，将其作为最优目标函数值的下界，记为 $\bar{z}$。可用观察法寻找 **A** 的一个整数可行解，求得 $\underline{z}$；或取$x_j = 0, (j = 1, \cdots, n)$，求得 $\underline{z} = 0$。若以 z^* 表示 **A** 的最优目标函数值，则有：

$$\underline{z} < z^* < \bar{z} \tag{5.16}$$

（3）在 **B** 的最优解中任选一个不符合整数条件的变量x_j，若其值为b_j，以［b_j］表示小于b_j的最大整数。构造两个约束条件$x_j \leqslant [b_j]$ 和$x_j \geqslant [b_j]+1$，将这两个约束条件分别加入问题 B，得到两个新的线性规划松弛问题，分别记为B_1和B_2，求解B_1和B_2。

（4）某分支若无可行解，或得到一个整数解，或目标函数值小于 $\underline{z}$，则剪掉这一支。若得到的整数解是目前得到的最好整数解，则用其值作为新的下界。若大于 $\underline{z}$，且不符合整数约束，则由还没有求解过的子问题中最大目标函数值作为新的上界 $\bar{z}$。

（5）回到步骤（1），继续求解。在迭代求解过程中，当修改下界后，要检查所有还未求解过的子问题，并剪去目标函数值小于新下界的子问题。若此时没有找到整数解，则该问题没有整数解；否则，迭代过程中已得到的最好整数解是该问题的最优解。

2. 分支结点选择的方法

（1）深探法。即深度优先搜索法，最先选择最后还未求解过的子问题。优点是很快能搜索到分支树的最底层，找到一个整数解；缺点是不太顾及其他分支的情况，找到的整数解质量不高。

（2）广探法。即广度优先搜索法，始终选择有最大目标函数值的子问题向下分支，找到的整数解质量较高。缺点是在整个分支树搜索，需要时间长。

（3）预估法。该方法利用一些技巧对每一个还未求解过的子问题可能提供的最好整数解进行预估，并对预估值最好的子问题进行分支。

3. 分支变量选择的方法

（1）按目标函数系数选择。先选择系数绝对值最大的变量进行分支。

（2）按非整数变量选择。先选择与整数值相差最大的非整数变量进行分支。对每一个不为整数的整数变量，可以加减一个小于 0.5 的小数后变为整数值，选择离整数差距最大的变量进行分支。

（3）按人为给定的顺序选择。因为建模者最了解各个整数变量的相对重要性。

【例 5.7】用分支定界法求解下列问题：

$$\max z = 4x_1 + 3x_2$$

$$\text{s.t.}\begin{cases}1.2x_1 + 0.8x_2 \leqslant 10 \\ 2x_1 + 2.5x_2 \leqslant 25 \\ x_1, x_2 \geqslant 0, \text{且均取整数}\end{cases}$$

解：设上述问题为 **A**，则相应的线性规划松弛问题为 **B**：

$$\max z = 4x_1 + 3x_2$$

$$\text{s.t.}\begin{cases}1.2x_1 + 0.8x_2 \leqslant 10 \\ 2x_1 + 2.5x_2 \leqslant 25 \\ x_1, x_2 \geqslant 0\end{cases}$$

用图解法得到最优解 $\mathbf{X}=(3.57, 7.14)$，$z_0 = 35.7$，如图 5－1 所示。

它不符合问题 **A** 的整数约束，以z_0作为问题 **A** 的最优目标函数值的上界，记$z_0=\bar{z}$。取问题 **A** 的一个整数解$x_1=x_2=0$，得 $z=0$，取 $\underline{z}=0$ 作为下界。这时有 $0\leqslant z^*\leqslant 35.7$。在问题 **B** 的最优解中任选一个不符合整数约束的变量 $x_1=3.57$，在 B 中增加两个约束条件$x_1\leqslant 3$ 和 $x_1\geqslant 4$，构造两个子问题$\mathbf{B}_1$和$\mathbf{B}_2$，分别求解，如图 5－2 所示。

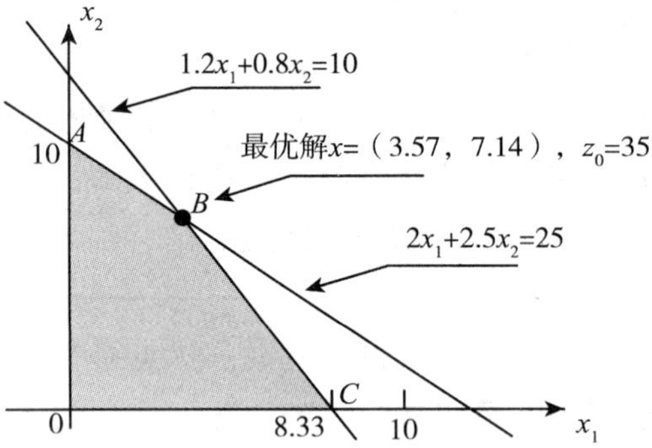

图 5－1

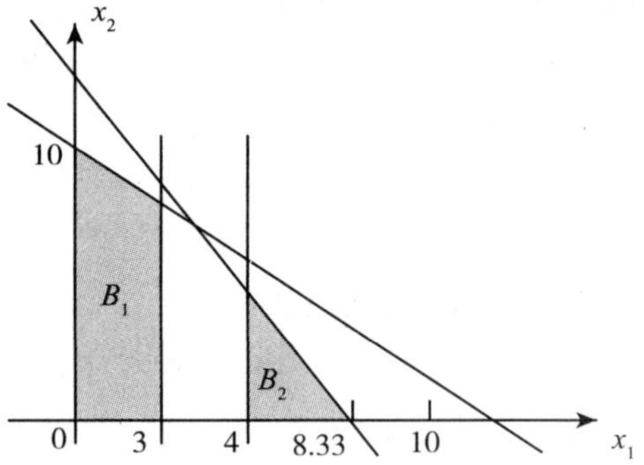

图 5－2

可见没有得到全部变量符合整数约束的解。因$z_2>z_1$，故 $\bar{z}=35.5$。此时 $0\leqslant z^*\leqslant 35.5$。继续对$\mathbf{B}_1$和$\mathbf{B}_2$进行分解，因$z_2>z_1$，先分解$\mathbf{B}_2$。增加两个约束条件$x_2\leqslant 6$ 和$x_2\geqslant 7$，构造两个子问题 $\mathbf{B}_3$ 和$\mathbf{B}_4$。问题$\mathbf{B}_4$无可行解，问题 $\mathbf{B}_3$ 的变量 $x_1=4.33$，为非整数解，得$z_3=35.33$，取 $\bar{z}=35.33$，有 $0\leqslant z^*\leqslant 35.33$。继续对 $\mathbf{B}_3$ 进行分解，得问题$\mathbf{B}_5$和$\mathbf{B}_6$，它们的目标函数值均为整数，$z_6=35$，$z_5=34$，$z_6>z_5$，则$\mathbf{B}_6$的解$x_1=x_2=5$ 是问题 a 的最优解，目标函数值 $z_6=z^*=35$。求解过程如图 5－3 所示。

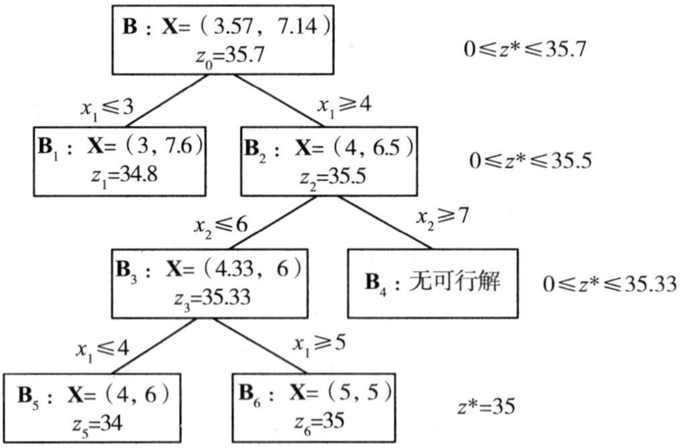

图 5－3

【**例 5.8**】求解整数规划：

$$\max\ z=2x_1+3x_2+x_3$$

$$\text{s. t.}\begin{cases}x_1+x_2+x_3\leqslant 8\\x_1+4x_2+7x_3\leqslant 9\\x_1,x_2,x_3\geqslant 0,\text{且均取整数}\end{cases}$$

解：设上述问题为 **A**，引入松弛变量 x_4，x_5，则相应的线性规划松弛问题 **B** 的标准型为：

$$\max z=2x_1+3x_2+x_3$$

$$\text{s. t.}\begin{cases}x_1+x_2+x_3+x_4=8\\x_1+4x_2+7x_3+x_5=9\\x_1,x_2,x_3,x_4,x_5\geqslant 0\end{cases}$$

用单纯形法求解，得如表 5－10 所示的最终单纯形表。

表 5－10

c_j			2	3	1	0	0
$\mathbf{C}_B$	$\mathbf{X}_B$	**b**	x_1	x_2	x_3	x_4	x_5
2	x_1	23/3	1	0	－1	4/3	－1/3
3	x_2	1/3	0	1	3	－1/3	1/3
σ_j			0	0	－6	－5/3	－1/3

取最优值为 $z^*=49/3$，则上界 $\bar{z}=49/3$，下界为 $\underline{z}=0$。因 $7<23/3<8$，对 x_1 进行分支，增加约束条件 $x_1\leqslant 7$ 和 $x_1\geqslant 8$，构造两个子问题 $\mathbf{B}_1$ 和 $\mathbf{B}_2$。

$$\mathbf{B}_1\quad \max z=2x_1+3x_2+x_3\quad \text{s. t.}\begin{cases}x_1+x_2+x_3\leqslant 8\\x_1+4x_2+7x_3\leqslant 9\\x_1\leqslant 7\\x_1,x_2,x_3\geqslant 0,\text{且均取整数}\end{cases}$$

和 $\mathbf{B}_2$

$$\max z=2x_1+3x_2+x_3\quad s.\ t.\begin{cases}x_1+x_2+x_3\leqslant 8\\x_1+4x_2+7x_3\leqslant 9\\x_1\geqslant 8\\x_1,x_2,x_3\geqslant 0,\text{且均取整数}\end{cases}$$

将 $\mathbf{B}_1$ 和 $\mathbf{B}_2$ 中的约束条件 $x_1\leqslant 7$ 和 $x_1\geqslant 8$ 分别引入松弛变量转换为 $x_1+x_6=7$ 和 $-x_1+x_6=8$。依据表 5－8 所示的单纯形表，通过初等变换并利用对偶单纯形法求解，可得 $\mathbf{B}_1$ 和 $\mathbf{B}_2$ 的最优解和最优值，如表 5－11 和表 5－12 所示。$\mathbf{B}_1$ 的解为 $\mathbf{X}^*=(7,1/2,0)^T,z_1=31/2$；$\mathbf{B}_2$ 的解为 $\mathbf{X}^*=(8,0,0)^T,z_2=16$。

表 5－11

c_j			2	3	1	0	0	0
$\mathbf{C}_B$	$\mathbf{X}_B$	**b**	x_1	x_2	x_3	x_4	x_5	x_6
2	x_1	23/3	1	0	－1	4/3	－1/3	0

续表

c_j			2	3	1	0	0	0
$\mathbf{C}_B$	$\mathbf{X}_B$	**b**	x_1	x_2	x_3	x_4	x_5	x_6
3	x_2	1/3	0	1	3	-1/3	1/3	0
0	x_6	7	1	0	0	0	0	1
2	x_1	23/3	1	0	-1	4/3	-1/3	0
3	x_2	1/3	0	1	3	-1/3	1/3	0
0	x_6	-2/3	0	0	1	[-4/3]	1/3	1
σ_j			0	0	-6	-5/3	-1/3	0
2	x_1	7	1	0	0	0	0	1
3	x_2	1/2	0	1	11/4	0	1/4	-1/4
0	x_4	1/2	0	0	-3/4	1	-1/4	-3/4
σ_j			0	0	-29/4	0	-3/4	-5/4

表 5-12

c_j			2	3	1	0	0	0
$\mathbf{C}_B$	$\mathbf{X}_B$	**b**	x_1	x_2	x_3	x_4	x_5	x_6
2	x_1	23/3	1	0	-1	4/3	-1/3	0
3	x_2	1/3	0	1	3	-1/3	1/3	0
0	x_6	-8	-1	0	0	0	0	1
2	x_1	23/3	1	0	-1	4/3	-1/3	0
3	x_2	1/3	0	1	3	-1/3	1/3	0
0	x_6	-1/3	0	0	-1	4/3	[1/3]	1
σ_j			0	0	-6	-5/3	-1/3	0
2	x_1	8	1	0	0	0	0	-1
3	x_2	0	0	1	2	1	0	1
0	x_5	1	0	0	3	-4	1	-3
σ_j			0	0	-5	-3	0	-1

$\mathbf{B}_2$ 得到整数最优解，最优值$z_2=16$ 是整数规划最优值的下界。利用该下界可以对 $\mathbf{B}_1$ 进行剪支。整数规划最优解 $\mathbf{X}^*=(8,0,0)^T$，最优值 $z^*=16$。求解过程如图 5-4 所示。

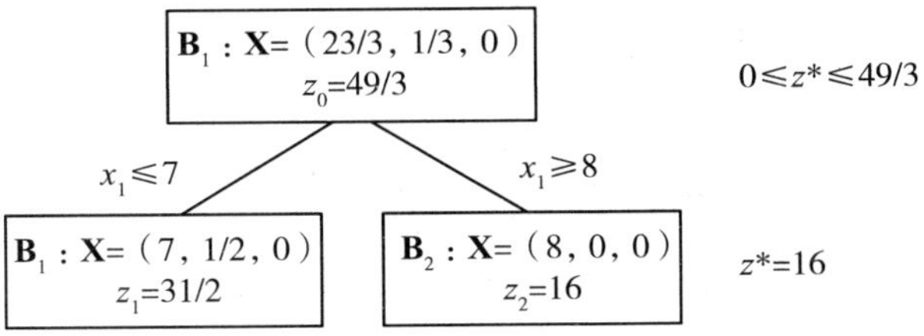

图 5－4

第三节 指派问题

一、指派问题的提出

在实际应用中经常遇到这样的问题：有若干项工作需要分配给若干个人（或部门）来完成；有若干项合同需要选择若干个投标者来承包；有若干个班级需要安排在各教室里上课等。这类问题称为指派问题（assignment problem），又称为分配问题。这类问题的基本要求是在满足特定的指派要求条件下，使指派方案的总体效果最佳。

【例 5.9】 某公司计划开 5 家新店，分别由 5 家建筑单位承建。已知建筑单位$A_i(i=1,2,\cdots,5)$对新店$B_j(j=1,2,\cdots,5)$的建造费用的报价为$c_{ij}(i,j=1,2,\cdots,5)$，见表 5－13。为节省费用，该公司应当对 5 家建筑单位怎样分配建造任务，才能使得总建造费用最少？

表 5－13

建筑单位	新店				
	B_1	B_2	B_3	B_4	B_5
A_1	4	8	7	15	12
A_2	7	9	17	14	10
A_3	6	9	12	8	7
A_4	6	7	14	6	10
A_5	6	9	12	10	6

这是一个标准的指派问题。若设 0－1 变量为：

$$x_{ij}=\begin{cases}1 & \text{当}A_i\text{承建}B_j\text{时}\\0 & \text{当}A_i\text{不承建}B_j\text{时}\end{cases}(i,j=1,2,\cdots,5)$$

则该问题的数学模型为：

$$\min z = 4x_{11} + 8x_{12} + \cdots + 10x_{54} + 6x_{55}$$

$$\text{s. t.}\begin{cases}\sum_{i=1}^{5} x_{ij} = 1(j = 1,2,\cdots,5)\\ \sum_{j=1}^{5} x_{ij} = 1(i = 1,2,\cdots,5)\\ x_{ij} = 0 \text{ 或 } 1(i,j = 1,2,\cdots,5)\end{cases}$$

二、指派问题的标准形式及其数学模型

指派问题的标准形式（以人和任务为例）是：有 n 个人和 n 项任务，已知第 i 个人做第 j 项任务的费用为 $c_{ij}(i,j=1,2,\cdots,n)$，要求确定人和任务之间的一一对应的指派方案，使完成这 n 项任务的总费用最少。

一般称矩阵 $\mathbf{C}=(c_{ij})_{n\times n}$ 为指派问题的系数矩阵。在实际问题中，根据 $\mathbf{c}_{ij}$ 的具体含义，矩阵 $\mathbf{C}$ 有不同的含义，如费用、成本、时间等。

为了建立标准的数学模型，设决策变量：

$$x_{ij}=\begin{cases}1,\text{若指派第 } i \text{ 人做第 } j \text{ 项工作}\\0,\text{若不指派第 } i \text{ 人做第 } j \text{ 项工作}\end{cases}$$

其中 i，$j=1$，2，…，n。

于是指派问题的数学模型为：

$$\min z = \sum_{i=1}^{n}\sum_{j=1}^{n} C_{ij}x_{ij}$$

$$\text{s. t.}\begin{cases}\sum_{i=1}^{n} x_{ij} = 1(j = 1,2,\cdots,n)\\ \sum_{j=1}^{n} x_{ij} = 1(i = 1,2,\cdots,n)\\ x_{ij} = 0 \text{ 或 } 1(i,j = 1,2,\cdots,n)\end{cases}$$

第一个约束条件表示每项任务只能由一个人完成，第二个约束条件表示每个人只能完成一项任务。

三、匈牙利解法

从上述数学模型可知，标准的指派问题是一类特殊的整数规划问题，又是特殊的 0－1 规划问题，因此，它可以用多种常用的方法来求解。指派问题约束矩阵的秩为 $2n-1$，因此共用 $2n-1$ 个基变量，但其中只有 n 个取 1，其余 $n-1$ 个取 0，这样，退化问题极其严重。针对指派问题的特殊性质，1955 年，库恩（W. W. Kuhn）利用匈牙利数学家康尼格（D. Konig）关于矩阵中独立“0”元素的定理，提出了求解指派问题的一种方法，习惯上称之为匈牙利法。

1. 理论依据

考察指派问题的效益矩阵

$$\mathbf{C}=\begin{pmatrix} c_{11} & c_{12} & \cdots & c_{1n} \\ c_{21} & c_{22} & \cdots & c_{2n} \\ \vdots & \vdots & & \vdots \\ c_{n1} & c_{n2} & \cdots & c_{nn} \end{pmatrix}$$

有下面两个基本性质。

定理 5.1　如果从指派问题的系数矩阵 **C** 的第 k 行（或者第 k 列）的每个元素中分别减去（或加上）一个常数 a，得到的矩阵 **C**′所表示的指派问题与原问题具有相同的最优解。

证明：因为：

$$\mathbf{C}'=\begin{pmatrix} c_{11} & c_{12} & \cdots & c_{1n} \\ \vdots & \vdots & & \vdots \\ c_{k1}-a & c_{k2}-a & \cdots & c_{kn}-a \\ \vdots & \vdots & & \vdots \\ c_{n1} & c_{n2} & \cdots & c_{nn} \end{pmatrix}$$

所以由效益矩阵 **C**′所确定的指派问题的目标值为：

$$\begin{aligned} z' &= \sum_{i=1}^{n}\sum_{j=1}^{n} c'_{ij}x_{ij} \\ &= \sum_{\substack{i=1\\ i\neq k}}^{n}\sum_{j=1}^{n} c_{ij}x_{ij} + \sum_{j=1}^{n}(c_{kj}-a)x_{ij} \\ &= \sum_{\substack{i=1\\ i\neq k}}^{n}\sum_{j=1}^{n} c_{ij}x_{ij} + \sum_{j=1}^{n} c_{kj}x_{ij} - \sum_{j=1}^{n} ax_{ij} \\ &= \sum_{i=1}^{n}\sum_{j=1}^{n} c_{ij}x_{ij} - a \\ &= z - a \end{aligned}$$

即两个问题的目标值只差一个常数 a，而约束条件没有变化，因此最优解不会改变。我们称 **C**′为 **C** 的等效矩阵，等效矩阵与原矩阵对应相同的最优解。

我们将分别在不同行不同列上的一组零元素称为独立零元素，如矩阵：

$$\mathbf{C}=\begin{pmatrix} 0 & 4 & 7 & 0 \\ 3 & 1 & 0 & 1 \\ 5 & 6 & 0 & 0 \\ 0 & 6 & 1 & 0 \end{pmatrix}$$

上述矩阵有 7 个零元素，但独立零元素最多只有 3 个。如何判断独立零元素最多有多少个呢？我们来看下面的定理5.2。

定理5.2 覆盖矩阵 **C** 中所有零元素的最少直线数等于独立零元素的最多个数。

所谓覆盖是指用水平或垂直的直线划去零元素所在的行或列。显然，对于 n 阶方阵用 n 条水平或垂直的直线就可以覆盖所有元素，当然也包括零元素。而定理5.2告诉我们，最少的覆盖直线数恰好等于独立零元素的最多个数。

例如，上述矩阵 **C**，至少可以用3条直线覆盖所有零元素，所以该矩阵最多只有3个独立零元素。

$$\mathbf{C}=\begin{pmatrix}0&4&7&0\\3&1&0&1\\5&6&0&0\\0&6&1&0\end{pmatrix}$$

通过定理5.1和定理5.2，我们可以给出求解指派问题的匈牙利算法的思路：通过求原问题效益矩阵的等效矩阵，使该矩阵产生尽可能多的零元素，然后寻找独立的零元素，如果独立零元素最大个数恰好等于矩阵阶数，那么就得到了原指派问题的最优解。否则用最少的直线覆盖所有零元素，增加新的零元素后再寻找独立零元素，反复进行直到求出最优解。

2. 算法步骤

下面给出匈牙利算法的完整步骤：

（1）建立等效矩阵（每行每列都有零元素）。将效益矩阵 **C** 的每行元素减去该行的（非零）最小元素，再将每列元素减去该列的（非零）最小元素，得到等效矩阵 **C′**。

（2）确定独立零元素，求初始分配方案。为此按照以下步骤进行：

①从零元素最少的行（或列）开始，给该行中的零元素加圈，记为◎；然后划去◎所在行和列的其他零元素，记为∅，这些零元素称为多余零元素。

②反复进行①，直到所有零元素都被圈出或者划去为止。

③若独立零元素有 n 个，则已得出最优解；若独立零元素为 m 且 $m<n$，则做能覆盖所有零元素的最少直线数目的直线集合（从零元素最多的行或列开始画 m 条直线，直到 m 条直线把所有零元素覆盖完为止），然后转到步骤（3）。

（3）继续变换系数矩阵。按照如下步骤进行：

①用 m 条直线将矩阵 **C′** 中的元素分成三部分：一部分没有被直线覆盖；一部分被两条直线覆盖；一部分被一条直线覆盖。

②在未被直线覆盖的元素中找出一个最小元素，每个未被直线覆盖的元素都减去最小元素；被两条直线覆盖的元素都加上刚才减去的最小元素；被一条直线覆盖的元素不变。

③返回步骤（2）和步骤（3），重复进行，直到独立零元素有n个为止。

【例5.10】 有一份中文说明书，需翻译成英、日、德、俄四种文字，分别记作E/J/G/

R。现有甲、乙、丙、丁四人。他们将中文翻译成不同语言所需要的时间如表 5－14 所示。问应指派何人去完成何种翻译，所需总时间最少？

表 5－14

人员	任务			
	E	J	G	R
甲	2	15	13	4
乙	10	4	14	15
丙	9	14	16	13
丁	7	8	11	9

解：该指派问题的系数矩阵为：

$$\mathbf{C}=\begin{pmatrix}2 & 15 & 13 & 4\\ 10 & 4 & 14 & 15\\ 9 & 14 & 16 & 13\\ 7 & 8 & 11 & 9\end{pmatrix}$$

先分别从每行中减去最小元素（每行分别减去 2、4、9、7），然后对每列也如此（第 3 列减去 4，第 4 列减去 2），即：

$$\mathbf{C}=\begin{pmatrix}2 & 15 & 13 & 4\\ 10 & 4 & 14 & 15\\ 9 & 14 & 16 & 13\\ 7 & 8 & 11 & 9\end{pmatrix}\begin{matrix}-2\\-4\\-9\\-7\end{matrix}\rightarrow\begin{matrix}\begin{pmatrix}0 & 13 & 11 & 2\\ 6 & 0 & 10 & 11\\ 0 & 5 & 7 & 4\\ 9 & 1 & 4 & 2\end{pmatrix}\\ \begin{matrix} & & -4 & -2\end{matrix}\end{matrix}\rightarrow\begin{pmatrix}0 & 13 & 7 & 0\\ 6 & 0 & 6 & 9\\ 0 & 5 & 3 & 2\\ 9 & 1 & 0 & 0\end{pmatrix}=\mathbf{C}'$$

从零元素最少的行开始初分配（可以从第 2 或 3 行开始，本例从第 2 行开始），给该行中的零元素加圈◎并划去◎所在行和列的其他零元素，重复进行得：

$$\mathbf{C}'=\begin{pmatrix}\not{0} & 13 & 7 & ◎\\ 6 & ◎ & 6 & 9\\ ◎ & 5 & 3 & 2\\ 9 & 1 & ◎ & \not{0}\end{pmatrix}$$

可见 $m=n=4$，所以得到最优解为

$$\mathbf{C}'=\begin{pmatrix}0 & 0 & 0 & 1\\ 0 & 1 & 0 & 0\\ 1 & 0 & 0 & 0\\ 0 & 0 & 1 & 0\end{pmatrix}$$

这表示指定甲翻译俄文、乙翻译日文、丙翻译英文、丁翻译德文时，所需时间最少。

【例 5.11】 某公司需要将 A、B、C、D、E 五项任务分配给甲、乙、丙、丁、戊五个人干（规定每项任务只能有一个人干，每个人只能干一项任务），表 5－15 为每个人干五项工作所花费的时间，问如何分配任务才能使得总共花费的时间最少？

表 5－15

人员	任务				
	A	B	C	D	E
甲	10	5	7	5	7
乙	6	7	4	4	4
丙	5	15	10	12	7
丁	13	12	4	4	8
戊	2	8	5	8	7

解：由表 5－13 得该指派问题的系数矩阵为：

$$\mathbf{C}=\begin{pmatrix}10 & 5 & 7 & 5 & 7\\ 6 & 7 & 4 & 4 & 4\\ 5 & 15 & 10 & 12 & 7\\ 13 & 12 & 4 & 4 & 8\\ 2 & 8 & 5 & 8 & 7\end{pmatrix}$$

每一行减去最小的数（分别减去 5、4、5、4、2），得：

$$\mathbf{C}=\left(\begin{array}{ccccc}10 & 5 & 7 & 5 & 7\\ 6 & 7 & 4 & 4 & 4\\ 5 & 15 & 10 & 12 & 7\\ 13 & 12 & 4 & 4 & 8\\ 2 & 8 & 5 & 8 & 7\end{array}\right)\begin{array}{l}-5\\ -4\\ -5\\ -4\\ -2\end{array}\rightarrow\begin{pmatrix}5 & 0 & 2 & 0 & 2\\ 2 & 3 & 0 & 0 & 0\\ 0 & 10 & 5 & 7 & 2\\ 9 & 8 & 0 & 0 & 4\\ 0 & 6 & 3 & 6 & 5\end{pmatrix}=\mathbf{C}'$$

从零元素最少的行开始初分配（可以从第 3 或 5 行开始，本例从第 3 行开始），给该行中的零元素加圈并划去◎所在行和列的其他零元素，重复进行得：

$$\mathbf{C}'=\begin{pmatrix}5 & \circledcirc & 2 & \emptyset & 2\\ 2 & 3 & \emptyset & \circledcirc & \emptyset\\ \circledcirc & 10 & 5 & 7 & 2\\ 9 & 8 & \circledcirc & \emptyset & 4\\ \emptyset & 6 & 3 & 6 & 5\end{pmatrix}$$

可见 $m=4<n=5$，所以继续进行以下步骤：

（1）用 4 条直线将矩阵 **C′**中的所有零元素覆盖，这样 4 条直线将矩阵 **C′**中的元素分成了三部分，一部分没有被直线覆盖；一部分被两条直线覆盖；一部分被一条直线覆盖。

（2）在未被直线覆盖的元素中找出一个最小元素，每个未被直线覆盖的元素都减去最小元素；被两条直线覆盖的元素都加上刚才减去的最小元素；被一条直线覆盖的元素不变。

$$\mathbf{C}'' = \begin{pmatrix} 5+2 & 0 & 2 & 0 & 2 \\ 2+2 & 3 & 0 & 0 & 0 \\ 0 & 10-2 & 5-2 & 7-2 & 2-2 \\ 9+2 & 8 & 0 & 0 & 4 \\ 0 & 6-2 & 3-2 & 6-2 & 5-2 \end{pmatrix}$$

从零元素最少的行开始初分配（可以从第 5 行开始），给该行中的零元素加圈并划去◎所在行和列的其他零元素，重复进行得：

$$\mathbf{C}'' = \begin{pmatrix} 7 & \circledcirc & 2 & \varnothing & 2 \\ 4 & 3 & \circledcirc & \varnothing & \varnothing \\ \varnothing & 8 & 3 & 5 & \circledcirc \\ 11 & 8 & \varnothing & \circledcirc & 4 \\ \circledcirc & 4 & 1 & 4 & 3 \end{pmatrix}$$

可见 $m=n=5$，所以得到最优解为：

$$\mathbf{C}'' = \begin{pmatrix} 0 & 1 & 0 & 0 & 0 \\ 0 & 0 & 1 & 0 & 0 \\ 0 & 0 & 0 & 0 & 1 \\ 0 & 0 & 0 & 1 & 0 \\ 1 & 0 & 0 & 0 & 0 \end{pmatrix}$$

所以，最优指派方案为甲—B，乙—C，丙—E，丁—D，戊—A，所需总时间为 22（此题的最优解不唯一）。

3. 指派问题的延伸

（1）最大化指派问题。此类问题处理的是一个人完成且仅完成一项工作，但处理的问题不是求最小值问题，而是求最大值的问题。

处理方法：设 m 为最大化指派问题系数矩阵 **C** 中的最大元素。令 $\mathbf{B}=(m-c_{ij})_{n\times n}$，则以 **B** 为系数矩阵的最小化问题和以 **C** 为系数矩阵的原最大化指派问题有相同的最优解。

【例 5.12】求表 5－16 所示效率矩阵的最大化指派问题的最优解。

表 5-16

人员	任务			
	A	B	C	D
甲	12	5	17	18
乙	11	13	10	9
丙	14	10	7	6
丁	11	14	15	13

解：$m=18$，令 $\mathbf{B}=(18-c_{ij})_{4\times4}$，则：

$$\mathbf{B}=\begin{pmatrix}6 & 13 & 1 & 0\\ 7 & 5 & 8 & 9\\ 4 & 8 & 11 & 12\\ 7 & 4 & 3 & 5\end{pmatrix}$$

用匈牙利法求解 **B**，即可得原问题最优解。

（2）人数多于任务数。人数多于任务数时的处理方法为，引入假想的任务，由于每个人完成假想的任务都不需要时间，所以对应的效率矩阵元素为“0”。引入假想的任务可以将不平衡的指派问题转化为平衡的指派问题。

【例 5.13】 求表 5-17 所示效率矩阵的最小指派问题的最优解。

表 5-17

人员	任务		
	A	B	C
甲	12	10	8
乙	20	5	15
丙	15	19	18
丁	18	16	5

解：增加一个虚拟的任务，人员完成虚拟工作需要的时间都是 0，如表 5-18 所示。

表 5-18

人员	任务			
	A	B	C	D
甲	12	10	8	0
乙	20	5	15	0
丙	15	19	18	0
丁	18	16	5	0

用匈牙利法求解，可得最优指派方案。

（3）任务数多于人数。

任务数多于人数时有两种方案：

①一个人只能完成一项工作的情况下，只选择与人员数量相等的任务来完成，其他任务留下不管。

处理方法：引入假想的人使人数与任务数相等，由于假想的人反映的是剩余的任务，所以假想人员对应的效率矩阵元素是“0”。

②允许一个人同时完成多项任务（可以兼职），所有的任务都必须完成。

处理方法：引入假想的人，使人数与任务数相等，但此时假想的人反映的是兼做的任务，而不是剩余的任务，所以对应的效率矩阵元素不是“0”。被兼做的任务一定是由完成该项任务时间最短的人来完成，通常情况下可以假想人所对应的效率矩阵元素是完成各项任务的最短时间。

【例 5.14】四个人面临 5 项工作，现在要在 5 项工作中选择 4 项进行分配，每个人完成各项工作所需的时间如表 5－19 所示，问应如何分配才能使得总的工作效率最高。

表 5－19

人员	任务				
	A	B	C	D	E
甲	12	10	8	9	15
乙	20	5	15	25	8
丙	10	11	10	15	6
丁	15	19	18	6	12

解：引入假想人员戊，得表 5－20。

表 5－20

人员	任务				
	A	B	C	D	E
甲	12	10	8	9	15
乙	20	5	15	25	8
丙	10	11	10	15	6
丁	15	19	18	6	12
戊	0	0	0	0	0

利用匈牙利法可求得如表 5－21 所示的最优指派方案：甲—C，乙—B，丙—E，丁—D，而戊—A，但是戊这个人是不存在的，所以工作 A 被淘汰。

表 5-21

人员	任务				
	A	B	C	D	E
甲	4	2	◎	1	7
乙	15	◎	10	20	3
丙	4	5	4	9	◎
丁	9	13	12	◎	6
戊	◎	0	0	0	0

【例 5.15】 4 个人面临 5 项工作，其中有一个人兼任一项工作，其他 3 人各完成一项工作。各人完成各项工作所需时间如表 5-22 所示，问如何分配任务才能使得总的效率最高？

表 5-22

人员	任务				
	A	B	C	D	E
甲	12	10	8	9	15
乙	20	5	15	25	8
丙	10	11	10	15	6
丁	15	19	18	6	12

解：引入假想人员戊为指定完成两项任务的人，得表 5-23。

表 5-23

人员	任务				
	A	B	C	D	E
甲	12	10	8	9	15
乙	20	5	15	25	8
丙	10	11	10	15	6
丁	15	19	18	6	12
戊	10	5	8	6	6

利用匈牙利法求解可得如表 5-24 所示的最优指派方案（不唯一）：甲—C，乙—B，丙—A，丁—D，丙兼做 E。

表 5－24

人员	任务				
	A	B	C	D	E
甲	0	3	◎	1	7
乙	10	◎	9	19	2
丙	◎	6	4	9	0
丁	5	14	12	◎	6
戊	0	0	2	0	◎

本章小结

本章介绍了整数规划问题的思想、建模以及求解方法，包括割平面法和分支定界法，并在此基础上介绍了指派问题的特点和匈牙利方法，最后，介绍了非标准指派问题的求解方法。

本章习题

1. 用割平面法求下述整数规划问题。

（1）$\max z=3x_1+2x_2$

$$\text{s.t.}\begin{cases}2x_1+3x_2\leqslant 14\\2x_1+x_2\leqslant 9\\x_1,\ x_2\geqslant 0\text{ 且为整数}\end{cases}$$

（2）$\max z=x_1+x_2$

$$\text{s.t.}\begin{cases}14x_1+9x_2\leqslant 51\\-6x_1+3x_2\leqslant 1\\x_1,\ x_2\geqslant 0\text{ 且为整数}\end{cases}$$

2. 试用分支定界法求解下述整数规划问题。

（1）$\max z=5x_1+8x_2$

$$\text{s.t.}\begin{cases}x_1+x_2\leqslant 6\\5x_1+9x_2\leqslant 45\\x_1,\ x_2\geqslant 0\text{ 且为整数}\end{cases}$$

（2）$\max z=4x_1+3x_2$

$$\text{s.t.}\begin{cases}\frac{6}{5}x_1+\frac{4}{5}x_2\leqslant 10\\2x_1+\frac{5}{2}x_2\leqslant 25\\x_1,\ x_2\geqslant 0\text{ 且为整数}\end{cases}$$

3. 求解下述整数规划问题。

$$\min z=-3x_1-x_2-5x_3$$

$$\text{s.t.}\begin{cases}-2x_1-2x_2+x_3\geqslant -2\\-x_1+3x_2-x_3\geqslant -4\\x_1,x_2,x_3\geqslant 0\text{ 且为整数}\end{cases}$$

4. 有 4 种机械分别安装在 4 个工地，它们在 4 个工地工作效率不同，效率如表 5－25

所示，问应如何安排，才能使4台机械发挥最大效率？

表5-25

机械	工地1	工地2	工地3	工地4
机械1	30	25	40	32
机械2	32	35	30	36
机械3	35	40	34	27
机械4	28	43	32	38

5. 用匈牙利法求解下列最小值的指派问题。

（1）$\mathbf{C}=\begin{pmatrix}12 & 6 & 9 & 15\\ 20 & 12 & 18 & 26\\ 35 & 18 & 10 & 25\\ 6 & 10 & 15 & 20\end{pmatrix}$　　（2）$\mathbf{C}=\begin{pmatrix}12 & 7 & 9 & 7 & 9\\ 8 & 9 & 6 & 6 & 6\\ 7 & 17 & 12 & 14 & 12\\ 15 & 14 & 6 & 6 & 10\\ 4 & 10 & 7 & 10 & 6\end{pmatrix}$

6. 需要将A、B、C、D四个新产品配置到甲、乙、丙、丁四个工厂，四个工厂的单位产品成本（元/件）如表5-26所示。求最优生产配置方案。

表5-26

人员	任务			
	A	B	C	D
甲	58	69	180	260
乙	75	50	150	230
丙	65	70	170	250
丁	82	55	200	280

7. 甲、乙、丙、丁4个人完成A、B、C、D四项工作，每人做每项工作所消耗的时间如表5-27所示。问如何指派才能使总消耗时间最少？

表5-27

人员	任务			
	A	B	C	D
甲	15	18	21	24
乙	19	23	22	18
丙	26	17	16	19
丁	19	21	23	17

8. 某服务部门一周中每天需要不同数目的雇员：周一到周四每天至少需要 50 人，周五至少需要 80 人，周六和周日至少需要 90 人，现规定应聘者需连续工作 5 天，试确定聘用方案，即周一到周日每天聘用多少人，使满足条件的情况下聘用人数最少。

9. 甲、乙、丙、丁、戊五个人翻译 5 种外文的速度（印刷符号/小时）如表 5 – 28 所示。若规定每人专门负责一个语种的翻译工作，那么，试解答下列问题：

表 5 – 28

人员	英	俄	日	德	法
甲	900	400	600	800	500
乙	800	500	900	1 000	600
丙	900	700	300	500	800
丁	400	800	600	900	500
戊	1 000	500	300	600	800

（1）应该如何指派，使总的翻译效率最高？

（2）若甲不懂德文，乙不懂日文，其他数字不变，应如何指派？

（3）若将效率矩阵中各数字都除以 100，然后求解，问最优解有无变化？为什么？

10. 现有 100 万元资金打算在甲、乙、丙、丁、戊 5 个不同的地方修建某种工厂。由于条件不同，所需投资额分别为 56 万元、20 万元、54 万元、42 万元、15 万元。工厂建成后，每年能得到的利润为 7 万元、5 万元、9 万元、6 万元、3 万元。请设计方案，使得总投资不超过 100 万元，且建成后每年所获利润最多（试建立此问题的数学模型）。

11. 某钻井队要从以下 10 个可供选择的井位中确定 5 个钻井探油，使总的钻探费用为最小。若 10 个井位的代号为 s_1，s_2，…，s_{10}，相应的钻探费用为 c_1，c_2，…，c_{10}。试建立此问题的数学模型，要求在井位选择上要满足下列限制条件：

（1）或选择 s_1 和 s_7，或选择钻探 s_8。

（2）选择了 s_3 或 s_4 就不能选 s_5，反过来也是一样。

（3）在 s_5，s_6，s_7，s_8 中最多只能选两个。

12. 已知下列五人各种姿势的游泳成绩（各 50 米，单位为秒）如表 5 – 29 所示，试问如何进行指派，从中选拔一人参加 200 米混合泳的接力比赛，使预期比赛成绩为最好？

表 5 – 29

泳姿	赵	钱	张	王	周
仰泳	37.7	32.9	33.8	37.0	35.4
蛙泳	43.4	33.1	42.2	34.7	41.8
蝶泳	33.3	28.5	38.9	30.4	33.6
自由泳	29.2	26.4	29.6	28.5	31.1

第六章　博弈论

本章要点

1. 掌握博弈论的概念；
2. 会求完全信息静态博弈的纳什均衡；
3. 会求完全信息动态博弈的子博弈精炼纳什均衡；
4. 会求不完全信息静态博弈的贝叶斯纳什均衡；
5. 会求不完全信息动态的博弈的精炼贝叶斯纳什均衡。

第一节　完全信息静态博弈

一、博弈论

"博弈论"译自英文 game theory，也称为"博弈论"或"竞赛论"，是研究决策主体的行为发生直接相互作用时的决策以及这种决策的均衡问题。一般认为，它既是现代数学的一个新分支，也是运筹学中的一个重要学科。人们习惯将博弈论分为合作博弈（cooperative game）与非合作博弈（non-cooperative game），其区别就在于，在决策过程中参与人之间能否达成一个具有约束力的协议（binding agreement）。若能达成协议，则是合作博弈，否则是非合作博弈。

在现实生活中，"博弈"（game）可以用来泛指各种游戏，如棋类游戏、桥牌、扑克、博彩及各类体育比赛等，但在博弈论（至少是传统的博弈论）中，博弈被严格定义为完全理性的个人或群体的行为发生直接相互作用的情形，而博弈论正是研究这种情形下个人或群体的选择（即决策）以及这种选择所导致的结果的理论。为了理解博弈论的本质特征，下面举例进一步说明。

【例 6.1】 出硬币博弈——硬币匹配游戏。

甲、乙两人各拿一枚 1 元的硬币，背靠背各自将硬币正面（1 元币面值）或反面（菊花图案面）朝上置于手掌心中握紧，然后转身面对面，同时展开手掌。游戏规则是：如果两人掌上硬币都是正面朝上或都是反面朝上，那么甲就赢了乙 1 元钱，或者说乙输给甲 1 元钱；如果两人掌上硬币是一正一反，那么乙就赢了甲 1 元钱，或者说甲输给乙 1 元钱。

甲、乙两人在这样的游戏规则下，在选择"正面"或"反面"时该如何决策呢？

在【例 6.1】的出硬币博弈中，甲不仅需要考虑自己在每次游戏时的选择（出正面还是反面），更要注意自己的这种选择（出正面还是反面）对乙在下一步游戏中的选择产生的影响，以及这种影响对自己在后面选择的影响，等等。同样，乙也需要考虑自己在每次游戏时的选择（出正面还是反面），也要注意自己的这种选择（出正面还是反面）对甲在下一步游戏中的选择产生的影响，以及这种影响对自己在后面选择的影响，等等。而传统的决策理论（或决策分析）不考虑双方选择时的相互影响问题。比如说，早上出门是否带伞，是人们经常遇到的一个传统决策问题，决策人（主体）对该问题的选择（或决策），取决于对未来天气状况的判断，而且决策的结果（带伞或不带伞）对未来的天气状况也不会产生任何影响。

从上面的比较分析，我们发现博弈论更加关注的是决策中各方的互动行为。从这个意义上讲，博弈论更是研究游戏各方策略依存性的理论。

二、博弈问题的基本概念

考察一种新产品开发情形：两企业（不妨称为企业1和企业2）准备各自开发同一新产品，并投放市场。开发中企业的投入、产出如图6－1所示。

- 企业
  - 开发（a）：投入2 000万元资金
    - 需求大
      - 对手不开发，获利润800万元
      - 对手开发，获利润300万元
    - 需求小
      - 对手不开发，获利润200万元
      - 对手开发，赔400万元
  - 不开发（b）：不投入资金，利润为0

图6－1

从图6－1中可以看到，每个企业在新产品开发中的收益（产出），不仅与自己的决策和市场的需求大小有关，而且还与另一企业的决策有关，因此，在新产品开发中企业面临的不仅仅是一个决策问题，更是一个博弈问题。在以后的讨论中，不妨将上述新产品开发问题称为“新产品开发博弈”。

在传统的博弈论中，对上述新产品开发问题进行博弈分析，一般都假设每个企业都知道图6－1所示的投入—产出图，或者说每个企业跟读者一样，都看到了图6－1所示的投入—产出图。虽然我们假设企业都知道投入—产出图，但企业决策时仍可能面临如下不确定性：

（1）每个企业决策时是否知道市场的需求，即能否确定市场的需求是大还是小。

（2）每个企业决策时是否知道另一企业的决策，即能否确定另一企业是开发还是不开发。

假设市场需求确定，即企业1和企业2决策时都已知道市场需求，那么在博弈开始之前（即至少有一个企业开始决策之前），由于每个企业都看到了投入—产出图，使得每个企业该知道的信息都已知道，不存在任何事前（即博弈开始之前）的不确定性。此时，企业面临的博弈问题就是我们所要探讨的完全信息博弈问题。

同时，根据企业的决策是否存在时序上的差异（即企业是否同时决策），我们又可以将所探讨的完全信息博弈问题分为完全信息静态博弈和完全信息动态博弈。如果两个企业同时决策即不存在决策时序上的差异，那么我们探讨的博弈问题就是所谓的完全信息静态博弈；如果两个企业先后决策即存在决策时序上的差异，那么我们探讨的博弈问题就是所谓的完全信息动态博弈。

根据企业对上述不确定性的了解程度和决策时序上的差异，我们可以将上述“新产品开发博弈”问题定义为将要探讨的四类博弈问题——完全信息静态博弈、完全信息动态博弈、不完全信息静态博弈和不完全信息动态博弈。

下面我们就结合上述“新产品开发博弈”，对博弈论所要用到的一些基本概念进行介绍。

1. 参与人

参与人（player，亦称局中人）是指博弈中选择行动以最大化自己效用的决策主体（可能是个人，也可能是团体，如国家、企业或组织等）。例如，“新产品开发博弈”中的企业1和企业2。参与人是构成博弈问题的最基本要素，没有参与人也就无所谓博弈问题。

除特别指出外，一般都假设参与人为满足完全理性的决策主体，并且用 $i=1,2,\cdots,n$ 表示 n 人博弈中的参与人，$\Gamma=\{1,2,\cdots,n\}$ 表示所有参与人的集合。在“新产品开发博弈”中，$\Gamma=\{1,2\}$。

2. 行动

行动（action）是参与人在博弈的某个时点的决策变量。例如，“新产品开发博弈”中的企业的选择——“开发”和“不开发”。行动也是构成博弈问题的基本要素之一，没有行动也就没有参与人之间的互动，也就无所谓博弈。因此，在博弈分析中，一般假设参与人都必须有多个（两个或两个以上）可供选择的行动。

我们用 a_i 表示参与人 $i(i=1,2,\cdots,n)$ 的行动，$A_i=\{a_i\}$ 表示参与人 i 所有行动的集合。例如，“新产品开发博弈”中，$A_1=A_2=\{a,b\}$。

需要注意的是，行动 a_i 不仅可以为离散型变量（如“新产品开发博弈”中企业的选择），也可以是连续型变量（后面介绍的Cournot模型中厂商的产量）。

3. 战略

战略（strategy）是参与人的行动规则，它规定了参与人在每一种轮到自己行动的情形下，应该采取的行动。它是与博弈的行动顺序相关的行动的有序集，也是构成博弈问题的基本要素之一。例如，在“新产品开发博弈”中，假设博弈中参与人的行动顺序（决策时序）是：企业1先采取行动，企业2观测到企业1的行动后再采取行动。在这样的博弈行动顺序下，轮到企业2行动时，可能面临的决策情形就会有两种：企业1已采取行动“开发”和企业1已采取行动“不开发”。因此，企业2的战略就必须告诉（规定）企业2：当企业1采取行动“开发”时，自己应该怎样行动（“开发”还是“不开发”）；当企业1采取行动“不开发”时，自己应该怎样行动（“开发”还是“不开发”）。

事实上，博弈论中的战略类似于传统决策理论中的贝叶斯规则。在 n 人博弈中，用 s_i 表示参与人 $i(i=1,2,\cdots,n)$ 的战略，X_i 表示参与人 $i(i=1,2,\cdots,n)$ 在博弈中可能面临的所有决策情形的集合，称为观测集。参与人 $i(i=1,2,\cdots,n)$ 在博弈中的战略可以定义为从观测集 X_i 到行动集 A_i 的映射关系，即：

$$s_i:X_i\rightarrow A_i$$

用 $S_i = \{s_i\}$ 表示参与人 i 所有战略的集合。在“新产品开发博弈”中，如果博弈的行动顺序就是前面所提到的：企业 1 先采取行动，企业 2 观测到企业 1 的行动后再采取行动，那么企业 2 行动时面临的决策情形就有以下两种：

（1）情形 1（用 x_1 表示）——企业 1 已采取行动“开发”。

（2）情形 2（用 x_2 表示）——企业 1 已采取行动“不开发”。

所以，$X_2 = \{x_1, x_2\}$。此时，企业 2 的战略集 S_2 就包含以下四个战略：

（1）战略 s_2^1——企业 1 采取行动“开发”，自己采取行动“开发”；企业 1 采取行动“不开发”，自己还是采取行动“开发”，即 $s_2^1(x_1) = a, s_2^1(x_2) = a$。

（2）战略 s_2^2——企业 1 采取行动“开发”，自己采取行动“开发”；企业 1 采取行动“不开发”，自己采取行动“不开发”，即 $s_2^2(x_1) = a, s_2^2(x_2) = b$。

（3）战略 s_2^3——企业 1 采取行动“开发”，自己采取行动“不开发”；企业 1 采取行动“不开发”，自己采取行动“开发”，即 $s_2^3(x_1) = b, s_2^3(x_2) = a$。

（4）战略 s_2^4——企业 1 采取行动“开发”，自己采取行动“不开发”；企业 1 采取行动“不开发”，自己也采取行动“不开发”，即 $s_2^4(x_1) = b, s_2^4(x_2) = b$。

但是，对于上述博弈行动顺序，企业 1 只面临博弈开始这样一种决策情形，因此，X_1 中只含有一个元素，所以，企业 1 的战略集 S_1 就只包含以下两个战略：

（1）战略 s_1^1——博弈开始时，企业 1 采取行动“开发”，即 $s_1^1 = a$。

（2）战略 s_1^2——博弈开始时，企业 1 采取行动“不开发”，即 $s_1^2 = b$。

因此，企业 1 的战略集和行动集相同。事实上，在完全信息静态博弈中，由于不存在决策时序上的差异，所有参与人在同一决策时点即博弈开始的那一时刻决策，因此，所有参与人面临的决策情形都只有一种，所以，参与人的战略集与行动集相同。

在 n 人博弈中，用 $s = (s_1, s_2, \cdots, s_n)$ 表示 n 个参与人的战略组合（strategy profile），它表示博弈中每个参与人 $i(i = 1, 2, \cdots, n)$ 采取战略组合中相应战略 s_i 的一种博弈情形。例如，在“新产品开发博弈”中，战略组合 (s_1^1, s_2^3) 表示博弈中企业 1 采用战略 s_1^1（即博弈开始采取行动“开发”），企业 2 采用战略 s_2^3（即观测到企业 1 采取行动“开发”，则采取行动“不开发”；企业 1 采取行动“不开发”，则采取行动“开发”）。

用 $S = \{s\}$ 表示博弈中所有战略组合的集合。在“新产品开发博弈”中，对于上述博弈行动顺序，显然存在 8 种战略组合，即：

$$S = \{(s_1^1, s_2^1), (s_1^1, s_2^2), (s_1^1, s_2^3), (s_1^1, s_2^4), (s_1^2, s_2^1), (s_1^2, s_2^2), (s_1^2, s_2^3), (s_1^2, s_2^4)\}$$

4. 支付

支付（payoff）是指参与人在博弈中的所得。由于参与人为完全理性的决策主体，因此，与传统的决策理论一样，在博弈分析中参与人都有一个定义“良好”的偏好关系①。

① 所谓定义“良好”的偏好关系是指参与人的偏好满足效用函数公理体系。

在决策分析中，通常用效用函数来表示决策人的偏好；而在博弈分析中，除特别说明外，一般情况下也是用效用函数来表示参与人在博弈中的所得（即支付）。因此，参与人的支付就可表示为一种特定博弈情形（如行动组合或战略组合）下参与人得到的确定效用水平或期望效用水平。对于追求效用最大化的完全理性参与人而言，支付是博弈中每个参与人真正关心的东西，因此，支付也是构成博弈问题的基本要素之一。

在以后的讨论中，用 $u_i(i=1,2,\cdots,n)$ 表示参与人 i 的支付（效用水平），支付组合 $u=(u_1,u_2,\cdots,u_n)$ 表示参与人在特定博弈情形下所得到的支付，其中 u_i 为参与人 i 的支付。

由于博弈中每种特定博弈情形的出现，都是参与人相互作用的结果，因此，参与人在每种博弈情形下的支付（效用水平），不仅与自己的选择（行动或战略）有关，而且还与其他参与人的选择（行动或战略）有关。所以，参与人 $i(i=1,2,\cdots,n)$ 的支付可表示为：

$$u_i=u_i(s_1,s_2,\cdots,s_n) \tag{6.1}$$

在以后的讨论中，为了描述方便，用 $s_{-i}=(s_1,\cdots,s_{i-1},s_{i+1},\cdots,s_n)$ 表示除参与人 i 以外其他参与人的战略组合，则 $s=(s_1,s_2,\cdots,s_n)=(s_i,s_{-i})$。因此，参与人 $i(i=1,2,\cdots,n)$ 的支付就可表示为：

$$u_i=u_i(s_i,s_{-i}) \tag{6.2}$$

与式（6.1）相比，式（6.2）更清楚地反映了参与人的支付所具有的特征，即参与人的支付不仅与自己的战略 s_i 有关，而且还与其他参与人的战略 s_{-i} 有关。

在“新产品开发博弈”中，参与人的利润就是其支付，因此，在市场需求大的情况下，如果参与人都选择“开发”，则其支付都为 300 万元，即 $u_1(a,a)=300$，$u_2(a,a)=300$；如果参与人 1 选择“开发”，而参与人 2 选择“不开发”，则参与人 1 的支付为 800 万元，而参与人 2 的支付为 0，即 $u_1(a,b)=800$，$u_2(a,b)=0$。在市场需求小的情况下，如果参与人都选择“开发”，则 $u_1(a,a)=-400$，$u_2(a,a)=-400$；如果参与人 1 选择“开发”，而参与人 2 选择“不开发”，则 $u_1(a,b)=200$，$u_2(a,b)=0$。

以上所介绍的四个基本概念——参与人、参与人的行动、参与人的战略以及参与人的支付，是构成一个博弈问题的基本要素，也是描述一个博弈问题的基础。除了这些基本概念以外，在博弈问题的分析中，还涉及一个很重要的概念——信息。

5. 信息

信息（information）是参与人所具有的有关博弈的所有知识，如有关其他参与人行动或战略的知识、有关参与人支付的知识等。例如，在“新产品开发博弈”中，企业有关投入—产出图的知识等。

信息是对博弈问题进行系统科学分析的基础，在不同的博弈问题中，根据具体情况博弈问题具有不同的关于博弈信息的假设。在“新产品开发博弈”中，企业都知道（或看到）投入—产出图就是博弈分析中有关信息的一个基本假设。如果两个企业都知道市场需求，那么这样的博弈情形就是我们前面所提到的完全信息假设；如果两个企业中至少有一个不知道市场需求，那么这样的博弈情形就是不完全信息假设。

在博弈分析中，与信息有关的一个重要假设就是共同知识（common knowledge）。所谓共同知识是关于参与人对某种知识（如参与人的理性、参与人的支付等）了解程度的一种描述，如果某种知识成为共同知识就意味着：每个参与人都知道它，并且每个参与人都知道每个参与人都知道它，每个参与人都知道每个参与人都知道每个参与人都知道它，如此等等。在现有的博弈分析框架下，一般都假设博弈问题的结构（或者对博弈问题的描述）为共同知识。例如，在“新产品开发博弈”中，图6－1所示的投入—产出图对两个企业来讲为共同知识。也就是说，企业的行动或战略、支付等为共同知识。

共同知识假设是博弈分析所特有的、很强的重要假设，它比人们所熟悉的“相互知识”假设需要更多的信息，因为“相互知识”只需每个人都知道这一事件，而共同知识是无穷尽的“相互知识”。在理论上，共同知识有严格的数学定义和规范的描述，但在实际的博弈分析中，又如何理解共同知识呢？在不引起歧义的情况下，不妨认为：完全理性的参与人同时在一起（即参与人面对面）知道（如看到、听到）的信息，可以当作共同知识来处理。例如，在“新产品开发博弈”中，投入—产出图对两个企业来讲为共同知识，不仅意味着两个企业都看到了投入—产出图，而且两个企业同时在一起看到了投入—产出图。

除了假设博弈问题的结构为共同知识外，参与人完全理性也是在博弈分析中一个很重要的共同知识假设。

三、博弈问题的战略式描述

对博弈问题进行系统科学的分析，必须首先给出博弈问题的规范性描述。战略式博弈是一种最常用的博弈问题描述方式，尤其是对那些不需要考虑博弈进程的完全信息博弈问题（如完全信息静态博弈）非常适用。

所谓战略式博弈（strategic form game）是博弈问题的一种规范性描述，有时亦称标准式博弈。战略式博弈是一种相互作用的决策模型，这种模型假设每个参与人仅选择一次行动或行动计划（战略），并且这些选择是同时进行的。因此，对于那些不需要考虑博弈进程的完全信息博弈问题，如完全信息静态博弈最适于用战略式博弈来描述。

定义 6.1 战略式博弈包含以下三个要素：

（1）参与人集合 $\Gamma=\{1,2,\cdots,n\}$；

（2）每位参与人非空的战略集 S_i，即 $\forall i\in\Gamma$，$\exists S_i\neq\varnothing$；

（3）每位参与人定义在战略组合 $\prod_{i=1}^{n}s_i=(s_1,\cdots,s_i,\cdots,s_n)$ 上的效用函数 $u_i(s_1,\cdots,s_i,\cdots,s_n)$。

下面我们结合“新产品开发博弈”，分析如何利用战略式博弈对具体的博弈问题进行描述或建模。

用战略式博弈对博弈问题进行建模，只需说明构成博弈问题的三个要素——参与人、参与人的战略和参与人的支付即可。假设市场需求大，那么完全信息静态的“新产品开发博弈”的战略式描述可用图 6－2 来表示。在图 6－2 中，企业 1 和企业 2 为博弈中的参与人，“开发”和“不开发”为两个参与人的行动（或战略），每个方格中的一组数字表示参与人采用相应的战略组合所得到的支付，其中第一个数字表示左边的参与人（即企业 1）的支付，第二个数字表示上方的参与人（即企业 2）的支付。

		企业2	
		开发	不开发
企业1	开发	300，300	800，0
	不开发	0，800	0，0

图 6－2

由于从图 6－2 中，我们可以清楚看到博弈问题中的参与人、参与人的战略以及参与人的支付，因此，在博弈分析中，对于只有两个参与人的有限博弈问题，一般都用图 6－2 的形式来表示一个博弈问题的战略式描述。图 6－3 给出了当市场需求小时，完全信息静态的“新产品开发博弈”的战略式描述。

		企业2	
		开发	不开发
企业1	开发	-400，-400	200，0
	不开发	0，200	0，0

图 6－3

四、战略式博弈的解

1. 占优战略

为了说明占优战略，我们首先考察博弈论中最为经典的一个博弈模型——囚徒困境（prisoners' dilemma）博弈。

【例 6.2】两个小偷作案后被警察抓住，分别关在不同的屋子里审讯。在审讯之前，小偷从律师那里得知：如果两个人都坦白，将被各判刑 4 年；如果两个人都抵赖，将会因为证据不足而各判 1 年；如果其中一人坦白另一人抵赖，坦白的将会得到宽大处理而被无罪释放，而抵赖的将被重判，判刑 6 年。试问两个小偷将会如何选择？

在囚徒困境博弈问题中，参与人是两个小偷，参与人的战略都是：坦白和抵赖，支付就是在各种选择下所得到的刑期。图 6－4 给出了囚徒困境博弈问题的战略式描述。

		小偷2 坦白	小偷2 抵赖
小偷1	坦白	-4，-4	0，-6
小偷1	抵赖	-6，0	-1，-1

图6-4

显然，在囚徒困境博弈中，小偷选择的结果不仅与自己的选择有关，而且与另一小偷的选择有关，那么小偷如何选择呢？

对于每个小偷，当对方坦白时，自己坦白得-4，抵赖得-6，所以，应该选择“坦白”；而当对方抵赖时，自己坦白得0，抵赖得-1，所以，还是应该选择“坦白”。也就是说，无论对方如何选择，每个小偷都会选择“坦白”。因此，博弈的结果就是两个小偷都选择“坦白”。

两个小偷都选择“坦白”，这样的结果似乎与我们的直觉相矛盾。因为在囚徒困境的四种结果［即（坦白，坦白），（坦白，抵赖），（抵赖，坦白），（抵赖，抵赖）］中，虽说不能肯定（坦白，坦白）这个结果是最差的，但它显然不如（抵赖，抵赖）。这是因为（坦白，坦白）导致两个小偷都得-4，而（抵赖，抵赖）却能使大家都得-1，也就是说，（抵赖，抵赖）是帕累托优于（坦白，坦白）的。既然选择“抵赖”对双方都有好处，那么两个小偷是否都会选择“抵赖”呢？只要小偷是我们前面所假设的完全理性的参与人，答案就是否定的。

假设两个小偷都选择“抵赖”，对小偷1而言，在小偷2选择“抵赖”的情况下，自己选择“抵赖”得-1，选择“坦白”得0。显然，“坦白”优于“抵赖”。因此，理性的小偷1将会偏离“抵赖”而选择“坦白”。基于同样的原因，理性的小偷2也会偏离“抵赖”而选择“坦白”。

除了（坦白，坦白）和（抵赖，抵赖）以外，囚徒困境是否还会出现其他的结果呢？比如说一个人坦白，另一个人抵赖？我们说这样的结果也是不会出现的，因为在对方选择“坦白”的情况下，自己选择“抵赖”显然是不理性的。

剩下的问题是：当两个小偷都选择“坦白”时，是否会有人偏离“坦白”而选择“抵赖”。基于同样的分析，两个小偷只要是理性的，这种情况就不会发生①。因此，虽然结果（抵赖，抵赖）是结果（坦白，坦白）的帕累托改进（即所有的人都得到好处），但只要两个小偷是理性的，这种对所有人都有好处的“改进”两人都无法得到。这也反映出现实生活中经常出现的“个人理性与集体理性间的矛盾”。

① 也许有人会问：如果两个小偷在被抓之前就制定攻守同盟，决定双方选择“抵赖”，这是否可以使博弈的结果为（抵赖，抵赖）呢？这要取决于“攻守同盟”对双方是否具有约束力，是否能对双方的支付产生影响。只要这种“攻守同盟”对双方的选择没有约束力，不能对违背协议（即“攻守同盟”）的参与人的支付产生影响，理性的参与人都会选择偏离“抵赖”而选择“坦白”。

事实上，囚徒困境在现实生活中有着许多应用。也许囚徒困境博弈是人们虚构出来的一个博弈模型，但在现实生活中与囚徒困境相似的情形却很多。例如，寡头垄断市场上厂商间的价格大战，就是典型的囚徒困境。像读者熟悉的20世纪90年代末期我国出现的彩电企业间的价格大战就是这种情形。还有目前人们议论比较多的有关中小学生教育方式的选择。家长明知素质教育对孩子的长远发展更有益处，但为了应付各种各样的升学考试，也不得不让自己的孩子参与各种名目的“模拟考试”或“考试培训”。这也是典型的囚徒困境。诸如此类的例子，现实生活中还很多。

进一步分析囚徒困境中小偷的战略，可以发现战略“坦白”具有这样的特点：无论对方怎样选择（选择“坦白”或者“抵赖”），“坦白”总是理性小偷的最优战略。考察更一般的 n 人博弈情形。在 n 人博弈中，参与人 $i(i=1,2,\cdots,n)$ 的支付 $u_i=u_i(s_i,s_{-i})$ 既与自己的选择 s_i 有关，也与其他参与人的选择 s_{-i} 有关。因此，在一般情况下，使参与人的支付 $u_i=u_i(s_i,s_{-i})$ 最大化的最优战略 s_i^* 是与其他人的选择 s_{-i} 有关的。但在某些特殊情况下，例如囚徒困境博弈中，可能会出现这样的情况：参与人 i（$i=1$, 2, …, n）的最优战略 s_i^* 与其他参与人的选择 s_{-i} 无关。也就是说，无论其他参与人选择什么战略，参与人的最优战略总是唯一的。这样的最优战略我们称为占优战略（dominant strategy）。例如，囚徒困境中参与人的“坦白”战略。

定义6.2 在 n 人博弈中，如果对于所有的其他参与人的选择 s_{-i}，s_i^* 都是参与人 i 的最优选择，即 $\forall s_i \in S_i(s_i \neq s_i^*)$，$\forall s_{-i} \in \prod\limits_{\substack{j=1 \\ j\neq 1}}^{n} S_j$，有 $u_i(s_i^*,s_{-i}) > u(s_i,s_{-i})$，则称 s_i^* 为参与人 i 的占优战略。

显然，在一个博弈问题中，如果某个参与人具有占优战略，那么只要这个参与人是理性的，他肯定就会选择他的占优战略。参与人的这种选择行为我们称为占优行为。占优行为是理性参与人选择行为的最基本特征。

【例6.3】 考察图6－5所示的战略式博弈，其中参与人1有两个战略——a_1 和 a_2，参与人2有四个战略——b_1、b_2、b_3 和 b_4。在参与人2的四个战略中，战略 b_3 是参与人2的占优战略。

1 \ 2	b_1	b_2	b_3	b_4
a_1	2，1	−2，−6	1，2	0，1
a_2	3，0	−1，2	3，3	−1，−2

图6－5

更进一步，如果所有的参与人都具有占优战略，那么只要参与人是理性的，肯定都会选择自己的占优战略。在这种情况下，博弈的结果就由参与人的占优战略共同决定。像这种由参与人的占优战略共同决定的博弈结果，我们称为占优战略均衡（dominant-strategy equilibrium）。

定义 6.3 在 n 人博弈中，如果对所有参与人 $i(i=1,2,\cdots,n)$，都存在占优战略 s_i^*，则占优战略组合 $s^*=(s_1^*,s_2^*,\cdots,s_n^*)$ 称为占优战略均衡。

显然，在一个博弈问题中，如果所有参与人都有占优战略存在，那么占优战略均衡就是唯一的所有理性参与人可以预测到的博弈结果。例如，在"新产品开发博弈"，当市场需求大时，在完全信息静态的"新产品开发博弈"中（参见图 6－2），企业 1 和企业 2 都有占优战略"开发"，因此，博弈的结果为占优战略均衡（开发，开发）。

2. 重复剔除劣战略

在囚徒困境中，"坦白"是小偷的占优战略，也就是说，相对于战略"抵赖"，"坦白"在任何情况下都是小偷的最优选择。因此，小偷只会选择战略"坦白"。反过来也可以这么理解：相对于战略"坦白"，小偷选择"抵赖"所得到的支付都要小于选择"坦白"所得到的。既然选择"抵赖"的所得总是小于选择"坦白"的所得，小偷当然就不会选择"抵赖"，这也就相当于小偷将战略"抵赖"从自己的选择中剔除掉了。

考察更一般的 n 人博弈情形。在 n 人博弈中，如果存在参与人 i 的占优战略 s_i^*，那么他在博弈中的战略选择问题就很简单：选择占优战略 s_i^*。但在大多数博弈问题中，参与人的占优战略并不存在。虽然不存在占优战略，但在某些博弈问题中，参与人 i 在对自己的战略进行比较时，可能会发现这样的情形：存在两个战略 s_i' 和 $s_i''(s_i',s_i''\in S_i)$，s_i'' 虽然不是占优战略，但与 s_i' 相比，自己在任何情况下选择 s_i'' 的所得都要大于选择 s_i' 的所得。在这种情况下，理性参与人 i 的选择又有什么样的特点呢？虽然我们不能确定参与人 i 最终会选择什么战略，但可以肯定的是，理性的参与人 i 绝对不会选择战略 s_i'。因为参与人 i 选择战略 s_i' 的话，还不如直接选择战略 s_i''（因为参与人 i 在任何情况下选择 s_i'' 的所得都要大于选择 s_i' 的所得）。

定义 6.4 在 n 人博弈中，如果对于参与人 i，存在战略 $s_i',s_i''\in S_i$，对 $\forall s_{-i}\in\prod_{\substack{j=1\\ j\neq 1}}^{n}S_j$，有 $u(s_i'',s_{-i})>u_i(s_i',s_{-i})$，则称战略 s_i' 为参与人 i 的劣战略，或者说战略 s_i'' 相对于战略 s_i' 占优。

在博弈中，如果战略 s_i' 是参与人 i 的劣战略，那么参与人 i 肯定不会选择战略 s_i'。这也就相当于参与人 i 将战略 s_i' 从自己的战略集 S_i 中剔除掉，直接从战略集 $S_i\setminus\{s_i'\}$ 中选择自己的战略。参与人的这种选择行为我们称之为剔除劣战略行为。剔除劣战略行为也是理性参与人选择行为的基本特征之一。

【例 6.4】 考察"智猪博弈"（boxed gigs game）——猪圈里圈养两头猪，一头大猪、一头小猪。猪圈的一端有一个猪食槽，另一头安装一个按钮，控制着猪食的供应，拉一下按钮会有 10 个单位的猪食进槽，但谁按按钮谁就需要付出 2 个单位的成本。若大猪先到，大猪吃 9 个单位，小猪只能吃 1 个单位；若同时到，大猪吃 7 个单位小猪吃 3 个单位；若小猪先到，大猪吃 6 个单位，小猪吃 4 个单位。战略式博弈描述如图 6－6 所示。试用重复剔除劣战略方法求解该智猪博弈的占优战略均衡。

从图 6－6 中可以看到：战略“按”是小猪的劣战略。因此，对图 6－6 中博弈问题的求解就可转换为对图 6－7 中博弈的求解。

		小猪：按	小猪：等待
大猪	按	5，1	4，4
	等待	9，－1	0，0

图 6－6

		小猪：等待
大猪	按	4，4
	等待	0，0

图 6－7

在图 6－7 中，小猪只有一个战略等待，大猪选择战略“按”，因此，原博弈问题的解为战略组合为（按，等待）。而（按，等待）就是的重复剔除的占优均衡。

【例 6.5】 考察图 6－8 中的战略式博弈，其中参与人 1 有三个战略——a_1、a_2 和 a_3，参与人 2 有三个战略——b_1、b_2 和 b_3。

从图 6－8 中可以看到：战略 b_3 是参与人 2 的劣战略。因此，对图 6－8 中博弈问题的求解就可转换为对图 6－9 中博弈的求解。

		2：b_1	2：b_2	2：b_3
1	a_1	1，0	3，3	1，1
	a_2	3，1	2，2	2，0
	a_3	2，4	1，3	3，2

图 6－8

		2：b_1	2：b_2
1	a_1	1，0	3，3
	a_2	3，1	2，2
	a_3	2，4	1，3

图 6－9

从图 6－9 中又可以看到：战略 a_3 是参与人 1 的劣战略。因此，对图 6－9 中博弈问题的求解就可转换为对图 6－10 中博弈的求解。

从图 6－10 中又可以看到：战略 b_1 是参与人 2 的劣战略。因此，对图 6－10 中博弈问题的求解就可转换为对图 6－11 中博弈的求解。

		2：b_1	2：b_2
1	a_1	1，0	3，3
	a_2	3，1	2，2

图 6－10

		2：b_2
1	a_1	3，3
	a_2	2，2

图 6－11

在图 6－11 中，参与人 2 只有一个战略 b_2，参与人 1 选择战略 a_1，因此，原博弈问题的解为战略组合(a_1,b_2)。而(a_1,b_2)就是所谓的重复剔除的占优均衡。

3. 纳什（Nash）均衡

（1）纯战略纳什均衡。我们在前两节中分析了理性参与人在博弈中的战略选择行为——占优行为与剔除劣战略行为。但是，在大多数博弈问题中，参与人的占优战略是不存在的，而且所有参与人同时存在占优战略的情形更是少见；剔除劣战略虽然可以在一定程度上简化博弈问题的求解，但在相当多的博弈问题中，是无法使用重复剔除劣战略的方法求解博弈问题的。为了解决完全信息博弈的求解问题，我们需要寻找新的方法和定义新的博弈问题的解。

考察战略式博弈的解。假设参与人$i(i=1,2,\cdots,n)$在博弈开始之前对博弈的结果进行预测，并且预测战略组合(s_i^*,s_{-i}^*)将成为博弈的结果。现在的问题是：参与人i的这种预测是否一定就是博弈的真正结果？或者说参与人i的预测在什么情况下才是正确的？参与人i预测战略组合(s_i^*,s_{-i}^*)将成为博弈结果，也就意味着参与人i预测其他参与人的选择为s_{-i}^*。在预测其他参与人的选择为s_{-i}^*的情况下，参与人i自己的选择s_i^*怎样才是合理的呢？或者说参与人i的选择s_i^*应该满足什么样的条件呢？显然，对于理性的参与人i来讲，其选择s_i^*必须满足这样的条件：在其他参与人的选择为s_{-i}^*的情况下，选择s_i^*的所得必须不小于选择其他任何战略的所得，或者说s_i^*必须是使自己的所得最大化的选择。也就是，对$\forall s_i\in S_i, u(s_i^*,s_{-i}^*)\geqslant u_i(s_i,s_{-i}^*)$，或者$s_i^*\in \arg\max\limits_{s_i\in S_i} u_i(s_i,s_{-i}^*)$。反之，如果$s_i^*$不能使参与人$i$的所得最大化，他就会偏离$s_i^*$而选择其他的战略，除非参与人$i$不是理性的。

由以上分析，我们可以推知，一个战略组合$s^*=(s_1^*,\cdots,s_i^*,\cdots,s_n^*)$要成为博弈的结果，就必须满足：对于所有的参与人，当其他参与人选择战略组合s^*中给定的战略时，选择s^*中相应的战略所得到的支付不小于选择其他战略所得到的。也就是，$\forall i\in\Gamma$，$\forall s_i\in S_i$，$u_i(s_i^*,s_{-i}^*)\geqslant u_i(s_i,s_{-i}^*)$，或者$\forall i\in\Gamma$，$s_i^*\in\arg\max\limits_{s_i\in S_i} u_i(s_i,s_{-i}^*)$。满足这样条件的战略组合$s^*$，我们称之为纳什均衡（Nash equilibrium）。

定义 6.5 在一个给定的n人战略式博弈$G=<\Gamma; S_1, \cdots, S_n; u_1, \cdots, u_n>$中，战略组合$s^*=(s_1^*,\cdots,s_i^*,\cdots,s_n^*)$是一个纳什均衡当且仅当$\forall i\in\Gamma$，$\forall s_i\in S_i$，有$u_i(s_i^*,s_{-i}^*)\geqslant u_i(s_i,s_{-i}^*)$，或者$\forall i\in\Gamma$，$s_i^*\in\arg\max\limits_{s_i\in S_i} u_i(s_i, s_{-i}^*)$。

纳什均衡是1994年诺贝尔经济学奖获得者约翰·纳什（John Nash）在20世纪50年代，作为n人战略式博弈的解而提出来的，也是目前得到比较一致认可的博弈解。在传统的博弈论中，一般都将纳什均衡作为博弈的解。

事实上，一个战略组合$s'=(s_1',\cdots,s_i',\cdots,s_n')$如果不是纳什均衡，则意味着一定存在某个参与人$i$，当其他参与人选择战略组合$s'$给定的战略时，参与人$i$选择$s_i'$并不能使自己的支付最大化。这也就意味着：在参与人$i$的战略集中，一定存在战略$s_i''$，当其他参与人选择战略组合$s'$给定的战略时，参与人$i$选择$s_i''$所得到的支付大于选择$s_i'$的支付，即$u_i(s_i'',s_{-i}')>u_i(s_i',s_{-i}')$。在这种情况下，理性的参与人$i$就会偏离$s_i'$，从而使得战略组合

s'不能成为博弈的结果。因此，一个战略组合 s' 如果不是纳什均衡的话，就不能成为博弈的解。

对于一个战略式博弈，可以根据定义 6.4 来判断一个战略组合是否为纳什均衡，从而得到博弈的解。例如，图 6 – 2 所示的“新产品开发博弈”的战略组合（开发，开发）是纳什均衡。

（2）混合战略纳什均衡。仍以【例 6.1】中猜硬币博弈为例，记正面向上为 O，背面向上为 R，此时他们的战略空间都是$\{O,R\}$。图 6 – 12 给出了该博弈的战略式描述。

1 \ 2	O	R
O	−1，1	1，−1
R	1，−1	−1，1

图 6 – 12

显然，在“猜硬币”博弈中，无法找到前面所定义纳什均衡。事实上，在“猜硬币”博弈的四个结果中，对于每个结果，总有一个参与人会偏离这个结果。例如，对于战略组合(O,O)，参与人 1 会偏离 O 而选择 R，而对于战略组合(O,R)，参与人 2 又会偏离 R 而选择 O，等等。

玩过“猜硬币”游戏的读者都会有这样的体验：在游戏过程中，自己会极力猜测对方如何选择，同时又不能让对方猜到自己的选择。为了使对方猜不透自己的选择，我们往往会随机选择自己的战略，即以一定的概率分布选择正面（O）或反面（R）。例如，在“猜硬币”游戏中，我们会以 50% 的概率选择正面（O），以 50% 的概率选择反面（R）。像这种以一定的概率分布来选择自己战略的行为，在博弈论中称之为混合战略（mixed strategy）。

定义 6.6 在一个给定的有限 n 人战略式博弈 $G=<\Gamma;\ S_1,\cdots,S_n;\ u_1,\cdots,u_n>$中，对任一参与人 i，设 $S_i=\{s_i^1,\cdots,s_i^K\}$，则参与人 i 的一个混合战略为定义在战略集 S_i 上的一个概率分布 $\sigma_i=(\sigma_i^1,\cdots,\sigma_i^K)$，其中，$\sigma_i^j(j=1,\cdots,K)$表示参与人 i 选择战略 s_i^j 的概率，即 σ_i^j 满足：$0\leqslant\sigma_i^j\leqslant 1$ 且 $\sum_{j=1}^{K}\sigma_i^j=1$。

混合战略解释了一个参与人对其他参与人所采取的行动的不确定性，它描述了参与人在给定信息下以某种概率分布随机地选择不同的行动或战略。在以后的讨论中，将参与人的纯战略和混合战略统称为战略。

若用Σ_i 表示参与人 i 的混合战略空间，其中 $\sigma_i\in\Sigma_i$，$\sigma_{-i}=(\sigma_1,\cdots,\sigma_{i-1},\sigma_{i+1}\cdots,\sigma_n)$，则 $\sigma=(\sigma_i,\sigma_{-i})$为混合战略组合（mixed strategy profile），表示博弈中每个参与人 $i(i=1,2,\cdots,n)$采取混合战略组合中相应战略 σ_i 的一种博弈情形。用 $\Sigma=\prod_{i=1}^{n}\Sigma_i$ 表示混合战略组合空间，其中 $\sigma\in\Sigma$。用 $v_i(\sigma)=v_i(\sigma_i,\sigma_{-i})$表示参与人 i 在混合战略组合 $\sigma=(\sigma_i,\sigma_{-i})$下的期望效用。

由于在混合战略组合 σ 下，博弈的各种结果即各种纯战略组合 $s=(s_1,\cdots,s_j,\cdots,s_n)$都有可能出现，因此，$v_i(\sigma)$即为定义在所有纯战略组合集（即 S）上的期望效用。用 $\pi(s)$ 表示在混合战略组合 σ 下，纯战略组合 s（$s\in S$）出现的概率，因此，参与人 i 在混合战略组合 σ 下的期望效用 $v_i(\sigma)$就表示为：

$$v_i(\sigma) = v_i(\sigma_i,\sigma_{-i}) = \sum_{s\in S}\pi(s)u_i(s) \tag{6.3}$$

用 $\sigma_j(s_j)$表示在混合战略组合 σ 下参与人 j 选择纯战略组合 $s=(s_1,\cdots,s_j,\cdots,s_n)$中纯战略 s_j 的概率。在现有的博弈分析中，一般假设每个参与人对战略选择的随机化与其他参与人的随机化是独立的。因此，$\pi(s) = \prod_{j=1}^{n}\sigma_j(s_j)$ 。利用该条件并结合式（6.3），可得：

$$v_i(\sigma) = v_i(\sigma_i,\sigma_{-i}) = \sum_{s\in S}\Big(\prod_{j=1}^{n}\sigma_j(s_j)\Big)u_i(s) \tag{6.4}$$

假设参与人 i 的纯战略集为 $S_i=\{s_i^1,\cdots,s_i^K\}$，用 $v_i(s_i^k,\sigma_{-i})$表示参与人 i 在其他参与人选择混合战略 σ_{-i}的情况下，选择纯战略 s_i^k（$1\leqslant k\leqslant K$）的期望支付，由式（6.4）可得：

$$v_i(s_i^k,\sigma_{-i}) = \sum_{s_{-i}\in S_{-i}}\Big(\prod_{j=1,j\neq i}^{n}\sigma_j(s_j)\Big)u_i(s_i^k,s_{-i}) \tag{6.5}$$

其中，$\prod_{j=1,j\neq i}^{n}\sigma_j(s_j)$ 是在混合战略组合 $\sigma=(s_i^k,\sigma_{-i})$下其他参与人的纯战略组合 s_{-i}出现的概率。

由式（6.4）和式（6.5），可得：

$$\begin{aligned} v_i(\sigma) &= v_i(\sigma_i,\sigma_{-i}) \\ &= \sum_{k=1}^{K}\sigma_i^k v_i(s_i^k,\sigma_{-i}) \\ &= \sum_{k=1}^{K}\sigma_i^k\Big\{\sum_{s_{-i}\in S_{-i}}\Big(\prod_{j=1,j\neq i}^{n}\sigma_j(s_j)\Big)u_i(s_i^k,s_{-i})\Big\} \end{aligned} \tag{6.6}$$

下面我们通过一个两人战略式博弈，对式（6.4）~式(6.6）进行说明。

考察图 6－13 中战略式博弈。假设参与人 1 的混合战略为 $\sigma_1=(p,1-p)$，参与人 2 的混合战略为 $\sigma_2=(q,1-q)$。如果参与人 1 对战略选择的随机化与参与人 2 的随机化相互独立的话，那么在混合战略组合 $\sigma=(\sigma_1,\sigma_2)$下，战略组合$(a_1,b_1)$、$(a_1,b_2)$、$(a_2,b_1)$和$(a_2,b_2)$出现的概率就分别为 pq、$p(1-q)$、$(1-p)q$ 和 $(1-p)(1-q)$。由式（6.4），可得参与人 1 采用纯战略 a_1 和 a_2 的期望效用分别为：

$$v_1(a_1,\sigma_2) = qu_1(a_1,b_1)+(1-q)u_1(a_1,b_2) = qx_1+(1-q)x_2 \tag{6.7}$$

$$v_1(a_2,\sigma_2) = qu_1(a_2,b_1)+(1-q)u_1(a_2,b_2) = qx_3+(1-q)x_4 \tag{6.8}$$

由式（6.4）[或式（6.6）]、式（6.7）和式（6.8），可得参与人 1 在混合战略组合 $\sigma=(\sigma_1,\sigma_2)$ 下的期望效用为：

$$v_1(\sigma) = pv_1(a_1,\sigma_2)+(1-p)v_1(a_2,\sigma_2)$$

$$=pqx_1+p(1-q)x_2+(1-p)qx_3+(1-p)(1-q)x_4 \quad (6.9)$$

			2	
			q	$1-q$
			b_1	b_2
1	p	a_1	x_1，y_1	x_2，y_2
	$1-p$	a_2	x_3，y_3	x_4，y_4

图 6-13

同样，由式（6.4），可得参与人 2 采用纯战略 b_1 和 b_2 的期望效用分别为：

$$v_2(b_1,\sigma_1)=pu_2(a_1,b_1)+(1-p)u_2(a_2,b_1)=py_1+(1-p)y_3 \quad (6.10)$$

$$v_2(b_2,\sigma_1)=pu_2(a_1,b_2)+(1-p)u_2(a_2,b_2)=py_2+(1-p)y_4 \quad (6.11)$$

由式（6.4）[或式（6.6）]、式（6.9）和式（6.10），可得参与人 2 在混合战略组合 $\sigma=(\sigma_1,\sigma_2)$ 下的期望效用为：

$$\begin{aligned} v_2(\sigma) &= qv_2(b_1,\sigma_1)+(1-q)v_2(b_2,\sigma_1) \\ &= pqy_1+(1-p)qy_3+p(1-q)y_2+(1-p)(1-q)y_4 \end{aligned} \quad (6.12)$$

在明确了混合战略之后，下面给出混合战略纳什均衡。

定义 6.7 在有限 n 人战略式博弈 $G=<\Gamma;\ S_1,\cdots,S_n;\ u_1,\cdots,u_n>$ 中，混合战略组合 $\sigma^*=(\sigma_1^*,\cdots,\sigma_n^*)$ 为一个纳什均衡，当且仅当 $\forall i\in\Gamma$，$\forall\sigma_i\in\Sigma_i$，有 $v_i(\sigma_i^*,\sigma_{-i}^*)\geqslant v_i(\sigma_i,\sigma_{-i}^*)$。

与前面定义的纯战略纳什均衡的定义（定义 6.4）相比，混合战略纳什均衡的定义在形式上与前者完全相同，只不过是将定义中的纯战略换为混合战略而已。因此，混合战略纳什均衡的意义与纯战略的相同。

假设 $\sigma^*=(\sigma_1^*,\cdots,\sigma_n^*)$ 为混合战略纳什均衡，则根据混合战略纳什均衡的定义可知：$\forall i\in\Gamma$，$\forall s_i\in S_i$，有 $v_i(\sigma_i^*,\sigma_{-i}^*)\geqslant v_i(s_i,\sigma_{-i}^*)$（因为纯战略 s_i 为退化的混合战略），则由式（6.4）可得 $v_i(\sigma_i,\sigma_{-i}^*)=\sum_{k=1}^{K}\sigma_i^k v_i(s_i^k,\sigma_{-i}^*)\leqslant\sum_{k=1}^{K}\sigma_i^k v_i(\sigma_i^*,\sigma_{-i}^*)=v_i(\sigma_i^*,\sigma_{-i}^*)$，所以，定义 6.7 也可表述为如下形式：

定义 6.8 在有限 n 人战略式博弈 $G=<\Gamma;\ S_1,\cdots,S_n;\ u_1,\cdots,u_n>$ 中，混合战略组合 $\sigma^*=(\sigma_1^*,\cdots,\sigma_n^*)$ 为一个纳什均衡，当且仅当 $\forall i\in\Gamma$，$\forall s_i\in S_i$，有 $v_i(\sigma_i^*,\sigma_{-i}^*)\geqslant v_i(s_i,\sigma_{-i}^*)$。

五、求解纳什均衡的方法

虽然根据上述纯战略纳什均衡和混合战略纳什均衡的定义能够判断一个战略式博弈的战略组合是否为纳什均衡，但是，当博弈问题中的参与人人数很多并且参与人的战略空间很大时，根据纳什均衡定义逐一判断每个战略组合是否为纳什均衡，并不是一件很容易的事。除了根据定义判断纳什均衡以外，目前人们尚未找到一种对所有博弈问题都适用的方便简捷的求解纳什均衡的方法。下面介绍几种经常用到的求解纳什均衡的方法。

1. 划线法

不过对于两人或三人参与的有限博弈，可以采用比较简单的划线法。划线法是求解纯战略纳什均衡的常用方法，它利用了纳什均衡这样的性质：在两人博弈中，相互构成最优战略的战略组合就是纳什均衡。其具体步骤如下：

（1）考察参与人 1 的最优战略。对于参与人 2 的每个战略，找出参与人 1 的最优战略，并在其对应的支付下划一横线。在图 6－14 中，对于参与人 2 的三个战略 b_1、b_2 和 b_3，参与人 1 相对应的最优战略分别为 a_3、a_2 和 a_2，相对应的支付分别为 4、4 和 3（图 6－14 中划了横线的参与人 1 的支付）。

（2）用上述方法找出参与人 2 的最优战略。在图 6－12 中，对于参与人 1 的三个战略 a_1、a_2 和 a_3，参与人 2 相对应的最优战略分别为 b_3、b_2 和 b_3，相对应的支付分别为 5、5 和 3（图 6－14 中划了横线的参与人 2 的支付）。

（3）找出最优战略组合。支付表中，如果某个方格中的两个支付值下面都划了横线，那么这个方格所对应的战略组合就是最优战略组合，也就是我们所要找的纳什均衡。在图 6－14 中，战略组合 (a_2,b_2) 所对应的支付值都划有横线，(a_2,b_2) 即为我们所寻找的纳什均衡。

		2: b_1	b_2	b_3
	a_1	3，2	1，3	2，$\underline{5}$
1	a_2	2，4	$\underline{4}$，$\underline{5}$	$\underline{3}$，4
	a_3	$\underline{4}$，2	3，1	2，$\underline{3}$

图 6－14

2. 等值法

等值法是求解混合战略纳什均衡的简单方法，在介绍这种方法之前，首先介绍最优混合战略和最优反应的引理。

命题 6.1 在参与人 i 的最优混合战略 $\sigma_i^* = (\sigma_i^{1*},\cdots,\sigma_i^{K*})$ 中，对 $\forall \sigma_i^{j*} > 0$，有 $v_i(s_i^j, \sigma_{-i}) = v_i(\sigma_i^*, \sigma_{-i})$。

定理 6.1（最优反应的引理） 在有限 n 人战略式博弈 $G = <\Gamma;\ S_1,\cdots,S_n;\ u_1,\cdots,u_n>$ 中，混合战略组合 $\sigma^* = (\sigma_1^*,\cdots,\sigma_n^*)$ 为一个纳什均衡，当且仅当 $\forall i \in \Gamma$，σ_i^* 的支集 $S_i(\sigma_i^*)$ 中每一个纯战略都是给定 σ_{-i}^* 下的最优反应。

上述定理可以在一定程度上帮助我们求解战略式博弈的纳什均衡，尤其是对两人两战略的战略式博弈问题。考察下面【例 6.8】中图 6－15 的战略式博弈，假设 $\sigma_1 = (p, 1-p)$，$\sigma_2 = (q, 1-q)$，(σ_1,σ_2) 为博弈的混合战略纳什均衡。不失一般性，设 $0 < p < 1$ 且 $0 < q <$

1，因此，$0<1-p<1$ 且 $0<1-q<1$。根据最优战略的性质，有：

$$\begin{cases} v_1(a_1,\sigma_2)=v_1(a_2,\sigma_2) \\ v_2(b_1,\sigma_1)=v_2(b_2,\sigma_1) \end{cases} \tag{6.13}$$

将式（6.7）~式(6.9）和式（6.10）~式(6.12）分别代入式（6.13），可得：

$$\begin{cases} qx_1+(1-q)x_2=qx_3+(1-q)x_4 \\ py_1+(1-p)y_3=py_2+(1-p)y_4 \end{cases}$$

求解上式可得：

$$\begin{cases} p=\dfrac{y_3-y_4}{y_2-y_1+y_3-y_4} \\ q=\dfrac{x_2-x_4}{x_3-x_1+x_2-x_4} \end{cases} \tag{6.14}$$

所以，混合战略纳什均衡为 $\left(\left(\dfrac{y_3-y_4}{y_2-y_1+y_3-y_4},\dfrac{y_2-y_1}{y_2-y_1+y_3-y_4}\right),\left(\dfrac{x_2-x_4}{x_3-x_1+x_2-x_4},\dfrac{x_3-x_1}{x_3-x_1+x_2-x_4}\right)\right)$，其中，$y_2-y_1+y_3-y_4\neq0$，$x_3-x_1+x_2-x_4\neq0$。

下面我们再举一个有趣的例子对如何采用等值法求解混合战略纳什均衡做进一步说明。

【例6.6】 用等值法求解下列监督博弈的混合战略纳什均衡。

在现实生活中，监督问题无处不在。完善的监督机制有利于提高效率，预防腐败等不良行为的发生，保护相关利益方的正当权益，使制度健康有序的发展。常见的监督包括教育、安全生产、执法、行政、财政、税收、证券、药品、技术、舆论监督等。监督过程本质上是一种被监督方与相关利益方之间为实现利益最大化的互动过程。下面我们以税收检查为例，对监督博弈问题进行分析。

在税收监督博弈中，参与人包括税收机关（称为参与人1）和纳税人（称为参与人2）。税收机关的纯战略是“检查”和“不检查”，纳税人的纯战略是“逃税”和“不逃税”。图6－15给出了税收监督博弈的战略式描述。在图6－15中，我们站在税收机关的角度，设定参与人在各战略组合下的支付：对纳税人来讲，纳税是其应尽的义务，不逃税时不得不失，其支付为0，而如果逃税成功（即税收机关不检查时逃税），纳税人获得额外的支付——应交的税款 t；对税收机关来讲，收缴税款是其应尽职责，收到税款时不得不失，其支付为0，而如果纳税人逃税成功则意味着税收机关损失税款 t，其支付为 $-t$。假设税收机关的检查存在成本 C，纳税人逃税被抓时会受到惩罚，用罚款额 F 表示。

在图6－15中，如果 $C>t+F$，那么税收机关存在占优战略“不检查”。如果税收机关总是选择“不检查”，那么也就无所谓监督了。因此，在以下的分析中，我们假设 $C<t+F$。在这个假设下，博弈不存在纯战略纳什均衡。下面我们求解监督博弈的混合战略纳什均衡。

设税收机关混合均衡战略为 $\sigma_1=(p,1-p)$（即税收机关以 p 的概率选择“检查”，以

$1-p$ 的概率选择“不检查”），纳税人的混合均衡战略为 $\sigma_2=(q,1-q)$（即纳税人以 q 的概率选择“逃税”，以 $1-q$ 的概率选择“不逃税”）。由于监督博弈是两人两战略的博弈问题，因此，可以采用“等值法”求解监督博弈的混合战略纳什均衡。

			纳税人 q 逃税	纳税人 $1-q$ 不逃税
税收机关	p	检查	$-C+F$，$-F$	$-C$，0
税收机关	$1-p$	不检查	$-t$，t	0，0

图 6－15

给定纳税人的混合战略 $\sigma_2=(q,1-q)$，税收机关选择“检查”（$p=1$）和“不检查”（$p=0$）的期望收益相等，即 $v_1((1,0),(q,1-q))=v_1((0,1),(q,1-q))$。代入数值得 $q(-C+F)+(1-q)(-C)=q(-t)$，所以：

$$q=\frac{C}{F+t} \tag{6.15}$$

给定税收机关的混合战略 $\sigma_1=(p,1-p)$，纳税人选择“纳税”（$q=1$）和“不纳税”（$q=0$）的期望收益相等，即 $v_2((1,0),(p,1-p))=v_2((0,1),(p,1-p))$。代入数值得 $p(-F)+(1-p)t=0$，所以：

$$p=\frac{t}{t+F} \tag{6.16}$$

因此，税收监督博弈的混合战略纳什均衡为$\left(\left(\frac{t}{t+F},\frac{F}{t+F}\right),\left(\frac{C}{t+F},\frac{t+F-C}{t+F}\right)\right)$。下面我们分析应纳税款 t、对逃税的惩罚 F 以及检查成本 C 对博弈均衡的影响。在式（6.15）中，对逃税的惩罚 F 越大，纳税人逃税的概率就越小；反之，税收机关的检查成本 C 越高，纳税人逃税的概率就越大。这些结论与我们的直觉都是相吻合的。但是，从式（6.15）我们还可以得到这样的结论：纳税人应缴税款 t 越多，纳税人逃税的概率反而越小。这是为什么呢？关于这个问题，我们可以从式（6.16）中得到答案。在式（6.16）中，应缴税款 t 越多，税收机关检查的可能性就越大，纳税人逃税被抓的可能性就越大，因而逃税的可能性反而小了。进一步分析，这个结论对税收监督实践有着深刻的寓意。如果税收机关监督的对象是企业，那么税款额 t 的大小就代表着企业规模的大小，从这个意义上讲，这个结论就解释了为什么逃税现象更多地发生在小企业中。如果税收机关收缴的是个人所得税，那么这个结论就意味着在“穷人”中逃税现象比“富人”中更为普遍。也许许多读者不认同这个结论，但从西方发达国家的税收实践来看，确实如此，已有的实证研究也证明了这个结论。读者之所以感觉到这个结论与我们的直觉不符，原因可能是多方面的。比如媒体的宣传，我们从各种媒体看到的、听到的，可能更多的是“某某富商偷逃税款”或者“某某明星少报收入”之类的“爆炸性”新闻，绝对不会有哪家媒体来炒作“某某少交5元、10元的个人所得税”之类的事情。这就造成我们直觉上认为“只有富人才会逃税”。事实上，在我们周围有意或无意少交、漏交个人所得税的现象十分普遍。还有税收机关的重点监督，使“富人”逃税的难度更大，再加上逃税被抓后的媒体曝光，使其成本更高。当然，在我国“富人”逃税现象较为普遍，这主要与国内“富人”的灰色收入相对较多、国内税收机关的监管手段相对落后等因素有关。

3. 联立最优化方法

上面介绍的划线法和等值法，这两种适合参与者具有有限策略的情形。下面介绍联立最优化方法，这种方法既适合求解纯战略纳什均衡，又适合求解混合战略纳什均衡，并且既适合参与者具有有限策略的情形，又适合参与者具有无限策略的情形。

联立最优化方法实质是根据纳什均衡的等价定义而提出的一种求解纳什均衡的方法。对于博弈参与者的战略空间为连续区间，并且参与者的支付函数是战略（决策变量）的连续、可微函数的情形，就可以通过求解联立最优化问题：

$$\begin{cases} \max\limits_{s_1 \in S_1} u_1(s_1, s_2^*, \cdots, s_n^*), \\ \max\limits_{s_2 \in S_2} u_2(s_1^*, s_2, \cdots, s_n^*) \\ \qquad\vdots \\ \max\limits_{s_n \in S_n} u_n(s_1^*, s_2^*, \cdots, s_n) \end{cases}$$

对于上式最优化问题，可以利用微积分求极值的思路求解，即求解下列方程组：

$$\begin{cases} \max\limits_{s_1 \in S_1} \dfrac{\partial u_1(s_1, s_2^*, \cdots, s_n^*)}{\partial s_1} = 0, \\ \max\limits_{s_2 \in S_2} \dfrac{\partial u_2(s_1^*, s_2, \cdots, s_n^*)}{\partial s_2} = 0, \\ \qquad\vdots \\ \max\limits_{s_n \in S_n} \dfrac{\partial u_n(s_1^*, s_2^*, \cdots, s_n)}{\partial s_n} = 0 \end{cases}$$

求解上述方程组可得纳什均衡 $s^* = (s_1^*, s_2^*, \cdots, s_n^*)$。

【例 6.7】 古诺（Cournot）寡头竞争模型——古诺寡头竞争模型由安托万·奥古斯丁·古诺（Antoine Augustin Cournot）在研究产业经济学时提出，它可以说是具有纳什均衡思想的最早模型，比纳什均衡的定义早了100多年。该模型研究了寡头垄断市场中，企业追求利润最大化时的决策问题。古诺模型包含了以下基本假设：

（1）企业生产的产品是同质无差异的。该假设意味着消费者在购买企业生产的产品时，仅根据产品的价格进行决策，即谁的价格低就购买谁的产品。

（2）企业进行的是产量竞争，也就是说，企业的决策变量为产量。

（3）模型为静态的，即企业的行动是同时的。

用 $q_i \in [0,\infty)$ 表示企业 $i(i=1,2)$ 的产量，$c_i(q_i)$ 表示企业 i 的成本，$P=P(q_1+q_2)$ 表示逆需求函数（其中 P 是价格，即价格是产量的函数），则企业 i 的利润 π_i 为：

$$\pi_i(q_1,q_2)=q_i \cdot P(q_1+q_2)-c_i(q_i)$$

其中，π_i 是关于 q_i 的可微函数。试求该古诺博弈模型的纳什均衡。

对于追求利润最大化的企业 $i(i=1,2)$ 而言，其面临的决策问题为：

$$\max_{q_i}\pi_i(q_1,q_2)=q_i \cdot P(q_1+q_2)-c_i(q_i)$$

对于上述优化问题，给定企业 j 的最优选择 q_j^*，企业 $i(i\neq j)$ 选择 q_i 使自己的利润最大，即若 q_i^* 为企业 i 的最优选择，则有：

$$\begin{cases} q_1^* \in \arg\max\limits_{q_1}\pi_1(q_1,q_2^*) \\ q_2^* \in \arg\max\limits_{q_2}\pi_2(q_1^*,q_2) \end{cases}$$

由纳什均衡的定义可知：每个企业 i 为最大化自己的利润所选择的最优产量组合 (q_1^*,q_2^*)，即为上述博弈的纳什均衡。下面我们求解企业的最优产量组合，即这个博弈的纳什均衡产量组合。

由于 π_i 可微，因此，由最优化一阶条件可得：

$$\begin{cases} \dfrac{\partial \pi_1}{\partial q_1}=P(q_1+q_2)+q_1P'(q_1+q_2)-c_1'(q_1)=0 \\ \dfrac{\partial \pi_2}{\partial q_2}=P(q_1+q_2)+q_2P'(q_1+q_2)-c_2'(q_2)=0 \end{cases}$$

根据上述一阶条件，可得如下函数：

$$\begin{cases} q_1=R_1(q_2) \\ q_2=R_2(q_1) \end{cases}$$

上面两个函数分别描述了给定对手的产量，企业 i 应该如何反应，因而分别称为企业 1 与企业 2 的反应函数（reaction function）。反应函数意味着每家企业的最优产量是另一家企业的产量的函数，两个反应函数的交点便是纳什均衡点。

为了得到更具体的结果，我们考虑上述模型的简单情形。假设每家企业具有相同的不变单位成本 c，即 $c_i(q_i)=cq_i$，逆需求函数为线性形式 $P=a-(q_1+q_2)$，所以 $\pi_i(q_i,q_j)=q_i(a-q_i-q_j-c)$。此时，最优化的一阶条件为：

$$\begin{cases} \dfrac{\partial \pi_1}{\partial q_1}=a-(q_1+q_2)-q_1-c=0 \\ \dfrac{\partial \pi_2}{\partial q_2}=a-(q_1+q_2)-q_2-c=0 \end{cases}$$

企业的反应函数为：

$$\begin{cases} q_1 = R_1(q_2) = \dfrac{1}{2}(a - q_2 - c) \\ q_2 = R_2(q_1) = \dfrac{1}{2}(a - q_1 - c) \end{cases}$$

求解上式，可得企业的纳什均衡产量分别为：

$$q_1^* = q_2^* = \frac{1}{3}(a - c) \tag{6.17}$$

企业的纳什均衡利润分别为：

$$\pi_1^* = \pi_2^* = \frac{1}{9}(a - c)^2 \tag{6.18}$$

在前面的讨论中，我们是在假设企业单独决策的条件下，得到企业的均衡产量和均衡利润的。在企业的决策过程中，可能会出现企业联合起来垄断市场的情况。下面我们计算一下企业联合垄断市场时的最优产量和均衡利润。当企业联合起来垄断市场时，企业面临的决策问题是 $\max\limits_{Q}\prod = Q(a - Q - c)$。容易计算出，最优垄断产量和垄断利润为：

$$\begin{cases} Q^* = \dfrac{1}{2}(a - c) \\ \prod(Q^*) = \dfrac{1}{4}(a - c)^2 \end{cases}$$

将上式与式（6.3）和式（6.4）比较，可以看出：当企业联合起来垄断市场时，市场上的垄断产量 Q^* 小于企业单独决策时市场上的总产量 $q_1^* + q_2^*$，但垄断利润 $\prod(Q^*)$ 却大于企业单独决策时市场上的利润之和 $\pi_1^* + \pi_2^* = \frac{2}{9}(a - c)^2$。

至此，有的读者或许会产生这样的疑问，既然垄断产量小于寡头总产量，而垄断利润大于寡头总利润，那么两个寡头企业可否联合起来垄断市场从而均分垄断利润呢？为了回答上述问题我们以下考察两个企业关于是否合作而进行的博弈。现在假设每一个企业都有两种选择——“合作”与“不合作”。若企业选择“合作”，则企业的产量为垄断产量的一半即$\frac{1}{4}(a - c)$，若企业选择“不合作”，则企业的产量为纳什均衡产量即$\frac{1}{3}(a - c)$。所以，当两个企业都选择“合作”时，每个企业的利润为$\frac{1}{8}(a - c)^2$；当两个企业都选择“不合作”时，每个企业的利润为$\frac{1}{9}(a - c)^2$；当一个企业选择“合作”而另一个企业选择“不合作”时，则选择“合作”的企业的利润为：

$$\pi = \left(a - c - \frac{1}{4}(a-c) - \frac{1}{3}(a-c)\right) \cdot \frac{1}{4}(a-c) = \frac{5}{48}(a-c)^2$$

而选择“不合作”的企业的利润为：

$$\pi = \left(a - c - \frac{1}{4}(a-c) - \frac{1}{3}(a-c)\right) \cdot \frac{1}{3}(a-c) = \frac{5}{36}(a-c)^2$$

因此，企业之间关于是否合作而进行的博弈可表示为图 6－16 所示的战略式博弈。

企业2 \ 企业1	合作	不合作
合作	$\frac{(a-c)^2}{8}, \frac{(a-c)^2}{8}$	$\frac{5(a-c)^2}{48}, \frac{5(a-c)^2}{36}$
不合作	$\frac{5(a-c)^2}{36}, \frac{5(a-c)^2}{48}$	$\frac{(a-c)^2}{9}, \frac{(a-c)^2}{9}$

图 6－16

由此很容易看出上述博弈有唯一的纳什均衡，那就是两个企业都选择“不合作”，即两个企业都选择“合作”从而使得各自利润都得到增加的有效结果无法得到。这是典型的囚徒困境问题，垄断最优的情形在两个寡头的时候是无法达到的。产生该现象的原因在于每个企业在选择自己的最优产量时，只考虑到对本企业利润的影响而忽略了对另一个企业的负外部效应。关于这一点，我们可以从下面的分析中看得更加清楚。

假设两企业事先约定联合起来垄断市场，并规定每个企业都生产垄断产量一半的产量即$\frac{1}{4}(a-c)$，但在实际生产中，企业 1 按约定生产了$\frac{1}{4}(a-c)$，而企业 2 却生产了$\frac{1}{4}(a-c)+\Delta q$，即将自己的产量改变了 Δq。此时，企业 1 的利润为：

$$\begin{aligned}\pi_1 &= \left(a - c - \left(\frac{1}{4}(a-c) + \frac{1}{4}(a-c) + \Delta q\right)\right) \cdot \frac{1}{4}(a-c) \\ &= \frac{1}{8}(a-c)^2 - \frac{1}{4}(a-c)\Delta q\end{aligned}$$

企业 2 的利润为：

$$\begin{aligned}\pi_2 &= \left(a - c - \left(\frac{1}{4}(a-c) + \frac{1}{4}(a-c) + \Delta q\right)\right) \cdot \left(\frac{1}{4}(a-c) + \Delta q\right) \\ &= \frac{1}{8}(a-c)^2 + \frac{1}{4}(a-c)\Delta q - (\Delta q)^2\end{aligned}$$

只要$0 < \Delta q < \frac{1}{4}(a-c)$，企业 2 的利润就可以大于垄断利润$\frac{1}{8}(a-c)^2$，而企业 1 的利

润却小于垄断利润$\frac{1}{8}(a-c)^2$。这说明企业间的事先约定在实际生产中是无法得到遵守的，除非这种约定是有约束力的①。

但是，对于纳什均衡产量，企业都会自动遵守。假设企业 1 生产了纳什均衡产量$\frac{1}{3}(a-c)$，而企业 2 却生产了$\frac{1}{3}(a-c)+\Delta q$，即将纳什均衡产量改变了 Δq，此时，企业 1 的利润为：

$$\begin{aligned}\pi_1 &= \left(a-c-\left(\frac{1}{3}(a-c)+\frac{1}{3}(a-c)+\Delta q\right)\right)\cdot\frac{1}{3}(a-c)\\ &= \frac{1}{9}(a-c)^2-\frac{1}{3}(a-c)\Delta q\end{aligned}$$

企业 2 的利润为：

$$\begin{aligned}\pi_2 &= \left(a-c-\left(\frac{1}{3}(a-c)+\frac{1}{3}(a-c)+\Delta q\right)\right)\cdot\left(\frac{1}{3}(a-c)+\Delta q\right)\\ &= \frac{1}{9}(a-c)^2-(\Delta q)^2\end{aligned}$$

只要 $\Delta q\neq 0$，即企业 2 不生产纳什均衡产量，其利润都将小于均衡利润$\frac{1}{9}(a-c)^2$。因此，如果两个企业事先约定都生产纳什均衡产量$\frac{1}{3}(a-c)$，那么在实际生产中这种事先约定将会得到遵守，即使这种约定是没有约束力的。

战略空间连续的经典博弈还有伯川德（Bertrand）博弈模型、霍特林（Hotelling）价格竞争模型和哈丁（Hardin）公共财产博弈模型，感兴趣的读者可以阅读本书参考文献［4］和参考文献［5］。

与求解纯战略纳什均衡时采用的联立最优化方法相似，可以通过求解下面的联立方程组来求解博弈问题的混合战略纳什均衡 $\sigma^*=(\sigma_1^*,\sigma_2^*,\cdots,\sigma_n^*)$：

$$\begin{cases}\max\limits_{\sigma_1\in\Sigma_1}\dfrac{\partial v_1(\sigma_1,\sigma_2^*,\cdots,\sigma_n^*)}{\partial\sigma_1}=0,\\ \max\limits_{\sigma_2\in\Sigma_2}\dfrac{\partial v_2(\sigma_1^*,\sigma_2,\cdots,\sigma_n^*)}{\partial\sigma_2}=0,\\ \qquad\vdots\\ \max\limits_{\sigma_n\in\Sigma_n}\dfrac{\partial v_n(\sigma_1^*,\sigma_2^*,\cdots,\sigma_n)}{\partial\sigma_n}=0\end{cases}$$

① 在实际生产中，企业间的这种约定往往是不受法律保护的，在许多国家还被“反垄断法”所禁止，因此，企业间的事先约定对企业可能是没有约束力的。

下面举例说明具体求解步骤。

【例 6.8】“锤子、剪刀、布”游戏博弈。

两个小孩玩“锤子、剪刀、布”游戏，一个小孩安排为参与者 1，他的战略空间 $S_1=\{s_{12},s_{12},s_{13}\}=\{$锤子,剪刀,布$\}$，也就是说可供他选择的手势有三种，分别为“锤子”“剪刀”“布”。另一个小孩安排为参与者 2，他的战略空间 $S_2=\{s_{21},s_{22},s_{23}\}=\{$锤子,剪刀,布$\}$。如果小孩 1 选择 $s_{13}=$“布”，而小孩 2 选择 $s_{22}=$“剪刀”，那么战略组合 $(s_{13},s_{22})=$(布,剪刀)带给两人的收益分别为 $u_1(s_{13},s_{22})=-1$，$u_2(s_{13},s_{22})=1$。对于 $s_{13}=$“布”，同时 $s_{23}=$“布”，那么就有 $u_1(s_{13},s_{22})=u_2(s_{13},s_{22})=0$；如此等等，该博弈的战略式描述如图 6－17所示。试用联立最优化方法求解下列“锤子、剪刀、布”游戏博弈的混合战略纳什均衡。

参与者2

参与者1		锤子	剪刀	布
	锤子	0，0	1，−1	−1，1
	剪刀	−1，1	0，0	1，−1
	布	1，−1	−1，1	0，0

图 6－17

用划线法可以检验次博弈没有纯战略纳什均衡，下面采用的联立最优化方法求解混合战略纳什均衡。

假设参与者 1 的混合战略为 $\sigma_1=(p,q,1-p-q)$，$0\leqslant p\leqslant 1,0\leqslant q\leqslant 1$，$\sigma_2=(x,y,1-x-y)$，$0\leqslant\sigma_{21}\leqslant 1,0\leqslant\sigma_{22}\leqslant 1$。

由于选择战略是相互独立的，参与者 1、2 的混合战略（概率分布）可以构成如表 6－1所示的二维联合分布。

表 6－1

σ_1	σ_2		
	锤子	剪刀	布
锤子	px	py	$p(1-x-y)$
剪刀	qx	qy	$q(1-x-y)$
布	$(1-p-q)x$	$(1-p-q)y$	$(1-p-q)(1-x-y)$

参与者 1、2 的期望收益函数分别为：

$$
\begin{aligned}
v_1(\sigma_1,\sigma_2) &= 0\times px + 1\times py + (-1)\times p(1-x-y) + (-1)\times qx \\
&\quad + 0\times qy + 1\times q(1-x-y) + 1\times(1-p-q)x \\
&\quad + (-1)\times(1-p-q)y + 0\times(1-p-q)(1-x-y) \\
&= -p+q+x-y+3py-3qx \\
v_2(\sigma_1,\sigma_2) &= 0\times px + (-1)\times py + 1\times p(1-x-y) + 1\times qx \\
&\quad + 0\times qy + (-1)\times q(1-x-y) + (-1)\times(1-p-q)x \\
&\quad + 1\times(1-p-q)y + 0\times(1-p-q)(1-x-y) \\
&= p-q-x+y-3py+3qx
\end{aligned}
$$

由于 $\sigma_1=(p,q,1-p-q)$，也就是说混合战略（概率为 σ_1）随 p、q 的变化而变化，同样 $\sigma_2=(x,y,1-x-y)$，σ_2 随 x、y 的改变而改变。因此，参与者 1、2 的期望收益也就是 p、q、x、y 的函数，即可以记为：

$$
\begin{aligned}
v_1(p,q;x,y) &= -p+q+x-y+3py-3qx \\
v_2(p,q;x,y) &= p-q-x+y-3py+3qx
\end{aligned}
$$

混合战略纳什均衡等价于求解最优化问题：

$$
\begin{cases}
\max\limits_{\substack{0\leqslant p\leqslant 1\\ 0\leqslant q\leqslant 1}} v_1(p,q;x^*,y^*), \\
\max\limits_{\substack{0\leqslant x\leqslant 1\\ 0\leqslant y\leqslant 1}} v_2(p^*,q^*;x,y)
\end{cases}
$$

运用微积分求极值的方法，即求下列联立方程组：

$$
\begin{cases}
\dfrac{\partial v_1(p,q;x^*,y^*)}{\partial p} = -1+3y^*=0 \\
\dfrac{\partial v_1(p,q;x^*,y^*)}{\partial q} = 1-3x^*=0 \\
\dfrac{\partial v_2(p^*,q^*;x,y)}{\partial x} = -1+3q^*=0 \\
\dfrac{\partial v_2(p^*,q^*;x,y)}{\partial y} = 1-3p^*=0
\end{cases}
$$

可以解得：$p^*=\frac{1}{3}$，$q^*=\frac{1}{3}$；$x^*=\frac{1}{3}$，$y^*=\frac{1}{3}$。

因此，博弈的混合战略纳什均衡为 $\sigma^*=(\sigma_1^*,\sigma_2^*)=\left(\left(\frac{1}{3},\frac{1}{3},\frac{1}{3}\right);\left(\frac{1}{3},\frac{1}{3},\frac{1}{3}\right)\right)$。

4. 规划求解法

虽然等值法对求解两人两战略的战略式博弈的混合战略纳什均衡尤为有效，但对于参与人的战略数大于 2 的博弈问题，我们却无法直接利用等值法求解博弈的混合战略纳什均衡。对于这种情况，一般采用规划求解法和支撑求解法。下面我们将介绍如何利用规划求解法求解更一般的博弈问题的混合战略纳什均衡。

所谓规划求解法就是将求解博弈的混合战略纳什均衡，转换为一个规划问题进行求解。相对于支撑求解法，规划求解法对两人有限博弈问题的纳什均衡求解尤为有效。下面我们对规划求解法的基本原理和步骤进行介绍。

在一个两人有限战略式博弈中，设 $S_1=\{s_1^1,\cdots,s_1^m\}$，$S_2=\{s_2^1,\cdots,s_2^n\}$。用矩阵 $\mathbf{U}_1=(a_{ij})_{m\times n}$表示参与人 1 的支付，其中 a_{ij}表示参与人 1 在战略组合(s_1^i,s_2^j)下的支付，即 $a_{ij}=u_1(s_1^i,s_2^j)$；用矩阵 $\mathbf{U}_2=(b_{ij})_{m\times n}$表示参与人 2 的支付，其中 b_{ij}表示参与人 2 在战略组合(s_1^i,s_2^j)下的支付，即 $b_{ij}=u_2(s_1^i,s_2^j)$。设参与人 1 和参与人 2 的混合战略分别为 $\sigma_1=(\sigma_1^1,\cdots,\sigma_1^m)$和$\sigma_2=(\sigma_2^1,\cdots,\sigma_2^n)$，则 $v_1(\sigma_1,\sigma_2)=\sigma_1\mathbf{U}_1\sigma_2^T$，$v_2(\sigma_1,\sigma_2)=\sigma_1\mathbf{U}_2\sigma_2^T$。一个两人有限战略式博弈的纳什均衡可以通过求解以下规划问题得到。

$$\text{Max } z=\sigma_1\mathbf{U}_1\sigma_2^T-v_1+\sigma_1\mathbf{U}_2\sigma_2^T-v_2$$

$$\text{s.t.}\begin{cases}\mathbf{U}_1\sigma_2^T\leqslant v_1\mathbf{E}_m^T\\(\sigma_1\mathbf{U}_2)^T\leqslant v_2\mathbf{E}_n^T\\\sigma_1\mathbf{E}_m^T=\sigma_2\mathbf{E}_n^T=1\\\sigma_1^i\geqslant 0,i=1,\cdots,m\\\sigma_2^j\geqslant 0,j=1,\cdots,n\end{cases}\tag{6.19}$$

其中，$\mathbf{E}_m$ 和 $\mathbf{E}_n$ 分别表示矩阵$(1,\cdots,1)_{1\times m}$和$(1,\cdots,1)_{1\times n}$，v_1 和 v_2 分别表示参与人 1 和参与人 2 在纳什均衡下的期望支付。

在上述规划问题中，约束条件实际上是利用定义 6.6 得到的。其中，$\mathbf{U}_1\sigma_2^T\leqslant v_1\mathbf{E}_m^T$ 表示在均衡下，参与人 1 采用任一纯战略得到的期望收益不大于均衡收益 v_1，即$\forall s_1^i\in S_1$，$v_1(s_1^i,\sigma_2)\leqslant v_1$；$(\sigma_1\mathbf{U}_2)^{\mathrm{T}}\leqslant v_2\mathbf{E}_n^T$ 表示在均衡下，参与人 2 采用任一纯战略得到的期望收益不大于均衡收益 v_2，即$\forall s_2^j\in S_2,v_2(s_2^j,\sigma_1)\leqslant v_2$。而在目标函数中，$\sigma_1\mathbf{U}_1\sigma_2^T-v_1$ 和 $\sigma_1\mathbf{U}_2\sigma_2^T-v_2$ 意味着如果参与人 1 和参与人 2 的选择不是均衡战略的话，目标函数就永远无法达到最优。

【例 6.9】 利用规划法求解图 6－18 中战略式博弈的纳什均衡。

			2			
			σ_2^A	σ_2^B	σ_2^C	σ_2^D
			A	B	C	D
1	σ_1^U	U	3，5	1，4	5，7	4，2
	σ_1^L	L	4，3	2，5	0，3	2，6

图 6－18

对于图 6－18 中战略式博弈，参与人 1 的支付矩阵为：

$$\mathbf{U}_1=\begin{bmatrix}3&1&5&4\\4&2&0&2\end{bmatrix}$$

参与人 2 的支付矩阵为：

$$\mathbf{U}_2=\begin{bmatrix}5 & 4 & 7 & 2\\3 & 5 & 3 & 6\end{bmatrix}$$

设参与人 1 和参与人 2 的混合战略分别是 $\sigma_1=(\sigma_1^U,\ \sigma_1^L)$ 和 $\sigma_2=(\sigma_2^A,\ \sigma_2^B,\ \sigma_2^C,\ \sigma_2^D)$，$v_1$ 和 v_2 分别表示参与人 1 和参与人 2 在纳什均衡下的期望支付。利用规划求解方法解该战略式博弈，构造规划问题如下：

$$\max z=(\sigma_1^U,\sigma_1^L)\begin{bmatrix}3 & 1 & 5 & 4\\4 & 2 & 0 & 2\end{bmatrix}({\sigma_2}^A,{\sigma_2}^B,{\sigma_2}^C,{\sigma_2}^D)^T-v_1$$

$$+(\sigma_1^U,\sigma_1^L)\begin{bmatrix}5 & 4 & 7 & 2\\3 & 5 & 3 & 6\end{bmatrix}({\sigma_2}^A,{\sigma_2}^B,{\sigma_2}^C,{\sigma_2}^D)^T-v_2$$

$$\text{s. t.}\begin{cases}\begin{bmatrix}3 & 1 & 5 & 4\\4 & 2 & 0 & 2\end{bmatrix}({\sigma_2}^A,{\sigma_2}^B,{\sigma_2}^C,{\sigma_2}^D)^T\leqslant(v_1,v_1)^T\\((\sigma_1^U,\sigma_1^L)\begin{bmatrix}5 & 4 & 7 & 2\\3 & 5 & 3 & 6\end{bmatrix})^T\leqslant(v_2,v_2,v_2,v_2)^T\\\sigma_1^U+\sigma_1^L=1\\\sigma_2^A+\sigma_2^B+\sigma_2^C+\sigma_2^D=1\\\sigma_1^U\geqslant0,\sigma_1^L\geqslant0\\\sigma_2^A\geqslant0,\sigma_2^B\geqslant0,\sigma_2^C\geqslant0,\sigma_2^D\geqslant0\end{cases}$$

求解上述规划问题，可得博弈的三个纳什均衡，其中一个纯战略纳什均衡（**U**，**C**）以及两个混合战略纳什均衡$\left(\left(\frac{1}{3},\ \frac{2}{3}\right),\ \left(0,\ \frac{2}{3},\ 0,\ \frac{1}{3}\right)\right)$和$\left(\left(\frac{2}{5},\ \frac{3}{5}\right),\ \left(0,\ \frac{5}{6},\ \frac{1}{6},\ 0\right)\right)$。

利用规划问题求解纳什均衡的思路，还可以推广到有限 n 人战略式博弈 $G=<\Gamma;\ S_1,\cdots,S_n;\ u_1,\cdots,u_n>$。对 $\forall i\in\Gamma$，设 $S_i=\{s_i^1,\cdots,s_i^{K_i}\}$，$\sigma_i=(\sigma_i^1,\cdots,\sigma_i^{K_i})$。求解下列规划问题即可得到博弈的解：

$$\max z=\sum_{i=1}^{n}(v_i(\sigma_i,\sigma_{-i})-v_i)$$

$$\text{s. t.}\begin{cases}v_i(s_i^j,\sigma_{-i})\leqslant v_i,\forall i\in\Gamma,\forall s_i^j\in S_i\\\sum_j\sigma_i^j=1,\forall i\in\Gamma\\\sigma_i^j\geqslant0,\forall i\in\Gamma,\forall j\in\{1,\cdots,K_i\}\end{cases}\tag{6.20}$$

其中，$v_i(i=1,\cdots,n)$ 为参与人 i 在纳什均衡下的期望支付。

最后，我们分析一种特殊形式的两人博弈——零和博弈。所谓零和博弈是指：在任何博弈情形下两个参与人的支付之和为零，即 $\forall i\in\{1,2,\cdots,m\}$ 和 $\forall j\in\{1,2,\cdots,n\}$，$a_{ij}+b_{ij}=0$。例如“猜硬币”游戏、“锤子、剪刀、布”游戏等就是典型的零和博弈。用 **U** 表示一个零和博弈的支付矩阵，在以下的讨论中，不妨设 $\mathbf{U}_1 = \mathbf{U}$，则 $\mathbf{U}_2 = -\mathbf{U}$。因此，在零和博弈中，如果给出了支付矩阵 U，就意味着给出了所有参与人的支付。

在支付矩阵如图 6-19 所示的零和博弈中，参与人 1 有三个战略，用 $S_1 = \{a_1, a_2, a_3\}$ 表示，参与人 2 也有三个战略，用 $S_2 = \{b_1, b_2, b_3\}$ 表示。考察参与人在该博弈中的战略选择。由于在零和博弈中参与人 1 的所得就是参与人 2 的所失，因此，给定参与人 1 的任一选择 a_i，参与人 2 选择战略使自己支付最大化的行为（即$\max\limits_j b_{ij}$），就是选择战略使参与人 1 的支付最小化的行为（即$\min\limits_j a_{ij}$）①。比如说，假设参与人 1 选择 a_1，那么参与人 2 选择战略 b_1、b_2 和 b_3 所得的支付分别为 -1、-4 和 -2，战略 b_1 使参与人 1 的所得最小，所以，参与人 2 选择战略 b_1。由于在任一情况下，参与人 2 都选择使参与人 1 的支付最小化的战略 $b_k \in \arg\min\limits_j a_{ij}$，因此，参与人 1 就会在使自己支付最小化的战略中，选择使自己的支付达到最大化所对应的战略 $a_h \in \arg\max\limits_i \min\limits_j a_{ij}$。例如，在图 6-19 所示的零和博弈中，参与人 1 选择战略 a_1、a_2 和 a_3 时，参与人 2 会分别选择战略 b_1、b_3 和 b_2，同时参与人 1 的所得分别为 1、2 和 0，所以，参与人 1 选择战略 a_2。我们将上述参与人 1 选择战略的理性思考过程称为参与人 1 的极大极小化行为。对于图 6-19 中的零和博弈，参与人 1 的极大极小化行为可以确保自己的支付不小于 2。

$$
\begin{array}{cccc}
 & & & \min \\
\mathbf{U} = & \begin{bmatrix} 1 & 4 & 2 \\ 4 & 3 & 2 \\ 1 & 0 & 1 \end{bmatrix} & & \begin{array}{c} 1 \\ (2) \\ 1 \end{array} \\
\max & 4 \quad 4 \quad (2) & &
\end{array}
$$

图 6-19

对参与人 2 的选择行为，我们也可以进行同样的推理。由于参与人 1 的所得就是参与人 2 的所失，因此，对于给定的博弈的支付矩阵 U（也是参与人 1 的支付矩阵），参与人 2 的上述选择行为就表现为极小极大化行为。具体讲就是，给定参与人 2 任一选择 b_j，参与人 1 选择使自己支付最大化的战略 $a_k \in \arg\max\limits_i a_{ij}$，与此同时，参与人 2 在使自己支付最小化（即参与人 1 支付最大化）的战略中，选择使自己的支付达到最大化（即损失降到最小）所对应的战略 $b_h \in \arg\min\limits_j \max\limits_i a_{ij}$。对于图 6-19 所示的零和博弈，参与人 2 选择战略 b_1、b_2 和 b_3 时，参与人 1 会分别选择战略 a_2、a_1 和 a_1（或 a_2），同时参与人 2 的所得分别为 -4、-4 和 -2，所以，参与人 2 选择战略 b_3。

参与人在零和博弈中的这种极大极小化行为，可以用来指导我们求解零和博弈的纳什均衡。

定义 6.9 对于给定的零和博弈的支付矩阵 U，如果存在某个 i^* 和 j^*，使得：

① 注意，此时 $a_{ij} = -b_{ij}$。

$$a_{i^*j^*} = \max_i \min_j a_{ij} = \min_j \max_i a_{ij}$$

那么我们称 i^* 行 j^* 列所对应的点为支付矩阵 **U** 的鞍点（saddle point）。

假设 $a_{i^*j^*}$ 为一零和博弈的鞍点，那么 $a_{i^*j^*}$ 就为支付矩阵中第 j^* 列的最大值。给定参与人 2 选择 j^* 列所对应的战略 $s_2^{j^*}$，参与人 1 选择 i^* 行所对应的战略 $s_1^{i^*}$，可以使自己支付为最大值 $a_{i^*j^*}$，因此，参与人 1 不会偏离 i^* 行所对应的战略 $s_1^{i^*}$；同样，假设 $a_{i^*j^*}$ 为一零和博弈的鞍点，那么 $a_{i^*j^*}$ 就为支付矩阵中第 i^* 行的最小值。给定参与人 1 选择 i^* 行所对应的战略 $s_1^{i^*}$，参与人 2 选择 j^* 列所对应的战略 $s_2^{j^*}$，可以使自己的损失最小（即收益最大），因此，参与人 2 不会偏离 j^* 列所对应的战略 $s_2^{j^*}$。鞍点所对应的战略组合为博弈的一个纳什均衡。例如，在图 6－19 所示的支付矩阵中，a_{23} 为鞍点，其对应的战略组合 (a_2, b_3) 为博弈的一个纳什均衡。

定理 6.2 在零和博弈中，如果支付矩阵 **U** 存在鞍点，那么鞍点所对应的战略组合就是博弈的纳什均衡。

定理 6.2 告诉我们，对于零和博弈，我们可以通过求解其支付矩阵的鞍点，找到博弈的纳什均衡。但是，在许多博弈中，并不存在定义 6.9 所定义的鞍点。例如，“猜硬币”游戏就是一个典型的零和博弈，它所对应的支付矩阵中并不存在鞍点（见图 6－20）。

$$\begin{array}{cccc} & & & \min \\ U = & \begin{bmatrix} -1 & 1 \\ 1 & -1 \end{bmatrix} & & \begin{matrix} -1 \\ -1 \end{matrix} \\ \max & 1 \quad\quad 1 & & \end{array}$$

图 6－20

对于不存在定义 6.9 所定义的鞍点的零和博弈问题，我们同样可以通过引入混合战略，定义混合战略意义下的鞍点。

定义 6.10 对于给定的零和博弈的支付矩阵 **U**，如果存在参与人 1 的某个混合战略 $\sigma_1^* = (\sigma_1^{1^*}, \cdots, \sigma_1^{m^*})$ 和参与人 2 某个混合战略 $\sigma_2^* = (\sigma_2^{1^*}, \cdots, \sigma_2^{n^*})$，使得：

$$v_1(\sigma_1^*, \sigma_2^*) = \max_{\sigma_1} \min_{\sigma_2} v_1(\sigma_1, \sigma_2) = \min_{\sigma_2} \max_{\sigma_1} v_1(\sigma_1, \sigma_2),$$

那么我们称战略组合（σ_1^*，σ_2^*）为支付矩阵 **U** 的鞍点。

定理 6.3（Von Neumann 极小极大定理） 在零和博弈中，对于给定的支付矩阵 **U**，如果存在混合战略 $\sigma_1^* = (\sigma_1^{1^*}, \cdots, \sigma_1^{m^*})$ 和 $\sigma_2^* = (\sigma_2^{1^*}, \cdots, \sigma_2^{n^*})$ 以及一个常数 v，使得对任意 j 有 $\sum_{i=1}^{m} a_{ij}\sigma_1^{i^*} \geq v$，对任意 i 有 $\sum_{j=1}^{n} a_{ij}\sigma_2^{j^*} \leq v$，那么战略组合 (σ_1^*, σ_2^*) 为该博弈的纳什均衡。其中，v 为参与人 1 在均衡中所得到的期望支付，亦称该博弈的值。

Von Neumann 极小极大定理保证了定理 6.2 对于混合战略意义下的鞍点也成立。关于定理 6.3 的详细证明可以参见相关文献，其基本思想就如同针对纯战略的描述，参与人 1 考虑到对方使自己支付最小的最优反应，从中选择使自己最好的战略。参与人 2 也遵循同样的思路。

为满足纳什均衡的互为最优反应的条件，必须有$\max_{\sigma_1}\min_{\sigma_2} v_1(\sigma_1,\sigma_2)=\min_{\sigma_2}\max_{\sigma_1} v_1(\sigma_1,\sigma_2)$。

对于零和博弈的纳什均衡，我们也可以通过求解式（6.20）中的规划模型得到。但是，根据定理6.3，我们可以得到一种更为简便的求解零和博弈纳什均衡的方法。

定理6.4 对于给定的零和博弈，如果博弈的值v大于0，则博弈的纳什均衡(σ_1^*,σ_2^*)为以下对偶线性规划问题的解：

$$\min \sum_{i=1}^{m} p_i$$
$$\text{s. t.}\begin{cases}\sum_{i=1}^{m} a_{ij}p_i \geqslant 1(j=1,\cdots,n)\\ p_i \geqslant 0(i=1,\cdots,m)\end{cases} \tag{6.21}$$

和

$$\max \sum_{j=1}^{n} q_j$$
$$\text{s. t.}\begin{cases}\sum_{j=1}^{n} a_{ij}q_i \leqslant 1(i=1,\cdots,m)\\ q_i \geqslant 0(j=1,\cdots,n)\end{cases} \tag{6.22}$$

其中，纳什均衡支付$v=\frac{1}{\sum_{i=1}^{m}p_i}=\frac{1}{\sum_{j=1}^{n}q_j}$，纳什均衡战略$\sigma_1^*=(vp_1,\cdots,vp_i,\cdots,vp_m)$，$\sigma_2^*=(vq_1,\cdots,vq_i,\cdots,vq_n)$。

定理6.4可以由定理6.3得到。由于定理6.4只适用于$v>0$的情形，因此，对于$v\leqslant 0$的情形，上述定理6.4所给出的方法需做适当的修改。

命题6.2 如果支付矩阵$\mathbf{U}=(a_{ij})_{m\times n}$的每个元素都大于0，即$a_{ij}>0$，那么博弈的值大于0，即$v>0$。

命题6.3 如果支付矩阵$\mathbf{U}'=(a_{ij}')_{m\times n}$是由$\mathbf{U}=(a_{ij})_{m\times n}$的每个元素都加上一个常数$c$得到，即$a_{ij}'=a_{ij}+c$，那么支付矩阵$\mathbf{U}$和$\mathbf{U}'$所对应的零和博弈的纳什均衡战略相同，博弈的值相差$c$。

根据上述命题，我们可以得到求解一般零和博弈纳什均衡的方法：

（1）使支付矩阵$\mathbf{U}$中的所有元素都大于0。如果支付矩阵$\mathbf{U}$中有小于0的元素，可以通过加上一个常数使它们都大于0；

（2）求解定理6.4中的两个对偶线性规划问题。

【例6.10】 求解图6－21中战略式博弈的纳什均衡。

该博弈的支付矩阵为：

$$\mathbf{U}=\begin{bmatrix}2 & -2 & 1\\ -1 & 1 & 0\\ 3 & 0 & 2\end{bmatrix}$$

		2 L	M	R
	U	2，-2	-2，2	1，-1
1	C	-1，1	1，-1	0，0
	D	3，-3	0，0	2，-2

图 6－21

在上述支付矩阵 $\mathbf{U}=(a_{ij})_{3\times3}$ 中，$a_{12}<0$，$a_{21}<0$。为了利用定理 6.4 中的对偶线性规划模型求解博弈的解，构造支付矩阵 $\mathbf{U}'=(a_{ij}')_{m\times n}$，其中 $a_{ij}'=a_{ij}+c$。令 $c=2$，那么新构造的支付矩阵为：

$$\mathbf{U}'=\begin{bmatrix}4 & 0 & 3\\1 & 3 & 2\\5 & 2 & 4\end{bmatrix}$$

设参与人 1 和参与人 2 的混合战略分别是 $\sigma_1=(v'p_1,v'p_2,v'p_3)$ 和 $\sigma_2=(v'q_1,v'q_2,v'q_3)$，$v$ 为原博弈的值，v'为新博弈的值，且 $v'=v+2$，利用对偶线性规划求解方法求解新战略式博弈的纳什均衡，构造规划问题

$$\min(p_1+p_2+p_3)$$

$$\text{s. t.}\begin{cases}4p_1+p_2+5p_3\geqslant1\\3p_2+2p_3\geqslant1\\3p_1+2p_2+4p_3\geqslant1\\p_1\geqslant0,p_2\geqslant0,p_3\geqslant0\end{cases}$$

和

$$\max(q_1+q_2+q_3)$$

$$\text{s. t.}\begin{cases}4q_1+3q_3\leqslant1\\q_1+3q_2+2q_3\leqslant1\\5q_1+2q_2+4q_3\leqslant1\\p_1\geqslant0,p_2\geqslant0,p_3\geqslant0\end{cases}$$

通过对对偶问题计算，得到 $p_1=0$，$p_2=\frac{3}{13}$，$p_3=\frac{2}{13}$，参与人 1 的支付 $v'=\frac{13}{5}$，$q_1=\frac{1}{13}$，$q_2=\frac{4}{13}$，$q_3=0$，参与人 2 的损失 $v'=\frac{13}{5}$。因此，参与人 1 的混合战略 $\sigma_1^*=\left(0,\frac{3}{5},\frac{2}{5}\right)$，参与人 2 的混合战略 $\sigma_2^*=\left(\frac{1}{5},\frac{4}{5},0\right)$，原博弈的值 $v=v'-2=\frac{3}{5}$。所以，博弈存在一个混合战略纳什均衡$\left(\left(0,\frac{3}{5},\frac{2}{5}\right),\left(\frac{1}{5},\frac{4}{5},0\right)\right)$。

上面我们介绍了一种求解博弈问题纳什均衡的方法——规划求解法。从理论上来讲，这种方法对有限战略式博弈都是适用的，但从以上例子的求解过程来看，都存在着计算过程复杂、计算量大等问题，尤其是对多人（即参与人人数大于2）博弈问题。总而言之，博弈均衡的计算问题是目前博弈论研究中没有得到很好解决的问题。

虽然，我们目前还不能从根本上解决博弈均衡的计算问题，但注意求解过程中的一些技巧或借助一些适当的工具，都可能简化我们的计算过程，达到事半功倍的效果。应用规划法时，借助一些求解非线性规划问题的计算机软件，可以大大提高计算效率。还有就是利用博弈论研究中一些已有的成果，也可以帮助我们检验计算结果的正确性。例如，威尔逊（Wilson）奇数定理告诉我们，几乎所有的有限战略式博弈都有有限奇数个纳什均衡。因此，我们在求解纳什均衡的过程中，如果已经找到了偶数个纳什均衡，那么就很有可能还存在我们没有找到的均衡①。

第二节　完全信息动态博弈

一、扩展式博弈

上一节我们介绍了战略式博弈，虽然这种博弈模型结构简单，只要给出博弈问题的参与人、参与人的战略集及参与人的支付三个基本构成要素，就可完成对博弈问题的建模。但是，从本质上来讲战略式博弈是一种静态模型，模型中只能看到博弈的结果，而无法直观地了解到博弈问题的动态特性。因此，它一般适用于描述不需要考虑博弈进程的完全信息静态博弈问题。在本小节中，我们将介绍一种新的博弈问题描述方式——扩展式博弈，它可以描述整个博弈的动态进程。

所谓扩展式博弈（extensive form game）是博弈问题的一种规范性描述。与战略式博弈侧重博弈结果的描述相比，扩展式博弈更注重对参与人在博弈过程中所遇到决策问题的序列结构的详细分析。

定义 6.11　扩展式博弈包括以下要素：

（1）参与人集合 $\Gamma=\{1,2,\cdots,n\}$。

（2）参与人的行动顺序，即每个参与人在何时行动。

（3）每个参与人行动时面临的决策问题，包括参与人行动时可供他选择的行动方案以及他所了解的信息。

（4）参与人的支付函数，即博弈结束时每个参与人得到的博弈结果。

对扩展式博弈问题直观地描述一般采用博弈树。所谓博弈树就是由结和有向枝构成的

① 注意，威尔逊奇数定理并没有肯定在任何情况下都有有限奇数个纳什均衡，在某些情况下仍有可能存在偶数个纳什均衡。

"有向树"。图 6-22 给出的是当市场需求大时，完全信息动态的"新产品开发博弈"的博弈树。点 x_1、x_2、x_3、x_4、x_5、x_6 和 x_7 称为博弈树的结（node），其中标有参与人（即企业）的结 x_1、x_2 和 x_3，称为决策结（decision node），表示参与人在此选择行动；标有支付向量的结 x_4、x_5、x_6 和 x_7，表示博弈结束，称为终点结（terminal node）。终点结上的支付向量表示博弈达到该点时企业的所得。其中，支付向量中的第一个数字表示企业 1 的所得，第二个数字表示企业 2 的所得[①]。在决策结中，决策结 x_1 表示博弈的开始，亦称为博弈树的初始结或根（root）。结与结的连线称为博弈树的枝（branch），表示博弈从枝的一个结达到另一个结，参与人需要选择的行动。例如，博弈从决策结 x_1 达到 x_2，需要企业 1 选择行动"开发"。所以，在连接 x_1 和 x_2 的枝上，标有行动"开发"。在博弈树中，枝是有向的，表示博弈只能从枝的一个结达到另一个结。例如，在连接 x_1 和 x_3 的枝上，标有行动"不开发"，表示当企业 1 选择"不开发"时，博弈从 x_1 达到 x_3，因此，连接 x_1 和 x_3 的枝的方向是从 x_1 指向 x_3。

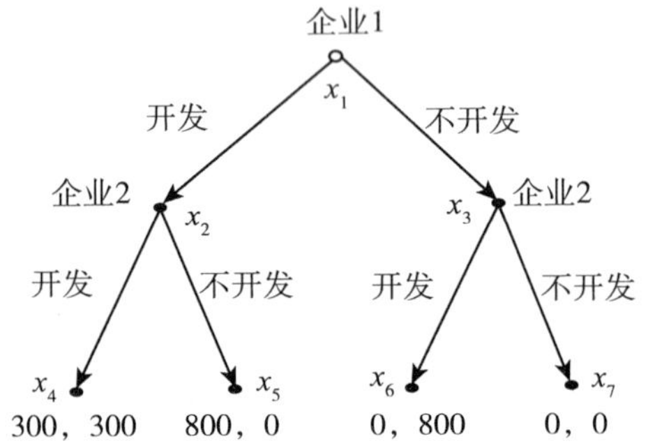

图 6-22

虽然我们可以采用博弈树来对动态博弈问题进行扩展式描述，但是从定义 6.1 可以看出：如果我们要用博弈树对一个动态博弈问题进行扩展式建模（或者描述），那么我们还要知道参与人行动时所了解到的信息。

下面我们探讨如何在博弈树中，将"企业 2 行动时是否观测到企业 1 的选择"这一信息表示出来。

我们知道，在完全信息动态的"新产品开发博弈"中，企业 2 决策时，企业 1 已经做出选择。此时，企业 2 面临的决策情形就有以下两种：

（1）企业 2 知道企业 1 的选择。

（2）企业 2 不知道企业 1 的选择。

第一种情形，企业 2 知道企业 1 的选择，即知道企业 1 选择了"开发"还是"不开发"，因此，企业 2 知道博弈是从 x_1 到了 x_2 还是从 x_1 到了 x_3。这就意味着当轮到企业 2 决策时，他知道自己是在点 x_2 上还是在点 x_3 上。第二种情形，企业 2 不知道企业 1 的选择，

① 一般情形下，支付向量中数字的顺序与博弈树中参与人的行动顺序相对应。

即不知道博弈是从 x_1 到了 x_2 还是从 x_1 到了 x_3。因此，当轮到企业 2 决策时，他不知道自己是在点 x_2 上还是在点 x_3 上。所以，“企业 2 行动时是否观测到企业 1 的选择”这一问题，实际上就等价于“企业 2 行动时是否知道自己是在博弈树中的点 x_2 上还是在点 x_3 上”。为了将“企业 2 行动时是否知道自己是在博弈树中的点 x_2 上还是在点 x_3 上”这一点说清楚，需要引入“信息集”（information set）的概念。

在博弈树中，参与人 i 的一个信息集（用 I_i 表示）是参与人 i 决策结的一个集合，它满足以下两个条件：

（1）I_i 中的每个决策结都是参与人 i 的决策结。

（2）当博弈到达信息集 I_i（即博弈到达 I_i 中某个决策结）时，参与人 i 知道自己是在信息集 I_i 中的决策结上，但不知道自己究竟在 I_i 中哪个决策结上。

因此，参与人 i 的信息集 I_i 可以用来描述当轮到他行动时，他所了解到的信息，即他知道什么（知道自己位于哪一个信息集上）、不知道什么（不知道自己位于信息集中哪一个决策结上）。例如，在“新产品开发博弈”中，假设企业 1 先行动，企业 2 后行动，但企业 2 行动时不知道企业 1 的行动，那么在图 6－22 所示的博弈中，当企业 2 行动时，就只知道博弈要么到达点 x_2，要么达到点 x_3，但具体在哪一点上，企业 2 不清楚。也就是说，企业 2 只知道自己位于决策结集合 $\{x_2, x_3\}$ 上，但不知道位于 $\{x_2, x_3\}$ 中哪一个决策结上。在这种情况下，$\{x_2, x_3\}$ 就是企业 2 的一个信息集。如果假设企业 2 行动时知道企业 1 的行动，那么在图 6－22 所示的博弈中，当企业 2 行动时，就知道博弈是到达了点 x_2，还是到达了点 x_3。此时，企业 2 的决策结集 $\{x_2\}$ 和 $\{x_3\}$ 都是企业 2 的信息集①。设 X 为一决策结集合，用 $I_i(X)$ 表示参与人 i 的由决策结集 X 构成的一个信息集。例如，$I_2(\{x_2, x_3\})$ 表示企业 2 的由决策结集 $\{x_2, x_3\}$ 构成的信息集，$I_2(\{x_2\})$ 和 $I_2(\{x_3\})$ 分别表示企业 2 的由决策结集 $\{x_2\}$ 和 $\{x_3\}$ 构成的信息集。

为了更好地说明信息集这个概念，我们考察如图 6－23 所示的博弈情形中参与人 3 的信息集②。由于参与人 3 选择时，参与人 1 和参与人 2 都已经做出选择，因此，参与人 3 选择时，可能面临的决策情形就有以下四种：

（1）既知道参与人 1 的选择也知道参与人 2 的选择。

（2）知道参与人 1 的选择，但不知道参与人 2 的选择。

（3）知道参与人 2 的选择，但不知道参与人 1 的选择。

（4）既不知道参与人 1 的选择也不知道参与人 2 的选择。

下面我们对上述四种情形分别进行考察。首先考察第二种情形，即参与人 3 知道参与人 1 的选择，但不知道参与人 2 的选择。参与人 3 知道参与人 1 的选择，就意味着当轮到他

① 注意，这是一种信息集退化了的情况，即信息集中只含有一个决策结（亦称单结信息集）。此时，虽然信息集的定义要求参与人不知道自己在信息集哪一个决策结上，但由于只有一个决策结，实际上也就意味着参与人知道自己在哪一个决策结上。

② 在图 6－23 中，我们省略参与人的支付，但这并不影响我们对问题的分析。

选择时，他知道博弈进入了博弈树的左边（如果参与人1选择 L）还是右边（如果参与人1选择 R）；但由于参与人3不知道参与人2的选择，因此，当轮到他选择时，他不知道自己是在 x_4 上还是 x_5 上，或者 x_6 上还是 x_7 上。但是，参与人3知道自己要么就在 x_4 或者 x_5 上，要么就在 x_6 或者 x_7 上。所以，参与人3的决策结集合 $\{x_4, x_5\}$ 和 $\{x_6, x_7\}$ 都为参与人3的信息集。在博弈树中，我们用虚线将属于同一信息集的决策结连起来，表示它们属于同一信息集。例如，在图6－23中，用虚线将点 x_4 和点 x_5 连起来，表示它们都属于信息集 $\{x_4, x_5\}$，用虚线将点 x_6 和点 x_7 连起来，表示它们都属于信息集 $\{x_6, x_7\}$。

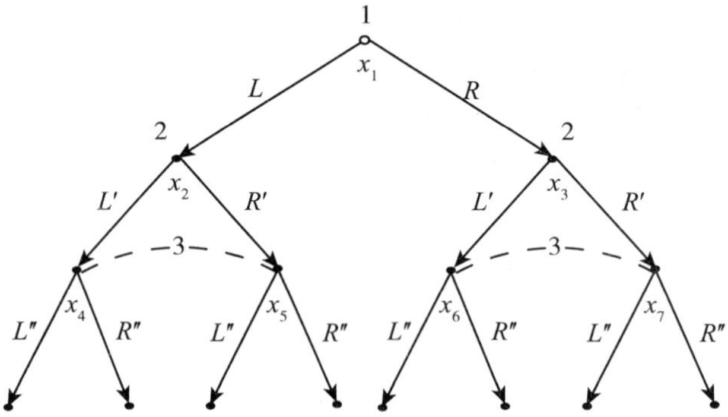

图6－23

考察第三种情形，即参与人3知道参与人2的选择，但不知道参与人1的选择。虽然参与人3知道参与人2选择了 L' 还是 R'，但由于他不知道参与人1的选择，因此，当参与人2选择 L' 时，参与人3知道自己是在 x_4 或者 x_6 上，但究竟在哪一点上参与人3并不清楚。所以，决策结集合 $\{x_4, x_6\}$ 是参与人3的一个信息集；当参与人2选择 R' 时，参与人3知道自己是在 x_5 或者 x_7 上，但究竟在哪一点上并不清楚。所以，决策结集合 $\{x_5, x_7\}$ 是参与人3的另一个信息集。在图6－24中，用虚线将点 x_4 和点 x_6 连起来，表示它们都属于信息集 $\{x_4, x_6\}$，用虚线将点 x_5 和点 x_7 连起来，表示它们都属于信息集 $\{x_5, x_7\}$。

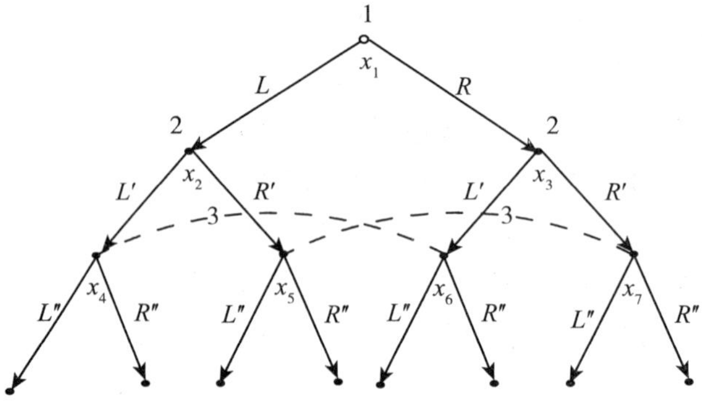

图6－24

考察第四种情形，即参与人3既不知道参与人1的选择也不知道参与人2的选择。由于参与人1和参与人2的选择参与人3都不知道，因此，当轮到参与人3行动时，他只知道自己位于点 x_4、x_5、x_6 和 x_7 四点中的某一点上，但究竟在哪一点上，参与人3并不清楚。所以，决策结集合 $\{x_4, x_5, x_6, x_7\}$ 是参与人3的一个信息集。在图6－25中，用虚线将点 x_4、x_5、x_6 和 x_7 连起来，表示它们都属于信息集 $\{x_4, x_5, x_6, x_7\}$。

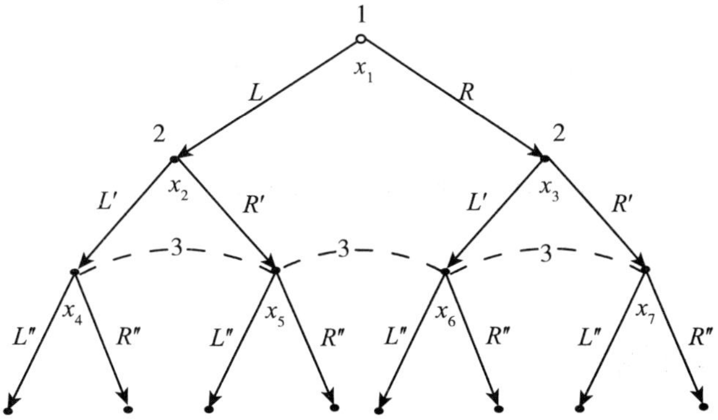

图6－25

最后，我们考察第一种情形，即参与人3既知道参与人1的选择也知道参与人2的选择。由于参与人3既知道参与人1的选择，又知道参与人2的选择，因此，当轮到参与人3行动时，他知道自己在点 x_4、x_5、x_6 和 x_7 四点中的哪一点上，所以，决策结集合 $\{x_4\}$、$\{x_5\}$、$\{x_6\}$和$\{x_7\}$都是参与人3的信息集（见图6－26）。

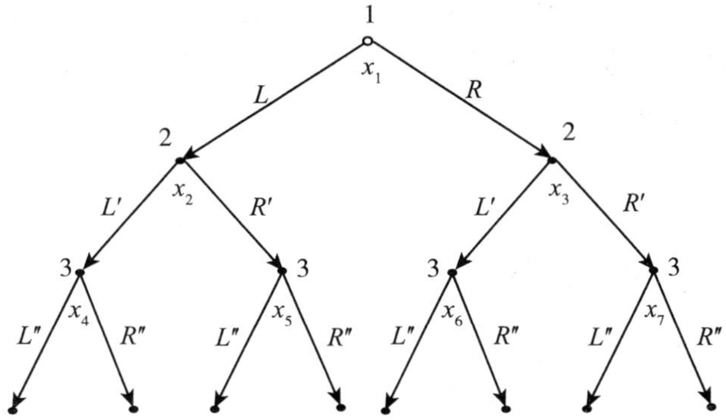

图6－26

从上面的分析可以看到：如果我们有了信息集这个概念，同时又在博弈树中用特定的方式将信息集标示出来，那么当我们给出一个博弈问题的博弈树时，实际上就意味着给出了这个博弈问题的扩展式描述。

现在我们再回到“新产品开发博弈”中，图6－22实际上是当企业2知道企业1的选择时的动态博弈的扩展式描述。如果企业2不知道企业1的选择，那么当企业2行动时，它就不知道博弈是到达了点 x_2，还是到达了点 x_3，此时，企业2的决策结集 $\{x_2, x_3\}$ 是企业2的信息集。因此，当企业2不知道企业1的选择时“新产品开发博弈”的扩展式描述如图 6－27 所示。

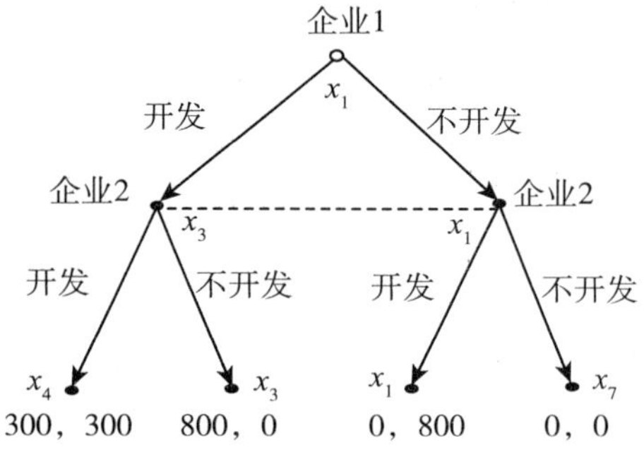

图 6－27

二、扩展式博弈的解

前面我们给出了一种新的博弈描述方式——扩展式博弈。给定一个博弈问题的扩展式，我们又该如何来求解博弈问题的解呢？我们知道，对于战略式博弈，可以用纳什均衡来描述博弈问题的解，而对于定义 6.1 所定义的（或博弈树所描述的）扩展式博弈，同样可以用纳什均衡来描述博弈问题的解——子博弈精炼纳什均衡①。

在给出子博弈精炼纳什均衡的正式定义之前，我们需要介绍“子博弈”这个概念。所谓“子博弈”就是原博弈的一部分，它始于原博弈中一个位于单结信息集中的决策结 x，并由决策结 x 及其后续结共同组成②。子博弈可以作为一个独立的博弈进行分析，并且与原博弈具有相同的信息结构。例如，对于图 6－23 中的扩展式博弈，除原博弈外还分别存在两个子博弈（如图 6－28 所示）。

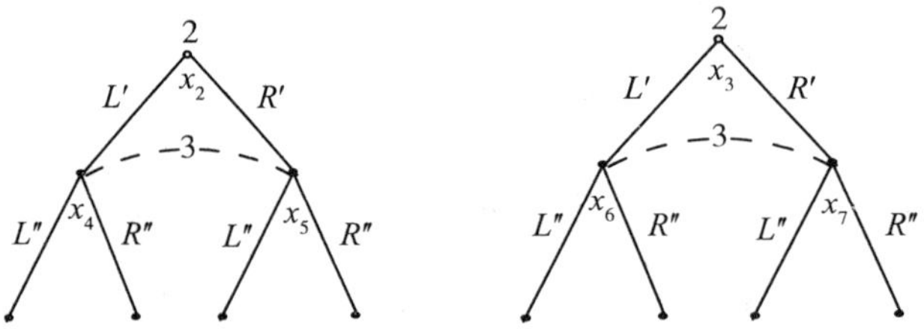

图 6－28

在以后的讨论中，为了叙述方便，用 $\Gamma(x_i)$ 表示博弈树中开始于决策结 x_i 的子博弈。例如，对于图 6－23 中的博弈树，$\Gamma(x_2)$ 表示开始于决策结 x_2 的子博弈，$\Gamma(x_3)$ 表示开始于决策结 x_3 的子博弈，而 $\Gamma(x_1)$ 表示开始于决策结 x_1 的子博弈即原博弈。

下面我们给出子博弈精炼纳什均衡的定义。

① 许多参考书上称为子博弈精炼纳什均衡，这里为了与书中博弈论相一致，称为子博弈精炼纳什均衡。

② 假设 x，y 为博弈树中的两个结，如果博弈能够从 x 达到 y，则称 y 为 x 的后续结。

定义 6.12 扩展式博弈的战略组合 $s^* = (s_1^*, \cdots, s_n^*)$ 是一个子博弈精炼纳什均衡，当且仅当满足以下条件：

（1）它是原博弈的纳什均衡。

（2）它在每一个子博弈上给出（或构成）纳什均衡。

上述定义意味着：一个战略组合是子博弈精炼纳什均衡当且仅当它对所有的子博弈（包括原博弈）构成纳什均衡，同时也意味着原博弈的纳什均衡并不一定是子博弈精炼纳什均衡，除非它还对所有子博弈构成纳什均衡。例如，对于图 6－22 中的扩展式博弈，子博弈 $\Gamma(x_2)$ 和 $\Gamma(x_3)$ 的纳什均衡均为企业 2 选择“开发”①，所以，原博弈的纳什均衡（开发，（开发，开发））对所有的子博弈（包括原博弈）构成纳什均衡，因此，（开发，（开发，开发））是子博弈精炼纳什均衡。由于（开发，（开发，不开发））对子博弈 $\Gamma(x_3)$ 没有给出纳什均衡，因此，虽然（开发，（开发，不开发））是纳什均衡，但并不是子博弈精炼纳什均衡。

由以上分析可以看到：虽然图 6－22 的扩展式博弈都存在多个纳什均衡，但合理的纳什均衡都是子博弈精炼纳什均衡。所以，对于诸如图 6－22 所示的扩展式博弈，尤其是完全信息的动态博弈，一般都用子博弈精炼纳什均衡作为博弈的解。

定义 6.12 虽然给出了子博弈精炼纳什均衡解的定义，但没有说明如何求解子博弈精炼纳什均衡。下面我们举例介绍一种最常用的求解子博弈精炼纳什均衡的方法——逆向归纳法②。

【例 6.11】 用逆向归纳法求解图 6－29 扩展式博弈的子博弈精炼纳什均衡。

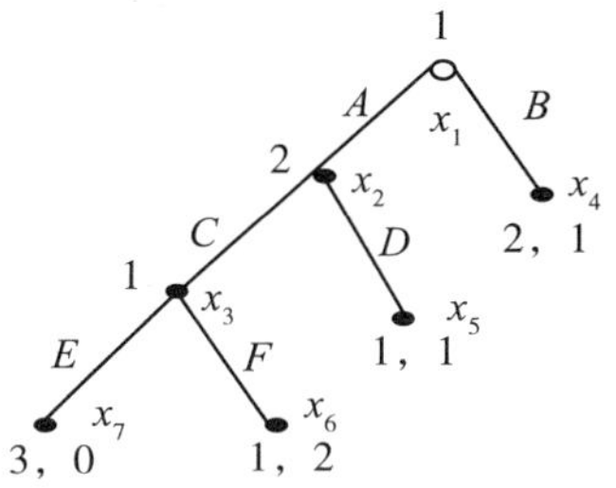

图 6－29

在图 6－29 扩展式博弈中，参与人 1 在博弈开始时［即在信息集 $I_1(\{x_1\})$ 上］面临两种选择——行动 A 和行动 B。参与人 1 此时选择哪种行动呢？对于理性的参与人 1 来讲，只会选择使自己支付最大化的行动。从图 6－29 中很容易知道参与人 1 选择行动 B 时所得到的支付为 2；但是，如果参与人 1 选择行动 A，则所得支付就要取决于参与人 2 在信息集 $I_2(\{x_2\})$ 上的选择，以及博弈达到决策结 x_3 时参与人 1 在信息集 $I_1(\{x_3\})$ 上的选择。也就是说，参与人 1 选择行动 A 所得支付，取决于子博弈 $\Gamma(x_2)$ 的结果。因此，为了确定参与

① 注意，始于 x_2 和 x_3 的子博弈实际上是一个单人博弈问题（决策问题）。

② 一般来说，有限的完美信息动态博弈都可以采用逆向归纳法来求解子博弈精炼纳什均衡。

人1在博弈开始时的选择，就必须确定参与人1选择行动A所得支付，而为了确定参与人1选择行动A所得支付，就必须先求解子博弈$\Gamma(x_2)$。如何求解子博弈$\Gamma(x_2)$呢？我们可以采用同样的方法来求解子博弈$\Gamma(x_2)$，即在求解子博弈$\Gamma(x_3)$的基础上，确定参与人2在信息集$I_2(\{x_2\})$上的选择，从而求解子博弈$\Gamma(x_2)$。

由以上分析可以得到图6－29中博弈的求解过程：首先求解博弈树中最底层的子博弈$\Gamma(x_3)$，得到子博弈$\Gamma(x_3)$的结果为（3，0）（即参与人1选择E）；再求解子博弈$\Gamma(x_2)$，容易得到博弈的结果为（1，1）（即参与人2选择D）；最后求解原博弈即子博弈$\Gamma(x_1)$，得到博弈的结果为（2，1）（即参与人1选择B）。所以，图6－29扩展式博弈的子博弈精炼纳什均衡为$((B,E),D)$。

【例6.12】 考察“海盗分金”博弈问题①——有5个亡命之徒在海上抢到100枚金币，他们决定通过一种民主的方式来分配这笔财富。投票规则如下：5个海盗通过抽签决定每个人提出分配方案的顺序，由排序最靠前的海盗提出一个分配方案，如果有半数或半数以上的人赞成，那么就按照这个海盗提出的分配方案分配金币，否则提出这个方案的海盗就要被扔进海里；再由下一个海盗提出分配方案，如果有半数或半数以上的人赞成，那么就按照他提出的方案进行分配，否则他也会被扔进海里；以此类推。每一个海盗都非常聪明并且知道其他人的凶残。对于海盗而言，他们希望自己获得尽可能多的金币，但是被丢到海里就意味着喂鱼，因此他们都不愿意丢掉性命。试问在这种规则下最后的分配结果是什么？

从直觉上看，最先提出分配方案的海盗所处的位置最不利，因为其他的海盗可以通过将其扔进海里，减少分配金币的人数，从而使自己获得更多的金币。但是，如果我们将“海盗分金”问题当成一个完全信息的动态博弈来分析的话，所得的结论将会与我们的直觉完全不同。

显然，“海盗分金”问题可以看成是一个有限的完美信息动态博弈②，所以，可以采用逆向归纳法进行求解。不妨将第$i(i=1,2,\cdots,5)$个提出分配方案的海盗称为海盗i，用$s_i=(x_i^1, x_i^2, x_i^3, x_i^4, x_i^5,)$表示海盗$i$提出的分配方案，其中$x_i^j(j=1,2,\cdots,5)$表示海盗$i$愿意付给海盗$j$的金币数量。显然，$\sum_{j=1}^{5} x_i^j = 100(i=1,2,\cdots,5)$。图6－30是“海盗分金”问题的示意图③。

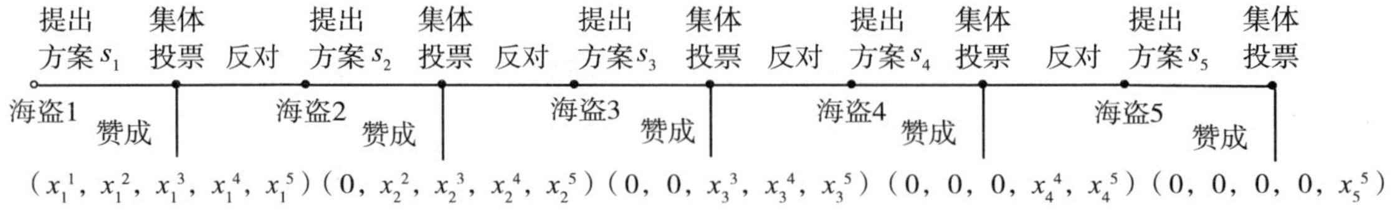

图6－30

① 该博弈源于《科学美国人》中的一道智力题，原名为《凶猛海盗的逻辑》，现在人们习惯上称它为“海盗分金”。

② 这里假设金币只能按整数进行分配。

③ 注意，图6－30仅是“海盗分金”问题的示意图，而不是博弈问题的扩展式描述即博弈树。

首先考察如果轮到海盗5提出分配方案时的情况。轮到海盗5提方案时，前4个海盗肯定已经被丢进大海喂鱼了，这个时候只有他自己留在船上，无论他提出怎样的分配方案，最后都会被实施。为了尽可能多地获得金币，海盗5会选择 $s_5^* = (x_5^1, x_5^2, x_5^3, x_5^4, x_5^5) = (0,0,0,0,100)$。

向前递推一步，当轮到海盗4提出方案时，前面3个海盗都已经被丢进大海喂鱼了，这个时候船上只留下海盗4和海盗5。无论海盗5赞成与否，集体投票的赞成票数都至少达到半数，海盗4提出的分配方案最终将被实施。因此，海盗4会提出分配方案 $s_4^* = (x_4^1, x_4^2, x_4^3, x_4^4, x_4^5) = (0,0,0,100,0)$。

顺次向前推一步，如果轮到海盗3做决定，他会提出怎样的分配方案？当轮到海盗3提方案时，前2个海盗肯定已经被丢进大海喂鱼了，这个时候只有海盗3、海盗4、海盗5留在船上。海盗3知道如果他的方案被否决，海盗4将提出分配方案 s_4^*，那么海盗5将什么也得不到（$x_4^5=0$）。现在只要他给海盗5一个单位的金币($x_3^4=1>x_4^5=0$)，海盗5将赞同该方案。这样一来，集体投票的赞成票数就会大于半数，因此，海盗3就会选择分配方案 $s_3^* = (x_3^1, x_3^2, x_3^3, x_3^4, x_3^5) = (0,0,99,0,1)$。

继续向前递推，轮到海盗2做决定的时候，海盗1已经被丢进大海，留在船上的还有海盗2、海盗3、海盗4、海盗5。海盗2知道如果自己的方案被反对，海盗3会提出方案 s_3^*，这时海盗4什么也得不到($x_3^4=0$)。于是只要他提出的方案满足 $x_2^4 > x_3^4$，海盗4就赞成该方案，这样一来集体投票的赞成票数就会达到半数，因此，海盗2就会选择分配方案 $s_2^* = (x_2^1, x_2^2, x_2^3, x_2^4, x_2^5) = (0,99,0,1,0)$。

最后，考察分赃之初海盗1是如何做决定的。当轮到海盗1提出分配方案的时候，所有的海盗都在船上。他知道一旦他的方案被反对，海盗2将提出方案 s_2^*，那么海盗3和海盗5将什么也得不到（$x_2^3=0$，$x_2^5=0$），于是只要他提出的方案满足 $x_1^3 > x_2^3$，$x_1^5 > x_2^5$，海盗3和海盗5就会赞成该方案，那么集体投票的赞成票数就会超过半数。因此，海盗1就会选择分配方案 $s_1^* = (x_1^1, x_1^2, x_1^3, x_1^4, x_1^5) = (98,0,1,0,1)$。

综合以上分析，可以看到：海盗1提出分配方案 $s_1^* = (98,0,1,0,1)$，该方案即被多数人接受，博弈结束。

【例6.13】 利用逆向归纳法求解下列著名的斯塔克尔伯格（Stackelberg）博弈的子博弈精炼纳什均衡。

在上一节中，我们介绍过关于寡头垄断市场中企业进行产量竞争的古诺寡头竞争模型。在古诺模型里，生产同质无差异产品的企业同时选择自己的战略——产量，这是一个典型的完全信息静态博弈。现在如果我们假设在同样的两个企业的产量竞争模型中，企业行动的顺序不是同时的，而是外生给定的先后顺序，那么模型就变成著名的斯塔克尔伯格寡头竞争模型。该模型是一个典型的完全信息动态博弈。在斯塔克尔伯格寡头竞争模型中，模型的基本假设为：

（1）企业生产的产品是同质无差异的。

（2）企业进行的是产量竞争，也就是说，企业的决策变量为产量。

（3）企业的行动顺序是有先后的，且其先后顺序由外生给定，也就是说，模型为动态的。

对于属于完全信息静态博弈的古诺模型，我们可以用纳什均衡来描述模型的解，而对于属于完全信息动态博弈的斯塔克尔伯格模型，必须用子博弈精炼纳什均衡来描述模型的解。如前所述，斯塔克尔伯格模型的子博弈精炼纳什均衡可以用逆向归纳法来求解。

在斯塔克尔伯格寡头竞争模型中，假设企业1先选择自己的战略——产量 $q_1 \in Q_1 = [0, +\infty)$，因而企业1称为领头者（leader）；企业2在观测到企业1选择的产量 q_1 后，再选择自己的战略——产量 $q_2 \in Q_2 = [0, +\infty)$，因而企业2称为尾随者（follower）①。采用逆向归纳法的思想，企业2在行动的时候能够观测到企业1的产量 q_1，从而企业2会根据 q_1 来选择自己的产量以使自己的利润最大，因此，企业2的战略应该是从 Q_1 到 Q_2 的函数，即 $q_2: Q_1 \to Q_2$。而企业1的战略就是简单地选择自己的产量 q_1，但企业1在选择 q_1 时知道企业2将根据自己的产量来进行选择，也即企业1在选择 q_1 时知道企业2的战略 $q_2(q_1)$，因此，企业1将选择 q_1 使得 $\pi_1(q_1, q_2(q_1))$ 最大。

为了了解具体的求解方法，与古诺模型类似，我们仍然假设市场的需求函数为 $P = a - (q_1 + q_2)$，两个企业具有不变且相同的单位成本 c，则企业 $i(i=1,2)$ 的利润函数为：

$$\pi_i(q_i, q_j) = q_i(a - q_i - q_j - c)$$

其中 i，$j=1$，2，$i \neq j$。

采用逆向归纳法，给定 q_1，企业2的最优化问题为选择 q_2 使得 $\pi_2(q_1, q_2)$ 最大，即：

$$\max_{q_2 \geqslant 0} \pi_2(q_1, q_2) = q_2(a - q_1 - q_2 - c)$$

由最优化一阶条件可得：

$$q_2(q_1) = \frac{1}{2}(a - q_1 - c) \tag{6.23}$$

为了保证最优内点解存在，这里假设 $q_1 < a - c$。式（6.23）即为企业2的战略，即如果企业1选择 q_1，企业2将选择 $\frac{1}{2}(a - q_1 - c)$。企业1在第一阶段选择 q_1 时预测到企业2将根据 $q_2(q_1)$ 行动，因而企业1的最优化问题为选择 q_1 使 $\pi_1(q_1, q_2(q_1))$ 最大，即：

$$\max_{q_1 \geqslant 0} \pi_1(q_1, q_2(q_1)) = q_1(a - q_1 - q_2(q_1) - c)$$

将式（6.23）代入上述优化问题，并由最优化一阶条件可得 $q_1^* = \frac{1}{2}(a - c)$，将其代入式（6.23），可得 $q_2^* = \frac{1}{4}(a - c)$，因此该博弈的子博弈精炼纳什均衡为 $(q_1^*, q_2(q_1))$，而

① 注意，这个行动顺序是外生给定的。

子博弈精炼纳什均衡结果[①]为$\left(\frac{1}{2}(a-c),\frac{1}{4}(a-c)\right)$。

在上一节我们得到了相同条件下（即市场需求函数和企业边际成本都相同）古诺模型的均衡产量为$\left(\frac{1}{3}(a-c),\frac{1}{3}(a-c)\right)$，比较两个结果，可以发现斯塔克尔伯格均衡总产量$\frac{3}{4}(a-c)$大于古诺均衡总产量$\frac{2}{3}(a-c)$，但是企业1的斯塔克尔伯格均衡产量$\frac{1}{2}(a-c)$大于古诺均衡产量$\frac{1}{3}(a-c)$，而企业2的斯塔克尔伯格均衡产量$\frac{1}{4}(a-c)$小于古诺均衡产量$\frac{1}{3}(a-c)$。根据计算，可以进一步发现：先行动的企业1（即领头者）的斯塔克尔伯格均衡利润大于古诺均衡利润，而后行动的企业2（即尾随者）的斯塔克尔伯格均衡利润小于古诺均衡利润。这说明在斯塔克尔伯格模型中领头者具有“先动优势”。需要说明的是在此模型中虽然尾随者具有信息优势（能够观测到领头者的产量），但这种信息优势却并没有给其带来利益，反而损害了其利益，这在传统的决策分析中是不可能的，这也从一个方面体现出了博弈论与传统决策理论的不同之处。另外，在一般模型中，什么时候具有“先动优势”，什么时候具有“后动优势”，也不能一概而论，而是要具体模型具体分析。

在斯塔克尔伯格模型中领头者获得的均衡利润要大于古诺均衡中的利润，说明了在一定情形下承诺的价值。在斯塔克尔伯格模型中领头者的产品一旦生产出来，就变成了一种沉淀成本，无法改变，因而尾随者不得不认为领头者的威胁是可置信的。如果领头者并没有实际生产而只是威胁宣称他将生产$\frac{1}{2}(a-c)$，尾随者是不会相信他的威胁的。因为如果尾随者相信领头者的威胁，选择产量$\frac{1}{4}(a-c)$，则领头者就会根据古诺模型中的反应函数，选择$R_1(q_2)=\frac{1}{2}(a-q_2-c)=\frac{3}{8}(a-c)$产量。

从斯塔克尔伯格模型的子博弈精炼纳什均衡，我们也可以进一步理解纳什均衡与子博弈精炼纳什均衡的区别。按纳什均衡的定义，上述斯塔克尔伯格模型还有其他的纳什均衡，如古诺均衡$\left(\frac{1}{3}(a-c),\frac{1}{3}(a-c)\right)$也是一个纳什均衡。因为给定企业1选择$\frac{1}{3}(a-c)$，企业2的最优选择为$\frac{1}{3}(a-c)$；同理给定企业2选择$\frac{1}{3}(a-c)$，企业1的最优选择也为$\frac{1}{3}(a-c)$。但这个纳什均衡不是子博弈精炼均衡，因为$q_2(q_1)=\frac{1}{3}(a-c)$并不在所有子博弈上构成纳什均衡。事实上$q_2(q_1)=\frac{1}{3}(a-c)$是一个不可置信的威胁，如果企业1选择

① 注意均衡与均衡结果的区别。

的产量不为$\frac{1}{3}(a-c)$，企业 2 也不会选择$\frac{1}{3}(a-c)$。

三、重复博弈简介

所谓重复博弈就是一个多阶段的动态博弈，在博弈的每个阶段，重复同样的博弈。根据阶段博弈被重复的次数，可以将重复博弈分成有限重复博弈和无限重复博弈。本小节我们将对重复博弈进行简介，在简介的过程中始终以将来行动的威胁或承诺能否影响到当前的行动这一议题为中心。

考察图 6－31 中的战略式博弈。在图 6－31 中，虽然博弈存在唯一的纳什均衡——(U, L)，但该均衡与博弈结果（D, R）相比却是帕累托无效的。也就是说，图 6－31 中博弈是一个典型的囚徒困境。再设想一下，如果图 6－31 中博弈重复进行两次，那么在某一次（或两次）博弈中，是否可能出现帕累托有效的结果（D, R）呢？比如说，在囚徒困境博弈中，如果两个小偷事先就知道他们将会两次被抓，那么在博弈中他们是否可能合作即都选择“抵赖”呢？

现在我们考察图 6－31 中博弈重复进行两次的情形。根据子博弈精炼纳什均衡的定义，采用逆向归纳法，我们知道：第二阶段的博弈的纳什均衡为（U, L），双方的收益为（1, 1）。因此，不管第一阶段的博弈结果如何，双方在整个重复博弈中的最终收益，都将是在第一阶段收益的基础上加上 1。因此，从博弈的第一阶段来看，与这个重复博弈完全等价的一次性博弈就是图 6－32 所示的战略式博弈，其中图 6－32 中博弈的支付是在图 6－31 中博弈支付的基础上加上 1 得到的。显然，图 6－32 中博弈的纳什均衡为（U, L），参与人在第一阶段的选择结果为（U, L）。所以，上述两次重复博弈唯一的子博弈精炼纳什均衡就是：在每个阶段博弈中，博弈的结果都是阶段博弈的纳什均衡。这意味着图 6－31 中博弈即使重复进行两次，博弈在每一阶段的结果都与一次性博弈一样，两次重复博弈相当于一次性博弈的简单重复，帕累托有效的博弈结果无法出现。因此，在囚徒困境博弈中，即使两个小偷被抓两次，他们在博弈中也无法形成合作（即都选择“抵赖”）。

		2: L	2: R
1	U	(1，1)	5，0
1	D	0，5	4，4

图 6－31

		2: L	2: R
1	U	(1+1，1+1)	5+1，0+1
1	D	0+1，5+1	4+1，4+1

图 6－32

进一步，假设图 6－31 所示的阶段博弈重复三次，结果是否又会有所不同呢？应用逆向归纳法，在博弈的最后一个阶段即阶段博弈第三次进行时，博弈的结果仍是阶段博弈的纳什均衡，依次往前推，博弈在第二阶段乃至第一阶段的结果都是阶段博弈的纳什均衡。帕累托有效的博弈结果在阶段博弈中无法出现，合作无法形成。更一般地，即使图 6－31 所示的阶段博弈重复 n 次（n 为一有限的正整数），在每一阶段中，参与人仍都采用阶段博弈唯一的纳什均衡，合作同样无法达到。

既然对图 6-31 所示的博弈进行重复有限次，合作无法达到，那么将其重复无限次，合作能否到达呢？

下面我们仍以图 6-31 中博弈为阶段博弈，考察无限重复博弈的解。构造参与人的如下触发战略 $\hat{s}_1$ 和 $\hat{s}_2$：

参与人 1 的战略 $\hat{s}_1$——第一阶段选择 D；在第 $i(i>1)$ 阶段，如上一阶段结果为（D，R），则选择 D；否则以后一直选择 U。

参与人 2 的战略 $\hat{s}_2$——第一阶段选择 R；在第 i（$i>1$）阶段，如上一阶段结果为（D，R），则选择 R；否则以后一直选择 L。

从上述触发战略中我们可以看出，如果有人选择合作，合作将一直进行下去；一旦有人选择不合作，就会触发其后所有阶段都不再相互合作[①]。如果参与人双方都采取这种触发战略，则此无限重复博弈的结果就将是每一阶段选择（D，R）。下面我们证明：只要参与人的贴现率 δ 足够接近 1，触发战略组合$(\hat{s}_1,\hat{s}_2)$就可构成无限重复博弈的子博弈精炼纳什均衡。

假定参与人 j 选择上述触发战略时，参与人 i 的最优战略也是上述触发战略。不妨设参与人 1 在博弈的第 $t(t\geqslant 1)$ 阶段首先偏离（D，R），选择 U，则他在该阶段得到 5 单位的收益而不是原来选择触发战略时的 4 单位收益。但是，他的这个机会主义行为将会使参与人 2 永远偏离（D，R），今后一直选择 L 的惩罚行为，因此，参与人 1 在以后每个阶段的收益都是 1。所以，参与人 1 采取上述机会主义行为时收益的贴现（相对于第 t 阶段）为：

$$5+\delta+\delta^2+\cdots=5+\frac{\delta}{1-\delta}$$

如果参与人 1 在博弈中不偏离触发战略，一直选择 D，在第 t 阶段的收益将为 4，这样参与人 2 也永远不会偏离触发战略，一直选择 R，于是参与人 1 在以后每一阶段都可得到完全相同的收益 4，这种情况下参与人 1 收益的贴现（相对于第 t 阶段）为：

$$4+4\delta+4\delta^2+\cdots=\frac{4}{1-\delta}$$

因此，如果下列条件满足，给定参与人 2 没有选择 L，参与人 1 将不会选择 U：

$$\frac{4}{1-\delta}\geqslant 5+\frac{\delta}{1-\delta}$$

求解上述不等式，可得 $\delta\geqslant 1/4$。所以，当 $\delta\geqslant 1/4$ 时，上述触发战略组合构成初始博弈 $\Gamma(x_1)$的纳什均衡。

通过以上分析我们看到，在一次性博弈和有限重复博弈中都无法实现的潜在合作，在无限重复博弈的情况下是可能实现的。这也就解释了为什么现实中的一些“惯偷”被抓之后，往往都会选择“抵赖”而不是“坦白”。当然，在无限重复博弈中，合作是有条件的，

① 从这一点来看，有人也将触发战略称为冷酷战略（frigid strategy）。

即贴现率 δ 必须足够的大。这里我们可以将贴现率理解为参与人对未来收益的重视程度（即参与人的时间偏好），也就是说，只有当参与人对未来有足够的重视或者一定程度地看重未来，合作才可能形成。一般来讲，贴现率 δ 越大，对未来收益的重视程度越高。

四、讨价还价博弈简介

下面我们以鲁宾斯坦（Rubinstein）在 1982 年提出的讨价还价博弈模型为例，简要介绍讨价还价博弈。这个模型描述了两个参与人轮流向对方出价的讨价还价程序，而这种出价和还价正是许多现实谈判中的核心内容。因此，通过博弈模型对讨价还价问题进行分析具有重要的现实指导意义。

假设参与人 1 和参与人 2 就 1 美元的分配进行谈判。他们轮流提出分配方案：首先参与人 1 提出一个分配建议，参与人 2 可以接受或拒绝；如果参与人 2 接受，那么这个讨价还价的过程结束，如果参与人 2 拒绝，那么就由参与人 2 提出分配建议，参与人 1 选择接受或拒绝；如果参与人 1 接受，那么这个讨价还价的过程结束，如果参与人 1 拒绝，那么就轮回到参与人 1 再提出分配建议，参与人 2 选择接受还是拒绝；如此一直进行下去①。

首先我们考察讨价还价过程只持续三阶段的情形（见图 6－33）。

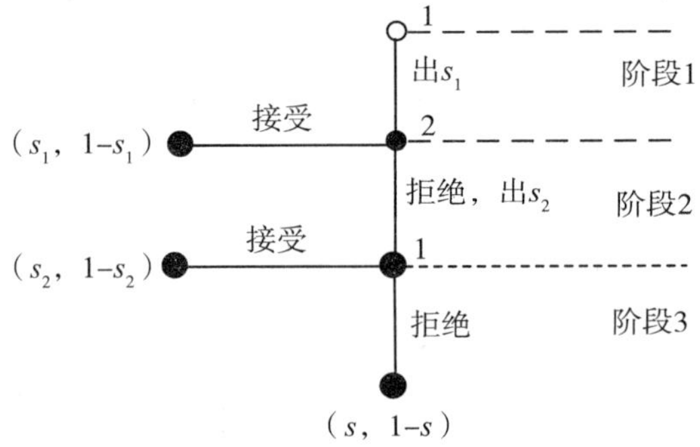

图 6－33

在阶段 1：参与人 1 建议他分走 1 美元的 s_1，留给参与人 2 的份额为 $1-s_1$；如果参与人 2 接受这一建议，则博弈结束，否则博弈进入阶段 2。

在阶段 2：参与人 2 提议参与人 1 分得 1 美元的 s_2，留给参与人 2 的份额为 $1-s_2$；如果参与人 1 接受这一建议，则博弈结束，否则博弈进入阶段 3。

在阶段 3：参与人 1 得到 1 美元的 s，参与人 2 得到 $1-s$，博弈结束。这里 $0<s<1$。

如不考虑贴现，由逆向归纳法很容易求得均衡结果为（s，$1-s$）。博弈的结果就是外界强加的结果。

考察存在贴现的情形，并设贴现率为 δ。根据逆向归纳法，首先分析博弈到达阶段 3 的情形。在阶段 3，参与人 1 和 2 的收益分别为 s 和 $1-s$；现在分析阶段 2 的情形。在阶段 2

① 需要注意的是，在博弈中，一个条件一旦被拒绝，它就不再具有任何约束力，并和博弈下面的进程不再相关。

中，参与人 2 知道，如果参与人 1 不接受自己的出价 s_2，一旦博弈进行到阶段 3，参与人 1 将获得 s。因此，考虑到贴现率，要使参与人 1 接受自己的出价 s_2，必须满足 $s_2 \geq \delta s$。而当 $s_2 = \delta s$ 时，参与人 2 可得 $1 - \delta s$。由于 $1 - \delta s > \delta(1 - s)$，因此参与人 2 在阶段 2 的最优出价为 $s_2^* = \delta s$，此时参与人 1 接受该出价，参与人 1 得 δs 而参与人 2 得 $1 - \delta s$。最后分析阶段 1 的情形。在阶段 1，参与人 1 知道，如果参与人 2 不接受自己的出价 s_1，一旦博弈进入阶段 2，参与人 2 将出价 $s_2 = \delta s$，参与人 1 在阶段 2 得到 δs 而参与人 2 将得 $1 - \delta s$。因此，考虑到贴现率，要想使参与人 2 接受自己的出价 s_1，必须满足 $1 - s_1 \geq \delta\ (1 - \delta s)$，即 $s_1 \leq 1 - \delta(1 - \delta s)$。而当 $s_1 = 1 - \delta(1 - \delta s)$ 时，$s_1 = 1 - \delta + \delta^2 s > \delta s_2 = \delta^2 s$，这意味着：当 $s_1 = 1 - \delta(1 - \delta s)$ 时，参与人 1 的收益大于博弈进入阶段 2 的收益，且此时参与人 2 接受自己的出价。因此，参与人 1 在阶段 1 的最优出价为 $s_1^* = 1 - \delta(1 - \delta s)$。所以，博弈的均衡结果为：参与人 1 在阶段 1 出价 $s_1^* = 1 - \delta(1 - \delta s)$，参与人 2 接受该出价，博弈结束。如下战略即为三阶段讨价还价博弈的子博弈精炼纳什均衡战略：

（1）参与人 1 在阶段 1 出价 $s_1 = s_1^*$，并且在阶段 2 当且仅当 $s_2 \geq s_2^*$ 时接受参与人 2 的出价。

（2）参与人 2 在阶段 2 出价 $s_2 = s_2^*$，并且在阶段 1 当且仅当 $s_1 \leq s_1^*$ 时接受参与人 1 的出价。

下面我们在三阶段讨价还价博弈的基础上进一步讨论只要参与人愿意，就可以一直讨价还价下去的无限重复讨价还价博弈。或许在现实生活中人们不可能遇到严格意义上的无限重复的讨价还价博弈，因为一般的讨价还价都有一个截止的时间，不可能让参与人无休止地讨价还价下去，但是这种假设仍然是合理的，因为有可能在讨价还价的任何一个阶段，参与人都不能预测到后续的讨价还价还会持续多少轮，他们认为在拒绝了对方当前的出价后，自己总还有出价的机会。图 6－34 是无限重复讨价还价博弈示意图，s_i 表示参与人拒绝上一阶段对方的出价后（阶段 1 除外）在阶段 i 开始时的出价。我们把在阶段 i 开始的子博弈记为 $\Gamma(x_i)$，x_i 为阶段 i 开始时参与人所在的决策结。所以，在无限重复讨价还价博弈中存在两类子博弈：参与人 1 首先出价的子博弈 $\Gamma(x_i)(i = 1,3,\cdots)$ 和参与人 2 首先出价的子博弈 $\Gamma(x_i)(i = 2,4,\cdots)$。

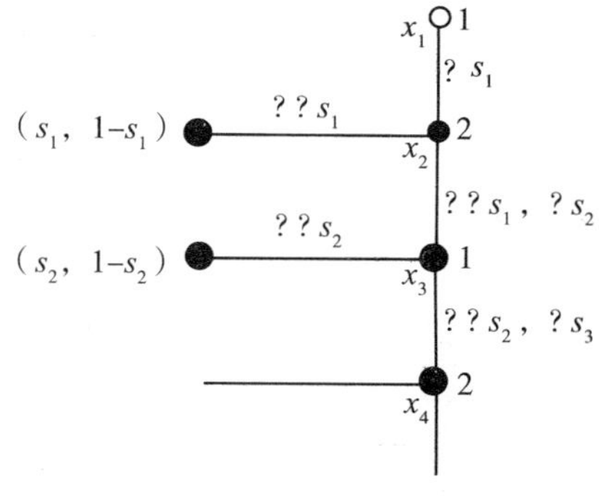

图 6－34

设在 $\Gamma(x_3)$ 的子博弈精炼纳什均衡中，参与人 1 获得的份额为 s_3，那么我们就可以把这个无限重复讨价还价博弈抽象成是一个参与人 1 在阶段 3 获得收益 s_3 的三阶段讨价还价博弈。根据上述三阶段讨价还价博弈得到的结果，参与人 2 在阶段 2 的出价就为 $s_2^* = \delta s_3$，相应地参与人 1 在阶段 1 的出价为 $s_1^* = 1 - \delta(1 - \delta s_3)$。由于阶段 1 开始的子博弈和阶段 3 开始的子博弈都是同一个子博弈，那么就有 $s_1^* = s_3$，代入 s_1^* 和 s_2^* 的表达式中可以得到 $s_1^* = 1/(1 + \delta)$，$s_2^* = \delta/(1 + \delta)$。

根据三阶段讨价还价博弈的子博弈精炼纳什均衡战略，我们很容易得出如下战略构成无限重复讨价还价博弈的子博弈精炼纳什均衡①：

（1）每次轮到参与人 1 出价时，参与人 1 的出价都为 s_1^*，并且当且仅当参与人 2 的出价 $s_2 \geqslant s_2^*$ 时接受参与人 2 的出价。

（2）每次轮到参与人 2 出价时，参与人 2 的出价都为 s_2^*，并且当且仅当参与人 1 的出价 $s_1 \leqslant s_1^*$ 时接受参与人 1 的出价。

上面我们讨论的是两个参与人的贴现率相同时的情形。如果在讨价还价博弈中参与人的贴现率不同，即当参与人 1 和参与人 2 的贴现率分别为 δ_1 和 δ_2 时，仿前面的分析，可以得到 $s_1^* = \dfrac{1 - \delta_2}{1 - \delta_1\delta_2}$，$s_2^* = \dfrac{\delta_1(1 - \delta_2)}{1 - \delta_1\delta_2}$，博弈的均衡结果为 $\left(\dfrac{1 - \delta_2}{1 - \delta_1\delta_2}, \dfrac{\delta_2 - \delta_1\delta_2}{1 - \delta_1\delta_2}\right)$。

在无限重复博弈的讨论中，我们将贴现率 δ 理解为参与人对未来收益的重视程度，而在讨价还价博弈中，贴现率 δ 也可以看成是参与人在“讨价还价”中的耐心。从无限重复讨价还价博弈的均衡结果可以看到：每个参与人在博弈中的所得都随自己贴现率（即自己的耐心）的增大而增加，随对方贴现率（即对方的耐心）的增加而减少。这与我们所见到现实生活中的“讨价还价”情形是一致的。

第三节　不完全信息静态博弈

前面我们一直讨论的是完全信息博弈问题，但在现实生活中我们遇到更多的可能是不完全信息博弈问题。在本节中我们将讨论博弈开始时就存在事前不确定性的博弈问题，即不完全信息博弈问题。

一、贝叶斯博弈

在介绍贝叶斯博弈之前，我们用一个经典的“斗鸡博弈”来说明不完全信息静态博弈问题。

① 这里，我们的分析隐含了这样的假设：无限重复讨价还价博弈的子博弈精炼纳什均衡是唯一的。关于这个假设鲁宾斯坦已在 1982 年证明了其正确性。

考察“斗鸡博弈”——两个所谓的勇士举着长枪，准备从独木桥的两端冲上桥中央进行决斗。每位勇士都有两种选择：冲上去（用 U 表示），或退下来（用 D 表示）。若两人都冲上去，则两败俱伤；若一方上去而另一方退下来，冲上去者取得胜利（至少心理上是这样的），退下来的丢了面子；若两人都退下来，两人都丢面子。假设参与决斗的参与人可能有这样的两种性格特征（类型）——“强硬”（用 s 表示）或“软弱”（用 w 表示）。所谓“强硬”的参与人是指那些喜欢争强好胜、不达目的誓不罢休的决斗者，而“软弱”的参与人是指那些胆小怕事、遇事希望息事宁人的决斗者。显然，当具有不同性格特征的决斗者相遇时，所表现出来的博弈情形是不同的。图 6－35 给出了在各种博弈情形下决斗者的支付：

（1）当两个“强硬”的决斗者相遇时，虽然双方都争强好胜，但都不愿意发生面对面的直接冲突［即（U，U）］，而都指望在自己“冲上去”的同时对方“退下去”，如图 6－35（a）所示。此时，博弈存在两个纯战略纳什均衡——（U，D）和（D，U）。

（2）当“强硬”的决斗者与“软弱”的决斗者相遇时，由于“软弱”的决斗者胆小怕事、息事宁人，总是选择“退下去”，因此“强硬”的决斗者选择“冲上去”，如图 6－35（b）和图 6－35（c）所示。此时，博弈存在唯一的纳什均衡——“强硬”的决斗者“冲上去”，“软弱”的决斗者“退下去”。

（3）当两个“软弱”的决斗者相遇时，由于双方都息事宁人，希望和平共处，因此双方都选择“退下去”，如图 6－35（d）所示。此时，博弈存在唯一的纳什均衡——（D，D）。

1 \ 2	U	D
U	-4，-4	2，-2
D	-2，2	0，0

（a）参与人都为强硬者

1 \ 2	U	D
U	-4，-4	2，0
D	-2，0	0，1

（b）参与人1为强硬者参与人2为软弱者

1 \ 2	U	D
U	-4，-4	0，-2
D	0，2	1，0

（c）参与人1为软弱者参与人2为强硬者

1 \ 2	U	D
U	-4，-4	0，0
D	0，0	1，1

（d）参与人都为软弱者

图 6－35

在“斗鸡博弈”中，虽然在博弈开始之前每位决斗者都了解（知道）自己的性格特征，但对对手的性格特征往往不甚了解或了解不全①，在这种情况下即使所有的决斗者都看到了（甚至是同时一起都看到了）图 6－35，但对决斗者来讲，仍存在着所谓的事前不确定性即博弈开始之前就不知道的信息。例如，对于“强硬”的参与人 1 来讲，虽然他看到了图 6－35，但因为他不知道对手是“强硬”的还是“软弱”的，所以博弈开始之前他无

① 在实际中，有些参与人可能对自己的“性格特征”都不甚了解。

法确定博弈是根据图 6 – 35（a）还是图 6 – 35（b）进行。这意味着“强硬”的参与人 1 面临着事前无法确定的信息。同样，“软弱”的参与人 1 也会面临类似的问题①。此时，“斗鸡博弈”是一个不完全信息博弈问题。

对于图 6 – 35 中的不完全信息博弈问题，我们是不可能应用前面介绍的方法进行求解的。这是因为给定参与人 1 为“强硬”的决斗者，如果对手是“软弱”的，那么博弈就只存在唯一的纳什均衡（U，D）（即参与人 1 选择“冲上去”，参与人 2 选择“退下来”），参与人 1 有唯一的最优选择“冲上去”；如果对手是“强硬”的，则博弈就会出现两个纳什均衡（U，D）和（D，U）（即一个参与人选择“冲上去”，另一个参与人就必须选择“退下来”），参与人 1 的最优选择取决于对手的选择。但由于参与人 1 不知道对手究竟是“强硬”的还是“软弱”的，因此，此时的参与人 1 就觉得自己似乎是在与两个决斗者进行决斗，一个是“强硬”的，另一个是“软弱”的。也就是说，在博弈开始之前参与人 1 连自己的对手都不清楚②。对于这样一类博弈问题，海萨尼（Harsanyi）提出一种有效的分析方法，即海萨尼转换（Harsanyi transformation）。

为了便于理解，我们将图 6 – 35 中的“斗鸡博弈”简化，假设参与人 1 是“强硬”的决斗者，参与人 2 可能是“强硬”的也可能是“软弱”的，参与人 1 不知道但参与人 2 清楚，而且这一假设为所有的参与人所知道③。对于简化后的“斗鸡博弈”，海萨尼是这样处理的：在原博弈（即简化后的“斗鸡博弈”）中引入一个“虚拟”参与人——“自然”（nature，用 N 表示），构造一个参与人为两个决斗者和“自然”的三人博弈，如图 6 – 36 所示。在图 6 – 36 中，“自然”首先行动决定参与人 2 的性格特征（即选择参与人 2 是“强硬”的还是“软弱”的），“自然”的选择参与人 1 不知道，但参与人 2 知道；在“自然”选择后，参与人 1 和参与人 2 再进行“斗鸡博弈”。在新构造的三人博弈中，“自然”的支付不必考虑（或者认为在各种博弈结果中“自然”的支付是相同的），参与人 1 和参与人 2 的支付由“斗鸡博弈”决定，即如果“自然”选择参与人 2 的性格特征是“强硬”的，则意味着参与人 1 与“强硬”的参与人 2 进行决斗，其支付（即决策结 x_1 开始的后续博弈的支付）由图 6 – 35（a）决定；如果“自然”选择参与人 2 的性格特征是“软弱”的，则意味着参与人 1 与“软弱”的参与人 2 进行决斗，其支付（即决策结 x_2 开始的后续博弈的支付）由图 6 – 35（b）决定。

显然，在图 6 – 36 所示博弈中，参与人 1 和参与人 2 的信息结构与原博弈是一致的，因为在图 6 – 36 中参与人 1 不知道“自然”的选择，意味着他不知道参与人 2 的性格特征；参与人 2 知道“自然”的选择，意味着他知道自己的性格特征。进一步，假设图 6 – 36 所示博弈对参与人 1 和参与人 2 来讲为共同知识，则图 6 – 36 所示的完全但不完美信息博弈就与原博弈（即简化后的“斗鸡博弈”）完全一致。也就是说，决斗者可以将自己所面临的一个不完全信息博弈问题［即图 6 – 35（a）和图 6 – 35（b）所示博弈问题］，看成是

① 同样的分析也适用于参与人 2。

② 在图 6 – 35 所示的“斗鸡博弈”中，参与人 2 也面临同样的问题。

③ 严格来讲，这一假设为共同知识。

图6－36所示的完全但不完美信息博弈。在这里，海萨尼通过引入“虚拟”参与人，将博弈的起始点由 x_1（或 x_2）提前至 x_0，从而将原博弈中参与人的事前不确定性［即参与人1不知道博弈是根据图6－35（a）还是图6－35（b）进行］，转变为博弈开始后的不确定性（即参与人1不知道“自然”的选择）。这种通过引入“虚拟”参与人来处理不完全信息博弈问题的方法亦称海萨尼转换。

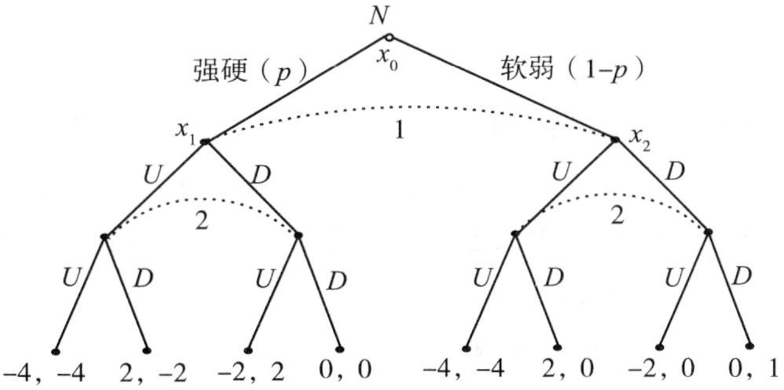

图6－36

前面我们以“斗鸡博弈”为例，介绍了处理不完全信息博弈问题的标准方法——海萨尼转换。对于一般的不完全信息博弈问题，在应用海萨尼转换时，需要注意以下问题：

（1）“自然”的选择。在不完全信息的“斗鸡博弈”中，“自然”选择的是参与人的性格特征，而在一般的不完全信息博弈问题中，海萨尼转换规定“自然”选择的是参与人的类型（type）。这里类型指的是一个参与人所拥有的所有的个人信息（private information）。

在以后的讨论中，我们用 t_i 表示参与人 i 的一个特定的类型，T_i 表示参与人 i 所有类型的集合（亦称类型空间，type space），即 $t_i \in T_i$，$t=(t_1,\cdots,t_n)$表示一个所有参与人的类型组合，$t_{-i}=(t_1,\cdots,t_{i-1},t_{i+1},\cdots,t_n)$表示除参与人 i 之外其他参与人的类型组合。所以，$t=(t_i,t_{-i})$。

（2）参与人关于“自然”选择的推断。用 $p(t_1,\cdots,t_n)$表示定义在参与人类型组合上的一个联合分布密度函数，海萨尼转换假定：对于一个给定的不完全信息博弈问题，存在一个参与人关于“自然”选择的推断 $p(t_1,\cdots,t_n)$，且 $p(t_1,\cdots,t_n)$为共同知识。也就是说，海萨尼转换假定所有参与人关于“自然”行动的信念（belief）是相同的，并且为共同知识。

用 $p_i(t_{-i}|t_i)$表示参与人 i 在知道自己类型为 t_i 的情况下，关于其他参与人类型的推断（即条件概率），则：

$$p_i(t_{-i}|t_i)=\frac{p(t_{-i},t_i)}{p(t_i)}=\frac{p(t_{-i},t_i)}{\sum\limits_{t_{-i}\in T_{-i}}p(t_{-i},t_i)} \tag{6.24}$$

其中，$p(t_i)$为边缘密度函数。

在介绍了完全信息静态博弈和海萨尼转换之后，下面我们定义贝叶斯博弈。

定义6.13 贝叶斯博弈包含以下五个要素：

（1）参与人集合 $\Gamma=\{1,2,\cdots,n\}$。

（2）参与人的类型集 $T_1,\cdots,T_n$。

（3）参与人关于其他参与人类型的推断 $p_1(t_{-1}|t_1),\cdots,p_n(t_{-n}|t_n)$。

（4）参与人类型相依的行动集 $A_1(t_1)$，…，$A_n(t_n)$。

（5）参与人类型相依的支付函数 $u_1(a_1(t_1),a_2(t_2),\cdots,a_n(t_n);t_1),\cdots,u_n(a_1(t_1),a_2(t_2),\cdots,a_n(t_n);t_n)$。

在定义 6.13 中，如果对 $\forall i\in\Gamma$，$|T_i|=1$，也就是说，所有参与人的类型空间都只含有一个类型，那么不完全信息静态博弈就退化为完全信息静态博弈。所以，完全信息静态博弈可以理解为不完全信息静态博弈的一个特例。此外，如果参与人的类型是完全相关的，当任一参与人观测到自己的类型时也就知道了其他参与人的类型，博弈也就成了完全信息的。因此，我们一般假定参与人的类型相互独立。

在贝叶斯博弈中，如果参与人的推断是一致的（consistent），当且仅当存在类型组合集上的某个共同先验分布，使得每个参与人在给定类型下其推断恰好是通过贝叶斯公式［即式（6.24）］从先验分布计算出的条件概率。前面我们已经提到，参与人的推断 $p_i(t_{-i}|t_i)$ 来源于一个共同的参与人关于“自然”选择的推断 $p(t_1,\cdots,t_n)$，且 $p(t_1,\cdots,t_n)$ 为共同知识。所以，贝叶斯博弈中参与人所具有的关于其他参与人的类型的推断是一致的。

对于一个贝叶斯博弈，如果 $|\Gamma|<\infty$ 且对 $\forall i\in\Gamma$，$|T_i|<\infty$，$|A_i(t_i)|<\infty$，则称该博弈为有限贝叶斯博弈。通常，我们用五元组 $G=<\Gamma;(T_i);(p_i);(A_i(t_i));(u_i(a(t);t_i))>$ 来表示一个贝叶斯博弈。如同我们定义战略式博弈和扩展式博弈一样，对于一个给定的贝叶斯博弈，我们假定其博弈结构（即博弈的五个要素）为共同知识。

二、贝叶斯博弈的解

我们知道：通过海萨尼转换，不完全信息的静态博弈问题可以转换为一个信息完全但不完美的动态博弈问题。例如，简化了的“斗鸡博弈”就可看成是一个如图 6－36 所示的信息完全但不完美的动态博弈问题。在图 6－36 中，海萨尼转换假定参与人对“自然”行动的概率分布具有一致的判断，在此假设下我们就可以使用纳什均衡的概念来求解图 6－36 中的博弈。

在图 6－36 中，用 x 表示“强硬”的决斗者 2 选择行动 U 的概率，y 表示决斗者 1 选择行动 U 的概率。考察决斗者 1 的选择。决斗者 1 选择行动 U 和 D 的期望收益分别为 $v_1(U)=2-6xp$ 和 $v_1(D)=-2xp$（这里 p 为“自然”选择决斗者 2 为“强硬”的概率），所以决斗者 1 的最优战略为：如果 $x<\frac{1}{2p}$，则选择 $y=1$（即选择行动 U）；如果 $x>\frac{1}{2p}$，则选择 $y=0$（即选择行动 D）；如果 $x=\frac{1}{2p}$，则选择 $y\in[0,1]$（即选择任一混合战略）。考察“强硬”决斗者 2 的选择。“强硬”决斗者 2 选择行动 U 和 D 的期望收益分别为 $v_2(U)=2-6y$ 和

$v_2(D) = -2y$，所以“强硬”决斗者 2 的最优战略为：如果 $y < \frac{1}{2}$，则选择 $x = 1$（即选择行动 U）；如果 $y > \frac{1}{2}$，则选择 $x = 0$（即选择行动 D）；如果 $y = \frac{1}{2}$，则选择 $x \in [0, 1]$（即选择任一混合战略）。

由以上分析可以看到，图 6－36 中不完美信息博弈存在以下两个纯战略纳什均衡①：

（1）决斗者 1 选择行动 U，“强硬”决斗者 2 选择行动 D，“软弱”决斗者 2 选择行动 D。

（2）决斗者 1 选择行动 D，“强硬”决斗者 2 选择行动 U，“软弱”决斗者 2 选择行动 D。

此外，博弈还存在一个混合战略纳什均衡，即决斗者 1 以$\frac{1}{2}$的概率选择行动 U，“强硬”决斗者 2 以$\frac{1}{2p}$的概率选择行动 U，“软弱”决斗者 2 选择行动 D。

以上所求出的图 6－36 中不完美信息博弈的纯战略纳什均衡，就是所谓的纯战略贝叶斯纳什均衡。下面我们给出纯战略贝叶斯纳什均衡的定义。

用 $v_i(a_i, s_{-i}; t_i)$ 表示给定其他参与人的战略 $s_{-i} = (s_1(\cdot), \cdots, s_{i-1}(\cdot), s_{i+1}(\cdot), \cdots, s_n(\cdot))$，类型为 t_i 的参与人 i 选择行动 a_i 时的期望效用，则：

$$v_i(a_i, s_{-i}; t_i) = \sum_{t_{-i} \in T_{-i}} p_i(t_{-i} | t_i) u_i(a_i, a_{-i}(t_{-i}); t_i) \tag{6.25}$$

其中，对 $\forall t_{-i} \in T_{-i}$，$a_{-i}(t_{-i})$ 为给定 t_{-i}时由 s_{-i}所确定的其他参与人的行动组合$s_{-i}(t_{-i}) = (s_1(t_1), \cdots, s_{i-1}(t_{i-1}), s_{i+1}(t_{i+1}), \cdots, s_n(t_n))$。

在贝叶斯博弈中，对于一个理性的参与人 i，当他只知道自己的类型 t_i 而不知道其他参与人的类型时，给定其他参与人的战略 s_{-i}，他将选择使自己期望效用（支付）最大化的行动 $a_i^*(t_i)$，其中：

$$a_i^*(t_i) \in \arg \max_{a_i \in A_i(t_i)} v_i(a_i, s_{-i}; t_i) \tag{6.26}$$

定义 6.14 贝叶斯博弈 $G = <\Gamma; (T_i); (p_i); (A_i(t_i)); (u_i(a(t); t_i))>$ 的纯战略贝叶斯纳什均衡是一个类型相依的行动组合$(a_1^*(t_1), a_2^*(t_2), \cdots, a_n^*(t_n))$，其中每个参与人在给定自己的类型 t_i 和其他参与人的类型相依行动 $a_{-i}^*(t_{-i})$ 的情况下最大化自己的期望效用。也就是，行动组合$(a_1^*(t_1), a_2^*(t_2), \cdots, a_n^*(t_n))$是一个纯战略贝叶斯纳什均衡，如果对 $\forall i \in \Gamma$，$a_i^*(t_i) \in \arg \max_{a_i \in A_i(t_i)} \sum_{t_{-i} \in T_{-i}} p_i(t_{-i} | t_i) u_i(a_i, a_{-i}^*(t_{-i}); t_i)$。

如同纳什均衡一样，贝叶斯纳什均衡在本质上也是一个一致性预测，即每个参与人 i 都

① 注意，这里 $p > 1/2$。如果 $p \leq 1/2$，则博弈只存在唯一的纳什均衡，即决斗者 1 选择行动 U，“强硬”决斗者 2 选择行动 D，“软弱”决斗者 2 也选择行动 D。

能准确预测到具有类型 t_j 的参与人 j 将会选择 $a_j^*(t_j)$。这里虽然参与人 i 不知道参与人 j 的类型，但他能够预测到具有类型 t_j 的参与人 j 的行动。

在定义 6.14 中，我们将贝叶斯纳什均衡定义为参与人类型相依的一个行动组合。除此之外，还可以将贝叶斯纳什均衡定义为参与人的一个战略组合。

定义 6.15 在静态贝叶斯博弈 $G=<\Gamma;(T_i);(p_i);(A_i(t_i));(u_i(a(t);t_i))>$ 中，战略组合 $s^*=(s_1^*,\cdots,s_n^*)$ 是一个纯战略贝叶斯纳什均衡，如果对 $\forall i\in\Gamma$ 及 $\forall t_i\in T_i$，$s_i^*(t_i)$ 满足：

$$s_i^*(t_i)\in\arg\max_{a_i(t_i)\in A_i(t_i)}\sum_{t_{-i}\in T_{-i}}u_i(s_1^*(t_1),\cdots,s_{i-1}^*(t_{i-1}),\\ a_i(t_i),s_{i+1}^*(t_{i+1}),\cdots,s_n^*(t_n);t_i)p_i(t_{-i}|t_i)$$

即：没有参与人愿意改变自己的战略，即使这种改变只涉及一种类型下的一个行动。

下面我们以简化的“斗鸡博弈”为例，对其贝叶斯纳什均衡进行求解。首先考察简化了的“斗鸡博弈”（见图 6－36）。用 p 表示决斗者 1 关于决斗者 2 的类型的推断，根据式（6.3）可计算出决斗者 1 在给定决斗者 2 战略时的期望支付。在图 6－37 中，每个方格中的数字组合 $(x,(y,z))$ 的含义是：x 表示当决斗者 2 选择该方格所对应的战略时，决斗者 1 选择该方格所对应的战略规定的行动所得到的期望支付；y 和 z 分别表示当决斗者 1 选择该方格所对应的战略时，“强硬”决斗者 2 和“软弱”决斗者 2 选择该方格所对应的战略规定的行动所得到的期望支付。例如，在战略组合 $(U,(U,D))$ 所对应的数字组合 $(2-6p,(-4,0))$ 中，$2-6p$ 为决斗者 2 选择战略 (U,D) 时，决斗者 1 选择战略 U 所规定的行动 U 所得到的期望支付，-4 为决斗者 1 选择战略 U 时，“强硬”决斗者 2 选择战略 (U,D) 规定的行动 U 所得到的支付，0 为决斗者 1 选择战略 U 时，“软弱”决斗者 2 选择战略 (U,D) 规定的行动 D 所得到的支付。

1 \ 2	(U, U)	(U, D)	(D, U)	(D, D)
U	−4，（−4，−4）	2−6p，（−4，0）	6p−4，（−2，−4）	2，（−2，0）
D	−2，（2，0）	−2p，（2，1）	2p−2，（0，0）	0，（0，1）

图 6－37

在图 6－37 中，给定决斗者 1 选择战略 U，“软弱”决斗者 2 选择行动 D 的期望支付为 0，选择行动 U 的期望支付为 -4，行动 D 优于行动 U；给定决斗者 1 选择战略 D，“软弱”决斗者 2 选择行动 D 的期望支付为 1，选择行动 U 的期望支付为 0，所以，行动 D 优于行动 U。这意味着战略 (U,U) 和 (D,U) 为决斗者 2 的劣战略。此时，我们可以根据图 6－38 求解博弈的贝叶斯纳什均衡。

下面我们根据 p 的大小，求解博弈的纯战略贝叶斯纳什均衡。

（1）假设 $p\leqslant 1/2$，从图 6－38 中可以看到：无论决斗者 2 选择战略 (U,D) 还是 (D,D)，

决斗者 1 的最优行动都是 U。给定决斗者 1 的选择 U，“强硬”决斗者 2 的最优行动为 D。所以，博弈存在唯一的纯战略贝叶斯纳什均衡——决斗者 1 选择行动 U，“强硬”决斗者 2 选择行动 D，“软弱”决斗者 2 也选择行动 D。

		2	
		（U，D）	（D，D）
1	U	2-6p，（-4，0）	2，（-2，0）
	D	-2p，（2，1）	0，（0，1）

图 6－38

（2）假设 $p>1/2$，从图 6－38 中可以看到：博弈存在以下两个纯战略贝叶斯纳什均衡：

①决斗者 1 选择行动 U，“强硬”决斗者 2 选择行动 D，“软弱”决斗者 2 选择行动 D；

②决斗者 1 选择行动 D，“强硬”决斗者 2 选择行动 U，“软弱”决斗者 2 选择行动 D。

根据定义 6.5，简化的“斗鸡博弈”的纯战略贝叶斯纳什均衡为：如果 $p \leqslant 1/2$，博弈的纯战略贝叶斯纳什均衡为 $(U,(D,D))$；如果 $p>1/2$，博弈的纯战略贝叶斯纳什均衡为 $(U,(D,D))$ 和 $(D,(U,D))$。

下面以不完全信息古诺博弈为例，进一步加深对贝叶斯纳什均衡理解。

在【例 6.7】的古诺模型中，每一个企业对其他企业的成本都是已知的，对自己的成本当然也是已知的，因而信息是完全的。然而在实际中，企业往往很难知道其他企业的成本。当古诺模型中至少有一个企业不知道其他企业的成本时，所对应的模型即为不完全信息的古诺模型①。在这种情况下我们可以根据企业的成本函数将企业分为不同的类型。

为了与【例 6.7】中的完全信息古诺模型相比，仍然假设市场的需求函数为 $P=a-(q_1+q_2)$，每个企业具有不变的单位成本。所不同的是现在至少有一个企业对其他企业的单位成本是未知的。简单起见，假设企业 1 的单位成本 c_1 是共同知识，而企业 2 的单位成本只有企业 2 自己知道，企业 1 不知道。但企业 1 知道企业 2 的单位成本 c_2 只有两种可能：为低成本 c_2^L，其概率为 μ；为高成本 c_2^H，其概率为 $1-\mu$。其中 $c_2^L<c_2^H$，μ 为共同知识。

先考察企业 2 的决策。由于企业 2 知道企业 1 的成本，因此企业 2 的利润函数为：

$$\pi_2=q_2(P-c_2)=q_2(a-q_2-q_1-c_2)$$

其中，$c_2=c_2^L$（当企业 2 为低成本时）或 $c_2=c_2^H$（当企业 2 为高成本时）。

分别将 $c_2=c_2^L$ 和 $c_2=c_2^H$ 代入上式，并由最优化一阶条件可得：

$$q_2(c_2^L)=\frac{1}{2}(a-q_1-c_2^L) \tag{6.27}$$

$$q_2(c_2^H)=\frac{1}{2}(a-q_1-c_2^H) \tag{6.28}$$

① 除了“至少有一个企业不知道其他企业的成本”以外，不完全信息的古诺模型所包含的基本假设与完全信息的古诺模型相同，即假设（1）企业生产的产品同质无差异；（2）企业进行产量竞争；（3）企业同时行动。

其中，式（6.27）为低成本的企业 2 的反应函数，式（6.28）为高成本的企业 2 的反应函数。

再考察企业 1 的决策。由于企业 1 不知道企业 2 的真实成本，从而不知道企业 2 的反应函数究竟是式（6.27）还是式（6.28），但知道企业 2 的反应函数是式（6.27）的概率为 μ，是式（6.28）的概率为 $1-\mu$。此时，企业 1 将选择 q_1 以最大化自己的期望利润函数：

$$E\pi_1 = \mu q_1(a-c_1-q_1-q_2(c_2^L)) + (1-\mu)q_1(a-c_1-q_1-q_2(c_2^H))$$

由最优化一阶条件可得：

$$q_1 = \frac{\mu(a-c_1-q_2(c_2^L)) + (1-\mu)(a-c_1-q_2(c_2^H))}{2} \tag{6.29}$$

联立求解式（6.27）~式(6.29)，可得：

$$q_2^*(c_2^L) = \frac{a-2c_2^L+c_1}{3} - \frac{1-\mu}{6}(c_2^H - c_2^L)$$

$$q_2^*(c_2^H) = \frac{a-2c_2^H+c_1}{3} + \frac{\mu}{6}(c_2^H - c_2^L)$$

$$q_1^* = \frac{1}{3}(a-2c_1+\mu c_2^L+(1-\mu)c_2^H)$$

所以，模型的贝叶斯纳什均衡为$(q_1^*, q_2^*(c_2^L))$和$(q_1^*, q_2^*(c_2^H))$，即企业 1 生产均衡产量 q_1^*，低成本的企业 2 生产均衡产量 $q_2^*(c_2^L)$，高成本的企业 2 生产 $q_2^*(c_2^H)$。

为了得到更具体的结果，现在进一步假设①：$c_1=c$，$c_2^L=\frac{3}{4}c$，$c_2^H=\frac{5}{4}c$，$\mu=\frac{1}{2}$。在此假设下：$q_1^*=\frac{1}{3}(a-c)$，$q_2^*(c_2^L)=\frac{1}{3}\left(a-\frac{5}{8}c\right)$，$q_2^*(c_2^H)=\frac{1}{3}\left(a-\frac{11}{8}c\right)$。

结合【例 6.7】中关于古诺模型的介绍，下面我们将不完全信息下的贝叶斯纳什均衡和完全信息下的纳什均衡进行比较。首先考察企业在以下三种完全信息情形下的均衡产量。

（1）当 $c_1=c$，$c_2=\frac{3}{4}c$ 时，企业 1 和企业 2 的均衡产量分别为 $q_1^{L*}=\frac{1}{3}\left(a-\frac{5}{4}c\right)$，$q_2^{L*}=\frac{1}{3}\left(a-\frac{1}{2}c\right)$。

（2）当 $c_1=c$，$c_2=c$ 时，企业 1 和企业 2 的均衡产量分别为 $q_1^{c*}=\frac{1}{3}(a-c)$，$q_2^{c*}=\frac{1}{3}(a-c)$。

（3）当 $c_1=c$，$c_2=\frac{5}{4}c$，企业 1 和企业 2 的均衡产量分别为 $q_1^{H*}=\frac{1}{3}\left(a-\frac{3}{4}c\right)$，$q_2^{H*}=$

① 在这些假设下企业 2 的期望单位成本与企业 1 相同。

$\frac{1}{3}\left(a-\frac{3}{2}c\right)$。

比较上述三种完全信息情形下的企业均衡产量，可以看到：$q_1^{L*} < q_1^{c*} < q_1^{H*}$ 且 $q_2^{L*} > q_2^{c*} > q_2^{H*}$。这意味着：当企业 1 的成本保持不变时，如果企业 2 的成本增加（企业 2 的成本分别为 $c_2=\frac{3}{4}c$，$c_2=c$ 及 $c_2=\frac{5}{4}c$），则企业 1 的产量增加，而企业 2 的产量减少。究其原因，就是因为在信息完全下企业的产量由成本决定，成本较低的企业产量会较高。

将不完全信息下企业的均衡产量与完全信息相比，可以看到：

（1）当企业 2 为低成本时，其在不完全信息下的均衡产量 $q_2^*(c_2^L)=\frac{1}{3}\left(a-\frac{5}{8}c\right)$，小于其在完全信息下的均衡产量 $q_2^{L*}=\frac{1}{3}\left(a-\frac{1}{2}c\right)$；与此同时，企业 1 在不完全信息下的均衡产量 $q_1^*=\frac{1}{3}(a-c)$，大于其在完全信息下的均衡产量 $q_1^{L*}=\frac{1}{3}\left(a-\frac{5}{4}c\right)$。这说明在不完全信息的情形下低成本企业的成本优势不再明显。这是因为在不完全信息下企业 1 对企业 2 的预期单位成本（这里为 c）高于完全信息下企业 2 为低成本时的单位成本（这里为$\frac{3}{4}c$），从而使得企业 1 的产量高于完全信息情形下面对低成本企业 2 时的产量（即 $q_1^* > q_1^{L*}$），企业 1 的这种产量提高迫使低成本的企业 2 降低自己的产量。这里企业 2 具有关于自己成本类型的私人信息而企业 1 没有，但企业 1 所生产的产量却高于他具有对方成本信息时的产量，这说明信息不完全给企业 1 带来好处。

（2）当企业 2 为高成本时，其在不完全信息下的均衡产量 $q_2^*(c_2^H)=\frac{1}{3}\left(a-\frac{11}{8}c\right)$，大于其在完全信息下的均衡产量 $q_2^{H*}=\frac{1}{3}\left(a-\frac{3}{2}c\right)$；与此同时，企业 1 在不完全信息下的均衡产量 $q_1^*=\frac{1}{3}(a-c)$，小于其在完全信息下的均衡产量 $q_1^{H*}=\frac{1}{3}\left(a-\frac{3}{4}c\right)$。这说明信息不完全可以给高成本企业带来好处。这是因为在不完全信息下企业 1 对企业 2 的预期单位成本（这里为 c）低于完全信息下企业 2 为高成本时的单位成本（这里为$\frac{5}{4}c$），从而使得企业 1 的产量低于完全信息情形下面对高成本的企业 2 时的产量（即 $q_1^* < q_1^{H*}$），企业 1 的这种产量降低可使高成本的企业 2 提高自己的产量，从而获得好处。这里企业 2 具有关于自己成本类型的私人信息而企业 1 没有，而且企业 1 所生产的产量低于他具有对方成本信息时的产量，这说明信息不完全对企业 1 产生了不利的影响。

上述结论可以用来解释国际政治军事斗争中的许多现象。例如，在国际军事斗争中，军事大国（这里相当于低成本的企业）平时总是到处耀武扬威、显示实力，其目的就是威慑潜在的竞争对手，使其不要对它（指军事大国）的能力（即低成本）产生怀疑；反之，弱小的国家（这里相当于高成本的企业）则会尽可能隐藏自己的军事实力，使对手搞不清楚自己的真正实力，从而在斗争中获得好处。

第四节　不完全信息动态博弈简介

我们知道，完全信息静态博弈问题可以用纳什均衡作为它的解，完全信息动态博弈问题可以用子博弈精炼纳什均衡作为它的解，不完全信息静态博弈问题可以用贝叶斯纳什均衡作为它的解。那么，不完全信息动态博弈问题用什么来作为它的解呢？这里，我们用精炼贝叶斯纳什均衡作为它的解。在介绍精炼贝叶斯纳什均衡之前，我们先介绍“均衡精炼”的思想。

考察图 6－39 中的完全信息扩展式博弈的子博弈精炼纳什均衡。假设 s^* 为一子博弈精炼纳什均衡，那么在参与人采用均衡战略 s^* 的情况下，不管博弈的进程如何或是否发生，每个参与人的战略对从任一决策结开始的子博弈（或在其后轮着他采取的行动）都是最优的。具体讲就是，对于参与人 2：

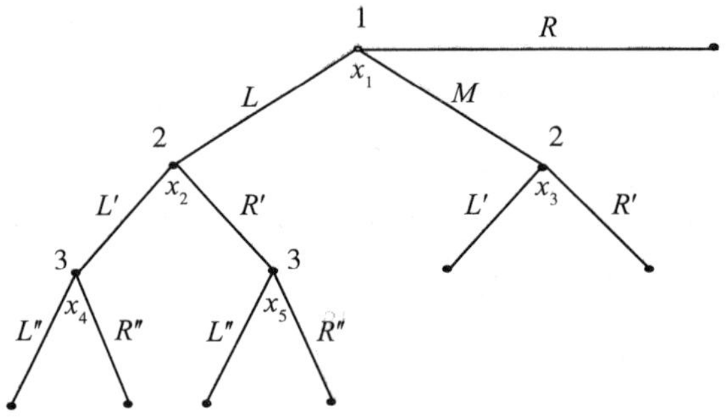

图 6－39

（1）如果博弈能够进行到决策结 x_2，那么对于以 x_2 为起始点的子博弈，均衡战略 s^* 构成参与人 2 的最优战略。

（2）如果博弈能够进行到决策结 x_3，那么对于以 x_3 为起始点的子博弈，均衡战略 s^* 构成参与人 2 的最优战略。

同样，对于参与人 3，如果博弈能够进行到决策结 x_4 或 x_5，那么对于以 x_4 或 x_5 为起始点的子博弈，均衡战略 s^* 构成参与人 3 的最优战略。

子博弈精炼纳什均衡中的这种“均衡精炼”的思想，也可应用到不完全信息扩展式博弈中。作为上述“均衡精炼”思想的自然应用，必然要求每个参与人的均衡战略在其每个信息集上都为最优。如在图 6－40 中，不仅要求参与人 2 的均衡战略在由单决策结构成的信息集 $I_2(\{x_2\})$ 和 $I_2(\{x_3\})$ 上最优，而且还要求参与人 3 的均衡战略在由多决策结构成的信息集 $I_3(\{x_4, x_5\})$ 和 $I_3(\{x_6, x_7\})$ 上最优。

但在图 6－40 中，对于位于由多决策结构成的信息集 $I_3(\{x_4, x_5\})$ ［或 $I_3(\{x_6, x_7\})$］

上的参与人 3，当轮到他行动时，由于对已发生的历史即参与人 2 是选择了 L' 还是 R' 并不清楚，因此也就不知道自己是位于决策结 x_4（或 x_6）还是决策结 x_5（或 x_7）上。在这种情况下，参与人 3 对信息集 $I_3(\{x_4, x_5\})$ [或 $I_3(\{x_6, x_7\})$] 后的博弈进程就不清楚，因而对自己的选择所导致的博弈结果也就不清楚，从而使得参与人 3 无法确定自己的最优行动。

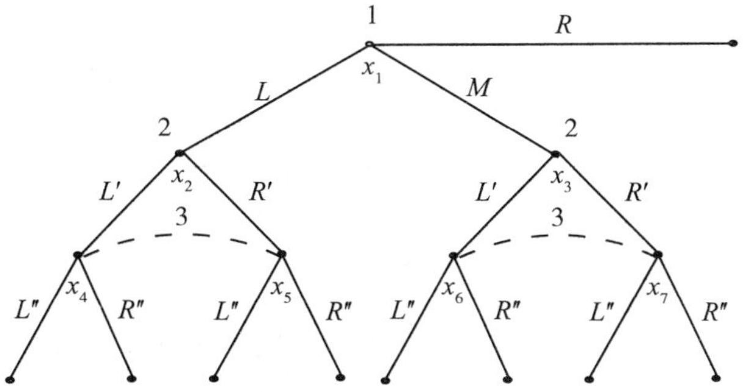

图 6－40

虽然位于多决策结信息集上的参与人，对自己到底位于信息集中哪一个决策结上不能给出一个明确的判断，但一般情况下还是能够对自己位于哪一个决策结，给出一个“大概的估计”。就如同不确定情形下的决策，虽然决策人对自己所处的状态（或未来的状态）不清楚，但决策人还是可以用一个关于状态的概率分布，来对自己所面临的关于状态的不确定性进行描述。当位于多决策结信息集上的参与人能够用一个定义在该信息集上的概率分布，来对自己位于哪一个决策结进行描述时，我们就称参与人在该信息集上具有了关于自己位于哪一个决策结的信念（或推断）。而当参与人具有了关于自己位于哪一个决策结的信念（或推断）时，就可借助这种信念（或推断）来指导自己的决策（或选择）。

考察图 6－41 中的完全但不完美信息动态博弈。在该博弈中，参与人 1 在 3 个行动中进行选择——L、M 及 R。如果参与人 1 选择 R，则博弈结束（参与人 2 没有行动）。如果参与人 1 选择了 L 或 M，则参与人 2 就会知道 1 没有选择 R（但不清楚 1 是选择了 L 还是 M），并在 L' 和 R' 两个行动中进行选择，博弈随之结束。

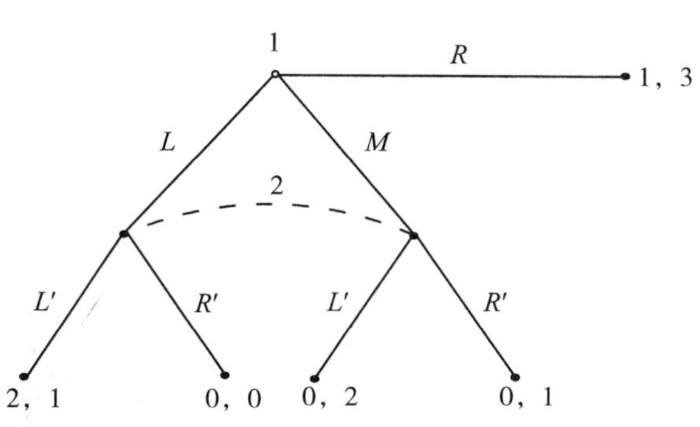

图 6－41

图 6－42 给出了上述完全但不完美信息动态博弈问题的战略式描述，从中可以发现：

上述博弈问题存在两个纯战略纳什均衡——(L,L')和(R,R')。由于在图 6－41 所示的博弈中，只存在一个由初始决策结构成的单一信息集，因此，整个扩展式博弈中除原博弈外，不存在其他子博弈。所以，原博弈的两个纯战略纳什均衡——(L,L')和(R,R')也都是子博弈精炼纳什均衡。

参与人2

		L'	R'
参与人1	L	2，1	0，0
	M	0，2	0，1
	R	1，3	1，3

图 6－42

显然，根据泽尔滕（Selten）所给出的子博弈精炼纳什均衡的定义，是无法将不合理的子博弈精炼纳什均衡(R,R')排除掉的。但是，如果能像前面所分析的那样，将子博弈精炼纳什均衡的思想推广到多决策结信息集，并在每个信息集上给出一个参与人关于自己位于该信息集中哪一个决策结的信念（或推断），则就可以将某些不合理均衡剔除掉。例如，对于图 6－43 所示博弈，［p］表示参与人 2 位于左边决策结的概率为 p，［$1-p$］表示参与人 2 位于右边决策结的概率为 $1-p$。给定参与人 2 的一个推断，参与人 2 选择 L'的期望收益为：

$$E[L'] = p \cdot 1 + (1-p) \cdot 2 = 2-p$$

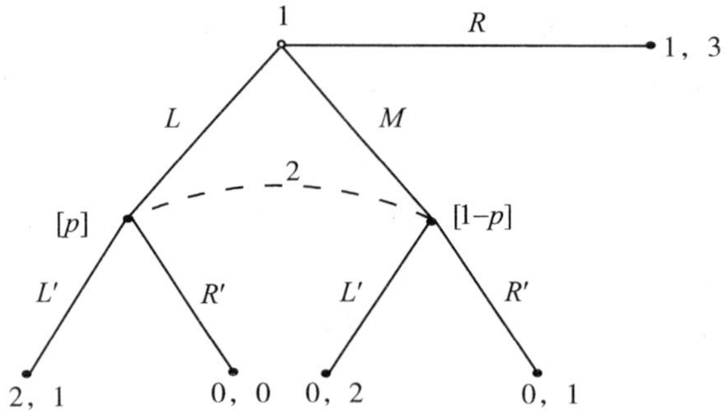

图 6－43

而参与人 2 选择 R'的期望收益为：

$$E[R'] = p \cdot 0 + (1-p) \cdot 1 = 1-p$$

由于对任意的 p，都有 $2-p>1-p$，这就排除了参与人 2 选择 R'的可能性。因此，在上述博弈中，简单要求参与人 2 持有一个推断，并且在此推断下选择最优行动，就足以使我们排除不合理的均衡(R,R')。

从上面的讨论可以看到：要将子博弈精炼纳什均衡中“均衡精炼”的思想应用到不完全信息扩展式博弈中，就必须做到：

（1）对每个参与人 i，在其信息集上给出关于自己位于该信息集中哪一个决策结的信念（或推断）。

（2）对参与人 i 的每个信息集，在给定参与人 i 在该信息集上的信念（或推断）情况下，参与人的战略是对其他参与人战略[①]的一个最优反应，即参与人的选择必须满足序惯理性（sequential rationality）。

在介绍了"均衡精炼"的思想之后，下面我们给出精炼贝叶斯纳什均衡的正式定义。

定义 6.16　一个精炼贝叶斯纳什均衡由满足以下条件的战略与信念构成：

（1）对于每一个信息集，在该信息集采取行动的参与人关于博弈到达信息集中的哪一个结必须有一个信念。对于多决策结构成的信息集，信念是信息集中各个结上的概率分布。对于单决策结信息集，信念则置概率 1 于单决策结上。

（2）在给定的信念下，参与人的战略必须是序贯理性的。就是说，在每一个信息集，具有行动的参与人所采取的行动（以及参与人往后的行动），在给定该参与人在该信息集上的信念与其他参与人以后的战略的情况下必须是最优的。

（3）参与人在均衡路径信息集上的信念设定应满足与战略一致性原则，即通过贝叶斯法则与参与人的均衡战略来确定。

（4）参与人在非均衡路径信息集上的信念设定应满足结构一致性原则，即通过贝叶斯法则和参与人可能的均衡战略来确定。

在定义 6.16 中，给定参与人的均衡战略，参与人的信念必须满足：

（1）与战略的一致性（consistency with strategies）原则。

（2）结构一致性（structural consistency）原则。

（3）共同信念（common beliefs）原则。

在上述三原则中，第一条用来指导不完全信息扩展式博弈中处于均衡路径之上信息集的信念设定，第二条应用于处于均衡路径之外信息集的信念设定，第三条是博弈问题解的特性所决定的对博弈问题的结构要求。

定义 6.17　对于一个给定的不完全信息扩展式博弈中给定的均衡，如果博弈根据均衡战略进行时将以正的概率达到某信息集，我们称此信息集处于均衡路径之上（on the equilibrium path）。反之，如果博弈根据均衡战略进行时肯定不会达到某信息集，我们称此信息集是处于均衡路径之外的信息集（off the equilibrium path），简称非均衡路径信息集[②]。

下面我们结合实际例子，简单分析如何根据这些原则来设定参与人在各信息集上的信念。

（1）所谓与战略的一致性是指，对于任一与参与人的战略相一致的信息集，即处于均

①　这里所说的其他参与人战略亦称后续战略，是在到达给定的信息集之后，包括了其后可能发生的每一种情况的完整的行动计划。

②　这里所说的"均衡"可以是前三部分所定义的纳什均衡、子博弈精炼纳什均衡、贝叶斯纳什均衡以及这个部分后面所要讨论的精炼贝叶斯纳什均衡。

衡路径之上的信息集，参与人关于已发生历史的信念即博弈如何到达该信息集的信念，应该由贝叶斯法则及参与人的均衡战略共同确定。

考察图 6-44 中的不完全信息扩展式博弈。在图 6-44 中，参与人 1 有 3 种类型 t_1、t_2 和 t_3，参与人 1 观测到自然 N 的选择（即知道自己的类型），参与人 2 观测不到自然 N 的选择但能观测到参与人 1 的选择。因此，存在三个关于参与人 1 的由单决策结构成的信息集，以及两个关于参与人 2 的由多决策结构成的信息集 $I_2(\{x_1,x_3,x_5\})$ 和 $I_2(\{x_2,x_4,x_6\})$。对单决策结构成的信息集，可直接设定信念 $p=1$。因此，下面主要讨论由多决策结构成的信息集上的信念设定。

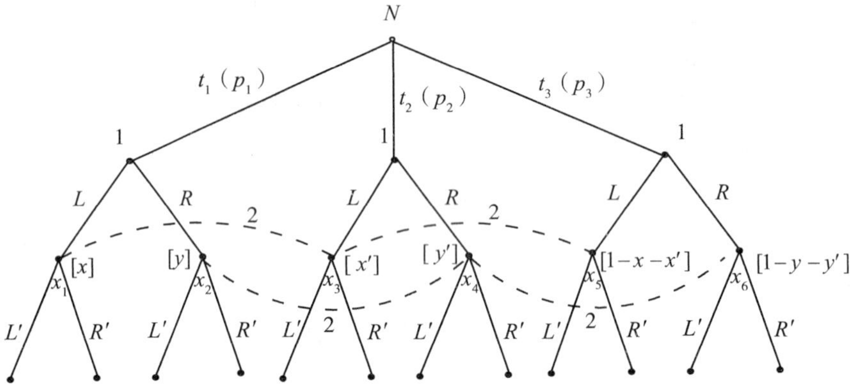

图 6-44

假设在所涉及的均衡中，参与人 1 的均衡战略为(L,L,L)，也就是说，无论是什么类型的参与人 1，他的选择都为 L。因此，参与人 2 位于均衡路径上的信息集为 $I_2(\{x_1,x_3,x_5\})$。在给定参与人 1 的均衡战略为(L,L,L)的前提下，参与人 2 位于信息集 $I_2(\{x_1,x_3,x_5\})$ 中任一决策结的可能性都存在，所以，$x>0$，$x'>0$ 且 $1-x-x'>0$。至于 x、x' 及 $1-x-x'$ 的具体值，则需根据贝叶斯法则来确定。

用 $p(t_i|L)$（$i=1,2,3$）表示当参与人 2 观测到参与人 1 的选择为 L 时，参与人 1 为类型 t_i 的概率，因此，$p(t_1|L)=x$，$p(t_2|L)=x'$，$p(t_3|L)=1-x-x'$。根据贝叶斯法则，有：

$$p(t_i|L)=\frac{p(L|t_i)p(t_i)}{p(L)} \tag{6.30}$$

其中，$p(t_i)$为参与人 1 类型的先验分布，$p(L|t_i)$表示类型为 t_i 的参与人 1 选择行动 L 的条件概率；$p(L)$为参与人 1 选择行动 L 的概率，也就是博弈到达信息集 $I_2(\{x_1,x_3,x_5\})$ 的概率。由全概率公式可得：

$$p(L)=\sum_{t_j\in T}p(L|t_j)p(t_j) \tag{6.31}$$

其中，$T=\{t_1,t_2,t_3\}$为参与人 1 的类型集。

将式（6.31）代入式（6.30），有：

$$p(t_i|L) = \frac{p(L|t_i)p(t_i)}{\sum_{t_j \in T} p(L|t_j)p(t_j)} \tag{6.32}$$

在图 6－44 中，$p(t_1)=p_1$，$p(t_2)=p_2$，$p(t_3)=p_3$；而当参与人 1 的均衡战略为(L,L,L)时，任一类型的参与人 1 都选择了 L，因此，对 $\forall t_i \in T$，有：

$$p(L|t_i)=1 \tag{6.33}$$

根据式（6.32）与式（6.33），即可求得参与人 2 在信息集 $I_2(\{x_1,x_3,x_5\})$上的信念为：

$$x=p(t_1|L)=\frac{1\cdot p_1}{1\cdot p_1+1\cdot p_2+1\cdot p_3}=\frac{p_1}{p_1+p_2+p_3}$$

$$x'=p(t_2|L)=\frac{1\cdot p_2}{1\cdot p_1+1\cdot p_2+1\cdot p_3}=\frac{p_2}{p_1+p_2+p_3}$$

$$1-x-x'=p(t_3|L)=\frac{1\cdot p_3}{1\cdot p_1+1\cdot p_2+1\cdot p_3}=\frac{p_3}{p_1+p_2+p_3}$$

对于图 6－44 所示博弈，进一步假设参与人 1 的均衡战略为(L,L,R)［而不是(L,L,L)］，也就是说，对于类型为 t_1 和 t_2 的参与人 1，其选择都为 L；而对于类型为 t_3 的参与人 1，其选择为 R。因此，参与人 2 的两个信息集 $I_2(\{x_1,x_3,x_5\})$和 $I_2(\{x_2,x_4,x_6\})$都位于均衡路径上。

给定参与人 1 的均衡战略(L,L,R)，有 $p(L|t_1)=p(L|t_2)=p(R|t_3)=1$，所以，$p(R|t_1)=p(R|t_2)=p(L|t_3)=0$。因此，根据式（6.32）可得参与人 2 在信息集 $I_2(\{x_1,x_3,x_5\})$上的信念为：

$$x=p(t_1|L)=\frac{1\cdot p_2}{1\cdot p_1+1\cdot p_2+0\cdot p_3}=\frac{p_1}{p_1+p_2}$$

$$x'=p(t_2|L)=\frac{1\cdot p_2}{1\cdot p_1+1\cdot p_2+0\cdot p_3}=\frac{p_2}{p_1+p_2}$$

$$1-x-x'=p(t_3|L)=\frac{0\cdot p_3}{1\cdot p_1+1\cdot p_2+0\cdot p_3}=0$$

参与人 2 在信息集 I_2（$\{x_2, x_4, x_6\}$）上的信念为：

$$y=p(t_1|R)=\frac{0\cdot p_1}{0\cdot p_1+0\cdot p_2+1\cdot p_3}=0$$

$$y'=p(t_2|R)=\frac{0\cdot p_2}{0\cdot p_1+0\cdot p_2+1\cdot p_3}=0$$

$$1-y-y'=p(t_3|R)=\frac{1\cdot p_3}{0\cdot p_1+0\cdot p_2+1\cdot p_3}=1$$

（2）所谓结构一致性是指，对于给定均衡战略下未能达到的信息集，即处于非均衡路径之上的信息集，参与人在该信息集上的信念由贝叶斯法则及参与人某个可能选择使用的均衡战略共同确定。

从式（6.30）可以看到：应用贝叶斯法则确定信息集上信念的前提是，式（6.30）的分母不能等于0，也就是博弈能够到达信息集的概率必须大于0。但是，对于处于均衡路径之外的信息集，博弈能够到达的概率都等于0。例如，在图6－44中，当参与人1的均衡战略为(L,L,L)时，$I_2(\{x_2,x_4,x_6\})$为参与人2处于均衡路径之外的信息集，此时，博弈能够到达的概率为$p(R)$。由全概率公式可得：

$$p(R)=p(R|t_1)\cdot p_1+p(R|t_2)\cdot p_2+p(R|t_3)\cdot p_3$$

由于参与人1的均衡战略为(L,L,L)，因此，$p(R|t_1)=p(R|t_2)=p(R|t_3)=0$，所以，$p(R)=0$。

由于博弈能够到达非均衡路径上信息集的概率为0，因此，无法直接应用贝叶斯公式［即式（6.30）］来确定非均衡路径上信息集的信念。在实际计算中，可先确定一信念，但该信念必须与参与人“某个可能选择使用的均衡战略”相吻合。例如，在图6－43中，当参与人1的均衡战略为L时，参与人2的均衡战略为L'。此时，只有信念$p=1$与参与人2的均衡战略为L'相吻合。

（3）所谓共同信念是指，所有参与人在任一信息集（包括给定战略下能够到达的信息集与未能到达的信息集）上的信念相同。

该原则是基于博弈问题解的特性而施加的。在传统的博弈论中，博弈问题解的概念要求所有的不对称性包括在博弈问题的描述之中，而每个参与人被假设为用相同的方法分析博弈情形。例如，在子博弈精炼纳什均衡中，隐含了这样的假设：如果一个没预测到的事件发生，即博弈到达非均衡路径的子博弈上，那么所有参与人关于某个参与人i的计划的信念是一样的。而对于目前我们所讨论的问题，就必然要求：所有参与人具有相同的关于任一未预测到事件的信念，也就是所有参与人关于博弈到达任一非均衡路径上多决策结信息集的信念相同。

上述定义6.16是精炼贝叶斯纳什均衡的一个标准定义。不同的学者使用过不同的精炼贝叶斯均衡定义，几乎所有的定义都要求满足条件（1）~（3），绝大多数同时包含了条件（4）。下面我们主要通过几个例子分析如何利用定义6.16，验证一个战略组合与信念是否为精炼贝叶斯纳什均衡。

首先分析前面所讨论过的博弈问题。在图6－43中，$((L,L'),p=1)$［即战略组合(L,L')与信念（推断）$p=1$的组合］满足定义6.16中条件（1）~（3），而对于战略组合(L,L')，不存在处于均衡路径之外的信息集，因此，定义6.16中条件（4）自然得到满足，所以，$((L,L'),p=1)$为精炼贝叶斯纳什均衡。

而在图6－43中，$((R,R'),p)(0\leqslant p\leqslant 1)$不满足定义6.16中条件（2）（因为在参与人2的信息集上，战略R'并不是其最优战略），所以，$((R,R'),p)(0\leqslant p\leqslant 1)$不是精炼贝叶斯

纳什均衡。

考虑更一般情形下的精炼贝叶斯纳什均衡。在图 6－45 中，原博弈有一个子博弈：它始于参与人 2 的单结信息集。这一子博弈（参与人 2 和参与人 3 之间的）唯一的纳什均衡为（L，R'），于是整个博弈唯一的子博弈精炼纳什均衡为（D，L，R'）。这一组战略和参与人 3 的推断 $p=1$ 满足了定义 6.16 中条件（1）～（3），而且也简单地满足了条件（4），因为没有处于这一均衡路径之外的信息集，于是$((D,L,R'),p=1)$构成了一个精炼贝叶斯纳什均衡。

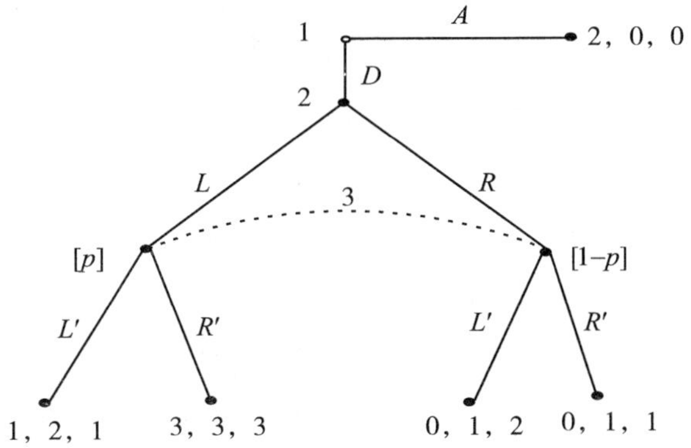

图 6－45

为进一步理解定义 6.16 中的条件（4），将图 6－45 稍做改变，使参与人 2 多出了第三种可能的行动 A'。如果参与人 2 选择行动 A'，则博弈结束（为使表示简化，这一博弈略去了收益情况。见图 6－46）。和前例相同，如果参与人 1 的均衡战略为 A，则参与人 3 的信息集就处于均衡路径之外，但现在定义 6.16 中条件（4）却无法从参与人 2 的战略中决定参与人 3 的推断。如果参与人 2 的战略为 A'，则定义 6.16 中条件（4）就对参与人 3 的推断没有任何限制；但如果参与人 2 的战略为以 q_1 的概率选择 L，q_2 的概率选择 R，$1-q_1-q_2$ 的概率选择 A'，其中，$q_1+q_2\neq0$，则定义 6.16 中条件（4）就限定了参与人 3 的推断为 $p=\dfrac{q_1}{q_1+q_2}$。

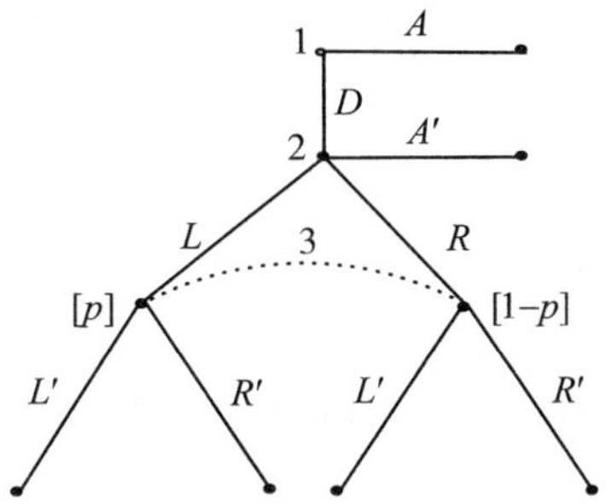

图 6－46

正如前面所阐述的，精炼贝叶斯纳什均衡这一概念的优点之一，就是它使得参与人的推断明确化。由于精炼贝叶斯纳什均衡排除了参与人 i 选择任何始于非均衡路径上信息集的严格劣战略的可能性，要令参与人 j 相信 i 选择这样一个战略当然也是不合情理的。值得注意的是，正是由于精炼贝叶斯纳什均衡使得参与人的推断明确化，才使得这种均衡的求解往往不能像我们求解子博弈精炼纳什均衡时那样，沿博弈树通过逆向推导而构建出来。定义 6.16 中条件（2）决定了参与人在一个给定信息集的行动部分依赖于参与人在该信息集的推断，如果在这一信息集还要同时满足条件（3）或者条件（4），则参与人的推断又由其他参与人在博弈树更上端的行动所决定。但是根据条件（2），这些在博弈树更上端的行动又部分依赖于参与人随后的战略，包括在当初信息集的行动。这一循环推论意味着沿博弈树从后向前逆向推导（一般情况下）将不足以计算出精炼贝叶斯纳什均衡。

本章小结

本章主要介绍了非合作博弈中的四种经典博弈，即完全信息静态博弈、不完全信息静态博弈、完全信息动态博弈和不完全信息动态博弈的概念、基本定理、性质，重点介绍了纳什均衡、贝叶斯纳什均衡、子博弈精炼纳什均衡和子博弈精炼贝叶斯纳什均衡的求解方法。

本章习题

1. 回答下列问题：

（1）什么是博弈？试举例说明博弈问题与传统的决策问题有什么不同。

（2）什么是共同知识？试举例说明共同知识与相互知识的区别。

（3）什么是完全理性假设？完全理性为共同知识对博弈分析有何意义？试举例说明。

（4）在博弈论中，划分完全信息和不完全信息的标准是什么？划分静态博弈和动态博弈的标准是什么？划分合作博弈和非合作博弈的标准是什么？

（5）什么是博弈的战略式？你认为构成一个博弈问题的最基本要素是什么？为什么？

（6）什么是参与人的战略？战略和行动是等同的吗？试举例说明。

（7）在博弈论中，博弈问题的解是什么？为什么纳什均衡可以作为博弈的解？纳什均衡作为博弈的解存在什么问题？

（8）占优战略均衡和重复剔除占优均衡对参与人的理性要求有何不同？在有限战略式博弈中，是否一定要求完全理性为共同知识，才能确保重复剔除占优均衡成为博弈的解？

（9）什么是战略式博弈的混合战略？纯战略与混合战略有什么区别？最优混合战略有什么特点？

（10）什么是混合战略纳什均衡？你是如何理解混合战略纳什均衡的？

（11）扩展式博弈的基本构成要素是什么？如何将一个扩展式博弈转化为战略式博弈？

（12）博弈树的基本构成要素是什么？在博弈树中，轮到每个参与人决策时，其决策环境用什么来描述？

（13）什么是参与人的信息集？引入信息集的目的是什么？在博弈树中如何表示信息集？试举例说明。

（14）动态博弈分析中为什么要引进子博弈精炼纳什均衡，它与纳什均衡之间是什么关系？试用一个例子说明子博弈精炼纳什均衡如何对纳什均衡进行精炼。

（15）在无限重复博弈中，参与人的任何可行收益是否一定能够通过触发战略在阶段博弈中得到？其条件是什么？

（16）试举例说明不完全信息博弈与完全信息博弈的区别。

（17）什么是静态贝叶斯博弈？其构成的基本要素是什么？什么是静态贝叶斯博弈中参与人的战略？

（18）在精炼贝叶斯纳什均衡中，参与人在非均衡路径上的信念设定与均衡路径上的有什么不同？试举例说明。

2. 试用博弈论中的相关模型解释下列现象。

（1）为什么在大城市中心地区禁鸣喇叭？

（2）摊贩为什么都喜欢往市场门口挤？

（3）为什么会出现银行挤兑现象，如何预防这种现象？

3. 求解图 6－47 和图 6－48 的战略式博弈的纯战略纳什均衡。

1 \ 2	L	R
U	1，3	2，5
D	4，1	6，2

图 6－47

1 \ 2	L	R
U	5，6	2，5
D	4，1	6，2

图 6－48

4. 试用重复剔除劣战略的方法求解图 6－49 和图 6－50 的战略式博弈的纯战略纳什均衡。

1 \ 2	L	M	R
U	1，0	2，1	1，0
M	0，1	1，2	2，0
D	2，0	1，1	0，2

图 6－49

1 \ 2	L	M	R
U	4，4	3，3	5，0
M	2，5	5，2	4，6
D	3，0	2，3	3，5

图 6－50

5. 试用规划法求解图 6－51 和图 6－52 的战略式博弈的纳什均衡。

1 \ 2	L	M	R
U	−1，1	0，0	2，−2
M	1，−1	−1，1	1，−1
D	−1，1	2，−2	−2，2

图 6－51

1 \ 2	L	M	R
U	0，3	1，2	2，2
M	2，1	1，1	0，0
D	3，0	0，1	0，2

图 6－52

6. 求解图 6－53 和图 6－54 的战略式博弈的纳什均衡。

1 \ 2	L_2	M_2	R_2
L_1	1，−2	−2，1	0，0
M_1	2，1	1，−2	0，0
R_1	0，0	0，0	1，1

图 6－53

1 \ 2	L_2	M_2	R_2
L_1	0，4	4，0	5，3
M_1	4，0	0，4	5，3
R_1	3，5	3，5	6，6

图 6－54

7. 在图 6－55 的战略式博弈中，当 a、b、c、d、e、f、g 和 h 之间满足什么条件时，该博弈：

（1）存在占优战略纳什均衡？

（2）存在重复剔除的占优战略纳什均衡？

（3）存在纯战略纳什均衡？

（4）存在纳什均衡？

1 \ 2	L	R
U	a，b	c，d
D	e，f	g，h

图 6－55

8. 在一个与外界隔绝的山村住着两户人家 A 和 B。当有路与外界沟通的时候，路给穷人带来 2 个单位的效用，给富人带来 10 个单位的效用。而修路者修路需要付出 5 个单位的成本。试问：在何种情况下这个山村的路修不起来？在何种情况下大家都不愿意主动修路而只有在别人不修路的情况下他才修路？在什么情况下有人有积极性主动修路？

9. 两个企业各有一个工作空缺，假设企业所给的工资不同：企业 i 给的工资为 w_i，这里 $\frac{1}{2}w_1 \leqslant w_2 \leqslant 2w_1$。假设有两个工人，每人只能申请一份工作，两人同时决定向企业 1 申请工作，还是向企业 2 申请工作。如果只有一个人向一个企业申请，他就会得到这份工作；如果两个工人同时向一个企业申请工作，则企业随机选择一个工人，另一人就会失业（这时收益为0)。试给出该博弈的战略式描述并求解其纳什均衡。

10. 在 n 人古诺模型中,假设市场需求为 $P(Q)=a-Q$,其中 $Q=q_1+q_2+\cdots+q_n$ 为市场总产量,厂商 i 生产 q_i 的总成本为 $C_i=C_i(q_i)=cq_i$(c 为常数)。假设各厂商同时选择产量,该模型的纳什均衡是什么?当 n 趋向于无穷大时可以得出什么结论?

11. 在监督博弈中,假定纳税人是风险中性者,y 是个人真实收入,x 是未申报收入,t 是应税收入的边际税率,f 是对逃税额的惩罚比率(即如果逃税税额为 α,则罚款额为 $f\alpha$),c 是稽查成本。如果逃税被查获,则不仅要补缴税款而且要处以罚款。

(1)试写出该博弈的战略式描述。

(2)求解上述博弈的纳什均衡。

(3)试写出纳税人和税务机关的反应响应。

12. 领土争夺博弈——两个国家在领土问题上存在分歧,每个国家都可以选择动用军事力量(M)或避免冲突(R)。如果两个国家同时选择 M,就很有可能激化冲突,引发战争,双方的期望支付为0;如果双方都选择 R 时,就很有可能通过和平手段解决领土分歧,使双方获得一个正的支付 b;如果一方选择 M,而另一方选择 R,采取军事行动的一方不但彻底控制该领地,还不再受其他任何国家或者组织的军事威胁。入侵者的支付为 a,失败者的支付为 c,其中 $a>b>c>0$。假设存在一个公正的仲裁者,他以相等的概率 π 告诉其中一个国家选择行动 R,另一个国家选择 M,以 $1-2\pi$ 的概率告诉双方采取行动 R(见图6-56)。试求该博弈的相关均衡,并分析该均衡能否避免战争的发生。

		2	
		M	R
1	M	0, 0	a, c
	R	c, a	b, b

图6-56

13. 求解图6-57和图6-58的扩展式博弈的纳什均衡和子博弈精炼纳什均衡。如果存在多个子博弈精炼纳什均衡的话,你认为合理的均衡是什么?

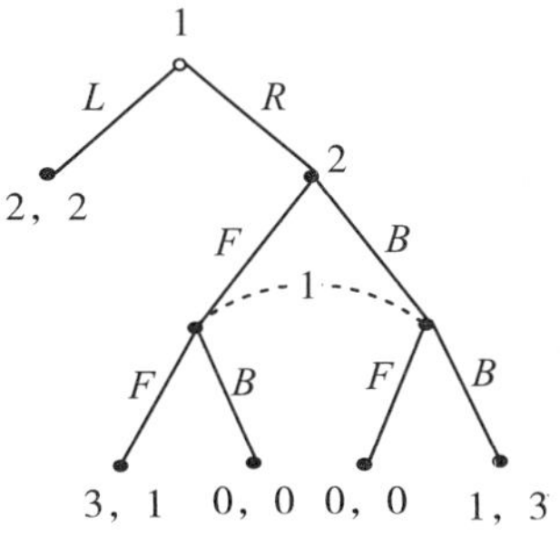

图6-57

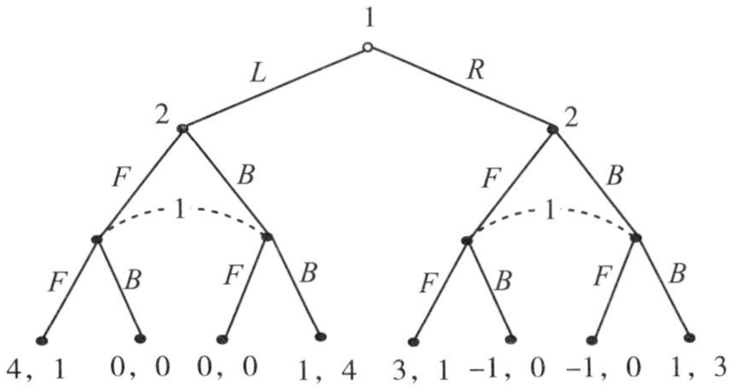

图6-58

14. 2001年9月11日,美国4架民航飞机遭恐怖分子劫持,其中两架撞击了纽约世界贸易中心,两座塔楼相继坍塌,一架飞机撞击了位于华盛顿的五角大楼,另一架坠毁在宾夕法尼亚州的匹兹堡附近。事后记者采访美国总统布什，布什透露他当时很难下决心让战斗机击毁被劫持的客机。2004 年 9 月 1 日至 3 日发生的别斯兰事件，造成 331 人遇难，其中有 186 名儿童，成为俄罗斯心中永远的痛。俄罗斯总统普京在事件的处理过程中坚持强硬态度，并承诺俄罗斯决不和恐怖分子进行谈判。请运用博弈论的思想分析他们俩哪个的做法更有利于维护国家的利益。

第七章　动态规划

本章要点

1. 掌握动态规划五要素；
2. 会用动态规划逆序法和顺序法求解多阶段决策问题；
3. 了解动态规划在经济管理中的应用。

在实际应用中，常遇到这样的问题，一类活动可以依据时间或空间划分为若干个相互联系的阶段，每个阶段都要做出相应的决策，一个阶段的决策还会影响到下一阶段的决策，从而可以确定这个问题的整个决策过程，将这一类问题称为多阶段决策问题。

整个问题各个阶段的决策构成一个决策序列，称为策略。每一个阶段都有若干个决策可供选择，因而会有若干种策略。对于整个活动而言，每一种策略导致的结果都不相同。多阶段决策问题，就是要从这些策略里选择一个最优策略，使活动达到某种要求下的最好效果。

动态规划是运筹学的另一个重要分支，是解决多阶段决策过程最优化问题的一种理论与方法，该方法由美国数学家贝尔曼（R. Bellman）等人在 20 世纪 50 年代初提出。他们针对多阶段决策问题的特点，提出了解决这类问题的最优化原理，并成功地解决了生产管理、资源分配、工程技术以及经济决策等方面的许多实际问题，从而建立了运筹学的一个新分支。它将整体分为若干个前后衔接的时空阶段，逐个进行求解，按照一定的递推关系做出一系列决策，直到达到整体最优为止。

动态规划按照决策过程的演变是否确定，分为确定性动态规划和随机性动态规划；也可以按照决策变量的取值是否连续，分为连续性动态规划和离散性动态规划。这样组合之后就会有离散确定性、离散随机性、连续确定性、连续随机性四种决策模型，其中离散确定型是最基本的。

第一节　动态规划的基本概念和基本原理

一、多阶段决策问题

在多阶段决策中，由于各个阶段可供选择的决策往往不止一个，因此就会有许多策略可供选择，这些可供选择的策略构成的集合，我们通常称之为允许策略集合。每种策略都相应地确定一种活动效果，我们假定这种效果可以用数量指标来衡量。由于不同的策略会导致不同的效果，因此，如何在允许策略集合中，选择一个策略，使其在预定标准下达到最好的效果，常常是人们所关心的问题，我们称这样的策略为最优策略。这类问题就称为多阶段决策问题。

在多阶段决策中，决策者在每个阶段都要作出决策，全部过程的决策形成一个决策序列，所以多阶段决策问题属于序贯决策问题。在多阶段决策中，各个阶段采取的决策一般来说是与时间有关的，故有“动态”的含义，因此把处理这类问题的方法称为动态规划方法。但有些与时间因素没有关系的所谓“静态问题”，只要人为地引进“时间”因素，也可以把它视为多阶段决策问题，而用动态规划方法处理。请看下面例子。

【例 7.1】（最短路问题）如图 7－1 所示，要从 A 到 F 铺设一条石油运输管道，各点连线上的数字表示距离，问应该怎样选择线路，使得从 A 到 F 总距离最短。

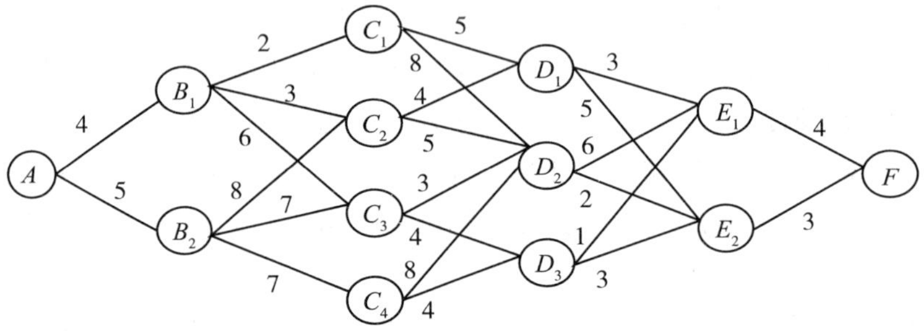

图 7－1

我们把从 A 到 F 的路线自然地分为 5 个阶段：从 A 到 B 为第 1 阶段，从 B 到 C 为第 2 阶段，从 C 到 D 为第 3 阶段，从 D 到 E 为第 4 阶段，从 E 到 F 为第 5 阶段。每个阶段都有几条可供选择的路线，例如从 A 到 B 有 2 条路线 $A \to B_1$ 或 $A \to B_2$，从 B_1 到 C 有 3 条路线 $B_1 \to C_1$，$B_1 \to C_2$ 或 $B_1 \to C_3$，等等。这显然是一个多阶段决策问题。

【例 7.2】（投资决策问题）某公司现有资金 10 万元，若投资于项目 $i(i=1,2,3)$ 的投资额为 x_i 时，其收益分别为 $g_1(x_1)=4x_1$，$g_2(x_2)=9x_2$，$g_3(x_3)=2x_3^2$，问应如何分配投资数额才能使总收益最大？

这是一个与时间无明显关系的静态最优化问题，可列出其静态模型：

$$\max z = 4x_1 + 9x_2 + 2x_3^2$$

$$\text{s. t.} \begin{cases} x_1 + x_2 + x_3 = 10 \\ x_i \geqslant 0 (i=1,2,3) \end{cases}$$

为了应用动态规划方法求解，我们可以人为地赋予它“时段”的概念，将本例转化成一个三阶段的决策问题。

二、动态规划的基本概念

下面通过分析【例 7.1】来了解动态规划中的一些基本概念。

1. 阶段（stage）

阶段是指一个问题需要做出决策的步数。通常用 k 来表示问题包含的阶段数，称为阶段变量。对于有 N 个阶段的决策过程，阶段变量为 $k=1$，2，…，N。

这个编号方法可以顺序逐渐增加，即初始阶段编号小，往后逐渐增大。也可以逆序逐渐增加，即最后一个阶段编号小，往前推逐渐增大。

【例 7.1】中整个活动可以划分为五个阶段，第一阶段 $k=1$，从 A 到 B（B 有 2 种选择 B_1、B_2），第二阶段 $k=2$，从 B 到 C（C 有 4 种选择 C_1、C_2、C_3、C_4），第三阶段 $k=3$，从 C 到 D（D 有 3 种选择 D_1、D_2、D_3），第四阶段 $k=4$，从 D 到 E（E 有 2 种选择 E_1、E_2），第四阶段 $k=5$，从 E 到 F。

2. 状态（state）

各阶段开始时的客观条件叫作状态。状态是动态规划问题各阶段信息的传递点和结合点。状态既是前面各阶段系列决策的结束，又是本阶段决策的出发点和依据。通常用 s_k 表示第 k 阶段的状态变量，状态变量的 s_k 取值集合称为状态集合，用 S_k 表示。

动态规划中的状态应具有如下性质：当某状态给定以后，在这阶段以后过程的发展不受这段以前各段状态的影响。也就是说，当前的状态是过去历史的一个完整总结，过程的过去历史只能通过当前状态去影响它未来的发展，这称为无后效性。如果选的变量不具备无后效性，就不能作为状态变量来构造动态规划模型。

【例 7.1】中第一阶段状态为 A，第二阶段状态为 B_1、B_2，第三阶段状态为 C_1、C_2、C_3、C_4，第四阶段状态为 D_1、D_2、D_3，第五阶段状态为 E_1、E_2，各阶段状态集合分别为：

$$S_1=\{A\}$$
$$S_2=\{B_1,B_2\}$$
$$S_3=\{C_1,C_2,C_3,C_4\}$$
$$S_4=\{D_1,D_2,D_3\}$$
$$S_5=\{E_1,E_2\}$$

3. 决策（decision）和策略（policy）

决策是指某阶段从给定的状态出发，决策者面临若干种方案做出的选择。

决策变量 $u_k(s_k)$ 表示第 k 阶段状态为 s_k 时对方案的选择。$D_k(s_k)$ 表示第 k 阶段状态为 s_k 时决策允许的取值范围，称为允许决策集合。显然有 $u_k(s_k)\in D_k(s_k)$。

【例 7.1】中第二阶段若从 B_1 出发，可以选择 C_1、C_2、C_3，即允许决策集合为 $D_2(B_1)=\{C_1,C_2,C_3\}$；如果决定选择 C_3 时，$u_2(B_1)=C_3$。

当各阶段的决策确定后，整个问题各阶段决策的决策序列就构成了一个策略，用 $p_{1,n}$

$\{u_1(s_1), u_2(s_2), \cdots, u_n(s_n)\}$表示。对每个实际问题，可供选择的策略有一定范围，称为允许策略集合，记为$p_{1,n}$，使整个问题达到最优的策略就是最优策略。

【例7.1】中$p_{1,5}\{A, B_2, C_3, D_2, E_1, F\}$，$p_{1,5}\{A, B_2, C_2, D_1, E_2, F\}$，$p_{1,5}\{A, B_1, C_2, D_2, E_2, F\}$分别是该问题的三个策略，期中$p_{1,5}\{A, B_2, C_3, D_2, E_1, F\}$和$p_{1,5}\{A, B_2, C_2, D_1, E_2, F\}$不是最优策略，$p_{1,5}\{A, B_1, C_2, D_2, E_2, F\}$是最优策略。

4. 状态转移方程（state transfer equation）

动态规划问题中本阶段的状态往往是上一阶段状态和上一阶段决策的结果。如果给定了第k阶段的状态s_k，本阶段决策为$u_k(s_k)$，则第$k+1$阶段的状态s_{k+1}也就完全确定了，他们之间的关系可以表示为：

$$s_{k+1} = T_k(s_k, u_k) \tag{7.1}$$

由于式（7.1）描述了k阶段到$k+1$阶段的状态转移规律，式（7.1）称之为状态转移方程。

【例7.1】中上一阶段的决策就是下一阶段的状态，所以状态转移方程为：

$$s_{k+1} = u_k(s_k) \tag{7.2}$$

5. 指标函数

用于衡量所选定策略优劣的数量指标称为指标函数。通常指标函数有阶段指标函数和过程指标函数两种。阶段指标函数是第k段，从状态s_k出发，采取决策u_k时的效益，通常用$d(s_k, u_k)$表示。而一个n段决策过程，从1到n叫做问题的原过程，对于任意一个给定的$k(1 \leqslant k \leqslant n)$，从第$k$段到第$n$段的过程称为原过程的一个后部子过程。$V_{1,n}(s_1, p_{1,n})$表示初始状态为$s_1$，采用策略$p_{1,n}$时原过程的指标函数值，而$V_{k,n}(s_k, p_{k,n})$表示在第$k$阶段状态为$s_k$，采用策略$p_{k,n}$时后部子过程的指标函数值。

指标函数值可以表示为：

$$V_{k,n} = V_{k,n}(s_k, p_{k,n}) \tag{7.3}$$

当$k=1$时，$V_{1,n}$表示初始状态为s_1，采用策略$p_{1,n}$时的指标函数为：

$$V_{1,n} = V_{1,n}(s_1, p_{1,n}) \tag{7.4}$$

动态规划数学模型的指标函数满足递推关系，即：

$$V_{k,n}(s_k, p_{k,n}) = \varphi_k[s_k, u_k, V_{k+1,n}(s_{k+1}, p_{k+1,n})] \tag{7.5}$$

过程指标函数是它所包含的各阶段指标函数的函数，按问题的性质，可以是各阶段指标函数的和、积或其他函数形式。

当过程指标函数是各阶段指标函数的和时，任一后部子过程的指标函数是它所包含的各阶段指标的和，则：

$$V_{k,n}(s_k, p_{k,n}) = \sum_{j=k}^{n} d(s_j, u_j) \tag{7.6}$$

当过程指标函数是各阶段指标函数的积时，任一后部子过程的指标函数是它所包含的各阶段指标的积，则：

$$V_{k,n}(s_k,p_{k,n}) = \prod_{j=k}^{n} d(s_j,u_j) \tag{7.7}$$

最优指标函数记为f_k（s_k），它表示从第 k 阶段状态 s_k，采用最优策略 $p_{k,n}^*$到过程终止时的最佳效益值。$f_k(s_k)$与 $V_{k,n}(s_k,p_{k,n})$间的关系为：

$$f_k(s_k) = V_{k,n}(s_k,p_{k,n}^*) = \mathop{opt}_{p_{k,n}\in P_{k,n}} V_{k,n}(s_k,p_{k,n}) \tag{7.8}$$

opt（optimization）根据问题可以取最大值或最小值。

【例 7.1】中，d_2（B_2，C_3）表示第二阶段中由点B_2到点C_3 的距离，$V_{2,5}$（B_1）表示第二阶段中从 B_1 到 F 的距离，f_2（B_1）表示从第 2 阶段 B_1 到终点 F 最短距离，而本问题的总目标f_1（A）就是起点 A 到终点的最短距离。

三、动态规划的基本思想和最优化原理

1. 动态规划的基本思想

（1）将整个活动按照时间或者空间划分成若干个相同类型的阶段，选取恰当的状态变量和决策变量，写出状态转移方程，定义最优指标函数，确定递推关系和边界条件。

（2）从边界开始，逆（或顺）递推寻找最优，在每一个阶段的计算中都要用到前一阶段的最优结果，依次类推，求得最后一个子问题的最优解就是整个问题的最优解。

（3）在多阶段决策过程中，确定阶段 k 的最优决策时，不仅要考虑本阶段最优，还要考虑本阶段及其所有后部子过程的整体最优，即把当前效益和未来效益结合考虑。

2. 最优化原理

理查德·贝尔曼（Richard Bellman）在 20 世纪 50 年代提出求解动态规划的最优性原理，不仅可以解决动态最优化问题，还能解决某些静态最优化问题。最优化原理可以表述为：不管在此最优策略上的某个状态以前的状态和决策如何，对该状态来说，以后所有的决策必定构成最优子策略。

定理 7.1（最优性定理） 对于阶段数为 n 的多阶段决策过程，$k=1,2,\cdots,n$，$s_1\in S_1$，则允许策略$P_{1,n}^*=(u_1^*,u_2^*,\cdots,u_n^*)$是最优策略的充要条件是对任意 k（$1\leqslant k\leqslant n$），有：

$$V_{1,n}(s_1,p_{1,n}^*) = \mathop{opt}_{p_{1,k-1}\in P_{1,k-1}(s_1)} \{V_{1,k-1}(s_1,p_{1,k-1}) + \mathop{opt}_{p_{k,n}\in P_{k,n}(s_k)} V_{k,n}(s_k,p_{k,n})\} \tag{7.9}$$

其中，$p_{1,k-1}(s_1)$为前部允许子策略集合，$p_{k,n}(s_k)$为以 s_k为起点的后部允许子策略集合。

推论 7.1 对于给定的 $s_1\in S_1$，若 $P_{1,n}^*=(u_1^*,u_2^*,\cdots,u_n^*)$为最优策略，则对任意的 k（$1\leqslant k\leqslant n$），它的后部子策略$P_{k,n}^*=(u_k^*,u_{k+1}^*,\cdots,u_n^*)$，对以 $s_k^*=T_{k-1}(s_{k-1}^*,u_{k-1}^*)$为起点的后部子过程来说，也是最优策略。

此推论是最优策略的必要条件。另外，最优化原理与动态规划的基本方法并不是无条

件等价的，两者之间也不存在确定的蕴含关系。

第二节　动态规划模型的建立与求解

一、动态规划模型建立

动态规划模型的建立步骤如下：

（1）划分阶段。划分阶段是运用动态规划求解多阶段决策问题的第一步，在确定具有多阶段特征之后，按照时间或者空间的先后顺序，将过程划分为若干相互联系的阶段。对于静态问题，要赋予“时间”或者“空间”的概念，以便进行阶段划分。

（2）选择状态变量 s_k。选择变量要能确切描述过程的演变，还要具有无后效性，而且各阶段的状态变量之值要能够确定。状态变量可以是离散的，也可以是连续的。一般从与决策有关的条件中，或从问题的约束条件中寻找状态变量，通常选择随递推过程累计的量或按某种规律变化的量作为状态变量。

（3）确定决策变量 u_k 及允许决策集合 $D_k(s_k)$。通常选择所求解问题的关键变量作为决策变量，同时要给出决策变量的取值范围，即确定允许决策集合。

（4）确定状态转移方程。根据 k 阶段状态变量 s_k和决策变量$u_k(s_k)$写出 $k+1$ 阶段状态变量 s_{k+1}，即 $s_{k+1}=T_k(s_k,u_k)$，状态转移方程应该具有递推关系。

（5）确定阶段指标函数和最优指标函数，建立动态规划基本方程。阶段指标函数$v_k(s_k,u_k)$是指第 k 阶段的效益，最优指标函数 $f_k(s_k)$是指从第 k 阶段状态 s_k 出发到第 n 阶段末所获得收益的最优值，最后写出动态规划基本方程。

以上所列步骤是建立动态规划数学模型的一般步骤。动态规划模型不同于线性规划，它没有统一的模式，建模时必须根据具体问题具体分析。

二、逆序解法和顺序解法

动态规划模型有两类基本的解法，逆序解法和顺序解法。逆序解法是从问题的最后一个阶段开始，逆向寻优。顺序解法是从问题的最初阶段开始，同多阶段决策的实际过程一致顺序寻优。一般而言，初始状态给定时，用逆序解法较好；而终止状态给定时，用顺序解法较好。

1. 逆序解法

在逆序解法中，以第 k 阶段的任一状态 $s_k\in S_k$ 为起始状态的后部子过程的最优策略 $P^*_{k,n}(s_k)$是问题

$$\begin{cases} opt V_{k,n}(s_k,p_{k,n}(s_k)) = \sum_{j=k}^{n} v_j(s_j,u_j) \\ \text{s. t. } p_{k,n}(s_k) \in P_{k,n}(s_k) \end{cases} \tag{7.10}$$

的解。其中，$P_{k,n}(s_k)$是以 s_k 为起始状态的后部允许策略集合。又因：

$$V_{k,n}(s_k,p_{k,n}(s_k)) = \sum_{j=k}^{n} v_j(s_j,u_j) = v_k(s_k,u_k) + \sum_{j=k+1}^{n} v_j(s_j,u_j)$$

其中，

$$\begin{cases} p_{k,n}(s_k) = \{u_k, p_{k+1,n}(s_{k+1})\} \\ s_{k+1} = T_k(s_k,u_k) \end{cases} \tag{7.11}$$

假定对于任意的 $s_{k+1} \in S_{k+1}$，已求出其后部最优策略$p^*_{k+1,n}(s_{k+1})$为：

$$opt\{v_k(s_k,u_k) + V_{k+1,n}(s_{k+1},p^*_{k+1,n}(s_{k+1}))\}$$
$$\text{s. t.} \begin{cases} u_k \in D_k(s_k) \\ s_{k+1} = T_k(s_k,u_k) \end{cases} \tag{7.12}$$

记$f_k(s_k)$是以 s_k 为起始的后部子过程的最优值函数，则问题式（7.11）又可以写成：

$$\begin{cases} f_k(s_k) = \underset{u_k \in D_k(s_k)}{opt} \{v_k(s_k,u_k) + f_{k+1}(s_{k+1})\} \\ \text{s. t. } s_{k+1} = T_k(s_k,u_k) \end{cases} \tag{7.13}$$

由问题式（7.12）解出u_k^*，则$\{u_k, p_{k+1,n}(s_{k+1})\}$就是所求的$p^*_{k,n}(s_k)$。因此，原问题就归结为求解问题式（7.12）。

式（7.13）是一个递推方程，称为动态规划的基本方程。其递推过程是从 $k=n$ 开始，逐段向前递推，直到求出$f_1(s_1)$和u_1^*，就得到全过程的最优策略和指标函数的最优值。递推开始时，要用到终端边界条件，这里取：

$$f_{n+1}(s_{n+1}) = 0 \tag{7.14}$$

当指标函数 V_k 为阶段指标函数的连乘形式时，即 $V_k = \prod_{i=k}^{n} v_i(s_k,u_k)$，则动态规划的基本方程可以写成：

$$\begin{cases} f_k(s_k) = \underset{u_k \in D_k(s_k)}{opt} \{v_k(s_k,u_k) \cdot f_{k+1}(s_{k+1})\} \\ \text{s. t. } s_{k+1} = T_k(s_k,u_k) \end{cases} \tag{7.15}$$

边界条件取$f_{n+1}(s_{n+1}) = 1$。

下面以【例 7.1】为例，说明逆推法的求解过程。

解：该问题可以看作一个 5 阶段的决策问题，用动态规划逆推法求解过程如下：

动态规划逆推法求解该问题的递推方程为：

$$\begin{cases} f_k(s_k) = \min_{u_k}\{d_k(s_k,u_k) + f_{k+1}(s_{k+1})\}, k=5,4,3,2,1 \\ f_6(s_6) = 0 \end{cases}$$

第一步，当 $k=5$ 时，$s_5=\{E_1,E_2\}$，状态 E_1 和 E_2 到 F 点的距离分别为 4 和 3，则有：

$$f_5(E_1)=4, f_5(E_2)=3$$

第二步，当 $k=4$ 时，$s_4=\{D_1,D_2,D_3\}$，这是经过一个中途点到达终点 F 的两阶段决策问题，从 D_1 到 F 有两条路线，需加以比较，取其中最短的，即：

$$f_4(D_1)=\min\begin{Bmatrix}d(D_1,E_1)+f_5(E_1)\\d(D_1,E_2)+f_5(E_2)\end{Bmatrix}=\min\begin{Bmatrix}3+4\\5+3\end{Bmatrix}=7$$

这说明 D_1 到终点 F 的最短距离为 7，其路径为 $D_1\to E_1\to F$。相应决策为 $u_4^*(D_1)=E_1$。

$$f_4(D_2)=\min\begin{Bmatrix}d(D_2,E_1)+f_5(E_1)\\d(D_2,E_2)+f_5(E_2)\end{Bmatrix}=\min\begin{Bmatrix}6+4\\2+3\end{Bmatrix}=5$$

这说明 D_2 到终点 F 的最短距离为 5，其路径为 $D_2\to E_2\to F$。相应决策为 $u_4^*(D_2)=E_2$。

$$f_4(D_3)=\min\begin{Bmatrix}d(D_3,E_1)+f_5(E_1)\\d(D_3,E_2)+f_5(E_2)\end{Bmatrix}=\min\begin{Bmatrix}1+4\\3+3\end{Bmatrix}=5$$

这说明 D_3 到终点 F 的最短距离为 5，其路径为 $D_3\to E_1\to F$。相应决策为 $u_4^*(D_3)=E_1$。

类似地，可得：

当 $k=3$ 时，有

$$f_3(C_1)=12, u_3^*(C_1)=D_1$$
$$f_3(C_2)=10, u_3^*(C_2)=D_2$$
$$f_3(C_3)=8, u_3^*(C_3)=D_2$$
$$f_3(C_4)=9, u_3^*(C_2)=D_3$$

当 $k=2$ 时，有

$$f_2(B_1)=13,\ u_2^*(B_1)=C_2$$
$$f_2(B_2)=15,\ u_2^*(B_2)=C_3$$

当 $k=1$ 时，只有一个状态点 A，因此有：

$$f_1(A)=\min\begin{Bmatrix}d(A,B_1)+f_2(B_1)\\d(A,B_2)+f_2(B_2)\end{Bmatrix}=\min\begin{Bmatrix}4+13\\5+15\end{Bmatrix}=17$$

即从 A 到 F 的最短距离为 17。本段决策为 $u_1^*(A)=B_1$。

再按照计算顺序反推可得最优决策序列为 $\{u_k\}$，即 $u_1^*(A)=B_1$，$u_2^*(B_1)=C_2$，$u_3^*(C_2)=D_2$，$u_4^*(D_2)=E_2$，$u_5^*(E_2)=F$。所以最优路线为 $A\to B_1\to C_2\to D_2\to E_2\to F$。

2. 顺序解法

假定阶段序数 k 和决策变量 u_k 的定义不变，而改变状态变量 s_k 的定义，即将第一阶段的初始状态记作 s_0，则这时的状态转移是由 s_{k+1}，u_k 去决定 s_k。故状态转移方程为 $s_k=T'_k(s_{k+1},u_k)$。

第 k 阶段的允许决策集合记为 $D'_k(s_k)$。于是可得到顺序解法的基本方程：

$$\begin{cases} f_k(s_{k+1}) = \underset{u_k \in D'_k(s_k)}{opt} \{v_k(s_{k+1}, u_k) + f_{k-1}(s_k)\} \\ \text{s. t. } s_k = T_k{}'(s_{k+1}, u_k) \end{cases} \tag{7.16}$$

边界条件为始端条件取 $f_0(s_0)=0$。

递推过程是从 $k=1$ 开始，逐段向前推，直到求出 $f_n(s_n)$ 和 u_n^*，就得到全过程的最优策略和指标函数的最优值。

当指标函数 V_k 为阶段指标函数的连乘形式时，我们可以类似地写出顺序解法的基本方程：

$$\begin{cases} f_k(s_{k+1}) = \underset{u_k \in D'_k(s_k)}{opt} \{v_k(s_{k+1}, u_k) \cdot f_{k-1}(s_k)\} \\ \text{s. t. } s_k = T_k{}'(s_{k+1}, u_k) \end{cases} \tag{7.17}$$

边界条件为始端条件取 $f_0(s_0)=1$。

下面以【例 7.1】为例，说明顺推法的求解过程。

解：该问题可以看作一个 5 阶段的决策问题，用动态规划顺推法求解过程如下：

动态规划顺推法求解该问题的递推方程为：

$$\begin{cases} f_k(s_{k+1}) = \min\limits_{u_k} \{d_k(s_{k+1}, u_k) + f_{k-1}(s_k)\}, k=1,2,3,4,5 \\ f_0(s_1)=0 \end{cases}$$

当 $k=0$ 时，$f_0(s_1)=f_0(A)=0$，这是边界条件。

当 $k=1$ 时，$s_1=\{B_1,B_2\}$，有：

$f_1(s_2)=f_1(B_1)=4$，$u_1^*(B_1)=A$，其路径为 $A \to B_1$

$f_1(s_2)=f_1(B_2)=5$，$u_1^*(B_2)=A$，其路径为 $A \to B_2$

当 $k=2$ 时，$s_2=\{C_1,C_2,C_3,C_4\}$，有：

$f_2(C_1)=d_2(B_1,C_1)+f_1(B_1)=2+4=6$，$u_2^*(C_1)=B_1$，其路径为 $A \to B_1 \to C_1$

$f_2(C_2)=\min\begin{Bmatrix} d_2(B_1,C_2)+f_1(B_1) \\ d_2(B_2,C_2)+f_1(B_2) \end{Bmatrix}=\min\begin{Bmatrix} 3+4 \\ 8+5 \end{Bmatrix}=7$，$u_2^*(C_2)=B_1$，其路径为 $A \to B_1 \to C_2$

$f_2(C_3)=\min\begin{Bmatrix} d_2(B_1,C_3)+f_1(B_1) \\ d_2(B_2,C_3)+f_1(B_2) \end{Bmatrix}=\min\begin{Bmatrix} 6+4 \\ 7+5 \end{Bmatrix}=10$，$u_2^*(C_3)=B_1$，其路径为 $A \to B_1 \to C_3$

$f_2(C_4)=d_2(B_2,C_4)+f_1(B_2)=7+5=12$，$u_2^*(C_4)=B_2$，其路径为 $A \to B_2 \to C_4$

类似地，可算得：

$f_3(D_1)=11$，$u_3^*(D_1)=C_1$ 或 C_2，其路径为 $A \to B_1 \to C_1 \to D_1$ 或 $A \to B_1 \to C_2 \to D_1$

$f_3(D_2)=12$，$u_3^*(D_2)=C_2$，其路径为 $A \to B_1 \to C_2 \to D_2$

$f_3(D_2)=14$，$u_3^*(D_3)=C_3$，其路径为 $A \to B_1 \to C_3 \to D_3$

$f_4(E_1)=14$，$u_4^*(E_1)=D_1$，其路径为 $A \to B_1 \to C_1 \to D_1 \to E_1$ 或 $A \to B_1 \to C_2 \to D_1 \to E_1$

$f_4(E_2)=14$，$u_4^*(E_2)=D_2$，其路径为 $A \to B_1 \to C_2 \to D_2 \to E_2$

$f_5(F)=17$，$u_5^*(F)=E_2$，其路径为 $A \to B_1 \to C_2 \to D_2 \to E_2 \to F$

按照定义可知，$f_5(F)=17$ 为所求最短路径，而路径为 $A \to B_1 \to C_2 \to D_2 \to E_2 \to F$，与前面逆推法求解所得结果一样。

顺序解法与逆序解法本质上并无区别，一般来说，当初始状况给定时可用逆序解法，当终止状况给定时可用顺序解法。若问题给定了一个初始状态和一个终止状态，则两种方法均可使用。使用上述两种方法求解时，除了求解的行进方向不同之外，在建模时还要注意以下区别：

（1）状态转移方程不同。

如图 7－2 所示，逆序解法中第 k 段的输入状态为 s_k，决策为 u_k，由此确定输出为 s_{k+1}，即第 $k+1$ 段的状态，所以状态转移方程为 $s_{k+1}=T_k(s_k,u_k)$。

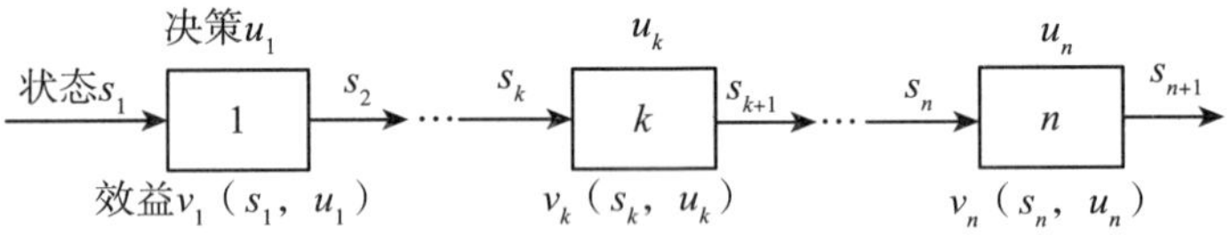

图 7－2

如图 7－3 所示，顺序解法中第 k 段的输入状态为 s_{k+1}，决策为 u_k，由此确定输出为 s_k，即第 k 段的状态，所以状态转移方程为：$s_k=T_k(s_{k+1},u_k)$。

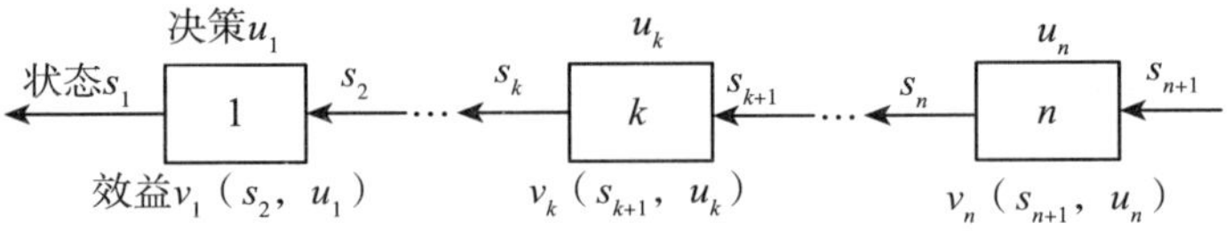

图 7－3

同样道理，逆序解法中的阶段指标 $v_k(s_k,u_k)$ 在顺序解法中应该为 $v_k(s_{k+1},u_k)$。

（2）指标函数的定义不同。

①当指标函数为阶段指标和形式，在逆序解法中 $V_{k,n}=\sum_{j=k}^{n} v_j(s_j,u_j)$，则基本方程为：

$$\begin{cases} f_k(s_k)=\min\limits_{u_k \in D_k}\{v_k(s_k,u_k)+f_{k+1}(s_{k+1})\}, k=n,n-1,\cdots,2,1 \\ f_{n+1}(s_{n+1})=0 \end{cases}$$

顺序解法中 $V_{1,k}=\sum_{j=1}^{k} v_j(s_{j+1},u_j)$，则基本方程为：

$$\begin{cases} f_k(s_{k+1})=\min\limits_{u_k \in D_k}\{v_k(s_{k+1},u_k)+f_{k-1}(s_k)\}, k=1,2,\cdots,n-1,n \\ f_0(s_1)=0 \end{cases}$$

②当指标函数为阶段指标积形式，在逆序解法中 $V_{k,n} = \prod_{j=k}^{n} v_j(s_j, u_j)$，则基本方程为：

$$\begin{cases} f_k(s_k) = \min\limits_{u_k \in D_k} \{v_k(s_k, u_k) \cdot f_{k+1}(s_{k+1})\}, k = n, n-1, \cdots, 2, 1 \\ f_{n+1}(s_{n+1}) = 1 \end{cases}$$

顺序解法中 $V_{1,k} = \prod_{j=1}^{k} v_j(s_{j+1}, u_j)$，则基本方程为：

$$\begin{cases} f_k(s_{k+1}) = \min\limits_{u_k \in D_k} \{v_k(s_{k+1}, u_k) \cdot f_{k-1}(s_k)\}, k = 1, 2, \cdots, n-1, n \\ f_0(s_1) = 1 \end{cases}$$

应该指出的是，这里有关顺序解法的表达式，是在原状态变量符号不变条件下得出的，若将状态变量记为 $s_0, s_1, \cdots, s_n$，则最优指标函数也可以表示为 $f_k(s_k)$，即符号同于逆序解法，但含义不同。

第三节 动态规划在经济管理中的应用

一、背包问题

背包问题就是一个旅行者携带背包去登山，有 n 种物品供其选择装入背包中，已知他的承受能力是 a（千克），第 i 种物品的单位重量为 a_i 千克，其价值是携带数量 x_i 的函数 $g_i(x_i)$ $(i=1,2,\cdots,n)$，问该旅行者如何携带各物品的数量，使得总价值最大？

背包问题适用于一切若干种用途争用一种资源为特征的问题。它是一个整数规划问题，若其中的变量 x_i 只取 0 或 1，又称为 0－1 背包问题。背包问题也可以按照动态规划问题来求解。按照可装入物品的 n 种类划分为 n 个阶段。状态变量 s_k 表示用于装入第 1 种物品至第 k 种物品的总重量。决策变量 x_i 表示装入第 i 种物品的数量，则背包问题的数学模型为：

$$\max z = \sum_{i=1}^{n} g_i(x_i)$$
$$\text{s. t.} \begin{cases} \sum\limits_{i=1}^{n} a_i x_i \leqslant a \\ x_i \geqslant 0, \text{且为整数}, i = 1, 2, \cdots, n \end{cases} \tag{7.18}$$

这一模型为整数规划模型，也可以用动态规划的方法求解。

阶段 k：将装载 n 种物品依次分为 n 个阶段，用 $k(k=1,2,\cdots,n)$ 来代表阶段。

状态变量 s_{k+1}：在第 k 阶段开始时，背包中允许装入前 k 种物品的总重量。

决策变量 x_k：$0 \leqslant x_k \leqslant \left[\frac{s_{k+1}}{a_k}\right]$，且 x_k 为整数，其中 $\left[\frac{s_{k+1}}{a_k}\right]$ 表示不超过 $\frac{s_{k+1}}{a_k}$ 的最大整数。

状态转移方程为：$s_k = s_{k+1} - a_k x_k$。

最优指标函数$f_k(s_{k+1})$：表示在背包中允许装入物品的总重量s_{k+1}，采用最优策略只装前k种物品时的最大使用价值。

于是，动态规划的顺序递推方程为

$$\begin{cases} f_k(s_{k+1}) = \max\{g_k(x_k) + f_{k-1}(s_{k+1} - a_k x_k)\}, k=1,2,\cdots,n, 0 \leqslant a_k x_k \leqslant s_{k+1} \\ f_0(s_1) = 0 \end{cases}$$

可以逐步计算出$f_1(s_2), f_2(s_3), \cdots, f_n(s_{n+1})$及相应的决策函数$x_1(s_2), x_2(s_3), \cdots, x_n(s_{n+1})$，最后得到$f_n(a)$即为所求的最大值，相应的最优策略由反推运算得到。

【例 7.3】 有一艘货船的最大载重量为 5t，用来装载 3 种货物，每种货物的单位重量及相应单位价值见表 7－1，应如何装载使得总价值最大?

表 7－1

货物编号 k	单位重量 a_k（t）	单位价值 g_k
1	3	8
2	2	5
3	5	12

解：设第k种货物的件数为$x_k(k=1,2,3)$，则问题可以表述为：

$$\max z = 8x_1 + 5x_2 + 12x_3$$

$$\text{s. t.} \begin{cases} 3x_1 + 2x_2 + 5x_3 \leqslant 5 \\ x_k \geqslant 0, \text{且为整数}, k=1,2,3 \end{cases}$$

用动态规划法求解。

阶段k：将可装入物品按 1、2、3 排序，每段装入一种物品，共划分为 3 个阶段，即$k=1, 2, 3$，如图 7－4 所示。

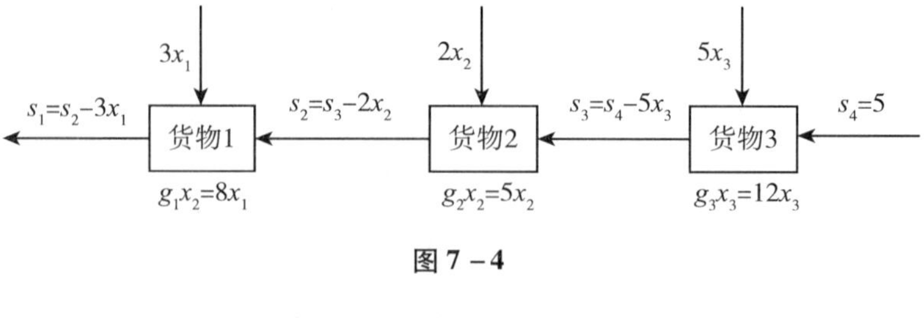

图 7－4

状态变量s_{k+1}：在第k段开始时，货船中允许装入前k种物品的总重量。

决策变量x_k：装入第k种物品的件数。

状态转移方程：$s_k = s_{k+1} - a_k x_k$。

最优指标函数$f_k(s_{k+1})$：在货船中允许装入物品的总重量不超过s_{k+1}（吨），采取最优策

略只装前 k 种物品时的最大使用价值。

动态规划的顺序递推方程为：

$$\begin{cases} f_k(s_{k+1}) = \max\{g_k(x_k) + f_{k-1}(s_{k+1} - a_k x_k)\}, & k=1,2,3,\ 0 \leqslant a_k x_k \leqslant s_{k+1} \\ f_0(s_1) = 0 \end{cases}$$

由于x_k取整数，故x_k，$s_k \in \{0, 1, 2, \cdots, 5\}$，下面用顺序法求解。

$k=1$ 时，

$$f_1(s_2) = \max\{g_1(x_1) + f_0(s_1)\} = \max\{8x_1\} = 8\left[\frac{s_2}{3}\right], 0 \leqslant 3x_1 \leqslant s_2$$

计算结果如表 7－2 所示。

表 7－2

s_2	$f_1(s_2)$	x_1'	s_2	$f_1(s_2)$	x_1'
0	0	0	3	8	1
1	0	0	4	8	1
2	0	0	5	8	1

$k=2$ 时，

$$f_2(s_3) = \max\{g_2(x_2) + f_1(s_2)\} = \max\{5x_2 + f_1(s_3 - 2x_2)\}, 0 \leqslant 2x_2 \leqslant s_3$$

计算结果如表 7－3 所示。

表 7－3

s_3	x_2	$g_2 + f_1$	$f_2(s_3)$	x_2'
0	0	0	0	0
1	0	0	0	0
2	0，1	0，5	5	1
3	0，1	8，5	8	0
4	0，1，2	8，5，10	10	2
5	0，1，2	8，13，10	13	1

$k=3$ 时，

$$\begin{aligned} f_3(s_4) = f_3(5) &= \max\{g_3(x_3) + f_2(s_3)\} = \max\{12x_3 + f_2(5 - 5x_3)\} \\ &= \max\{0 + f_2(5), 12 + f_2(0)\} = \max\{0 + 13, 12 + 0\} = 13 \end{aligned}$$

其中，$0 \leqslant 5x_3 \leqslant s_4$，即 $0 \leqslant 5x_3 \leqslant 5$。

此时，$x_3' = 0$。逆推得最优解为：

$$s_3=s_4-5x_3=5-0=5,\text{得 } x_2'=1$$
$$s_2=s_3-2x_2=5-2=3,\text{得 } x_1'=1$$

故最优解为 $x_1'=1$，$x_2'=1$，$x_3'=0$，获得的最大装载总价值为 $f_3(5)=13$。

二、生产经营问题

在生产与经营活动中，经常遇到如何安排生产计划、采购计划及库存计划的问题。因此正确地制定生产、采购及库存策略，确定不同时期的生产量、采购量与库存量，使总成本费用、采购费用及库存费用之和最小，就是生产与库存计划的目标。这一类问题也可以通过动态规划来实现。

【例 7.4】 某药厂给药品销售商供货，根据以往的订单可以预测未来的需求量（单位：件）。为了保证供货，药厂要制订下一年四季度的生产计划。订单显示某种药品的需求情况见表 7－4。

表 7－4

季度 k	1	2	3	4
需求量 g_k	2 000	3 000	2 000	4 000

该药厂每季度开工的固定费用为 3 000 元（不开工为 0），每 1 000 件产品的生产成本为 2 000 元。工厂每季度的最大生产能力为 6 000 件，每季度每 1 000 件产品的库存费用为 1 000元（按季度初的库存量计算库存费）。假定年初年末均无库存，问如何安排各季度的生产量，使得全年总费用最小。

解：根据题意，选取千件作为产品的单位，选取千元作为费用的单位。运用动态规划的方法来求解。

阶段：每个季度作为一个阶段，第 k 个季度为第 k 个阶段，$k=1,\ 2,\ 3,\ 4$。

状态变量：s_k 表示第 k 个季度初的库存量，满足无后效性，且由假定年初年末均无库存，可知 $s_1=s_5=0$。

决策变量：u_k 表示第 k 个季度的生产量，由题意知 $0\leqslant u_k\leqslant 6$。

状态转移方程：$s_{k+1}=s_k+u_k-g_k$，$k=1,\ 2,\ 3,\ 4$。

阶段指标：v_k 表示第 k 个季度的总费用，由题设知：

$$v_k=\begin{cases}s_k+2u_k+3,u_k>0\\ s_k,u_k=0\end{cases}\tag{7.19}$$

最优指标函数：$f_k(s_k)$ 表示从第 k 阶段到第 4 阶段末的总费用的最小值。

动态规划的逆序递推方程为：

$$\begin{cases}f_k(s_k)=\min\{v_k(s_k,u_k)+f_{k+1}(s_{k+1})\},k=4,3,2,1\\ f_5(s_5)=0\end{cases}\tag{7.20}$$

采用动态规划的逆序法求解。

第四阶段，$k=4$。

先确定状态变量 s_4 的全部取值，由表 7－4 知，第四季度的库存量可能取值为 0、1、2、3、4。再确定决策变量 u_4 的取值范围，由于 $s_5=s_4+u_4-g_4=0$，所以 $u_4=g_4-s_4=4-s_4$，因而 u_4 的相应取值范围见表 7－5。

表 7－5

s_4 的取值	0	1	2	3	4
u_4 的取值	4	3	2	1	0

对每个状态变量 s_4，由于只有一种决策，这个唯一的决策结果就是最优的。

计算结果见表 7－6。

表 7－6

s_4	u_4					f_4（s_4）	u_4'
	0	1	2	3	4		
0					11	11	4
1				10		10	3
2			9			9	2
3		8				8	1
4	4					4	0

第三阶段，$k=3$。

先确定状态变量 s_3 的全部取值，由表 7－4 知，$g_3=2$，$g_4=4$，$s_5=0$，而每季度的生产最大能力为 6，故 $0\leqslant s_3\leqslant 6$，即第三季度的库存量可能取值为 0、1、2、3、4、5、6。再确定决策变量 u_3 的取值范围，由于当 $s_3=0$ 时，$g_3=2$，$g_4=4$，$s_5=0$，因此第三季度的生产量最大为 $2+4=6$（千件），至少为 $g_3=2$（千件），故 $2\leqslant u_3\leqslant 6$，即 u_3 的可能取值为 2、3、4、5、6。同理可以计算在 s_3 取其他值时，u_3 的可能取值，u_3 的可能取值如表 7－7 所示。

表 7－7

s_3 的取值	0	1	2	3	4	5	6
u_3 的取值	2，3，4，5，6	1，2，3，4，5	0，1，2，3，4	0，1，2，3	0，1，2	0，1	0

对每个状态变量 s_4 的各种决策，根据 $f_3(s_3)=\min\{v_3(s_3,u_3)+f_4(s_4)\}$，其中：

$$v_3(s_3,u_3)=\begin{cases} s_3+2u_3+3, & u_3>0 \\ s_3, & u_3=0 \end{cases}$$

$$s_4=s_3+u_3-g_3=s_3+u_3-2$$

各种计算数据列于表 7－8。

表 7－8

s_3	u_3							f_3 (s_3)	u_3'
	0	1	2	3	4	5	6		
0	/	/	7＋11＝18	9＋10＝19	11＋9＝20	13＋8＝21	15＋4＝19	18	2
1	/	6＋11＝17	8＋10＝18	10＋9＝19	12＋8＝20	14＋4＝18		17	1
2	2＋11＝13	7＋10＝17	9＋9＝18	11＋8＝19	13＋4＝17			13	0
3	3＋10＝13	8＋9＝17	10＋8＝18	12＋4＝16	/			13	0
4	4＋9＝13	9＋8＝17	11＋4＝15	/	/			13	0
5	5＋8＝13	10＋4＝14	/	/	/			13	0
6	6＋4＝10	/	/	/	/			10	0

第二阶段，$k=2$。

先确定状态变量 s_2 的全部取值，由表 7－4 知，$g_1=2$，$0\leqslant u_1\leqslant 6$，$s_1=0$，而最小库存量为 0，故 $0\leqslant s_2\leqslant 4$，即第二季度的库存量可能取值为 0、1、2、3、4。再确定决策变量 u_2 的取值范围，由于当 $s_2=0$ 时，$g_2=3$，$g_3=2$，$g_4=4$，每季度的生产最大能力为 6，因此有 $3\leqslant u_2\leqslant 6$，即此时 u_2 的可能取值为 3、4、5、6。同理可计算在 s_2 取其他值时，u_2 的可能取值，u_2 的可能取值列于表 7－9。

表 7－9

s_2的取值	0	1	2	3	4
u_2的取值	3，4，5，6	2，3，4，5，6	1，2，3，4，5，6	0，1，2，3，4，5，6	0，1，2，3，4，5

对每个状态变量 s_4 的各种决策，根据 $f_2(s_2)=\min\{v_2(s_2,u_2)+f_3(s_3)\}$，其中：

$$v_2(s_2,u_2)=\begin{cases}s_2+2u_2+3, & u_2>0\\ s_2, & u_2=0\end{cases}$$

$$s_3=s_2+u_2-g_2=s_2+u_2-3$$

各种计算数据列于表 7－10。

表 7－10

s_2	u_2							$f_2(s_2)$	u_2'
	0	1	2	3	4	5	6		
0	/	/	/	9＋18＝27	11＋17＝28	13＋13＝26	15＋13＝28	26	5
1	/	/	8＋18＝26	10＋17＝27	12＋13＝25	14＋13＝27	16＋13＝29	25	4
2	/	7＋18＝25	9＋17＝26	11＋13＝24	13＋13＝26	15＋13＝28	17＋13＝30	24	3

续表

s_2	u_2							$f_2(s_2)$	u_2'
	0	1	2	3	4	5	6		
3	3+18=21	8+17=25	10+13=23	12+13=25	14+13=27	16+13=29	18+10=28	21	0
4	4+17=21	9+13=22	11+13=24	13+13=26	15+13=28	17+10=27	/	21	0

第一阶段，$k=1$。

先确定状态变量 s_1 的全部取值，由表 7－4 知，$s_1=0$。再确定决策变量u_1 的取值范围，由于 $g_1=2$，$s_1=0$，每季度的生产最大能力为6，因此第一阶段 $2\leqslant u_1\leqslant 6$，即$u_1$ 的可能取值为2、3、4、5、6。

又根据$f_1(s_1)=\min\{v_1(s_1,u_1)+f_2(s_2)\}$，其中：

$$v_1(s_1,u_1)=\begin{cases}s_1+2u_1+3, & u_1>0\\ s_1, & u_1=0\end{cases}$$

$$s_2=s_1+u_1-g_1=u_1-2$$

计算数据列于表 7－11。

表 7－11

s_1	u_1					$f_1(s_1)$	u_1'
	2	3	4	5	6		
0	7+26=33	9+25=34	11+24=35	13+21=34	15+21=36	33	2

由表 7－11 得，在 $s_1=0$（年初无库存）条件下，全年总费用最小值为 $f_1(0)=33$（千元），第一阶段的最优决策为$u_1'=2$，第一阶段的最小费用为$v_1(0,2)=7$，从而由 $s_2=u_1-2$ 得到第二阶段初库存为 $s_2'=0$；于是由表 7－10 得，第二阶段的最优决策为$u_2'=5$，第二阶段的最小费用为$v_2(0,5)=13$，从而由$s_3=s_2+u_2-3$ 得到第三阶段初库存为 $s_3'=2$；然后由表 7－8 得，第三阶段的最优决策为$u_3'=0$，第三阶段的最小费用为$v_3(2,0)=2$，从而由 $s_4=s_3+u_3-2$ 得到第四阶段初库存为 $s_4'=0$；最后，第四阶段的最优决策为$u_4'=4$，第四阶段的最小费用为$v_4(0,4)=11$，第四阶段末的库存量 $s_5'=0$。即问题的最优解为 $u_1'=2$，$u_2'=5$，$u_3'=0$，$u_4'=4$，也即当该药厂下年度的第一、二、三、四季度的生产计划分别为 2 000 件、5 000 件、0 件、4 000 件时，全年总费用最小，为 33 000 元，且年初年末无库存。

三、设备更新问题

在工业和交通运输企业中，经常碰到设备陈旧或部分损坏需要更新的问题。从经济上分析，为使在某一段时间内的总收入达到最大（或总费用达到最小），一种设备应该使用多少年更新最为恰当，这就是设备更新问题。一台设备使用时间越长，它所产生的经济效益就越大。但并不是越长越好，随着设备陈旧，维修费用也随之提高。因此处在某个阶段的各种设备就会面临是保留还是更新的选择。设备的保留和更新不能只从局部的某个阶段的回收额考虑，而应该从整个计划期间总的回收额来考虑，因此这也是一个多阶段决策过程，可以用动态规划的方法求解。

已知一台设备的效益函数为 $r(t)$、维修费函数 $u(t)$ 及更新费用 $c(t)$ 的条件下，要求在 n 年内的每年年初做出决策，是继续使用旧设备还是更换一台新设备，使 n 年总效益最大。

设 t 表示设备已使用的年限；$r_k(t)$ 表示在第 k 年设备已使用过 t 年后再使用 1 年的效益，它随着 t 的增加而减小，$r_k(0)$ 表示在第 k 年新设备的效益；$u_k(t)$ 表示在第 k 年设备已使用过 t 年后再使用 1 年的维修费用，它随着 t 的增加而增加，$u_k(0)$ 表示在第 k 年新设备的维修费用；$c_k(t)$ 表示在第 k 年卖掉一台已使用过 t 年的设备，再买进一台新设备的更新净费用，它随着 t 的增加而增加，$c_k(0)$ 表示在第 k 年买进一台新设备的净费用。于是，$r_k(t)-u_k(t)$ 表示使用过 t 年的设备第 k 年继续使用所获得的效益；$r_k(0)-u_k(0)-c_k(t)$ 表示使用过 t 年的设备更新后在第 k 年获得的效益。a 为折旧因子 $0 \leqslant a \leqslant 1$，表示一年以后的单位收入价值相当于现年的 a 单位。

下面开始建立动态规划模型。

阶段 k：表示计划使用该设备的年限数，$k=1,2,3,\cdots,n$。

状态变量 s_k：表示第 k 年初，设备已使用过的年数。

决策变量 x_k：表示第 k 年初更新或保留使用旧设备，分别用 R 或 K 表示。

状态转移方程：

$$s_{k+1}=\begin{cases}s_k+1, x_k=K\\1, x_k=R\end{cases} \tag{7.21}$$

阶段指标：

$$v_j(s_k,x_k)=\begin{cases}r_k(s_k)-u_k(s_k), x_k=K\\r_k(0)-u_k(0)-c_k(s_k), x_k=R\end{cases} \tag{7.22}$$

指标函数：

$$V_{k,n}=\sum_{j=k}^{n} v_j(s_k,x_k), k=1,2,3,\cdots,n$$

最优指标函数：$f_k(s_k)$ 表示第 k 年初，使用一台已使用了 s_k 年的设备，到第 n 年末的最大效益，则动态规划的逆序递推方程为：

$$\begin{cases}f_k(s_k)=\max\{v_j(s_k,u_k)+af_{k+1}(s_{k+1})\}, k=n,n-1,\cdots,2,1\\f_{n+1}(s_{n+1})=0\end{cases} \tag{7.23}$$

即：

$$\begin{cases} f_k(s_k) = \max\begin{cases} r_k(s_k) - u_k(s_k) + af_{k+1}(s_k+1), x_k = K \\ r_k(0) - u_k(0) - c_k(s_k) + af_{k+1}(1), x_k = R \end{cases} \\ f_{n+1}(s_{n+1}) = 0 \end{cases} \tag{7.24}$$

【例 7.5】某医院要考虑某医疗设备在 5 年内的更新问题，在每年年初需做出决策，是继续使用（K）还是更新（R）。如果继续使用，则需支付维修费用。问在每一年采用何种策略，使得 5 年内的总收益最大（$a=0.5$，单位为万元）？已知使用了不同年限后的设备每年所获得的收益、所需的维修费用及处理掉旧设备购买新设备的净费用等数据见表 7－12。

表 7－12

使用年数	0	1	2	3	4	5
$r_k(t)$	30	26	22	20	14	12
$u_k(t)$	2	3	4	7	8	10
$c_k(t)$	12	14	14	17	18	19

解：建立动态规划模型，已知 $n=5$，$a=0.5$。

第五阶段，$k=5$。

$$f_5(s_5) = \max\begin{cases} r_5(s_5) - u_5(s_5), x_5 = K \\ r_5(0) - u_5(0) - c_5(s_5), x_5 = R \end{cases}$$

因状态变量 s_5 可取 1、2、3、4，可得到 $f_5(s_5)$ 在 s_5 取不同值时的指标值（见表 7－13）。

表 7－13

s_5	x_5		f_5 (s_5)	x_5'
	继续使用（K）	更新（R）		
1	23	14	23	K
2	18	14	18	K
3	13	11	13	K
4	6	10	10	K

第四阶段，$k=4$。

$$f_4(s_4) = \max\begin{cases} r_4(s_4) - u_4(s_4) + 0.5f_5(s_4+1), x_4 = K \\ r_4(0) - u_4(0) - c_4(s_4) + 0.5f_5(1), x_4 = R \end{cases}$$

因状态变量 s_4 可取 1、2、3，根据 $f_4(s_4)$ 的计算公式及表 7－13 可得到 $f_4(s_4)$ 在 s_4 取不同值时的指标值（见表 7－14）。

表 7－14

s_4	x_4		$f_4(s_4)$	$x_4'(s_4)$
	继续使用（K）	更新（R）		
1	23+9=32	14+11.5=25.5	32	$x_4'(1)=K$
2	18+6.5=24.5	14+11.5=25.5	25.5	$x_4'(2)=K$
3	13+5=18	11+11.5=22.5	22.5	$x_4'(3)=K$

第三阶段，$k=3$。

$$f_3(s_3)=\max\begin{cases}r_3(s_3)-u_3(s_3)+0.5f_4(s_3+1), x_3=K\\ r_3(0)-u_3(0)-c_3(s_3)+0.5f_4(1), x_3=R\end{cases}$$

因状态变量 s_3 可取 1、2，根据 f_3（s_3）的计算公式及表 7－14 可得到 f_3（s_3）在 s_3 取不同值时的指标值（见表 7－15）。

表 7－15

s_3	x_3		$f_3(s_3)$	$x_3'(s_3)$
	继续使用（K）	更新（R）		
1	23+12.25=35.25	14+16=30	35.25	$x_3'(1)=K$
2	18+11.25=29.25	14+16=30	30	$x_3'(2)=R$

第二阶段，$k=2$。

$$f_3(s_3)=\max\begin{cases}r_3(s_3)-u_3(s_3)+0.5f_4(s_3+1), x_3=K\\ r_3(0)-u_3(0)-c_3(s_3)+0.5f_4(1), x_3=R\end{cases}$$

因状态变量 s_2 可取 1，根据 f_2（s_2）的计算公式及表 7－15 可得：

$$f_2(1)=\max\begin{cases}r_2(1)-u_2(1)+0.5f_3(2), x_2=K\\ r_2(0)-u_2(0)-c_2(1)+0.5f_3(1), x_2=R\end{cases}$$

$$=\max\begin{Bmatrix}26-3+0.5\times30\\ 30-2-22+0.5\times35.25\end{Bmatrix}=\max\begin{Bmatrix}38\\ 31.625\end{Bmatrix}=38$$

其中，$x_2'(s_2)=x_2'(1)=K$

第一阶段，$k=1$。

因状态变量 s_1 可取 0，根据 $f_1(s_1)$ 的计算公式可得：

$$f_1(0)=\max\begin{cases}r_1(0)-u_1(0)+0.5f_2(1), x_1=K\\ r_1(0)-u_1(0)-c_1(1)+0.5f_2(1), x_1=R\end{cases}$$

$$=\max\begin{Bmatrix}30-2+0.5\times38\\ 30-2-14+0.5\times38\end{Bmatrix}=\max\begin{Bmatrix}47\\ 33\end{Bmatrix}=47$$

其中，$x_1'(s_1)=x_1'(0)=K$。

将上述过程逆推回去即可得最优解。

当 $x_1'(s_1)=x_1'(0)=K$ 时，由状态转移方程 $s_2=\begin{cases}s_1+1, & x_1=K\\ 1, & x_1=R\end{cases}$，得 $s_2=1$，查 $f_2(1)$ 得 $x_2'(1)=K$。

由 $s_3=\begin{cases}s_2+1, & x_2=K\\ 1, & x_2=R\end{cases}$，得 $s_3=2$，查 $f_3(2)$ 得 $x_3'(2)=R$。

由 $s_4=\begin{cases}s_3+1, & x_3=K\\ 1, & x_3=R\end{cases}$，得 $s_4=1$，查 $f_4(1)$ 得 $x_4'(1)=K$。

由 $s_5=\begin{cases}s_4+1, & x_4=K\\ 1, & x_4=R\end{cases}$，得 $s_5=2$，查 $f_5(2)$ 得 $x_5'(2)=K$。

即最优策略为 $\{K, K, R, K, K\}$，也即第一年初购买的设备，第二年继续使用，第三年初更新，第四、第五年初继续使用第三年更新的设备，到第五年年末，其总收益为 47 万元。

四、复杂系统可靠性问题

假如一个复杂的工作系统由 n 个部件串联而成，只要有一个部件失灵，整个系统就不能工作了。为提高系统的可靠性，在每一个部件上都装有主要元件的备用件，并且设计备用元件自动投入装置。显然，备用元件越多，整个系统正常工作的可靠性越大。但备用元件多了，整个系统的成本、重量、体积均相应加大，工作精度也会降低。因此，最优化问题是在考虑上述限制条件下，如何选择各部件的备用元件数，使整个系统工作的可靠性最大。

设部件 $i(i=1,2,\cdots,n)$ 上装有 u_i 个备用件时，它正常工作的概率为 $p_i(u_i)$。则整个系统正常工作的可靠性可用它正常工作的概率衡量。即：

$$P=\prod_{i=1}^{n} p_i(u_i)$$

设装一个部件 i 备用元件费用为 c_i，重量为 ω_i，要求总费用不超过 c，总重量不超过 ω，则这个问题有两个约束条件，它的静态规划模型为：

$$\max P=\prod_{i=1}^{n} p_i(u_i)$$

$$\text{s.t.}\begin{cases}\sum\limits_{i=1}^{n} c_i u_i \leqslant c\\ \sum\limits_{i=1}^{n} \omega_i u_i \leqslant \omega\\ u_i \geqslant 0,\text{且为整数}, i=1,2,\cdots,n\end{cases}$$

其中，u_i要求为整数，目标函数非线性。本问题可以用动态规划的方法来解。问题有两个约束条件，取二维状态变量 x_k和y_k，其中，x_k表示由第 k 个到第 n 个部件所允许使用的总费用，y_k表示由第 k 个到第 n 个部件所允许具有的总重量。

决策变量u_k为部件 k 上装的备用元件数，这里决策变量是一维的。

状态转移方程为：

$$x_{k+1} = x_k - u_k c_k$$
$$y_{k+1} = y_k - u_k \omega_k (1 \leqslant k \leqslant n)$$

允许决策集合为：

$$D_k(x_k, y_k) = \{u_k: 0 \leqslant u_k \leqslant \min([x_k/c_k], [y_k/\omega_k])\}$$

最优值函数$f_k(x_k, y_k)$为由状态 x_k，y_k出发，从部件 k 到部件 n 的系统的最大可靠性。

因此，整机可靠性的动态规划方程为：

$$\begin{cases} f_k(x_k, y_k) = \max\limits_{u_k \in D_k(x_k, y_k)} \{p_k(u_k) f_{k+1}(x_k - u_k c_k, y_k - u_k \omega_k)\} \\ k = n, n-1, \cdots, 1 \\ f_{n+1}(x_{n+1}, y_{n+1}) = 1 \end{cases}$$

边界条件为 1，这是因为 x_{n+1}和y_{n+1}均为零，装置根本不工作，故可靠性为 1。最后计算得 $f_1(c, \omega)$ 即为所求问题的最大可靠性。

这个问题的特点是指标函数为连乘形式，而不是连加形式，但仍满足可分离性和递推关系；边界条件为 1 而不是 0。另外，$p_i(u_i)$是u_i的严格单调上升函数，且$p_i(u_i) \leqslant 1$。

在这个问题中，如果静态模型的约束条件变成三个，例如要求总体积不许超过 v，则状态变量就要取为三维的(x_k, y_k, z_k)。这说明静态规划问题的约束条件增加时，对应的动态规划的状态变量维数也需要增加，而决策变量维数可以不变。

【例 7.6】 某厂要设计一种电子设备，由三种元件D_1、D_2、D_3 组成。已知这三种元件的价格和可靠性如表 7 - 16 所示，要求设计过程中所使用元件的费用不超过 105 元。试问应如何设计使设备的可靠性达到最大。

表 7 - 16

元件	单位（元）	可靠性
D_1	30	0.9
D_2	15	0.8
D_3	20	0.5

解：按照元件种类划分为三个阶段，设状态变量 s_k表示能允许用在D_k元件至D_3 元件的总费用；决策变量 x_k表示在D_k元件上的并联个数；p_k表示一个D_k元件正常工作的概率，则 $(1-p_k)^{x_k}$为 x_k个D_k元件不正常工作的概率。令最优值函数$f_k(s_k)$ 表示由状态 s_k开始从D_k元

件至D_3元件组成的系统的最大可靠性。因而有：

$$f_3(s_3)=\max_{1\leqslant x_3\leqslant[s_3/20]}[1-(0.5)^{x_3}]$$

$$f_2(s_2)=\max_{1\leqslant x_2\leqslant[s_2/15]}\{[1-(0.2)^{x_2}]f_3(s_2-15x_2)\}$$

$$f_1(s_1)=\max_{1\leqslant x_1\leqslant[s_1/30]}\{[1-(0.1)^{x_1}]f_2(s_1-30x_1)\}$$

由于$s_1=105$，故此问题为求出$f_1(105)$即可。

由上面分析知：

$$\begin{aligned}f_1(105)&=\max_{1\leqslant x_1\leqslant 3}\{[1-(0.1)^{x_1}]f_2(105-30x_1)\}\\&=\max\{0.9f_2(75),0.99f_2(45),0.999f_2(15)\}\end{aligned}$$

因为：

$$\begin{aligned}f_2(75)&=\max_{1\leqslant x_2\leqslant 4}\{[1-(0.2)^{x_2}]f_3(75-15x_2)\}\\&=\max\{0.8f_3(60),0.96f_3(45),0.992f_3(30),0.9984f_3(15)\}\end{aligned}$$

$$f_3(60)=\max_{1\leqslant x_3\leqslant 3}[1-(0.5)^{x_3}]=\max\{0.5,0.75,0.875\}=0.875$$

$$f_3(45)=\max\{0.5,0.75\}=0.75$$

$$f_3(30)=0.5$$

$$f_3(15)=0$$

所以：

$$\begin{aligned}f_2(75)&=\max\{0.8\times0.875,0.96\times0.75,0.992\times0.5,0.9984\times0\}\\&=\max\{0.7,0.72,0.496\}=0.72\end{aligned}$$

同理：

$$f_2(45)=\max\{0.8f_3(30),0.96f_3(15)\}=\max\{0.4,0\}=0.4$$

$$f_2(15)=0$$

故：

$$\begin{aligned}f_1(105)&=\max\{0.9\times0.72,0.99\times0.4,0.999\times0\}\\&=\max\{0.648,0.396\}=0.648\end{aligned}$$

从而求得$x_1=1$，$x_2=2$，$x_3=2$为最优方案，即D_1元件用1个，D_2元件用2个，D_3元件用2个。其总费用为100元，可靠性为0.648。

五、马尔可夫决策问题简介

前面我们讨论的动态规划问题都是确定性的动态规划问题，状态转移是完全按照状态转移方程确定的（见图 7－5）。而在实际问题中，有一些多阶段决策过程，有一些随机因素，状态转移不能完全确定，而是按照某种已知的概率分布取值的，因此状态变量是一个随机变量。我们称这种无后效性的系统状态的转移规律具有马尔可夫性质，称这种过程为马尔可夫过程。用动态规划的方法处理随机系统多阶段决策问题的方法称为马尔可夫决策规划，简称马氏决策规划，如图 7－6 所示。

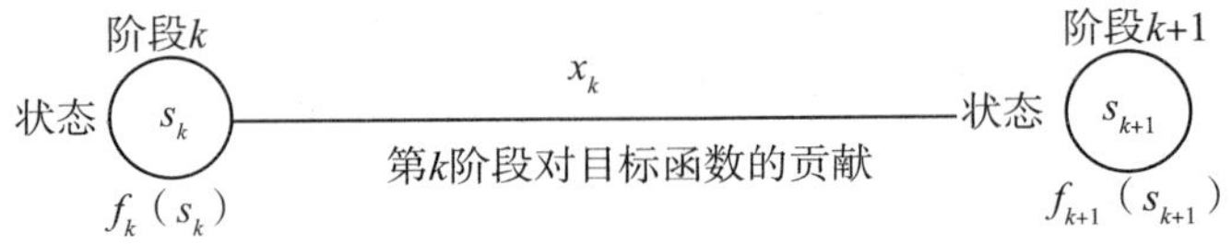

图 7－5

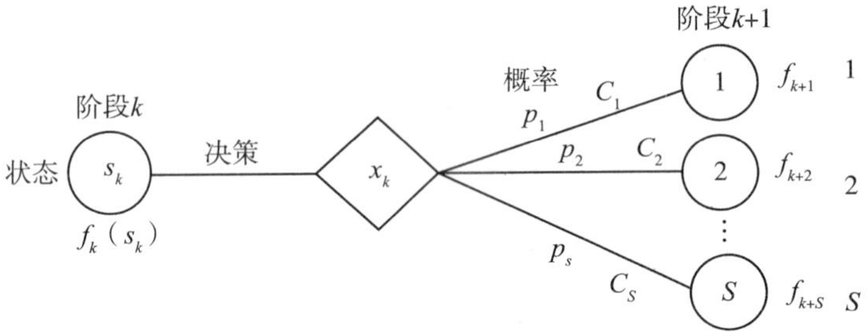

图 7－6

在图 7－6 中，在第 $k+1$ 阶段有 S 种可能的状态，在图中由 1，2，…，S 标出。假设从第 k 阶段的状态 s_k 和决策 x_k 转移到第 $k+1$ 阶段的状态 i 的概率为 $p_i(i=1,2,\cdots,S)$，C_i 表示转移到状态 i 后，第 k 阶段对目标函数的贡献（收益或成本）。当图 7－6 扩展到所有阶段的所有状态和所有决策时就形成了一个决策树。处理这类问题的方法与确定性的动态规划问题是类似的。

假设问题的目标函数是使各个阶段 $(k=1,2,\cdots,n)$ 产品的成本之和的期望值最小，那么最优化函数 $f_k(s_k)$ 表示从第 k 阶段到第 n 阶段的成本和的最小期望，s_k 和 x_k 分别代表第 k 阶段的状态和决策。该问题的随机动态规划的基本方程如下：

$$f_k(s_k) = \min\{\sum_{i=1}^{S} p_i[C_i + f_{k+1}(i)]\}, k = n, n-1, \cdots, 1$$

马氏决策规划已经被成功地应用于许多实际问题，如机器的最优更换、维修问题、质量控制问题、水库最优调度问题、随机旅行售货点问题、电话网络中的最优线路问题、最优投资与消费问题等。

本章小结

动态规划是运筹学的一个重要分支，它是解决多阶段决策问题过程的一种数学方法。本章介绍了动态规划的基本概念，重点介绍了动态规划问题的五要素、一般的建模方法、最优性原理、动态规划的逆推法和顺推法、动态规划的应用。

本章习题

1. 试述动态规划方法的基本思想、动态规划基本方程的结构，正确写出动态规划基本方程的关键因素。

2. 对于静态规划模型（如线性规划、非线性规划、整数规划等）一般可以用动态规划的方法求解，请说出各自的优缺点。

3. 试分别用逆序解法和顺序解法求图 7－7 和图 7－8 的最短路程和最短路线。

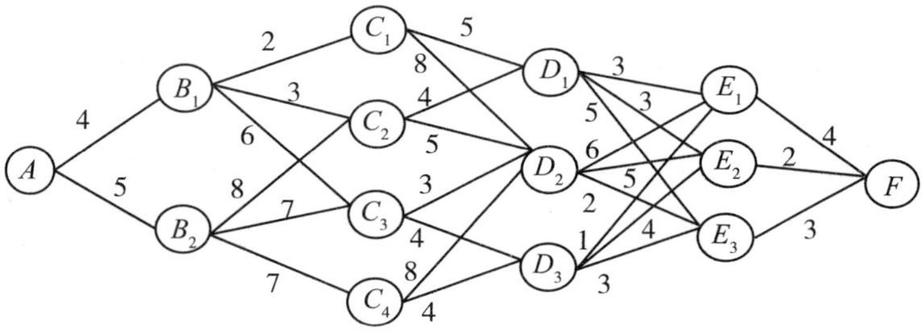

图 7－7

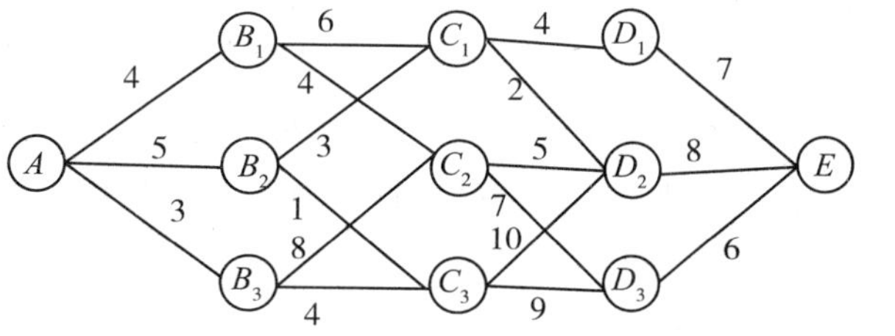

图 7－8

4. 用动态规划方法求解下列问题。

$$\max\ z = 4x_1 + 9x_2 + 2x_3^2$$

$$\text{s. t.} \begin{cases} 2x_1 + 4x_2 + 3x_3 \leqslant 10 \\ x_i \geqslant 0 (i = 1, 2, 3) \end{cases}$$

5. 用动态规划解决下列问题。

$$\max\ z = x_1 + x_2 + x_3 x_4$$

$$\text{s. t.} \begin{cases} x_1 + 2x_2 + 2x_3 + x_4 \leqslant 5 \\ x_i \geqslant 0 (i = 1, 2, 3, 4) \end{cases}$$

6. 有一辆最大货运量为10吨的卡车，用于装载三种货物，每种货物的单位重量及相应单位价值见表7－17所示，问应如何装载可使总价值最大？

表7－17

货物	单件重量（吨）	单位价值
1	3	4
2	4	5
3	5	6

7. 某台设备的年效益及年均维修费、更新费如表7－18所示。试确定今后5年内的更新策略，使总收益最大（设 $a=1$）。

表7－18

项目	年数					
	0	1	2	3	4	5
年效益（万元）	5	4.5	4	3.75	3	2.5
年均维修费（万元）	0.5	1	1.5	2	2.5	3
更新费（万元）	0.5	1.5	2.2	2.5	3	3.5

8. 某公司有资金10万元，可投资于项目 $i(i=1,2,3)$，若投资额为 x_i，其收益分别为 $g_1(x_1)=4x_1$，$g_2(x_2)=9x_2$，$g_3(x_3)=2x_3^2$，问如何分配投资额总收益最大？

9. 某厂生产一种产品，该产品在未来4个月的销售量估计如表7－19所示。该产品的生产准备费为每批500元，每件的生产费用为1元，每件的存储费为每月1元，假定1月初的存货为100件，5月初的存货为0，求该厂在这4个月内的最优生产计划。

表7－19

月份	1	2	3	4
销售量（百件）	4	5	3	2

10. 某公司拟将500台设备分配其下属的甲、乙、丙三个工厂用于扩大生产，假设分配以百台为单位，各工厂获得的设备台数及创造的利润如表7－20所示。试确定最优分配方案，使三厂创造的总利润（单位：万元）最大。

表7－20 单位：万元

项目	设备百台数					
	0	1	2	3	4	5
甲的利润	0	30	70	90	120	130
乙的利润	0	50	100	110	110	110
丙的利润	0	40	60	110	120	120

11. 某厂设计一种电子设备，由三种元件D_1、D_2、D_3组成，已知这三种元件的价格和可靠性如表 7－21 所示。要求设计总费用不超过 105 元，试问如何设计使设备的可靠性最大？

表 7－21

元件	单价（元）	可靠性
D_1	30	0.9
D_2	15	0.8
D_3	20	0.5

12. 现有资金 5 百万元，对 3 个项目投资，其中项目 2 的投资不能超过 3 百万元，项目 1 和项目 3 的投资均不能超过 4 百万元，项目 3 至少投资 1 百万元，每个项目投资 5 年后，预计收益如表 7－22 所示。问如何投资效益最大？

表 7－22

项目	年数				
	0	1	2	3	4
1	0	3	6	10	12
2	0	5	10	12	–
3	–	4	8	11	15

13. 将 48 分成三个正数之和，问如何分使三个数乘积最大？

14. 某公司为电力公司生产大型变压器。由于电力公司采取预定方式购买，所以该公司可以预测未来几个月的需求量。为保证供货，该公司要为新的一年前 4 个月制定一项生产计划，这 4 个月的需求见表 7－23。生产成本随生产数量而变化，调试费为 4，除了调试费用外，每月生产的头两台各花费为 2，后两台各花费为 1。最大生产能力为每月 4 台，生产成本见表 7－24。每台变压器在仓库中由这个月到下个月的存储费为 1，仓库的最大存储能力为 3 台，另外，在 1 月 1 日时仓库里存着一台变压器，要求在 4 月 30 日仓库的库存量为零。试问该公司应如何制订生产计划，使得 4 个月的生产成本和存储费用最少？

表 7－23

月份	1 月	2 月	3 月	4 月
需求量（台）	2	4	1	3

表 7－24

生产件数	0	1	2	3	4
总成本	0	6	8	9	10

15. 求解四个城市旅行推销员问题。其距离矩阵如表 7－25 所示。设推销员从 1 城出发，经过每个城市一次且仅一次，最后回到 1 城。问按怎样的路线走，总行程最短？

表 7－25

城市代号	1 城	2 城	3 城	4 城
1 城	0	6	7	9
2 城	8	0	9	7
3 城	5	8	0	8
4 城	6	5	5	0

16. 某厂需要在 5 周内采购一批原料，而估计在未来的 5 周内价格会有波动，其浮动价格和概率根据市场调查和预测得出，如表 7－26 所示，试求在哪一周以什么价格购入，使其采购价格的期望最小，并求出期望值。

表 7－26

单价	概率
9	0.4
8	0.3
7	0.3

第八章　图与网络分析

本章要点

1. 掌握图与网络的基本知识；
2. 掌握最小生成树概念，并会求最小生成树；
3. 会用 Dijkstra 算法求最短路问题；
4. 掌握最大流和相关概念，会用标号法求网络最大流问题。

图论是运筹学中的一个重要分支，近年来发展十分迅速。现实生活中的许多问题都与网络有关，网络表现技术可以非常有效地刻画系统各要素之间的关系和联系。在现实的生产实践中存在许多管理和计算等优化问题，如供应链中原材料供应商、物流服务商、生产企业、各销售点之间的物流总费用最小化问题，城市配送系统的配送线路优化问题，交通运输领域如何调运的物资数量最多且费用最小化问题等。这类问题均可借助图论和网络优化的方法得以解决。与其他方法和理论相比较，采用图论方法对问题描述更加直观，且可以将复杂问题进行转化，然后再寻找更有效的方法加以分析和计算。目前，图论和网络分析的理论和方法广泛地被用于管理科学、计算机科学、信息论、控制论、物理、化学、生物学、心理学以及社会科学等领域，并取得了丰富的成果。

本章重点介绍图与网络的基本概念以及图论在路径问题、网络流问题等领域中的应用。

第一节　图与网络的基础知识

一、图与网络的基本概念

在介绍图的概念之前，先通过几个例子直观认识什么是图。

【例 8.1】 哥尼斯堡七桥问题。18 世纪东欧哥尼斯堡城中有条普雷格尔河穿流而过，该河中有两个岛，河上有七座保持河两岸和两个岛的相通，如图 8 - 1 所示。

当时，该城市中的居民热衷于这样一个问题：一个人能否从岸上任一地点出发，不重复地通过每座桥一次，最后可以回到原地，这就是著名的哥尼斯堡“七桥”问题。1736 年，瑞典数学家欧拉（E. Euler）发表了一篇题为“依据几何位置的解题方法”的论文，他用 A、B 两点表示两个小岛，用 C、D 两个点表示河两岸，用两点之间的连线表示每座桥，从而得到图 8－2 所示的图的一笔画问题。由于图 8－2 中每个点都与奇数边相连，所以不可能不重复地一笔画出。

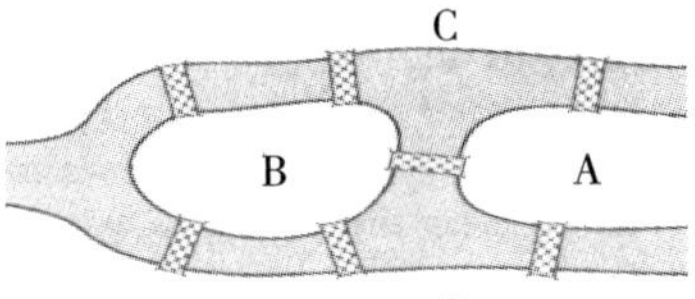

图 8－1

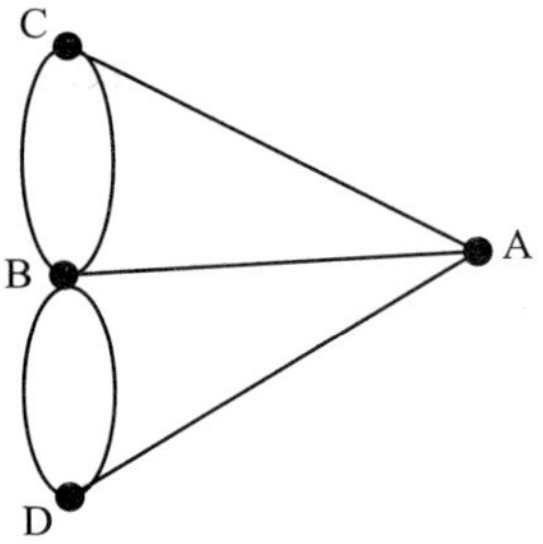

图 8－2

【例 8.2】 业务关系问题。有 5 家企业，分别用 A、B、C、D、E 表示，用点间连线表示两家企业有业务联系，如图 8－3 所示。

【例 8.3】 工作分配问题。有 5 名工人，分别用点甲、乙、丙、丁、戊表示；有 5 项工作，分别用点 A、B、C、D、E 表示，点间连线表示每个人可以胜任哪些工作，如图 8－4 所示。

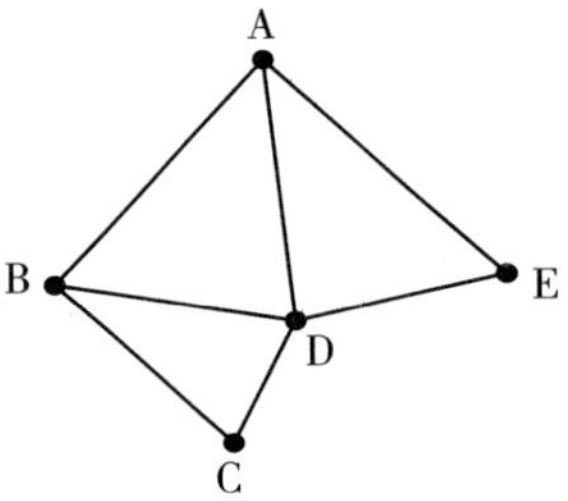

图 8－3

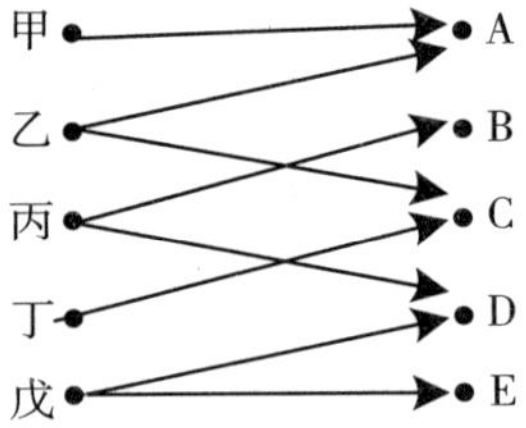

图 8－4

从以上的例题可以看出，一个图由一个表示具体事物的点集合和表示事物之间联系的边的集合构成。

1. 图

定义 8.1 一个图 G 是一个有序二元组(V,E)，记为 $G=(V,E)$，其中 $V=\{v_1,v_2,\cdots,v_n\}$ 为表示具体事物的顶点集合，$E=\{e_1,e_2,\cdots,e_m\}$ 为表示事物之间关系边的集合。图 G 的顶点集合和边的集合可以用 $G(V)$ 和 $G(E)$ 表示，图 G 的顶点数和边的数用 $|V|$ 和 $|E|$ 表示。

例如，图 8－5 中，有 8 条边，5 个顶点，即 $V=\{v_1,v_2,\cdots,v_5\}$；$E=\{e_1,e_2,\cdots,e_8\}$。其中 $e_1=[v_1,v_1]$，$e_2=[v_1,v_2]$，$e_6=[v_2,v_4]$，$e_7=[v_3,v_4]$，$e_8=[v_3,v_5]$。

2. 多重边与环

具有相同端点的边称为多重边或平行边；两个端点落在一个顶点的边称为环。如图 8－5 中，顶点 v_2 和 v_3 之间就有两条边 e_4 和 e_5，顶点 v_1 上就有一条边 e_1 形成环。

3. 相关定义

（1）多重图和简单图：含有多重边的图称为多重图；无环也无多重边的图称为简单图。

（2）次：以 v_i 为端点的边的条数称为点 v_i 的次，记作 $d(v_i)$。

（3）悬挂点和悬挂边：次为 1 的点称为悬挂点：与悬挂点相连的边称为悬挂边。

（4）孤立点：度为零的点称为孤立点。

（5）奇点与偶点：次为奇数的点称为奇点；次为偶数的点称为偶点。

图 8－6 是一个多重图，v_4 的次为 1，因此是悬挂点，与 v_4 相连的边只有 e_6，e_6 为悬挂边，v_5 是孤点，v_2 是奇点，v_3 是偶点，与 v_2 相连的边有 3 条，因此 $d(V_2)=3$，与 v_1 相连的边有 3 条(e_1,e_2,e_3)，其中 e_1 为环，对于环 e_1 而言，次为 2，因此 $d(v_1)=4$。

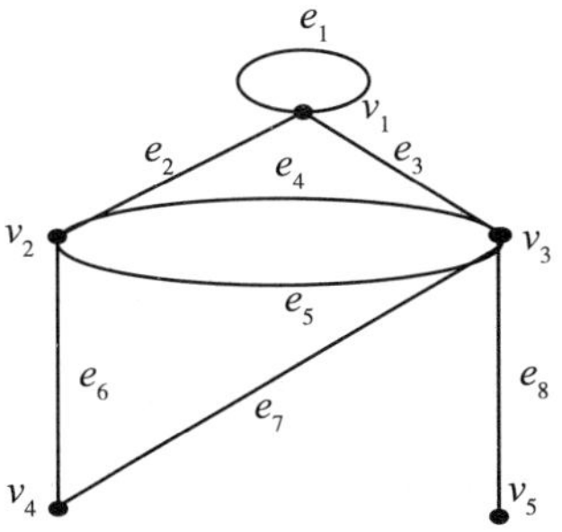

图 8－5

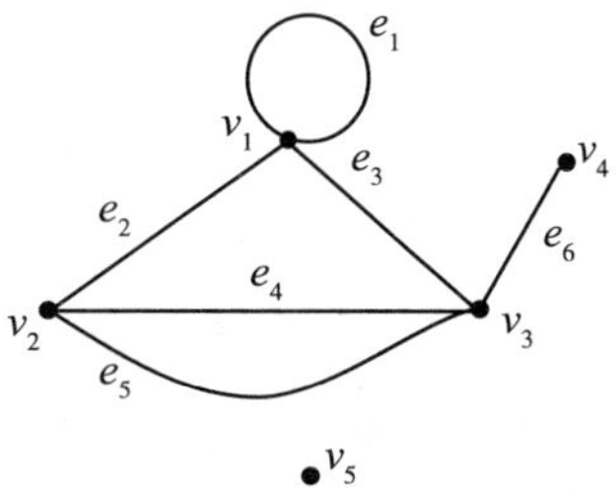

图 8－6

4. 无向图和有向图

无向图：设 V 是一个有 n 个顶点的非空集合，$V=\{v_1,v_2,\cdots,v_n\}$；E 是一个有 m 条边的集合，$E=\{e_1,e_2,\cdots,e_m\}$。若 E 中任一条边 e 是 V 的无序元素对(u,v)，则称 V 和 E 组成了一个无向图 $G=(V,E)$。图 8－7 即为一个无向图。

若 E 中存在一条边 e 连接顶点 u 和 v，则记为 $e=[u,v]$，并称 u 和 v 为无向边 e 的端点，边 e 与 u 和 v 相关联，u 和 v 相邻。

有向图：设 V 是一个有 n 个顶点的非空集合，$V=\{v_1,v_2,\cdots,v_n\}$；E 是一个有 m 条边的集合，$E=\{e_1,e_2,\cdots,e_m\}$。若 E 中任一条边 e 是 V 的有序元素对(u,v)，则称 V 和 E 组成了一个有向图 $G=(V,E)$。图 8－8 即为一个有向图。

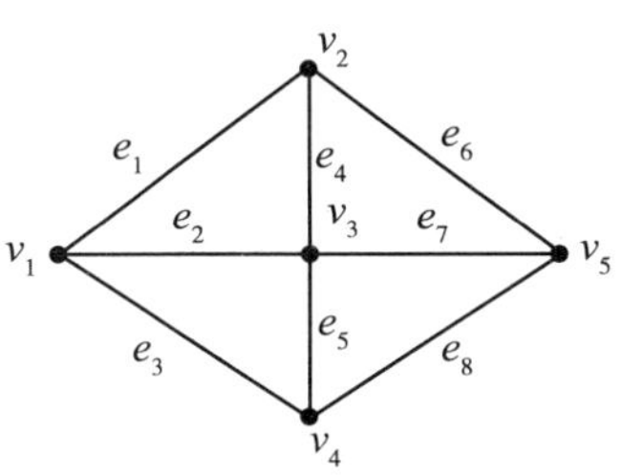

图 8－7

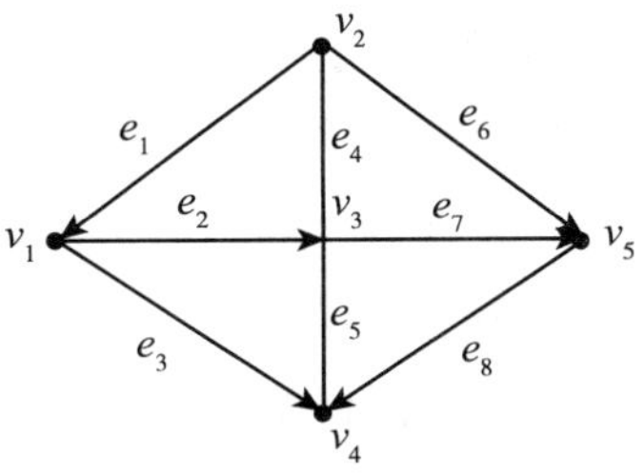

图 8－8

若在有向图中存在 $e=[u,v]$，则 u 称为有向边 e 的起点，v 称为有向边 e 的终点。

在有向图中，以 v_i 为始点的边数称为点 v_i 的出次，记为 $d^+(v_i)$，以 v_i 为终点的边数称为点 v_i 的入次，记为 $d^-(v_i)$。图 8－8 中，顶点 v_1 的出次为 2，入次为 1。

5. 子图和生成子图

给定图 $G(V,E)$ 和图 $G'(V',E')$，如果满足 $V'\subseteq V$，$E'\subseteq E$，则称 G' 是 G 的子图。若满足 $V'=V$，$E'\subset E$，则称 G' 是 G 的生成子图。若满足 $V'\subset V$，$E'\subset E$，则称 G' 是 G 的真子图。

例如，图 8-9（a）为图 8-7 的生成子图，图 8-9（b）为图 8-7 的真子图。

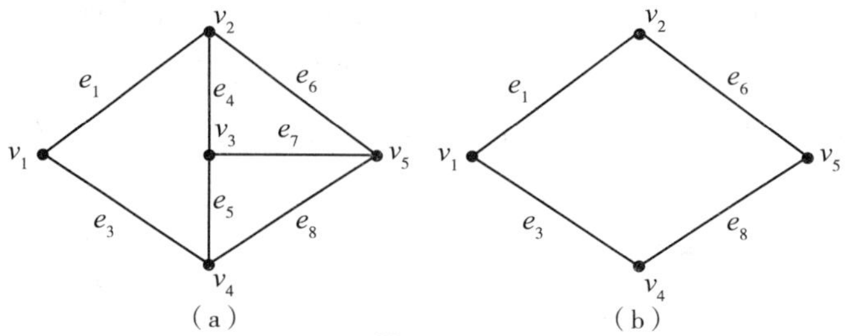

图 8-9

6. 网络

给定图 $G(V,E)$，若给 G 的每条边赋予一定的物理量，如表示两个顶点间的距离，则称该图为赋权图，俗称网络。与各边相关的物理量称为该边的赋权值，有时网络与图不加以区分的统称为图。

7. 链

给定图 $G(V,E)$，若 G 的某些顶点和边交错成为如下非空有限序列：

$$Q=v_{i_1}e_{i_1}v_{i_2}e_{i_2}\cdots v_{i_{k-1}}e_{i_{k-1}}v_{i_k}$$

且满足 $e_{i_s}=(v_{i_s},v_{i_{s+1}})(s=1,2,\cdots,k-1)$，则称 Q 为一条连接 v_{i_1} 和 v_{i_k} 的链，其中 v_{i_1} 和 v_{i_k} 称为这条链的端点。在简单图中（图的任意两条不同的边不具有相同的端点），链可以由它的顶点序列确定，可用其顶点表示为 $Q=v_{i_1}v_{i_2}\cdots v_{i_{k-1}}v_{i_k}$。例如图 8-9（a）中，$v_1v_2v_3v_4v_5$ 即为一条链，$v_1v_2v_5$ 也是一条链。

8. 圈

起点和终点重合的链称为圈。例如图 8-9（a）中，$v_1v_2v_3v_4v_5v_1$ 即为一个圈，$v_1v_2v_5v_1$ 也是一个圈。

9. 与无向图相关的术语

路：若无向图的链中顶点各不相同，则称该链为路。

回路：起点和终点重合的路为回路，或者说圈中除了起点和终点外，再也没有相同的顶点，则该圈为回路。

10. 与有向图相关的术语

路：若有向图的链中边的方向一致，则称该链为路。

回路：起点和终点重合的路径称为回路。

11. 连通图

若一个图中的任意两点之间至少存在一条链，则称这个图为连通图。连通图中不存在孤立的顶点。如图 8-9 即为连通图，而图 8-6 不是连通图，因为图中存在孤立点 v_5。

12. 欧拉图

给定图 $G(V,E)$，通过图 G 的每条边一次且仅一次的链称为欧拉链，通过 G 中每条边一次且仅一次的回路，称为欧拉回路，存在欧拉回路的图称为欧拉图。

对于无向图来说，我们可以根据“无向连通图 G 是欧拉图，当且仅当图中无奇点”来判断；对于有向图来说，我们可以根据“有向连通图 G 是欧拉图，当且仅当它每个顶点出次等于入次”来判断。

图 8－9（a）不是欧拉图，而图 8－9（b）是欧拉图。

定理 8.1 图 $G(V,E)$ 中，所有点的次之和是边数的两倍。即：

$$\sum_{v_i \in v} d(v_i) = 2|E|$$

定理 8.1 是显然的，因为在计算各点的次时，每条边都计算两次，于是图 G 中全部顶点的次之和就是边数的 2 倍。

定理 8.2 任意图 $G(V,E)$ 中，奇点的个数为偶数。

证明：设 v_1、v_2 分别是 G 中奇点和偶点的集合，由定理 8.1 可知：

$$\sum_{v_i \in v_1} d(v_i) + \sum_{v_i \in v_2} d(v_i) = \sum_{v_i \in v} d(v_i) = 2|E| \tag{8.1}$$

因为 $\sum_{v_i \in v} d(v_i)$ 是偶数，而 $\sum_{v_i \in v_2} d(v_i)$ 也是偶数，故 $\sum_{v_i \in v_1} d(v_i)$ 也必是偶数，由于偶数个奇数才能导致偶数，所以有奇点的个数必须为偶数。

二、图的矩阵表示

用矩阵表示图的性质及其应用常常是比较方便的，图的矩阵表示方法有权矩阵、邻接矩阵、关联矩阵、回路矩阵、割集矩阵等，这里只介绍其中的邻接矩阵和权矩阵。

1. 邻接矩阵

对于图 $G(V,E)$，$|V|=n$，$|E|=m$，有 $n \times n$ 阶方矩阵 $\mathbf{A}=(a_{ij})_{n\times n}$，其中：

$$a_{ij}=\begin{cases}1,(v_i,v_j)\in E\\0,\text{其他}\end{cases}$$

则称矩阵 $\mathbf{A}$ 为图 G 的邻接矩阵。

【例 8.4】 写出图 8－10 可以构造的邻接矩阵 $\mathbf{A}$。

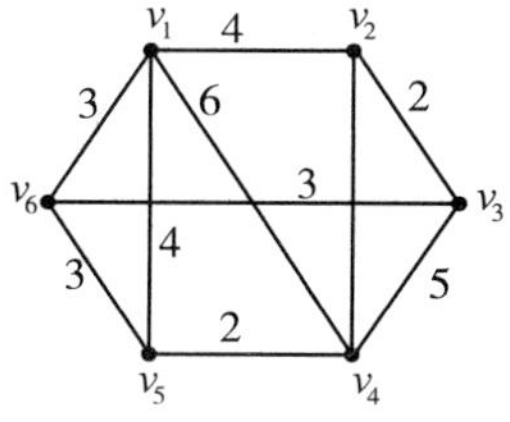

图 8－10

解：对图 8－10 所构建的邻接矩阵如下：

$$
\mathbf{A}_{6\times 6}=
\begin{array}{c}
\\ v_1 \\ v_2 \\ v_3 \\ v_4 \\ v_5 \\ v_6
\end{array}
\begin{array}{c}
\begin{array}{cccccc} v_1 & v_2 & v_3 & v_4 & v_5 & v_6 \end{array}\\
\begin{bmatrix}
0 & 1 & 0 & 1 & 1 & 1\\
1 & 0 & 1 & 1 & 0 & 0\\
0 & 1 & 0 & 1 & 0 & 1\\
1 & 1 & 1 & 0 & 1 & 0\\
1 & 0 & 0 & 1 & 0 & 1\\
1 & 0 & 1 & 0 & 1 & 0
\end{bmatrix}
\end{array}
$$

2. 权矩阵

对于赋权图，其中边(v_i, v_j)有权 w_{ij}，构造矩阵 $\mathbf{B}=(b_{ij})_{n\times n}$，其中：

$$
b_{ij}=\begin{cases} w_{ij}(v_i, v_j)\in E \\ 0(v_i, v_j)\notin E \end{cases}
$$

【例 8.5】 用构造矩阵 **B** 表示图 8－11。

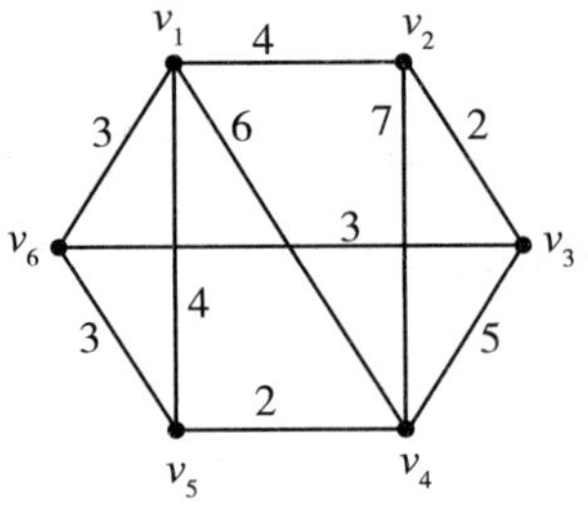

图 8－11

解：对图 8－11 所构建的赋权矩阵如下：

$$
\mathbf{B}=
\begin{array}{c}
\\ v_1 \\ v_2 \\ v_3 \\ v_4 \\ v_5 \\ v_6
\end{array}
\begin{array}{c}
\begin{array}{cccccc} v_1 & v_2 & v_3 & v_4 & v_5 & v_6 \end{array}\\
\begin{bmatrix}
0 & 4 & 0 & 6 & 4 & 3\\
4 & 0 & 2 & 7 & 0 & 0\\
0 & 2 & 0 & 5 & 0 & 3\\
6 & 7 & 5 & 0 & 2 & 0\\
4 & 0 & 0 & 2 & 0 & 3\\
3 & 0 & 3 & 0 & 3 & 0
\end{bmatrix}
\end{array}
$$

第二节　最小生成树问题

树是图论中一个重要概念，由于树的模型简单实用，它在企业管理、线路设计等方面都有很重要的应用。

一、树和生成树

【例 8.6】 某企业的组织机构如图 8－12 所示。

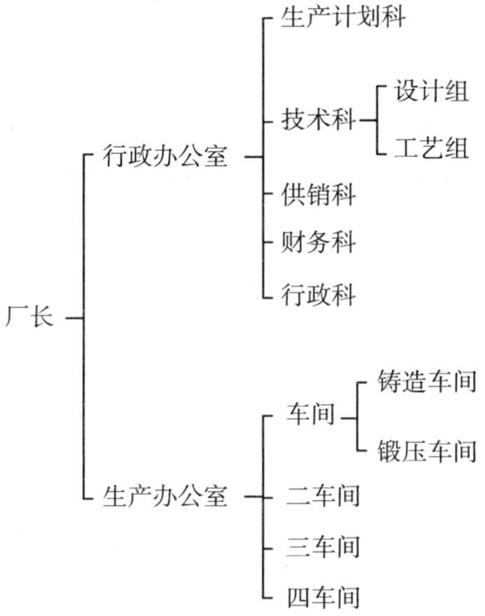

图 8－12

如果用图表示，它是一个呈树枝形状的图，“树”的名称由此而来。

定义 8.2　一个无圈的连通无向图称为树，通常用 T 表示，记为 $T=(V,E)$，$|V|=n$，$|E|=m$。

树有如下性质：

（1）T 无圈，且 $m=n-1$。

（2）T 连通，且 $m=n-1$。

（3）T 无圈，但每增加一条新边即得唯一一个圈。

（4）T 连通，但去掉任意一条边，必变为不连通。

（5）T 中任意两点，有唯一链相连。

由此我们可以知道，对于若干点所组成的图而言，树是其中含边最少的连通图。

定义 8.3　给定连通图 G，若 T 为树图，且满足 $V(T)=V(G)$，$E(T)\subseteq E(G)$，则称 T 为 G 的生成树。

例如，图 8 - 14（a）和 8 - 14（b）都是图 8 - 13 的生成树。

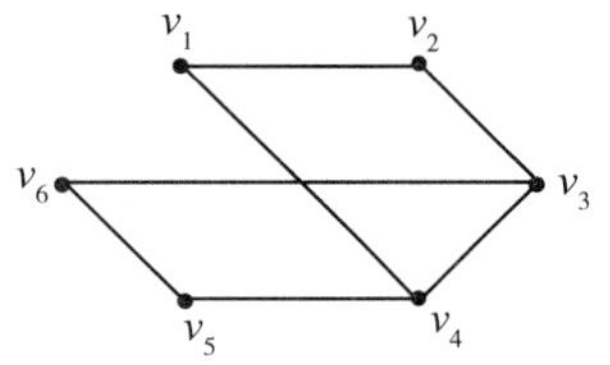

图 8 - 13

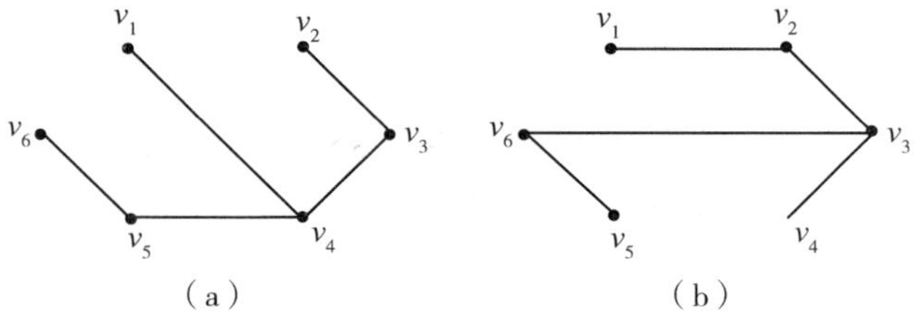

图 8 - 14

定义 8.4 给定无向连通网络 $T=(V,E)$，其中 $V=\{v_1,v_2,\cdots,v_n\}$，$E=\{e_1,e_2,\cdots,e_m\}$，且 $\forall e\in E, w(e)\geqslant 0$。若 T 为 G 的生成树，则 T 的权定义为 $w(T)=\sum\limits_{e\in E(T)} w(e)$。若 T^* 为 G 的生成树，且满足 $w(T^*)=\min\{w(T)\mid T$ 为 G 的生成树$\}$，则称 T^* 为 G 的最小生成树。

在生成树中，总权值最小的树称为最小生成树。最小生成树问题是图论中的基本问题之一。当采用不同的边组成树图时，由于每条边权值不同，将各条边加权得到的总权值也不同。许多网络问题都可以归纳为最小生成树问题。例如，交通系统中设计长度最小的公路网把若干城市连接起来；通信系统中用最小成本把计算机系统和设备连接到局域网等。

下面介绍最小生成树的求法。

二、最小生成树的求法

1. 破圈法

在网络 G 上任取一个圈，去掉圈上权值最大的一条边（当有多条边同时具有最大权时，任选一条），反复进行，直到 G 上没有圈为止，剩下的边组成的树即为最小生成树。

【例 8.7】 图 8 - 15 中的 S、A、B、C、D、E、F、G 分别代表 8 个村镇，它们之间的连线代表各村镇间的道路情况，连线旁的数字（权）代表各村镇间的距离。现要求沿道路架设电线，使得各村庄都通上电，应如何架设才能使得总的线路最短。

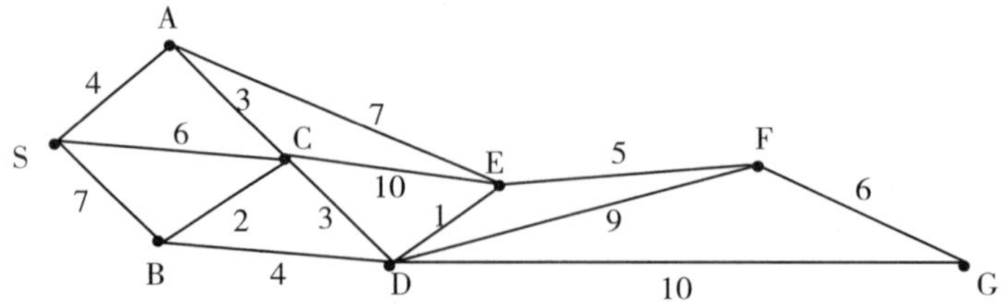

图 8 - 15

解：该问题实际上就是求图 8 - 15 的最小生成树。求解过程如图 8 - 16 所示，任取一个圈 SCEFGDBS，去掉圈上权最大的边 CE 和 DG；再取一圈 SAEFDCS，去掉圈上权最大的边 DF；依次类推，最终得到最小生成树 T^*，如图 8 - 17 所示的最小生成树 T^*，$w(T^*)=$

4 +3 +2 +3 +1 +5 +6 =24。

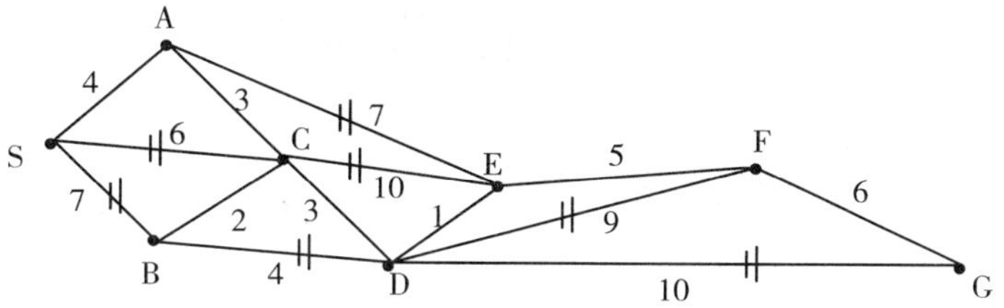

图 8 -16

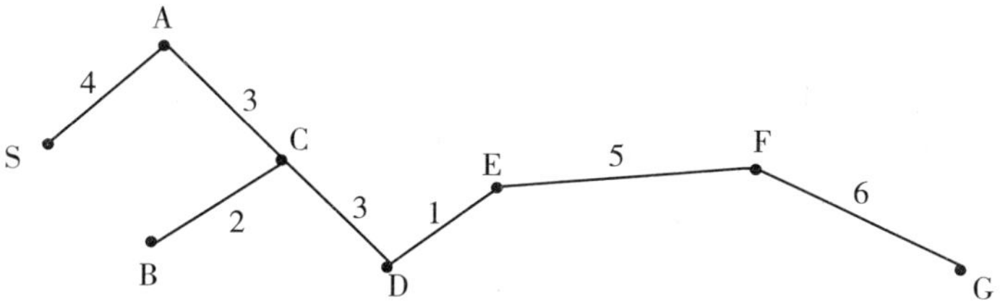

图 8 -17

2. 避圈法

避圈法又称 Kruskal 算法，具体求解步骤如下：

（1）先去掉网络 G 上所有的边，只保留顶点。

（2）把边按照权值由小到大排序（若有多条边权值相同，则这些边相互间可任意排序），按顺序每次放回一条权最小的边，使新放回的边与已放回的边不构成圈。

（3）反复进行，直到不能再放回边为止。

【例 8.8】 用避圈法求图 8 -15 的最小生成树。

解：先把网络中边去掉，并按权值排序，排序结果为：

$$w(D,E)=1$$
$$w(B,C)=2$$
$$w(A,C)=3, w(C,D)=3$$
$$w(S,A)=4, w(B,D)=4$$
$$w(E,F)=5$$
$$w(S,C)=6, w(F,G)=6$$
$$w(S,B)=7, w(A,E)=7$$
$$w(D,F)=9$$
$$w(D,G)=10, w(C,E)=10$$

把按顺序排列的边逐个加入，加入后出现圈的边去除，最后得到如图 8 -17 所示的最小生成树 T^*。

第三节 最短路问题

设赋权有向图 $D(V,A)$，对图中的两个指定顶点 v_s、v_t，在从 v_s 到 v_t 的所有路中若能找到一条路，使得该路所有弧的权数（可以是距离、时间或费用）之和最小，则称这条路为从 v_s 到 v_t 的最短路。最短路问题是网络优化中的一个基本问题，它不仅可以直接应用于解决生产实际的许多问题，如管道铺设、线路安排、厂区布局等，而且经常被作为一个基本工具，用于解决其他的优化问题。

我们知道，在动态规划中，最短路问题可以由贝尔曼优化原理及其推理方程求解。在阶段明确的情况下，用逆向逐段优化嵌套推进，这是一种反向搜索法；在阶段不明确的情况下，可用函数迭代法逐步正向搜索。这些算法都是依据同一个原理建立的，即网络图中，若$\{v_1,v_2,\cdots,v_n\}$是从 v_1 到 v_n 的最短路，则$\{v_1,v_2,\cdots,v_{n-1}\}$也必然是从 v_1 到 v_{n-1}的最短路。

一、最短路问题的数学模型

给定一个有向图 $D(V,A)$，其中 $V=\{v_1,v_2,\cdots,v_n\}$，$E=\{e_1,e_2,\cdots,e_m\}$。若图 G 中的每一边 $e=(e_i,e_j)$都与非负权值 $w(e)=w(e_i,e_j)=w_{ij}$对应，则称 G 为非负赋权图，又称网络。给定 G 中的两个顶点 v_s、v_t，设 P 是 G 从 v_s 到 v_t 的一条路，定义路 P 的权是 P 所有边的权值之和，记为 $w(P)=\sum_{e\in E(P)}w(e)$，其中 $E(P)$表示 P 上边的集合。最短路问题就是要在所有 v_s 到 v_t 的路中，求一条权值最小的路。如果边 $e=(e_i,e_j)$的权用 c_{ij}表示（距离、时间或费用），网络中有 n 个节点，求从节点 1 到节点 n 的最短路，设决策变量 x_{ij}为：

$$x_{ij}=\begin{cases}1, 边(i,j)在 1\to n 的路径上\\0, 否则\end{cases}$$

则最短路问题数学模型如下：

$$\min z=\sum_{i=1}^{n}\sum_{j=1}^{n}c_{ij}x_{ij}$$

$$\text{s. t.}\begin{cases}\sum_{j=1}^{n}x_{ij}-\sum_{k=1}^{n}x_{ki}=1, i=1\\ \sum_{j=1}^{n}x_{ij}-\sum_{k=1}^{n}x_{ki}=0,\ i=2,3,\cdots,n-1\\ \sum_{j=1}^{n}x_{ij}-\sum_{k=1}^{n}x_{ki}=-1, i=n\\ x_{ij}=0 或 1, i,j=1,2,\cdots n\end{cases}$$

二、求最短路的 Dijkstra 算法

1957 年狄克斯特拉（Dijkstra）提出了求网络最短路的标号算法，用给节点记标号来逐步形成起点到各点的最短路及其距离值，被公认为为目前较好的一种算法，因此该算法称为 Dijkstra 标号法，它也被称为双标号法。所谓双标号，就是对图中的点 v_i 赋予两个标号 $[v_i, P(v_j)]$，第一个标号 v_i 表示从起点 v_s 到 v_j 的最短路上 v_j 的前一个相邻顶点的下标，用来表示路径，从而可对终点进行反向追踪，找到 v_s 到 v_t 的最短路；第二个标号 $P(v_j)$ 表示从起点 v_s 到 v_j 的最短距离的长度。

1. Dijkstra 算法的基本思想

对图 $D(V,A)$，指定某顶点 v_0 把图的顶点集合 V 分成两组，以已经求出最短路的顶点集合为第一组，记为 S(称为永久性标号,P 标号)；其余尚未确定最短路的顶点为第二组，记为 $\bar{S}$(称为临时性标号,T 标号)。按最短路的路长递增次序逐个地把 $\bar{S}$ 中的顶点移到 S 中，直到 v_0 出发可以到达的顶点都在 S 中。在这个过程中，需始终保持从 v_0 到 S 中各顶点的最短路的路长都不大于从 v_0 到 $\bar{S}$ 中的任何顶点的最短路的路长。另外，在处理过程中，需要为每个顶点保存一个距离。S 中顶点的距离指从 v_0 到此顶点的最短路的路长；$\bar{S}$ 中顶点的距离指从 v_0 到此顶点的只包含以 S 中的顶点为中间顶点的那部分还不完整的最短路的路长。

2. Dijkstra 算法的具体步骤

设 $T(v_j)$ 表示 v_j 点的 T 标号，即初始点 v_0 到 v_j 的临时最短距离；$P(v_i)$ 表示 v_i 点的 P 标号，即初始点 v_0 到 v_i 的最短距离。

（1）给 v_0 以 P 标号，$P(v_0)=0$，其余各点均以 T 标号，$T(v_i)=+\infty$。

（2）若 v_i 为刚得到 P 标号的点，考虑这样的点 v_j：$(v_i, v_j)\in E$，且 v_j 为 T 标号，对 v_j 的 T 标号更改为 $T(v_j)=\min[T(v_j), P(v_i)+w_{ij}]$。

（3）比较所有具有 T 标号的点，把最小者改为 P 标号，即 $P(\bar{v}_i)=\min[T(v_j)]$。

当存在两个以上最小者时，可同时改为 P 标号。若全部点均为 P 标号则停止。否则用 $\bar{v}_i$ 代 v_i 转回（2）。

经过上述一个循环之后，可求出从 v_0 到节点 v_n 的最短路及其长度，从而使一个节点 v_n 被赋予双标号。若图中共有 n 个节点，则最多可计算$(n-1)$次循环，即可得到最后结果。

【例 8.9】 一个石油流向的管网如图 8－18 所示，v_1 代表石油开采地，v_7 代表石油汇集站，线旁的数字表示管线的长度，现在要从 v_1 地调运石油到 v_7 地，怎么选择管线可使路径最短？

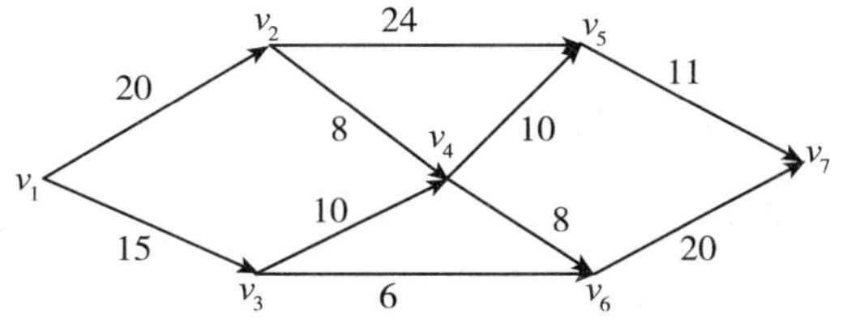

图 8－18

解：（1）给 v_1 以 P 标号[0,0]，$S=\{v_1\}$，$P(v_1)=0$，并给其余所有点以 T 标号。

$$T(v_i)=+\infty\ (i=2,3,\cdots,7)$$

（2）这时，与 S 相连的点有 v_2，v_3，这样有：

$$T_{12}=p(v_1)+w_{12}=0+20=20$$
$$T_{13}=p(v_1)+w_{13}=0+15=15$$
$$\min\{T_{12},T_{13}\}=T_{13}=15$$

赋予边(v_1,v_3)的终点 v_3 以双标号$(v_1,15)$，并令 $P(v_3)=15$，并记录路径(v_1,v_3)。

（3）这时，$S=\{v_1,v_3\}$，与 S 相连的点有 v_2，v_4，v_6，这样有：

$$T_{34}=p(v_3)+w_{34}=15+10=25$$
$$T_{36}=p(v_3)+w_{36}=15+6=21$$
$$\min\{T_{12},T_{34},T_{36}\}=\min\{20,35,21\}=T_{12}=20$$

赋予边(v_1,v_2)的终点 v_2 以双标号$(v_1,20)$，并令 $P(v_2)=20$，并记录路径(v_1,v_2)。

（4）这时，$S=\{v_1,v_2,v_3\}$，与 S 相连的点有 v_4，v_5，v_6，这样有：

$$T_{24}=p(v_2)+w_{24}=20+8=28$$
$$T_{25}=p(v_2)+w_{25}=20+24=44$$
$$\min\{T_{24},T_{25},T_{34},T_{36}\}=\min\{28,44,25,21\}=T_{36}=21$$

赋予边(v_3,v_6)的终点 v_6 以双标号$(v_3,21)$，并令 $P(v_6)=21$，并记录路径(v_3,v_6)。

（5）这时，$S=\{v_1,v_2,v_3,v_6\}$，与 S 相连的点有 v_4，v_5，v_7，这样有：

$$T_{67}=p(v_6)+w_{67}=21+20=41$$
$$\min\{T_{24},T_{25},T_{34},T_{67}\}=\min\{28,44,25,41\}=T_{34}=25$$

赋予边(v_3,v_4)的终点 v_4 以双标号$(v_3,25)$，并令 $P(v_4)=25$，并记录路径(v_3,v_4)。

（6）这时，$S=\{v_1,v_2,v_3,v_4,v_6\}$，与 S 相连的点有 v_5，v_7，这样有：

$$T_{45}=p(v_4)+w_{45}=25+10=35$$
$$\min\{T_{25},T_{45},T_{67}\}=\min\{44,35,41\}=T_{45}=35$$

赋予边(v_4,v_5)的终点 v_5 以双标号$(v_5,35)$，并令 $P(v_5)=35$，并记录路径(v_4,v_5)。

（7）这时，$S=\{v_1,v_2,v_3,v_4,v_5,v_6\}$，与 S 相连的点有 v_7，这样有：

$$T_{57}=p(v_5)+w_{57}=35+11=46$$
$$\min\{T_{57},T_{67}\}=\min\{46,41\}=T_{67}=41$$

赋予边(v_6,v_7)的终点 v_7 以双标号$(v_6,41)$，并令 $P(v_7)=41$，并记录路径(v_6,v_7)。至此，全部顶点都已经标号，计算结束。

根据 v_7 的标号$(v_6,41)$可知，从 v_1 到 v_7 的最短路为 41，其最短路中的 v_7 的前面一点是

v_6；从 v_6 的标号(v_3,21)可知，从 v_1 到 v_6 的最短路为21，其最短路中的 v_6 的前面一点是 v_3；从 v_3 的标号(v_1,15)可知，从 v_1 到 v_3 的最短路为15，其最短路中的 v_3 的前面一点是 v_1。这样使得 v_1 到 v_7 的最短路 $S=\{v_1,v_3,v_6,v_7\}$，最短路长为41，如图8－19所示。

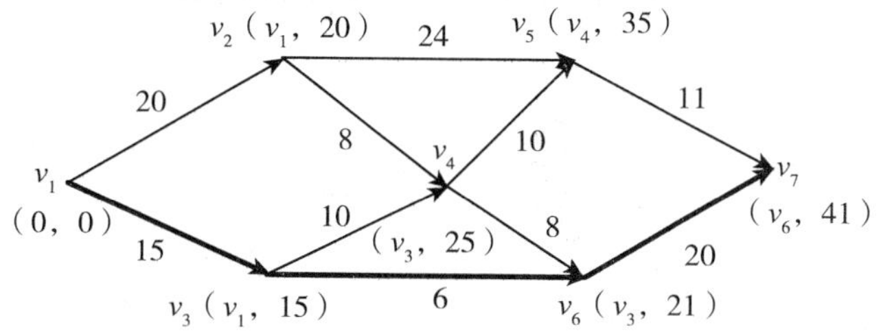

图8－19

第四节　最大流问题

在许多现实网络系统中包含了流量和最大流问题。例如交通系统有车流量，金融系统有现金流，控制系统有信息流等。许多流问题主要是确定这类系统网络所能承受的最大流量以及如何达到这个最大流量。网络系统最大流问题是图与网络理论中十分重要的优化问题，它对于解决生产实际问题起着十分重要的作用。

一、相关概念

1. 容量网络

定义8.5　给定一个赋权有向图 $D=(V,A)$，如果对于每一条弧 $a=(v_i,v_j)$，均有一个非负实数 $c(a)$ 与之对应，在 V 中指定一个发点 v_s 和收点 v_t，其余顶点为中间顶点。对于 D 中的每一个弧 $(v_i,v_j)\in A$，都有一个非负数 c_{ij}，叫作弧的容量。我们把这个图 D 叫作容量网络，简称网络，记为 $D=(V,A,C)$。

容量网络有广泛的实际背景。例如，以发点 v_s 表示某种物资的产地，收点 v_t 表示该物资的销地，中间顶点是物资的转运站，网络中的有向弧表示运输路线，容量 c_{ij} 表示该运输线的最大运输能力，这时容量网络代表运送该物资的运输网络。鉴于这一实际背景，有时也称容量网络为运输网络，简称网络（见图8－20）。

2. 可行流与最大流

【例8.10】 如图8－21是连接某产品产地 v_1 和销地 v_7 的交通图。弧 (v_i,v_j) 表示从 v_i 到 v_j 的运输线，弧旁的数字表示这条运输线的最大通过能力 c_{ij}，括号内的数字表示该弧上的实际流 f_{ij}。现要求制定一个运输方案，使从 v_1 运到 v_7 的产品数量最多。

在运输网络的实际问题中，我们可以看出，对于流有两个基本要求：一是每条弧上的流量必须是非负的且不能超过该弧的最大通过能力（即该弧的容量）；二是起点发出的流的总和（称为流量），必须等于终点接收的流的总和，且各中间点流入的流量之和必须等于从该点流出的流量之和，即流入的流量之和与流出的流量之和的差为零，也就是说各中间点只起转运作用，它既不产出新的物资，也不得截留过境的物资。

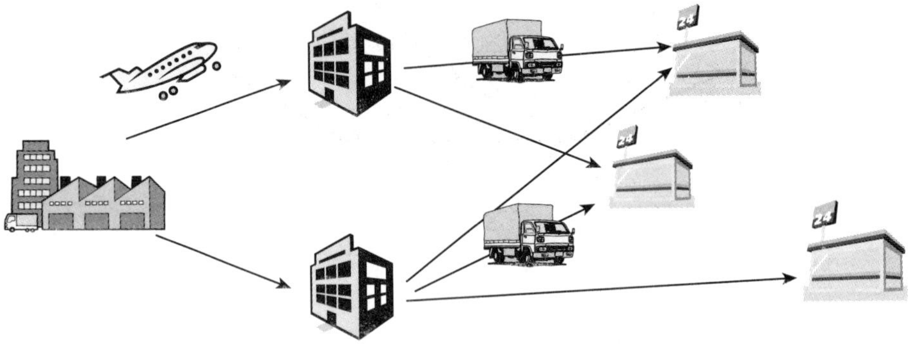

图 8－20

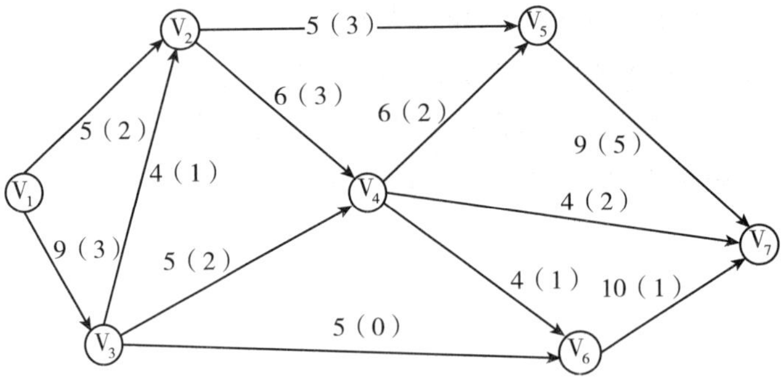

图 8－21

定义 8.6　网络 D 上的流，是指定义在弧集合 A 上的一个函数 $f=\{f(v_i,v_j)\}=\{f_{ij}\}$，其中，$f(v_i,v_j)=f_{ij}$ 叫作弧 (v_i,v_j) 上的流量。

定义 8.7　称满足下列条件的流为可行流：

（1）容量条件：对每一条弧 $(v_i,v_j)\in A$，都有 $0\leqslant f_{ij}\leqslant c_{ij}$。

（2）平衡条件：对于发点 v_s 和收点 v_t，有 $\sum_{(v_s,v_i)\in A} f_{si}=\sum_{(v_j,v_t)\in A} f_{jt}=W$，其中，$W$ 为网络中的总流量。对于中间点，有 $\sum_{(v_i,v_j)\in A} f_{ij}=\sum_{(v_j,v_k)\in A} f_{jk}$，即对于中间点来说流出量必须等于流入量。

对网络的某一个可行流 $f=\{f_{ij}\}$，$f_{ij}=c_{ij}$ 的弧称为饱和弧，$f_{ij}<c_{ij}$ 的弧称为非饱和弧。$f_{ij}>0$ 的弧称为非零流弧，$f_{ij}=0$ 的弧称为零流弧。

最大流问题实际上是一个线性规划问题，上述定义 8.7 的两个条件相当于问题的约束条件，目标是使得网络 D 上的总流量 W 最大，而可行域就是线性规划问题的可行解。

设变量f_{ij}为从 i 到 j 的流量，W 为网络总流量，则问题的线性规划模型为：

$$\max z = W$$

$$\text{s. t.}\begin{cases} f_{ij} \leqslant c_{ij} \\ \sum\limits_{(v_i,v_j)\in A} f_{ij} - \sum\limits_{(v_j,v_k)\in A} f_{jk} = 0 \\ W - \sum\limits_{(v_s,v_i)\in A} f_{si} = 0 \\ \sum\limits_{(v_j,v_t)\in A} f_{jt} - W = 0 \\ f_{ij} \geqslant 0, W \geqslant 0 \end{cases}$$

图 8 –21 的线性规划模型可以表示为：

$$\max z = W$$

$$\text{s. t.}\begin{cases} f_{12} \leqslant 5 \\ f_{13} \leqslant 9 \\ f_{32} \leqslant 4 \\ f_{34} \leqslant 5 \\ f_{36} \leqslant 6 \\ f_{24} \leqslant 6 \\ f_{25} \leqslant 5 \\ f_{45} \leqslant 6 \\ f_{46} \leqslant 4 \\ f_{47} \leqslant 4 \\ f_{57} \leqslant 9 \\ f_{67} \leqslant 10 \\ f_{12} + f_{13} = W \\ f_{12} + f_{32} - f_{25} - f_{24} = 0 \\ f_{13} - f_{32} - f_{34} - f_{36} = 0 \\ f_{24} + f_{34} - f_{45} - f_{46} - f_{47} = 0 \\ f_{25} + f_{45} - f_{57} = 0 \\ f_{36} + f_{46} - f_{67} = 0 \\ f_{57} + f_{47} + f_{67} = W \\ f_{ij} \geqslant 0, W \geqslant 0 \end{cases}$$

3. 增广链

容量网络 D，若 μ 为网络中从 v_s 到 v_t 的一条链，给 μ 定向为从 v_s 到 v_t，μ 上的弧凡与 μ 方向相同的称为前向弧（即正向弧），凡与 μ 方向相反的称为后向弧（即逆向弧），其集合分别用 μ^+ 和 μ^- 表示。

f 是一个可行流，如果满足：

$$\begin{cases}0 \leqslant f_{ij} < c_{ij}(v_i, v_j) \in \mu^+ \\ 0 < f_{ij} \leqslant c_{ij}(v_i, v_j) \in \mu^-\end{cases}$$

即 μ^+ 中的每一条弧都是非饱和弧，μ^- 中的每一条弧都是非零流弧，则称 μ 为从 v_s 到 v_t 的一条增广链。

推论：可行流 f 是最大流的充分必要条件是不存在从 v_s 到 v_t 的一条增广链。

4. 割集

容量网络 $D=(V,A,C)$，v_s、v_t 分别为发点、收点，若有边集 A' 为 A 的子集，将 D 分为两个子图 D_1，D_2，其顶点集合分别为 S、$\bar{S}$，$S \cup \bar{S}=V$，$S \cap \bar{S}=\varphi$，v_s、v_t 分别属于 S、$\bar{S}$，满足：①$D(V,A-A')$ 不连通；②A'' 为 A' 真子集，而 $D(V,A-A'')$ 任联通，则称 A' 为 D 的割集（又称截集），记 $A'=(S,\bar{S})$。割集（S，$\bar{S}$）中所有弧的容量之和，称为这个割集的容量（又称截量），记为 $C(S,\bar{S})$。

如图 8－22 所示，边集（v_s，v_1），（v_2，v_3），（v_3，v_t），（v_4，v_t）是 D 的割集。其顶点分别属于两个互补不相交的点集。去掉这四条边，则图不连通，去掉这四边形中的任意 1～3 条，图仍然连通。

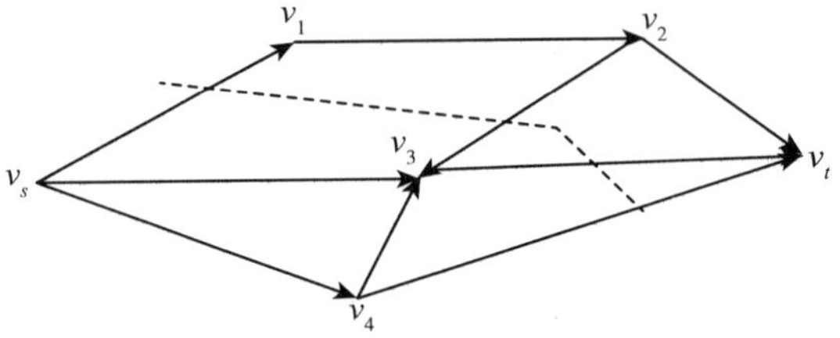

图 8－22

二、最大流最小割定理

定理 8.3 设 f 为网络 $D=$（V，A，C）的任一可行流，流量为 W，（S，$\bar{S}$）是分离 v_s，v_t 的任一割集，则有 $W \leqslant C(S, \bar{S})$。

定理 8.3 表明，网络中任一可行流的流量不会超过任一割集的容量。如果网络上的一个可行流 f^* 和网络中的一个割集（S^*，$\bar{S}^*$），满足条件 $W(f^*)=W(S^*, \bar{S}^*)$，那么 f^* 一定是 D 上的最大流，而（S^*，$\bar{S}^*$）一定是 D 上最小割，从而有如下定理：

定理 8.4 （Fold-fulkerson 最大流最小割定理）在任何网络中，从 v_s 到 v_t 的最大流的流量等于最小割的容量。

可增广链的实际意义是：沿着这条链从 v_s 到 v_t 输送的流，还有潜力可挖，需要进行调整，从而提高流量。调整后的流，在各点仍满足平衡条件及容量限制条件，即仍为可行流。这样就得到一个寻求最大流的方法：从一个可行流开始，寻求关于这个可行流的可增广链，若存在，则可以经过调整，得到一个新的可行流，其流量比原来的可行流要大，重复这个过程，直到不存在关于该流的可增广链时就得到了最大流。

三、求最大流的标号算法

求最大流的标号算法一般采用 Fold-fulkerson 算法：设网络中已有一个可行流 f（如果 D 中没有给出可行流 f，可以根据可行流的两个条件设定一个初始可行流，也可以将零流设为初始可行流），标号算法分为两步：

第一步是标号过程，目的是寻找可增广链并确定流量调整量。

第二步是调整过程，沿可增广链调整流量。

交替进行这两步就可以得到网络的最大流及最小割。

1. 标号过程

采用双标号方式，第 1 个标号表示该结点的标号来自何处，第 2 个标号表示流量的最大允许调整量。

（1）给发点 v_s 标号$(\Delta, +\infty)$。

（2）取一个已经标号的顶点 v_i，对于 v_i 的所有未给标号的邻接点 v_j 按下列规则处理：

①如果弧$(v_i, v_j) \in A$，且 $f_{ij} < c_{ij}$，则给 v_j 以标号$(+v_i, \delta_j)$，其中 $\delta_j = \min(c_{ij} - f_{ij}, \delta_i)$。

②如果弧$(v_i, v_j) \in A$，且 $f_{ij} > 0$，则给 v_j 以标号$(-v_i, \delta_j)$，其中 $\delta_j = \min(f_{ji}, \delta_i)$。

（3）重复（2）直到收点 v_t 被标号或不再有顶点可标号时为止。

若 v_t 被标号，则存在一条可增广链，转调整过程；若 v_t 未被标号，而标号过程无法进行下去，这时的可行流就是最大流。

2. 调整过程

根据已经标号点的最后一个标号逆向追踪，找出从收点到发点的增加的链条，并正向写出从发点到收点的可增广链 μ，便可对可增广链 μ 上弧的流量进行调整。调整量为第二标号 δ_t。

在增广链中，设：

$$\delta_1 = \min\{c_{ij} - f_{ij} \mid (v_i, v_j) \in \mu^+\}$$

$$\delta_2 = \min\{f_{ij} \mid (v_i, v_j) \in \mu^-\}$$

$$\delta_t = \min\{\delta_1, \delta_2\}$$

（1）令：

$$f'_{ij} = \begin{cases} f_{ij} + \delta_t (v_i, v_j) \in \mu^+ \\ f_{ij} - \delta_t (v_i, v_j) \in \mu^- \\ f_{ij} (v_i, v_j) \notin \mu \end{cases}$$

（2）将调整了流量的网络去掉所有标号，回到第（1）步，对可行流f'重新标号。

【例8.11】用Fold-fulkerson标号算法求图8－23所示网络的最大流，弧旁的一对有序数量是（c_{ij}，f_{ij}）。

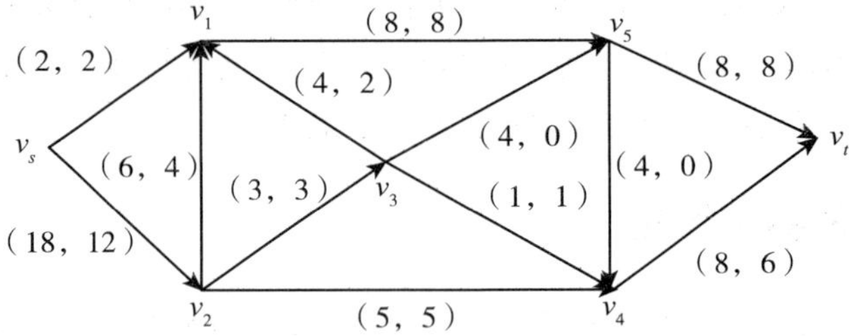

图8－23

解：（1）给发点发点v_s标号$(\Delta, +\infty)$。

（2）与已标号点v_s相邻的没有标号的点有v_1和v_2，其中(v_s, v_1)是前向饱和弧，所以v_1不符合标号条件，(v_s, v_2)是前向非饱和弧，所以v_2点得到标号$(+v_s, 6)$，其中$\delta_{v_2} = \min[(18-12), +\infty] = 6$。

（3）与已标号点v_2相邻的没有标号的点有v_1、v_3和v_4，其中(v_2, v_3)和(v_2, v_4)是前向饱和弧，所以v_3和v_4不符合标号条件，只有(v_2, v_1)是前向非饱和弧，所以v_1点得到标号$(+v_2, 2)$，其中$\delta_{v_1} = \min[(6-4), 6] = 2$。

（4）与已标号点v_1相邻的没有标号的点有v_3和v_5，其中(v_1, v_5)是前向饱和弧，所以v_5不符合标号条件，因为(v_1, v_3)是后向非饱和弧，所以v_3点得到标号$(-v_1, 2)$，其中$\delta_{v_3} = \min(2, 2) = 2$。

（5）与已标号点v_3相邻的没有标号的点有v_4和v_5，其中(v_3, v_4)是前向饱和弧，所以v_4不符合标号条件，只有(v_3, v_5)是前向非饱和弧，所以v_5点得到标号$(+v_3, 2)$，其中$\delta_{v_5} = \min[(4-0), 2] = 2$。

（6）与已标号点v_5相邻的没有标号的点有v_4和v_t，其中(v_5, v_t)是前向饱和弧，所以v_t不符合标号条件，由于(v_5, v_4)是前向非饱和弧，所以v_4点得到标号$(+v_5, 2)$，其中$\delta_{v_4} = \min[(4-0), 2] = 2$。

（7）与已标号点v_4相邻的没有标号的点只有v_t，又因v_t是前向非饱和弧，所以v_t点得到标号$(+v_4, 2)$，其中$\delta_{v_t} = \min[(8-6), 2] = 2$。

因为收点v_t得到了标号，说明存在可增广链，所以标号过程结束，如图8－24所示。从而得到一条增广链：$v_s \to v_2 \to v_1 \to v_3 \to v_5 \to v_4 \to v_t$。

转入调整过程，令$\delta = \delta_{v_t} = 2$为调整量，从$v_t$点开始，由逆向增广链方向按照标号$(+v_4, 2)$找到点$v_4$，令$f'_{4t} = f_{4t} + 2$。

再由v_4点的标号$(+v_5, 2)$找到前一个点v_5，并令$f'_{54} = f_{54} + 2$。

由v_5点的标号$(+v_3, 2)$找到前一个点v_3，并令$f'_{35} = f_{35} + 2$。

再由v_3点的标号$(-v_1, 2)$找到前一个点v_1，并令$f'_{13} = f_{13} - 2$。

由 v_1 点的标号$(+v_2,2)$找到前一个点 v_3，并令 $f'_{21}=f_{21}+2$。

调整过程结束，调整中得可增广链如图 8－24 中的粗边，调整后的可行流如图 8－25 所示。

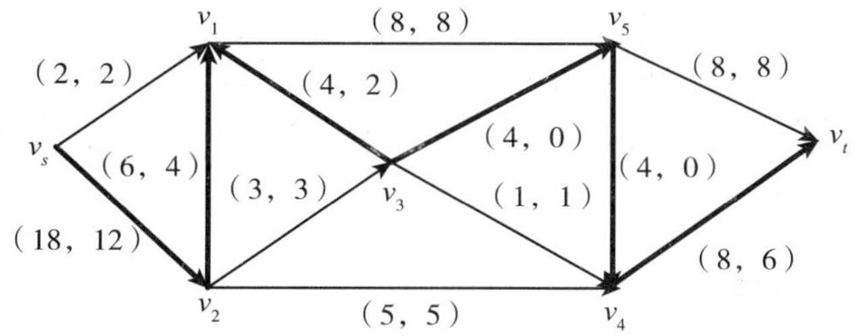

图 8－24

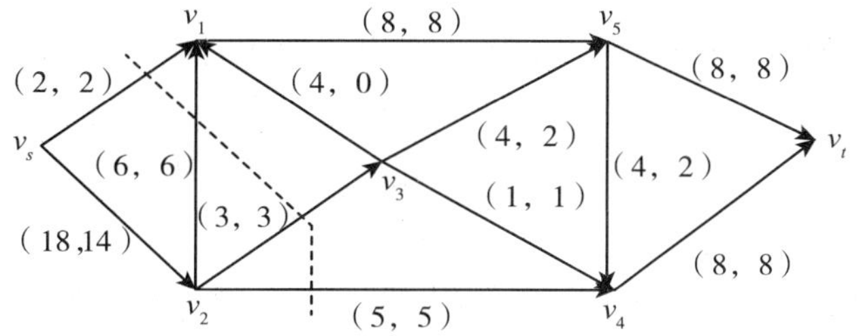

图 8－25

去掉所有的标号，从发出点 v_s 开始重新进行编号。

(1) 给发点 v_s 标号$(\Delta,+\infty)$。

(2) 与已标号点 v_s 相邻的没有标号点有 v_1 和 v_2，其中(v_s,v_1)是前向饱和弧，所以 v_1 不符合标号条件，由于(v_s,v_2)是逆向非饱和弧，所以 v_2 点得到标号$(+v_s,4)$。

(3) 与已标号点 v_2 相邻的没有标号点有 v_1、v_3 和 v_4，由图 8－25 可知 (v_2, v_1)、(v_2, v_3) 和 (v_2, v_4) 均为前向饱和弧，所以点 v_1、v_3 和 v_4 都不符合标号条件，至此标号过程无法进行下去，而收点 v_t 没能得到标号，说明图 8－25 中不存在可增广链，所以图 8－25 中的流量即为网络最大流。

最大流的算法有两种：一种是发点 v_s 发出量或收点 v_t 的流入量，即 $\sum_{(v_s,v_i)\in A} f_{si} = \sum_{(v_j,v_t)\in A} f_{jt} = W = f_{s1}+f_{s2} = 2+14 = 16$；另一种是割集容量与最大流量相等关系，用割集来进行计算，即以已标号点 v_s，v_2 作为点集 S，其余没有标号点为点集 $\bar{S}$，则弧集 $(S, \bar{S})$ 即为网络的一个最小割集，其容量为：$C(S,\bar{S})=(v_s,v_1)+(v_2,v_1)+(v_2,v_3)+(v_2,v_4)=2+6+3+5=16$。

前面讨论都是对一个发点、一个收点的网络最大流问题。对于多个发点和收点的情形，我们可以采取虚设一个总发点 v_s 和总收点 v_t，用容量足够大（不小于与其相邻的弧的容量之和）的弧分别连接 v_s 与各发点、v_t 与各收点，即可将其转化为单发点、单收点的最大流问题，再行求解。

第五节　最小费用最大流问题

网络最大流往往并不唯一，因此有时还要从中找出输送费用（或代价）最小的最大流，这就是最小费用最大流问题，简称最小费用流问题。本书第四章中的运输问题和第五章中的指派问题都属于这类问题。

一、基本概念与原理

1. 基本概念

定义 8.8　在容量网络 $D=(V,A,C)$，设 f_{ij} 是一可行流，若对每条弧（v_i，v_j）都赋予一实数 d_{ij}，并且有 $d_{ij}\geqslant 0$，表示该弧输送量 f_{ij} 的单位费用，则称该网络为费用—容量网络，记为 $D=$（V，A，C，d）。可行流 f_{ij} 的总费用为：

$$d(f)=\sum_{(v_i,v_j)\in A} d_{ij}f_{ij} \tag{8.2}$$

式（8.2）最小的问题，称为最小费用可行流问题，求使得 $d(f)$ 最小，且 f 为最大流时，此问题即为最小费用最大流问题。

定义 8.9　在关于可行流 f_{ij} 的所有增广链中，若 $\mu(f)$ 的费用最小，则称 $\mu(f)$ 为关于 f 的最小费用增广链。

定义 8.10　设 f_{ij} 是网络 $D=(V,A,C)$ 的一个可行流，则称按下述方法所构造出的一个新网络 $D'=(V,A,d)$，D' 是关于原网络 D 和可行流 f_{ij} 的一个对偶网络。

D' 与 D 的端点集完全相同，对应 D 的每一弧 $(v_i,v_j)\in A$ 及其流量 f_{ij} 确定 D' 的弧及其权数如下：

（1）若 $f_{ij}=0$，则保留原费用弧，令其权数仍为 d_{ij}。

（2）若 $0<f_{ij}<c_{ij}$，则保留原费用弧，除令其权数仍为 d_{ij} 之外，还需添加一条反向弧，令其为 $-d_{ij}$。

（3）若 $f_{ij}=c_{ij}$，则去掉原费用弧，将原费用弧反向，令其权数为 $-d_{ij}$，就意味着原路无法再调整了。

这样就得到可行流 f_{ij} 相应的费用有向图。若此图不存在起点到终点的最短路，该可行流 f_{ij} 就是最小费用最大流，否则继续在流为 f_{ij} 的图上进行调整，重复上面的方法，经有限步即可到达流量为已知或流量为最大的最小费用流。

2. 基本原理

定理 8.5　设 f_{ij} 是网络 $D=(V,A)$ 的一个可行流，D' 是其对偶网络，μ^* 是 D' 中一条从发点 v_s 到收点 v_t 的最短路，则 μ^* 必是网络 D 中一条关于可行流 f_{ij} 的最小费用增广链。

定理 8.6　设网络 $D=(V,A)$ 的一个可行流 f_{ij} 是流量为 f 的最小费用流，$\mu^*(f_{ij})$ 是关于

可行流f_{ij}的最小费用增广链，f_{ij}^*是沿着μ^*以最大可调整量$\theta>0$去调整f_{ij}而得到的一个新可行流，则f_{ij}^*必是流量为$(f+\theta)$的最小费用流。

为此首先做出费用赋权有向图（即权为费用），称为费用有向图。最小费用增广链就是费用有向图中起点到终点的最短路，因此只需在费用有向图上找出最小费用增广链即可。

3. 求最小费用流的方法与步骤

（1）做零流$f_{ij}=0$所相应的费用有向图。

（2）在费用有向图上确定最短路μ，于是就得到网络D中关于$f_{ij}=0$的最小费用增广链。

（3）调整$f_{ij}=0$的新的可行流f_{ij}，调整的方向前面已述。

（4）作为最小费用流f_{ij}相应的费用有向图，若已达到要求，则停止；否则，返回（2）。

二、最小费用最大流的解法

【例 8.12】在图 8－26 中，每条弧旁有两个数字，第一个数字为C_{ij}，第二个数字为d_{ij}，求最小费用流。

解：（1）做$f_{ij}=0$的对应费用有向图，如图 8－27 所示。

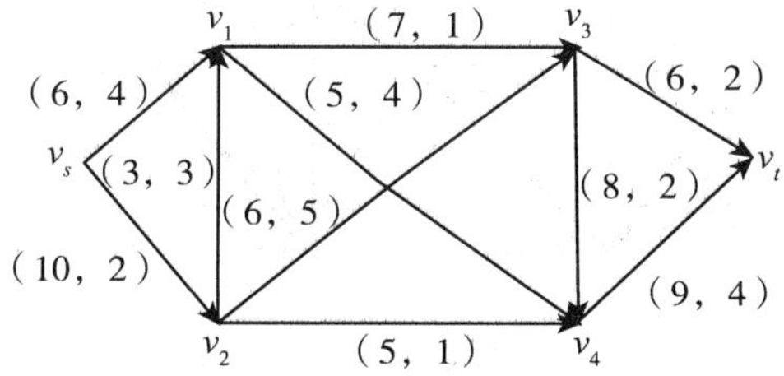

图 8－26

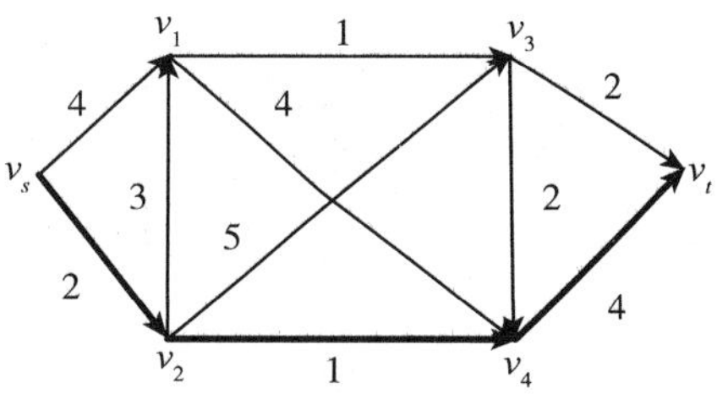

图 8－27

（2）利用标号法找出v_s到v_t的最短路，如图 8－27 所示，粗线箭头线路即为最短路。在原网络图 8－26 中与该短路相应的增广链μ为$\{v_s,v_2,v_4,v_t\}$，在μ上进行调整。调整量$\theta=\min\{10,5,9\}=5$，当$(v_s,v_t)\in\mu^+$时，有$f_{s2}=f_{24}=f_{4t}=5$，其余弧流量不变，如图 8－28 所示。

（3）做与图 8－28 对应的费用有向图，如图 8－29 所示。

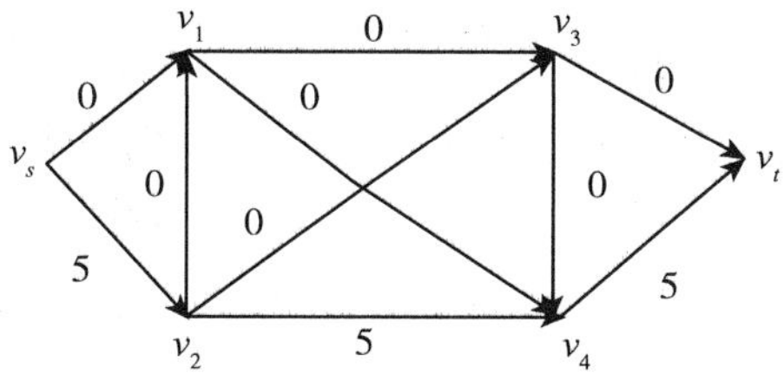

图 8－28

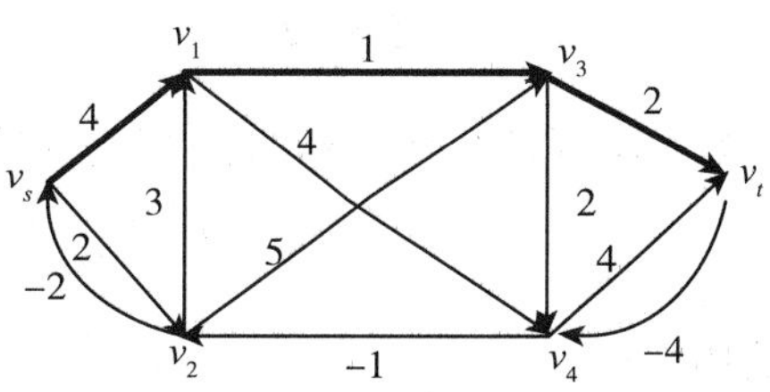

图 8－29

（4）利用标号法找出v_s到v_t的最短路，如图 8－29 所示，粗线箭头线路即为最短路。再调整图 8－28 的流量，得图 8－30。

（5）继续重复以上步骤，如图 8－31～图 8－37 所示。

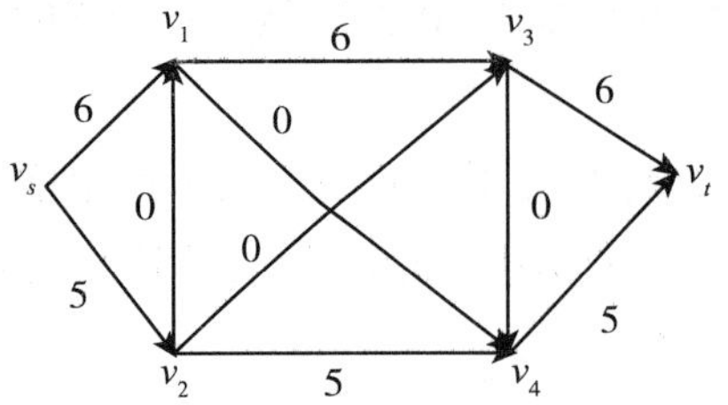

图 8－30

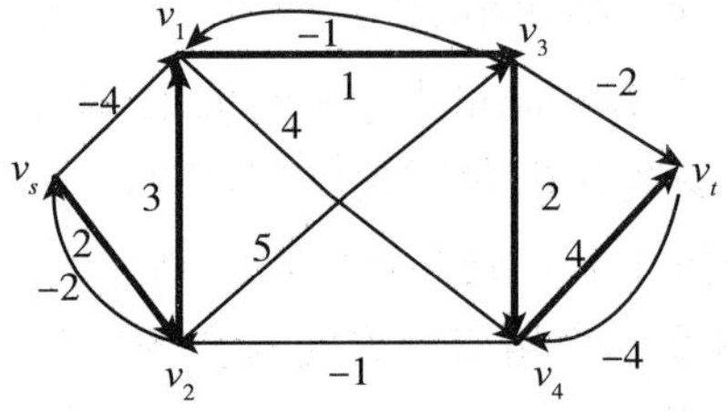

图 8－31

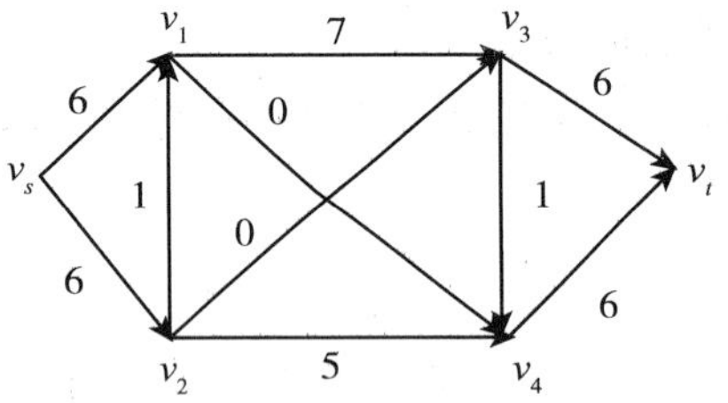

图 8－32

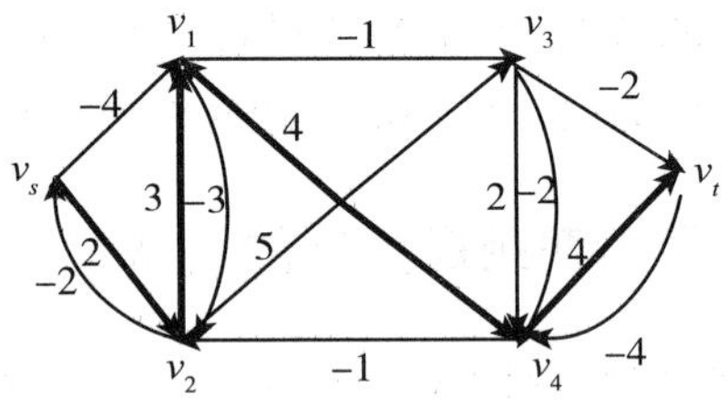

图 8－33

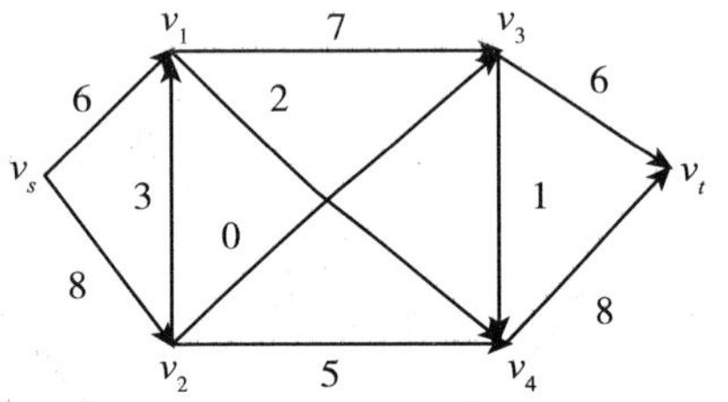

图 8－34

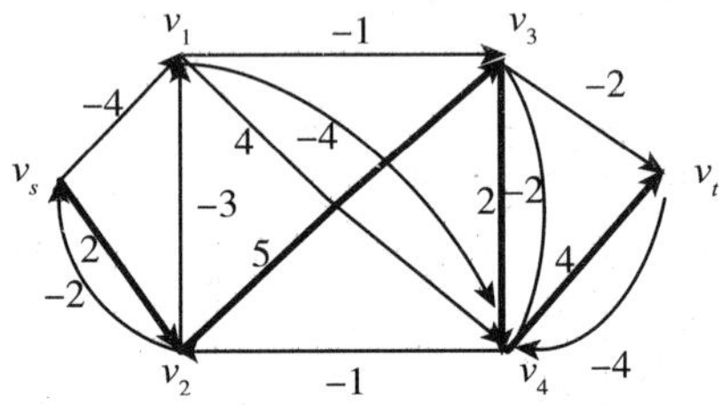

图 8－35

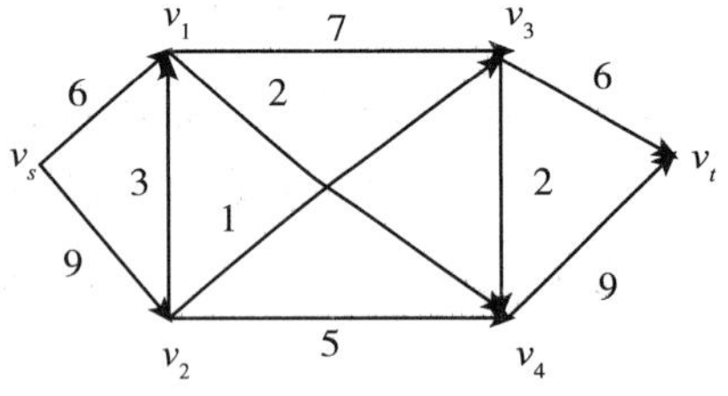

图 8－36

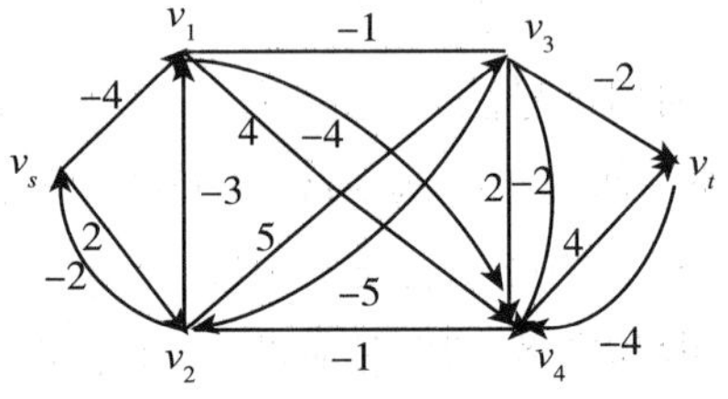

图 8－37

图 8－37 无法再找到最短路，也就是说，不存在增广链，故此题的最小费用最大流为：

$$f^* = 6 + 9 = 15$$

最小费用为：

$$W(f^*) = 4\times6 + 2\times9 + 3\times3 + 1\times7 + 4\times2 + 5\times1 + 1\times5 + 2\times2 + 2\times6 + 4\times9 = 128$$

注意：如果本例改为求流量为 14 的最小费用流时，求解到图 8－34 即可。

【**例 8.13**】图 8－38 给出了一个运输网络，各弧上标有两个数字，第一个为容量，第二个为单位流量费用，求：

（1）求总流量为 20 的最小费用流。

（2）求最大流量的最小费用流。

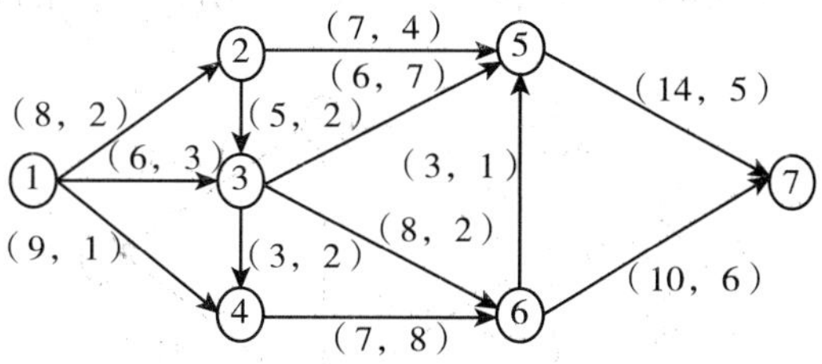

图 8－38

解：（1）设变量 f_{ij} 为从节点 i 到节点 j 的流量，且 W 为网络总流量，依据 8－38 所示，建立总流量为 20 的最小费用流的线性规划模型：

$$\min z = 2f_{12} + 3f_{13} + f_{14} + 2f_{23} + 4f_{25} + 2f_{34} + 7f_{35} + 2f_{36} + 8f_{46} + 5f_{57} + f_{65} + 6f_{67}$$

$$\text{s. t.}\begin{cases} f_{12} \leqslant 8 \\ f_{13} \leqslant 6 \\ f_{14} \leqslant 9 \\ f_{23} \leqslant 5 \\ f_{25} \leqslant 7 \\ f_{34} \leqslant 3 \\ f_{35} \leqslant 6 \\ f_{36} \leqslant 8 \\ f_{46} \leqslant 7 \\ f_{57} \leqslant 14 \\ f_{65} \leqslant 3 \\ f_{67} \leqslant 10 \\ f_{12} - f_{23} - f_{25} = 0 \\ f_{13} + f_{23} - f_{34} - f_{35} - f_{36} = 0 \\ f_{14} + f_{34} - f_{46} = 0 \\ f_{25} + f_{35} + f_{65} - f_{57} = 0 \\ f_{36} + f_{46} - f_{65} - f_{67} = 0 \\ W - f_{12} - f_{13} - f_{14} = 0 \\ W = 20 \\ f_{ij} \geqslant 0, (v_i, v_j) \in A \end{cases}$$

求解的结果如下：

$f_{12}=8, f_{13}=f_{14}=6, f_{23}=1, f_{25}=7, f_{34}=0, f_{35}=2, f_{36}=5, f_{46}=6, f_{57}=10, f_{65}=1, f_{67}=10$

最小费用为 $z^*=253$，具体流量网络如图 8－39 所示，［ ］的数字为实际流量。

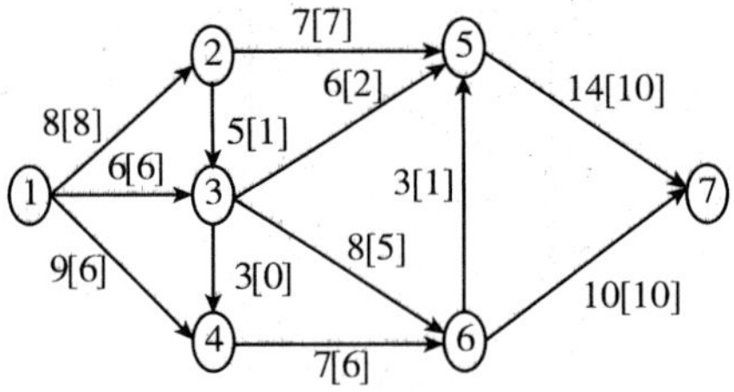

图 8－39

（2）最小费用最大流的线性规划模型为：

$$\min z=2f_{12}+3f_{13}+f_{14}+2f_{23}+4f_{25}+2f_{34}+7f_{35}+2f_{36}+8f_{46}+5f_{57}+f_{65}+6f_{67}$$

$$\text{s. t}\begin{cases} f_{12}\leqslant 8 \\ f_{13}\leqslant 6 \\ f_{14}\leqslant 9 \\ f_{23}\leqslant 5 \\ f_{25}\leqslant 7 \\ f_{34}\leqslant 3 \\ f_{35}\leqslant 6 \\ f_{36}\leqslant 8 \\ f_{46}\leqslant 7 \\ f_{57}\leqslant 14 \\ f_{65}\leqslant 3 \\ f_{67}\leqslant 10 \\ f_{12}-f_{23}-f_{25}=0 \\ f_{13}+f_{23}-f_{34}-f_{35}-f_{36}=0 \\ f_{14}+f_{34}-f_{46}=0 \\ f_{25}+f_{35}+f_{65}-f_{57}=0 \\ f_{36}+f_{46}-f_{65}-f_{67}=0 \\ W-f_{12}-f_{13}-f_{14}=0 \\ f_{ij}\geqslant 0, W\geqslant 0, (v_i, v_j)\in A \end{cases}$$

求解结果如下：

$f_{12}=8, f_{13}=6, f_{14}=7, f_{23}=1, f_{25}=7, f_{34}=0, f_{35}=3, f_{36}=4, f_{46}=7, f_{57}=11, f_{65}=1, f_{67}=10$

总流量 $W^*=21$，此时最小费用为 $z^*=272$，最小费用最大流如图 8－40 所示，[ ] 的数字为实际流量。

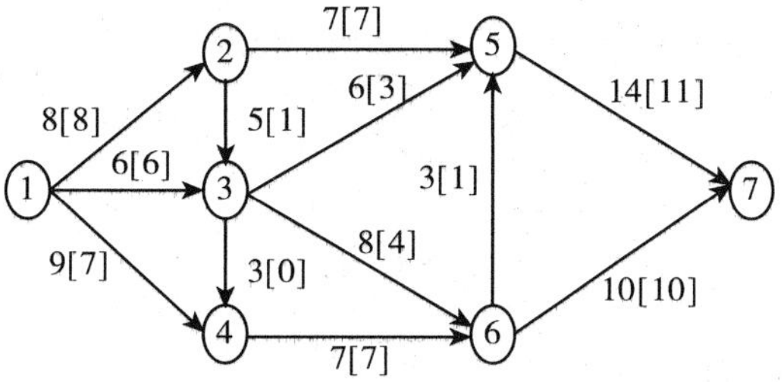

图 8－40

本章小结

图与网络是一种解决实际管理中事物之间复杂关系的一种有效手段。本章主要介绍图与网络的一些基本概念和定理，重点介绍了应用较广的最小生成树问题、最短路问题、最大流问题、最小费用最大流问题。

本章习题

1. 思考题。

（1）通常用记号 $G=(V,E)$ 表示一个图，解释 V 及 E 的含义及这个表达式的含义。

（2）通常用记号 $D=(V,A)$ 表示一个有向图，解释 V 及 A 的含义及这个表达式的含义。

（3）试述求最短路问题的 Dijkstra 算法的基本思想及其计算步骤。

（4）试述寻求最大流的标号法的步骤与方法。

（5）简述最小费用最大流的概念及其求解的基本思想和方法。

（6）通常用记号 $N=(V,A,C)$ 表示一个网络，试解释这个表达式的含义。

（7）在最大流问题中，为什么当存在增广链时，可行流不是最大流？

（8）试叙述最小生成树、最大流、最短路等问题能解决哪些实际问题。

2. 写出图 8－41 的关联矩阵和邻接矩阵。

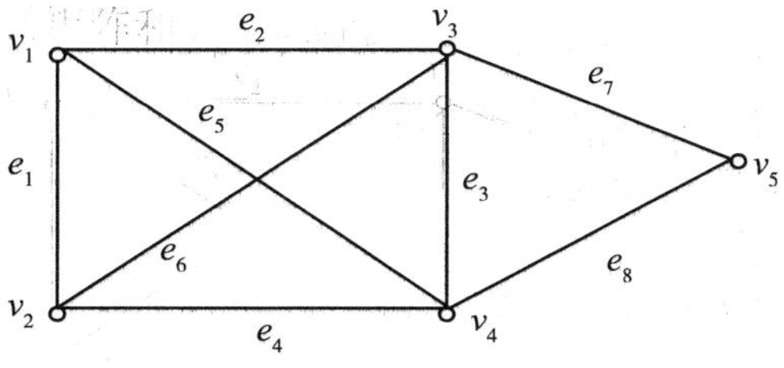

图 8－41

3. 求图 8－42 中 v_1 至 v_6、v_8、v_{10}和 v_{11}的最短路及其长度。

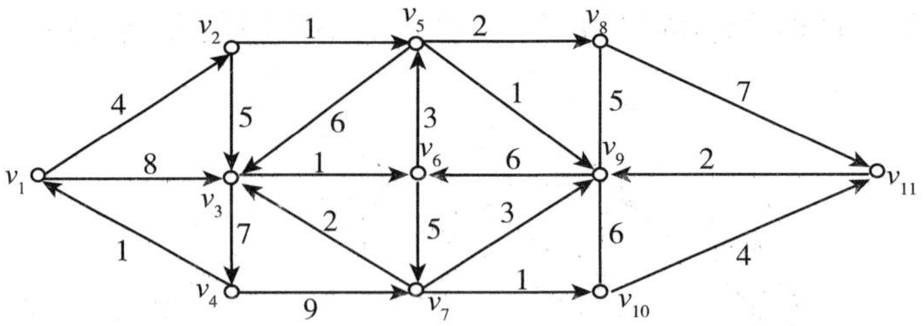

图 8－42

4. 用破圈法和避圈法求图 8－43（a）和图 8－43（b）的最小生成树。

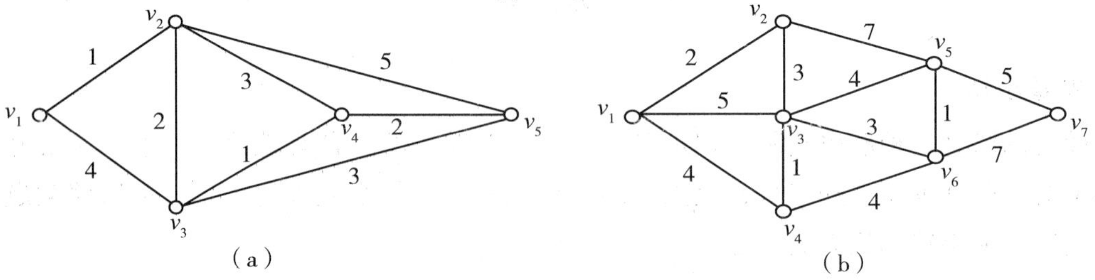

图 8－43

5. 现准备在 v_1，v_2，…，v_7 七个居民点中设置一个办事处，各点之间的距离如图8－44 所示，问办事处应设在哪个居民点，可使最大服务距离最短？

6. 以图 8－45 所给的流为初始流，求该网络的最大流［边旁数字为 c（e），f（e）］，并找出最小割。

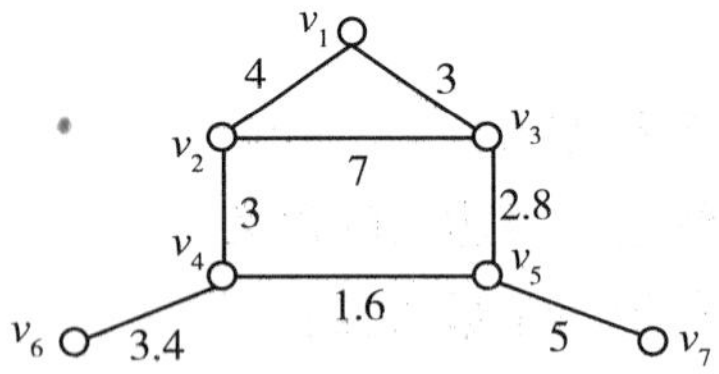

图 8－44

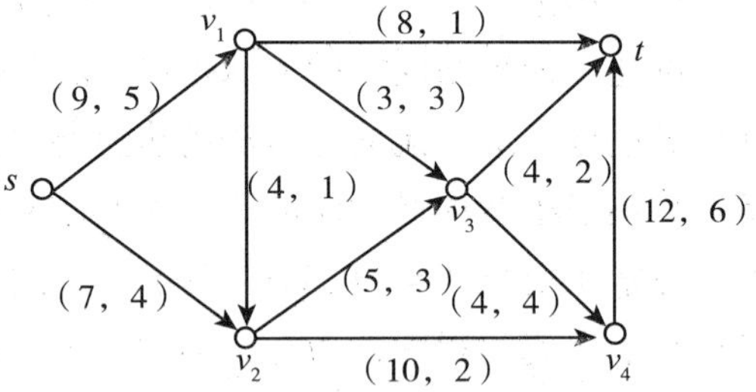

图 8－45

7. 已知 8 个村镇，相互间距离如表 8－1 所示，已知 1 号村镇离水源最近，为 5 公里，问从水源经 1 号村镇铺设输水管道将各村镇连接起来，应如何铺设使输水管道最短（为便于管理和维修，水管要求在各村镇处分开）？

表 8－1

从＼到	2	3	4	5	6	7	8
1	1.5	2.5	1.0	2.0	2.5	3.5	1.5
2		1.0	2.0	1.0	3.0	2.5	1.8
3			2.5	2.0	2.5	2.0	1.0
4				2.5	1.5	1.5	1.0
5					3.0	1.8	1.5
6						0.8	1.0
7							0.5
8							0.5

8. 用标号法求图 8－46 所示的最大流问题，弧上数字为容量和初始可行流。

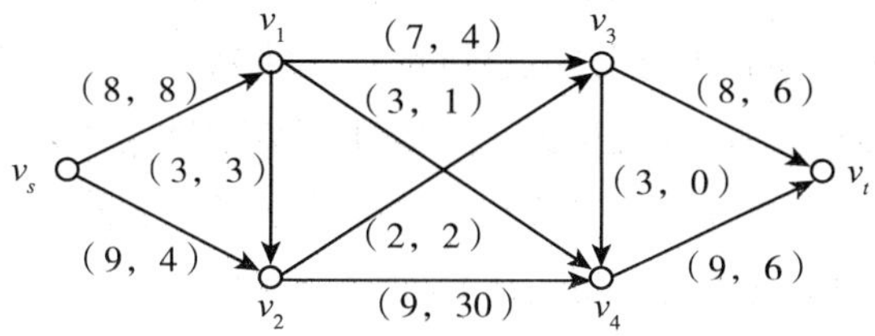

图 8－46

9. 图 8－47 所示的容量网络，弧边第一个值为弧的容量，第二个值为弧的单位流量费用，需完成的网络流量为 12，求费用最小的网络流。

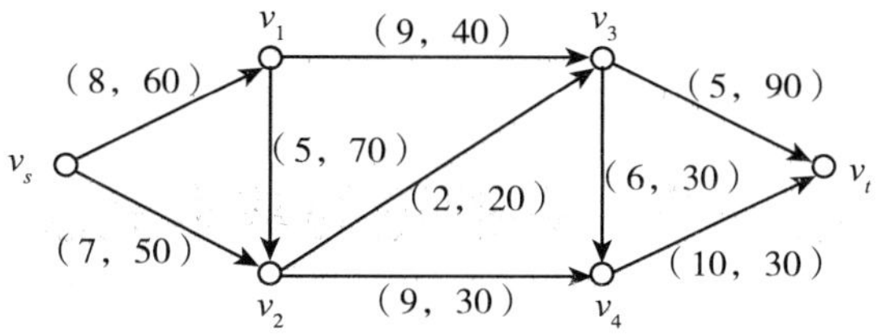

图 8－47

10. 图 8－48 所示网络中，有向边旁边数字为(c_{ij}，d_{ij})，c_{ij}表示容量，d_{ij}表示单位流量费用，试求从 v_s 到 v_t 流值为 6 的最小费用流。

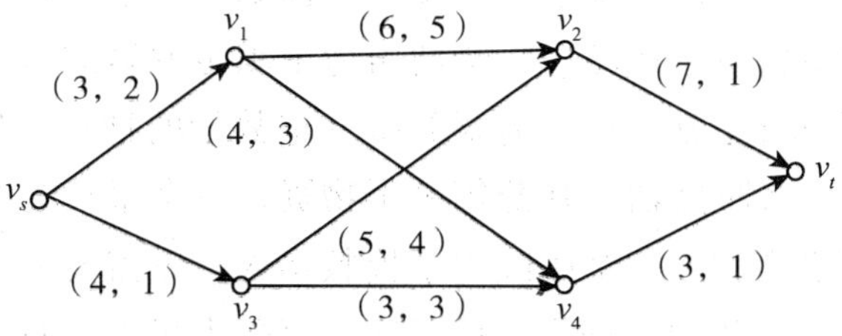

图 8－48

第九章　存贮论

本章要点

1. 理解并掌握库存有关的基本费用；
2. 了解库存模型的分类；
3. 熟练掌握各种库存模型，并会用其解决相应的现实问题。

存贮论（theory of storage）又称库存理论，是运筹学中发展较早的一个分支。早在 1915 年，哈里斯（F. Harris）针对银行货币的储备问题进行了一个详细的研究，建立了一个确定性的存贮费用模型，并求得了最优解，即最佳批量公式。1934 年威尔逊（R. H. Wilson）重新得出了这个公式，后来人们称这个公式为经济订购批量公式（简记为 EOQ 公式）。这是属于存贮论的早期工作。存贮论真正作为一门理论发展起来还是在 20 世纪 50 年代的事。1958 年威汀（T. M. Whitin）发表了《存贮管理的理论》一书，随后阿罗（K. J. Arrow）等发表了《存贮和生产的数学理论研究》，毛恩（P. A. Moran）在 1959 年写了《存贮理论》。此后，存贮论成了运筹学中的一个独立分支，并陆续对随机或非平稳需求的存贮模型进行了广泛深入的研究。

本章将介绍存贮论的基本概念，几个基本的确定性存贮模型及其扩充，最后介绍几个随机性存贮模型。

第一节　存贮论的基本概念

一、存贮问题的提出

现代化的生产和经营活动都离不开存贮，为了使生产和经营活动有条不紊地进行，一般的工商企业总需要一定数量的贮备物资来支持。例如，一个工厂为了连续进行生产，就需要贮备一定数量的原材料或半成品；一个商店为了满足顾客的需求，就必须有足够的商品库存；农业部门为了进行正常生产，需要贮备一定数量的种子、化肥、农药；军事部门为了战备的需要，要存贮各种武器、弹药等军用物资；一个银行为了进行正常的业务，需要有一定的货币余额以供周转；一个医院为了抢救病人，更需要一定的药品贮备；在信息时代的今天，人们又建立了各种数据库和信息库，存贮大量的信息等。因此，存贮问题是人类社会活动，特别是生产经营活动中一个普遍存在的问题。物资的存贮，除了用来支持日常的生产经营活动外，有库存的调节还可以满足高于平均水平的需求，同时也可以防止低于平均水平的供给。此外，有时大批量物资的订货或利用物资季节性价格的波动，可以得到价格上的优惠。

但是，存贮物资需要占用大量的资金、人力和物力，有时甚至造成资源的严重浪费。据有关资料表明，1976 年美国制造业与贸易业的库存账面价值高达 2 760 美元，相当于同年美国国民生产总值的 17%①。到 1993 年底，我国全国库存积压产品达 2 700 亿元，到 1995 年初，我国国有企业闲置资产和积压产品高达 5 000 亿元②。可见，大量的库存物资所占用的资金，无论从相对数量还是绝对数值上来看都是十分惊人的。此外，大量的库存物资还会引起某些货物劣化变质，造成巨大损失。例如，药品、水果、蔬菜等，长期存放就会引起变质，特别是在市场经济条件下，过多地存贮物资还将承受市场价格波动的风险。

那么，一个企业究竟应该存放多少物资为最适宜呢？对于这个问题，很难笼统地给出准确的回答，必须根据企业自身的实际情况和外部的经营环境来决定，若能通过科学的存贮管理，建立一套控制库存的有效方法，使物资存贮量减少到一个很小的百分比，从而降低物资的库存水平，减少资金的占用量，提高资源的利用率，这对一个企业乃至一个国家来讲，所带来的经济效益无疑是十分可观的。这正是现代存贮论所要研究的问题。

物资的存贮，按其目的的不同，可分为是三种：

（1）生产存贮，它是企业为了维持正常生产而储备的原材料或半成品。

（2）产品存贮，它是企业为了满足其他生产部门的需要而存贮的半成品或成品。

（3）供销存贮，它是指存贮在供销部门的各种物资，直接满足顾客的需要。

不论哪种类型的存贮系统，一般都可以用图 9－1 的形式来表示，也可以用“供—存—销”三个字来描述，即一个存贮系统，通过订货以及进货后的存贮与销售来满足顾客的需求。或者说由于生产或销售的需求，从存贮系统中取出一定数量的库存货物，这就是存贮系统的输出；贮存的货物由于不断输出而减少，必须及时做补充，补充就是存贮系统的输入，补充可以通过外部订货、采购等活动来进行，也可以通过内部的生产活动来进行。在这个系统中，决策者可以通过控制订货时间的间隔和订货量的多少来调节系统的运行，使得在某种准则下系统运行达到最优。因此，存贮论中研究的主要问题可以概括为：何时订货（补充库存），每次订多少货（补充多少库存）这两个问题。

图 9－1

① MBA 智库百科．存贮论［E］. http://wiki. mbalib. com/wiki. 2011. 1. 7.

② MBA 智库百科．存贮论［E］. http://wiki. mbalib. com/wiki. 2011. 1. 7.

二、存贮论的基本概念

为了对存贮问题有一个概括性的了解，下面说明存贮论中常用的几个基本概念。

1. 需求

对于一个存贮系统而言，需求就是它的输出，即从存贮系统中取出一定数量的物资以满足生产或消费的需要，存贮量因需求而减少，必须加以补充，否则最终将无法满足需求。单位时间的需求称为需求量或需求率，记作 D。输出的方式可能是均匀连续式的，也可能是间断瞬间式的。图 9－2 表示了这两种不同输出方式。

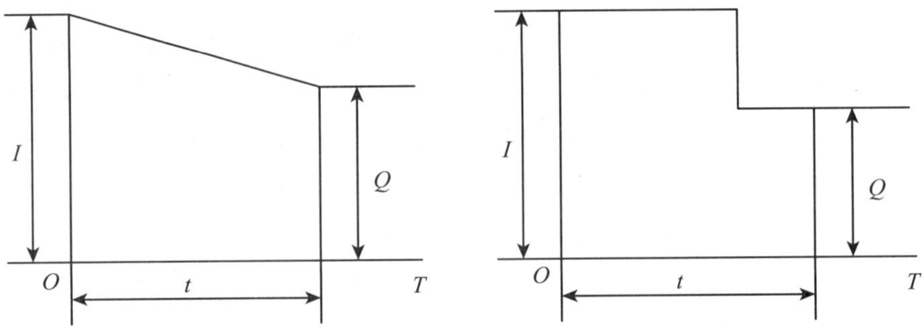

（a）连续式输出　　（b）间断式输出

图 9－2

其中 I 是初始存贮量，经过时间 t 后，存贮量为 Q，输出量为 $I-Q$。

对存贮系统来说，需求是客观存在的，它不受存贮系统控制。存贮管理者必须设法了解或预测所存贮的物资的需求规律。关于需求量的预测方法很多，读者可参阅有关书籍。

需求量可以是确定性的，也可以是随机性的。对于随机性需求，可以根据大量的统计资料，用某种随机分布来加以描述。根据需求是确定性的还是随机的，可以将存贮模型分为确定性的和随机性的两类。

2. 补充供应

存贮由于需求不断减少，必须加以补充，否则最终将无法满足需求。补充就是存贮系统的输入。补充可以通过向供货厂商订购或者自己组织生产来实现，存贮系统对于补充订货的订货时间及每次订货的数量是可以控制的。

从订货到货物入库往往需要一段时间，我们把这段时间称为拖后时间，从另一个角度看，为了在某一时刻能补充存贮，必需提前订货，那么这段时间也可称之为提前时间（或称备货时间）。提前时间可以是确定性的，也可以时随机性的。

3. 费用

存贮论所要解决的问题是：多长时间补充一次，每次补充的数量应该是多少？决定多长时间补充一次以及每次补充数量的策略称为存贮策略。存贮策略的优势如何衡量呢？最直接的衡量标准是，计算该策略所耗用时间的平均费用是多少。为此有必要对存贮系统的费用进行详细的分析。一般来说，一个存贮系统主要包括下列一些费用：

（1）存贮费：包括存贮物资所占用资金应付的利息、物资的存贮损耗、陈旧和跌价损失、存贮物资的保险费、仓库建筑物及设备的修理折旧费、保险费、存贮物资的保养费，库内搬运费等。记每存贮单位物资单位时间所需花费的费用为 c_1（元/件·时间）。

（2）缺货损失费：一般是指由于存贮供不应求所引起的损失。如失去销售机会的损失、停工待料的损失以及不能履行合同而缴纳的罚款等。衡量缺货损失费有两种方式，当缺货费与缺货数量的多少和缺货时间的长短成正比时，一般以缺货一件为期一年（付货时间延期一年）造成的损失赔偿费来表示；另一种是缺货费仅与缺货数量有关而与缺货时间长短无关，这时以缺货一件造成的损失赔偿费来表示。记单位物资缺货单位时间的损失费为 c_2（元/件·时间）。

由于缺货损失费涉及丧失信誉带来的损失，所以它比存贮费、订货费更难以准确确定，对不同部门、不同的物资，缺货损失费的确定有不同的标准，要根据具体要求分析计算，将缺货造成的损失数量化。

在不允许缺货的情况下，在费用上处理的方式是将缺货损失费视为无穷大。

（3）订货费：对供销企业来说，订货费是指为补充库存，办理一次订货所发生的有关费用，包括订货过程中发生的订购手续费、联络通信费、人工核对费、差旅费、货物检查费、入库验收费等。对于生产企业、订货费相当于组织一次生产所必需的工夹具安装、设备调试、材料安排等费用。订货费只与订货次数有关，而与订购或生产的数量无关，及每次的订货费为 c_3 元。

由以上存贮费、缺货损失费和订货费的意义可以知道，为了保持一定的库存，要付出存贮费；当存贮不足发生缺货时，要付出缺货损失费；为了补充库存，要付出订货费。这三项费用之间是相互矛盾、相互制约的。存贮费与所存贮物资的数量和时间成正比，如降低存贮量，缩短存贮周期，自然会降低存贮费；但缩短存贮周期，就要增加订货次数，势必增大订货费支出；为了防止缺货现象发生，就要增加安全库存量，这样在减少缺货损失费的同时，增大了存贮费的开支。因此，我们要从存贮系统总费用为最小的前提出发，进行综合分析，以寻求一个最佳的订货批量和订货间隔时间。

一般情况下，在进行存贮系统的费用分析时，是不必考虑所存贮物资的价格的。但有时由于订购批量大，物资的价格有一定的优惠折扣；在生产企业中，如果生产批量达到一定的数量，产品的单位成本也往往会降低，这时进行费用分析时，就需要考虑物资的价格因素。

4. 存贮策略

如前所述，决定何时补充，每次补充多少的策略称之为存贮策略。常见的存贮策略有以下几种：

（1）t_0 循环策略：每隔 t_0 时间补充存贮量为 Q，使库存水平达到 S。这种策略方法有时称为经济批量法。

（2）(s,S) 策略：每当存贮量 $x > s$ 时不补充，当 $x \leqslant s$ 时补充存贮，补充量 $Q = S - x$，

使库存水平达到 S。其中，s 称为最低库存量。

（3）(t_0,s,S) 混合策略：每经过 t_0 时间检查存贮量 x，当 $x>s$ 时不补充，当 $x\leqslant s$ 时补充存贮，补充量 $Q=S-x$，即使库存水平达到 S。

5. 目标函数

要在一类策略中选择一个最优策略，就需要有一个衡量优劣的标准，这就是目标函数。在存贮问题中，通常把目标函数取为平均费用函数或平均利润函数。选择的策略应是平均费用达到最小，或使平均利润达到最大。

确定存贮策略时，首先是把实际问题抽象为数学模型。在形成模型过程中，对一些复杂的条件要尽量加以简化，只要模型能反映问题的本质就可以了。然后对模型用数学方法加以研究，得出数量的结论。这些结论是否正确，还要拿到实践中去加以检验。如结论与实际不符，则要对模型重新加以研究和修改，存贮问题经过长期研究，已得出一些行之有效的模型。从存贮模型来看大体上可以分为两类：一类叫作确定性模型，即模型中的数据皆为确定的数值；另一类叫作随机性模型，即模型中含有随机变量，而不是确定的数值。下面将按确定性存贮模型和随机性存贮模型两大类，分别介绍一些常用的存贮模型，并从中得出相应的存贮模型。

第二节　确定型存贮模型

确定型存贮模型是最简单的库存模型，这类模型的有关参数如需求量、提前订货量时间是已知确定的值，而且在相当长一段时间内稳定不变。经过数学抽象概括的库存模型虽然不可能与现实完全相同，但对模型的探讨将加深我们对库存系统的认识，其模型的解也将对库存系统的决策提供帮助和依据。

一、经济订购批量（EOQ）的存贮模型（模型一）

1. 模型假设

（1）用户的需求是连续均匀的，需求率 D 为常数。

（2）当存贮降至零时，可以立即得到补充，即一订货就交货。

（3）缺货损失费为无穷大，即不允许缺货。

（4）每次订货量不变，记为 Q，订货费不变。

（5）每次订购费用为 c_3，单位存贮费用为 c_1，且都为常数。

这时，我们可以理想地认为到货时间 t 恰好就是存贮量为零的时间，也是存贮量从零突然增加到最大值 Q 的时刻。这是一个典型的 t 循环策略，其库存的变化规律如图 9－3 所示。

由于可以立即得到补充，所以不会出现缺货，在研究这种模型时，不再考虑缺货损失费。因此，在时间间隔 t 内平均总费用 $C(t)$，包括存贮费、订货费和成本费三项单位时间平均费用之和。

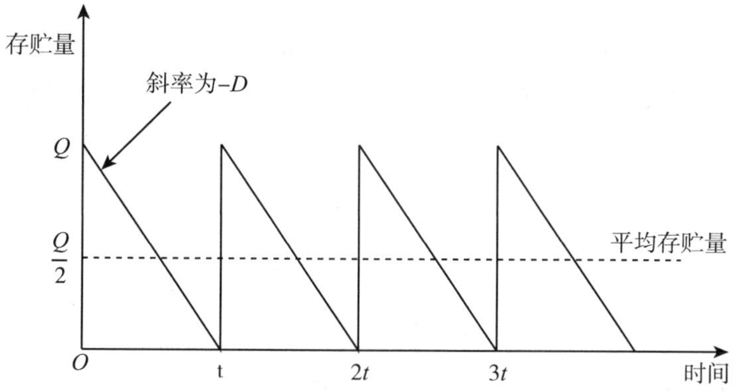

图 9-3

2. 存贮策略

因为每隔 t 时间补充一次存贮，那么订货量必须满足 t 时间的需求 Dt，记订货量为 Q，则 $Q=Dt$，则 t 时间内的平均存贮量为：

$$\frac{1}{t}\int_0^t Dtdt = \frac{1}{2}Dt = \frac{Q}{2}$$

因单位库存费为 c_1，故 t 时间的平均存贮费为$\frac{1}{2}c_1Dt$。

又订货费为 c_3，设货物单价为 K，则在时间 t 内，订购费应是订货费与成本费之和，故 t 时间内的平均订购费为$\frac{c_3}{t}+KD$。

所以，t 时间内的平均总费用为：

$$C(t)=\frac{1}{2}c_1Dt+\frac{c_3}{t}+KD \tag{9.1}$$

求最优 t^* 使 $C(t)$ 最小，即：

$$\frac{dC(t)}{dt}=\frac{1}{2}c_1D-\frac{c_3}{t^2}=0$$

得：

$$t^*=\sqrt{\frac{2c_3}{c_1D}} \tag{9.2}$$

即每隔 t^* 时间订货一次，可使平均总费用 $C(t)$ 最小。t^* 称为最佳订货周期，最佳订货批量为：

$$Q^*=Dt^*=\sqrt{\frac{2c_3D}{c_1}} \tag{9.3}$$

式（9.3）称为经济订货批量（economic ordering quantity）公式，简称 EOQ 公式，或经济批量公式。

由于 Q^*、t^* 皆与货物的单价 K 无关，所以在费用函数式（9.1）中，可以略去 KD 这项费用，如无特殊需要，不再考虑此项费用。这时，式（9.1）可改写为：

$$C(t)=\frac{1}{2}c_1Dt+\frac{c_3}{t} \tag{9.4}$$

将 t^* 的计算式（9.2）代入式（9.4），得出最佳费用为：

$$C^*(t)=\sqrt{2c_1c_3D} \tag{9.5}$$

从费用曲线（见图 9－4）也可以求出 t^* 和 $C^*(t)$。式（9.2）是由于选 t 作为存贮策略变量推导出来的。如果选订购量 Q 作为存贮策略变量，也可以推导出上述结果。请读者自己完成。

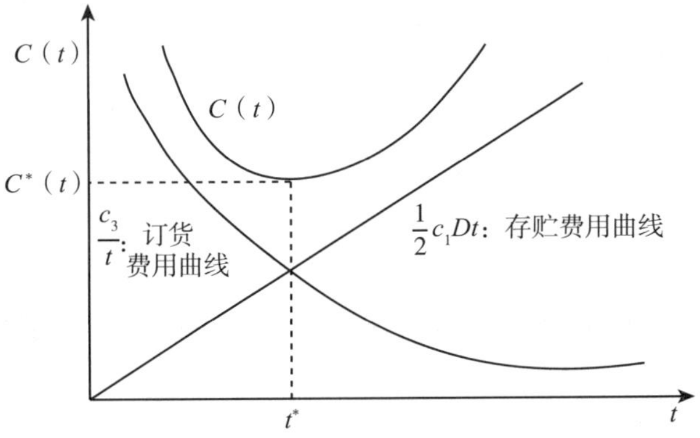

图 9－4

【例 9.1】 某建筑公司每天需要某种标号的水泥 100 吨，设该公司每次向水泥厂订购，需支付订购费 100 元，每吨水泥在该公司仓库内每存放一天需付 0.08 元的存贮保管费。若不允许缺货，且一订货就可提货，试问：

（1）每批订购时间多长，每次订购多少吨水泥，费用最省，其最小费用是多少？

（2）从订购之日起到水泥入库需 7 天时间，试问当库存为多少时应发出订货？

解：（1）这里 $D=100$，$c_1=0.08$，$c_3=100$，由式（9.2）、式（9.3）和式（9.5），分别有：

$$t^*=\sqrt{\frac{2c_3}{c_1D}}=\sqrt{\frac{2\times100}{0.08\times100}}=5(\text{天})$$

$$Q^*=\sqrt{\frac{2c_3D}{c_1}}=\sqrt{\frac{2\times100\times100}{0.08}}=500(\text{吨})$$

$$C^*=\sqrt{2c_1c_3D}=\sqrt{2\times0.08\times100\times100}=40(\text{元})$$

（2）因拖后时间 $l=7$ 天，即订货的提前时间为 7 天，这 7 天的需求量为：

$$s^* = Dl = 100 \times 7 = 700(\text{吨})$$

故当库存量为 700 吨时应发出订货，s^* 称为再订购点。

二、生产批量的存贮模型（模型二）

EOQ 存贮模型有一个前提条件，即每次进货能在瞬间入库，但许多实际存贮系统并非如此。如订购的货物很多，不能一次运到，需要一段时间陆续入库；又如工业企业通过内部生产来实现补充时也往往需要一段时间陆续生产出所需批量的零部件。在这种情况下，除了进货时间大于零之外，EOQ 存贮模型的其余假设都成立。这种模型最早用在确定生产批量上，故又称为生产批量模型（production lot size）。

1. 模型假设

（1）用户的需求是连续均匀的，需求率 D 为常数。

（2）每次生产准备费用为 c_3，单位存贮费用为 c_1，且都为常数。

（3）当存贮量降至 0 时开始生产，单位时间生产量（生产率）P 为常数（$P > D$），生产持续时间为 T。

（4）每次订货量相同，均为 Q，则 $Q = PT$。

该模型存贮量的变化情况如图 9－5 所示。

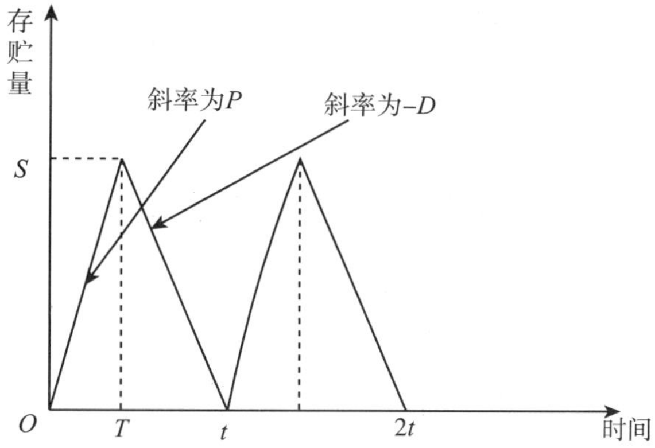

图 9－5

2. 存贮策略

在［0，T］时间区间内，存贮量以（$P-D$）的速度增加，在［T，t］时间区间内，存贮量以速度 D 减少。T 与 t 皆为待定数，从图 9－5 易知 $(P-D)T = D(t-T)$，即 $PT = Dt$，也就是说 T 时间内的供应量等于 t 时间内的需求量，由此得：

$$T = \frac{D}{P}t \tag{9.6}$$

t 时间内平均存贮量为 $\frac{1}{2}(P-D)T$，t 时间内所需的存贮费为：$\frac{1}{2}c_1(P-D)Tt$。又订货

费为 c_3，不考虑成本费，则单位时间的平均总费用为：

$$C(t)=\frac{1}{t}\left(\frac{1}{2}c_1(P-D)Tt+c_3\right) \tag{9.7}$$

将式（9.6）代入式（9.7），得：

$$C(t)=\frac{1}{2P}c_1(P-D)Dt+\frac{c_3}{t}$$

为使总费用最小，先求：

$$\frac{dC(t)}{dt}=\frac{1}{2P}c_1(P-D)D-\frac{c_3}{t^2}$$

再令 $\frac{dC(t)}{dt}=0$，得：

$$t^*=\sqrt{\frac{2c_3}{c_1D}}\sqrt{\frac{P}{P-D}} \tag{9.8}$$

t^* 为最佳订货周期，最佳订货批量为：

$$Q^*=Dt^*=\sqrt{\frac{2c_3D}{c_1}}\sqrt{\frac{P}{P-D}} \tag{9.9}$$

最小平均总费用为：

$$C^*=C(t^*)=\sqrt{2c_1c_3D}\sqrt{\frac{P-D}{P}} \tag{9.10}$$

利用 t^* 可求出最值进货（生产）持续时间为：

$$T^*=\frac{D}{P}t^*=\sqrt{\frac{2c_3D}{c_1P(P-D)}} \tag{9.11}$$

将式（9.8）~式(9.10）与式（9.2）、式（9.3）、式（9.5）相比较可以看出，生产批量模型的 t^*、Q^* 是 EOQ 模型的 $\sqrt{\frac{P}{P-D}}$ 倍，而这个因子是大于 1 的，即生产批量模型中的最佳订货周期和最佳订货批量都较 EOQ 模型增大，而费用反而是它的 $\sqrt{\frac{P-D}{P}}$ 倍，即费用减少了。这是因为逐步均匀进货，减少了存贮费用的结果。

【例 9.2】某电视机厂自行生产扬声器用以装配本厂生产的电视机，该厂每天生产 100 部电视机，而扬声器生产车间每天生产 5 000 个。已知该厂每批电视机装备的生产准备费为 5 000元，而每个扬声器在一天内的存贮保管费为 0.02 元。试确定该厂扬声器的最佳生产批量、生产时间和电视机的安装周期。

解：此存贮模型显然是一个不允许缺货、边生产边装配的模型，且 $D=100$，$P=5\,000$，$c_1=0.02$，$c_3=5\,000$，所以由式（9.8）和式（9.9）得：

$$Q^*=\sqrt{\frac{2\times 5\,000\times 100\times 5\,000}{0.02\times(5\,000-100)}}\approx 7\,140$$

$$t^*=\frac{Q^*}{D}=\frac{7\,140}{100}\approx 71$$

即该厂每批扬声器的生产量为 7 140 个，电视机的装配周期为 71 天。又由式（9.11），得：

$$T^*=\frac{Dt^*}{P}=\frac{Q^*}{P}=\frac{7\,140}{5\,000}\approx 1.5(\text{天})$$

即扬声器的生产时间约为一天半。

三、允许缺货、瞬时到货的存贮模型（模型三）

上述两个模型是以不允许缺货为前提的，但对实际的存贮系统而言，由于受各种客观条件的制约，不缺货几乎是很难实现的。这样为保证不缺货，要求企业保有大量库存，这无形增加了存贮费用开支；而缺货时，必然要求支付缺货损失费，但可以减少物资的存贮量，延长订货周期，但这必须使得顾客遇到缺货不受损失或损失最小，并假设顾客会耐心等待，直到新的补充到来。当新的补充一到，企业立即将所缺的货物交付给这些顾客，即缺货部分不进入库存。如果允许缺货，企业应权衡一下利弊，只有当缺货损失较小，而由于允许缺货，所以企业可以在存贮量降至零后，还可以再等一段时间然后订货，这就意味着企业可以少付几次订货费和少付存贮费，这时发生缺货现象可能对企业还是有利的。

本模型的假设条件除允许缺货外，其余条件皆与 EOQ 模型相同。

1. 模型假设

（1）用户的需求是连续均匀的，需求率 D 为常数。

（2）每次生产准备费用为 c_3，单位存贮费用为 c_1，单位缺货费用为 c_2，且都为常数。

（3）当存贮量降至 0 时仍不生产。

（4）以 t_1 表示需求全由存贮现货供应时间。

（5）允许缺货，缺货时间为 $t-t_1$，且缺货部分用下一次到货一次补足。

（6）用 S 表示初始存贮量。

（7）$Q-S$ 表示缺货数量。

2. 存贮策略

存贮量的变化如图 9－6 所示。

最初存贮量为 S，可以满足 t_1 时间内的需求，t_1 时间内的平均存贮量为 $S/2$。

在（$t-t_1$）时间内的存贮量为零，平均缺货量为 $D(t-t_1)/2$。

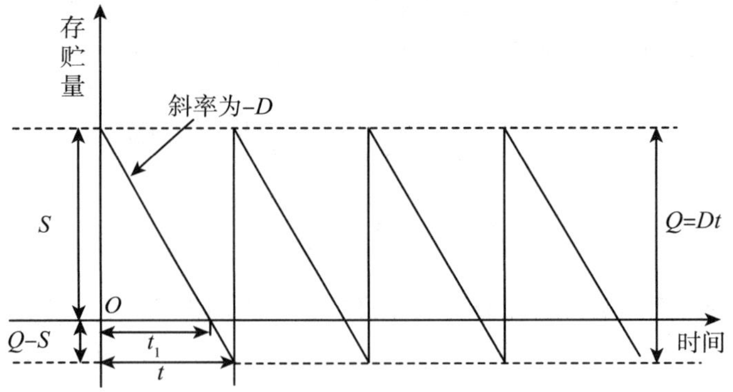

图 9－6

由于 S 仅能满足 t_1 时间的需求，故 $S = Dt_1$。

在时间 t 内所需的存贮费为$\frac{1}{2}c_1 St_1 = \frac{1}{2}c_1 \frac{S^2}{D}$。

在时间 t 内的缺货损失费为$\frac{1}{2}c_2 D(t - t_1)^2 = \frac{1}{2}c_2 \frac{(Dt - S)^2}{D}$。

订货费为 c_3。

根据单位时间的平均总费用应是存贮费、缺货损失费和订货费之和的单位时间平均费用，故有：

$$C(t,s) = \frac{1}{t}\left[c_1 \frac{S^2}{2D} + c_3 \frac{(Dt - S)^2}{2D} + c_3\right]$$

式中有两个变量 t 和 S，利用多元函数求极值的方法求 $C(t,S)$ 的最小值，即联立求解$\frac{\partial C}{\partial s} = 0$ 和$\frac{\partial C}{\partial t} = 0$，得：

$$t^* = \sqrt{\frac{2c_3}{c_1 D}}\sqrt{\frac{c_1 + c_2}{c_2}} \tag{9.12}$$

$$S^* = \sqrt{\frac{2c_3 D}{c_1}}\sqrt{\frac{c_2}{c_1 + c_2}} \tag{9.13}$$

t^* 和 S^* 分别是最佳订货周期和最佳的最大库存量。

平均总费用的最小值为：

$$C^* = C(t^*, s^*) = \sqrt{2c_1 c_3 D}\sqrt{\frac{c_2}{c_1 + c_2}} \tag{9.14}$$

最佳订货批量：

$$Q^* = Dt^* = \sqrt{\frac{2c_3 D}{c_1}}\sqrt{\frac{c_1 + c_2}{c_2}} \tag{9.15}$$

最大缺货量记为 q^*，则：

$$q^* = Q^* - S^* = \sqrt{\frac{2Dc_1c_3}{c_2(c_1+c_2)}} \tag{9.16}$$

若所缺的货不需要补充，则最佳经济批量就是 S^*。

此模型与模型一相比较，订货周期 t^* 和订货量 Q^* 均是模型一的 $\sqrt{\frac{c_1+c_2}{c_2}}$ 倍，而费用却缩减到它的 $\sqrt{\frac{c_2}{c_1+c_2}}$。

【例 9.3】 若在【例 9.1】中允许水泥有缺货，其缺货损失估计为每吨 2 元。试确定该建筑公司的最佳订货策略。

解：此处 $c_2=2$，由公式（9.15），得：

$$Q^* = \sqrt{\frac{2\times100\times100\times(0.08+2)}{0.08\times2}} = 510(\text{吨})$$

$$t^* = \frac{Q^*}{D} = \frac{510}{100} = 5.1(\text{天})$$

所以，当允许水泥有缺货时，建筑公司的订货周期延长了，且每次的订货量相对地增加了。

四、允许缺货、补充时间较长的存贮模型（模型四）

此模型与生产批量模型相比，放宽了假设条件：允许缺货。与允许缺货、瞬时到货的存贮模型相比，相差的是：补充不是瞬间完成，而是靠逐步补充，因此，补充数量不能同时到位。开始补充时，一部分产品满足需要，剩余产品作为储存。生产停止时，靠储存量来满足需要。

1. 模型假设

假设允许缺货，补充需要一定时间，其余假设与瞬时补充且不允许缺货的模型相同。该模型是以上三种模型的综合。其存贮状态变化如图 9－7 所示。

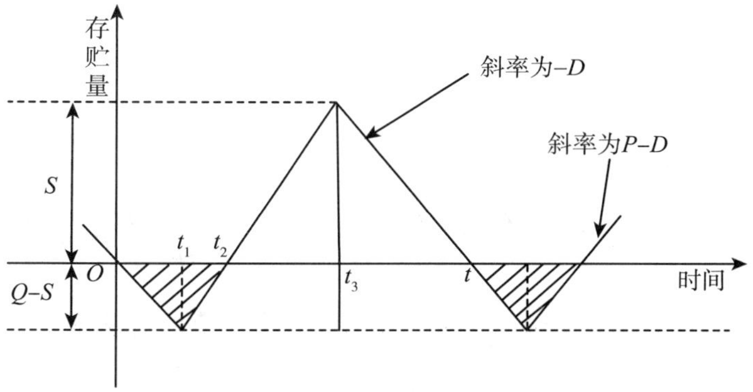

图 9－7

2. 存贮策略

设生产率为 P，需求速率为 $D(P>D)$。当库存量达到最大库存量 S 时停止生产，循环周期为 t。［0，t_2］时间内存贮量为零，最大缺货量为 $Q-S$。［t_1，t_3］时间为进货时间，其中［t_1，t_2］时间内除满足需求外，还需补足［0，t_1］时间内的缺货，［t_2，t_3］时间内满足需求后的货物进入存贮，存贮量以 $P-D$ 的速度增加，t_3 时刻存贮量达到最大 S，这时停止进货。［t_3，t］时间存贮量以需求速度 D 减少，由图 9－7 可知：

最大缺货量为：

$$Q-S=Dt_1=(P-D)(t_2-t_1) \tag{9.17}$$

所以：

$$t_1=\frac{P-D}{P}t_2 \tag{9.18}$$

最大存贮量为：

$$S=(P-D)(t_3-t_2)=D(t-t_3)$$

所以：

$$t_3-t_2=\frac{D}{P}(t-t_2) \tag{9.19}$$

在［0，t］时间内所需的费用有：

（1）存贮费：存贮费为 $\frac{1}{2}c_1(P-D)(t_3-t_2)(t-t_2)$，将式（9.19）代入上述存贮费中消去 t_3，得：

$$\frac{c_1D(P-D)}{2P}(t-t_2)^2$$

（2）缺货损失费：缺货损失费为 $\frac{1}{2}c_2Dt_1t_2$，将式（9.18）代入消去 t_1，得：

$$\frac{c_2D(P-D)}{2P}t_2^2$$

（3）订货费：订货费为 c_3。

在［0，t］时间内的平均总费用为：

$$C(t,t_2)=\frac{1}{t}\left[\frac{c_1D(P-D)}{2P}(t-t_2)^2+\frac{c_2D(P-D)}{2P}t_2^2+c_3\right] \tag{9.20}$$

式（9.20）中有两个变量 t 和 t_2，利用多元函数求极值的方法求 C（t，t_2）的最小值，即联立求解 $\frac{\partial C(t,t_2)}{\partial t}=0$ 和 $\frac{\partial C(t,t_2)}{\partial t_2}=0$，得：

$$t^* = \sqrt{\frac{2c_3}{c_1 D}} \cdot \sqrt{\frac{c_1 + c_2}{c_2}} \cdot \sqrt{\frac{P}{P - D}} \tag{9.21}$$

$$Q^* = Dt^* = \sqrt{\frac{2c_3 D}{c_1}} \cdot \sqrt{\frac{c_1 + c_2}{c_2}} \cdot \sqrt{\frac{P}{P - D}} \tag{9.22}$$

t^*、Q^* 分别为最佳订货周期和最佳订货量，其最佳缺货时间为：

$$t_2^* = \frac{c_1}{c_1 + c_2} \cdot \sqrt{\frac{2c_3}{c_1 D}} \cdot \sqrt{\frac{c_1 + c_2}{c_2}} \cdot \sqrt{\frac{P}{P - D}} \tag{9.23}$$

最大存贮量为：

$$S^* = D(t^* - t_3) = D\left(t^* - \frac{D}{P}t^* - \frac{P - D}{P}t_2\right)$$
$$= \sqrt{\frac{2c_3 D}{c_1}} \cdot \sqrt{\frac{c_2}{c_1 + c_2}} \cdot \sqrt{\frac{P - D}{P}} \tag{9.24}$$

最大缺货量为：

$$Q^* - S^* = \frac{D(P - D)}{P}t_2 = \sqrt{\frac{2c_1 c_3 D}{(c_1 + c_2)c_2}} \cdot \sqrt{\frac{P - D}{P}} \tag{9.25}$$

最小平均总费用为：

$$C^*(t^*, t_2^*) = \sqrt{2c_1 c_3 D} \cdot \sqrt{\frac{c_2}{c_1 + c_2}} \cdot \sqrt{\frac{P - D}{P}} \tag{9.26}$$

将本模型中的式（9.21）、式（9.22）和式（9.26）与前面三个模型的对应公式相比较，不难发现，它们是前面公式的综合，其中模型一中的式（9.2）、式（9.3）和式（9.5）是最基本的。在此基础上，如果考虑逐步均匀到货，则在式（9.2）和式（9.3）中乘上因子 $\sqrt{\frac{P}{P-D}}$，即得式（9.8）和式（9.9），在式（9.5）中乘上因子 $\sqrt{\frac{P-D}{P}}$，即得式（9.10）。如果允许缺货、瞬时到货，则在式（9.2）和式（9.3）中乘上因子 $\sqrt{\frac{c_1+c_2}{c_2}}$，即得式（9.12）和式（9.15），在式（9.5）中乘上因子 $\sqrt{\frac{c_2}{c_1+c_2}}$，即得式（9.14）。最后，如果是允许缺货、持续均匀到货，则将模型二和模型三中的两个因子分别乘到式（9.2）、式（9.3）和式（9.5）中，即得式（9.21）、式（9.22）和式（9.26）。

【例 9.4】某车间每年能生产本厂日常所需的某种零件 80 000 个，全厂每年年均需要这种零件约 20 000 个，已知每个零件存贮一个月所需要的存贮费是 0.01 元，每批零件生产前所需的订货费是 350 元，当供货不足时，每个零件缺货的损失费为 0.20 元/月，所缺的货到货后要补足，试问应该采取怎样的存贮策略最合适？

解：这是允许缺货，一订货就均匀进货，缺货要补充的模型，已知 $P=80\ 000/12$，$D=20\ 000/12$，$c_1=0.10$，$c_2=0.20$，$c_3=350$，由式（9.21）得最佳订货周期为：

$$t^*=\sqrt{\frac{2\times350}{0.10\times20\ 000/12}}\cdot\sqrt{\frac{0.10+0.20}{0.20}}\cdot\sqrt{\frac{80\ 000/12}{80\ 000/12-20\ 000/12}}$$

$$=\sqrt{\frac{48\times35}{200}}\approx2.9(\text{个月})$$

最佳经济批量是：

$$Q^*=Dt^*=\frac{20\ 000}{12}\times2.9=4\ 833(\text{个})$$

最大存贮量是：

$$S^*=\sqrt{\frac{2\times350\times20\ 000/12}{0.10}}\cdot\sqrt{\frac{0.20}{0.20+0.10}}\cdot\sqrt{\frac{80\ 000/12-20\ 000/12}{80\ 000/12}}\approx2\ 415(\text{个})$$

五、经济订货批量折扣模型（模型五）

经济订货批量折扣模型是 EOQ 的一种发展。在前面的四种模型中，单位货物的进价成本即货物清单都是固定的，而经济订货批量折扣模型中的进价成本是随订货数量的变化而变化的。

所谓货物单价有“折扣”是指供应方采取的一种激励用户多订货的优惠政策，即根据订货量的大小规定不同的货物单价。通常，订货越多，购价越低。我们常见的所谓零售价、批发价和出厂价，就是供应方根据货物的订货量而制定的不同的货物单价。

1. 模型假设

除去货物单价随订货量而变化外，本模型的条件均与 EOQ 模型假设条件相同。

2. 存贮策略

设 $K(Q)$ 为货物单价，Q 为订货量。为方便讨论，设 $K(Q)$ 按三个数量等级变化，如图 9－8 所示。

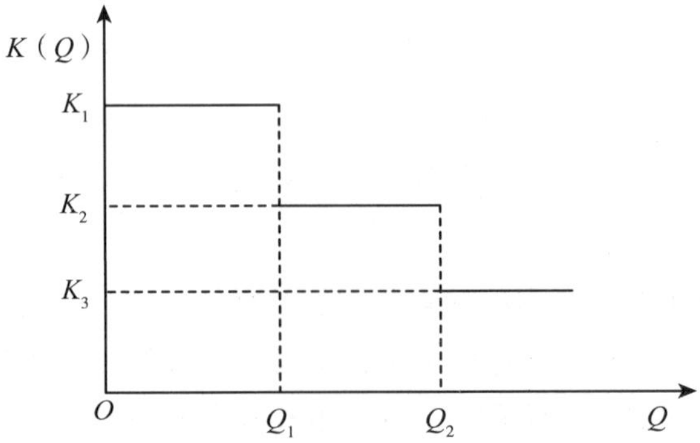

图 9－8

$$K(Q)=\begin{cases}K_1,0\leqslant Q\leqslant Q_1\\K_2,Q_1\leqslant Q<Q_2\ (K_1>K_2>K_3)\\K_2,\ Q\geqslant Q_2\end{cases}\tag{9.27}$$

单位时间内的平均总费用为：

$$C_T(Q)=\frac{c_3}{t}+K(Q)D+\frac{c_1Dt}{2}=\frac{c_1Q}{2}+\frac{c_3D}{Q}+DK(Q)\tag{9.28}$$

若将每单位货物平均的总费用记为：

$$C(Q)=\frac{c_1Q}{2D}+\frac{c_3}{Q}+K(Q)\tag{9.29}$$

将式（9.27）代入式（9.29），得：

$$C^1(Q)=\frac{c_1Q}{2D}+\frac{c_3}{Q}+K_1,\ Q\in[0,Q_1)\tag{9.30}$$

$$C^2(Q)=\frac{c_1Q}{2D}+\frac{c_3}{Q}+K_2,\ Q\in[Q_1,Q_2)\tag{9.31}$$

$$C^2(Q)=\frac{c_1Q}{2D}+\frac{c_3}{Q}+K_2,\ Q\in[Q_2,\infty)\tag{9.32}$$

如果不考虑 $C^1(Q)$、$C^2(Q)$、$C^3(Q)$的定义域，则它们之间只差一个常数，所以它们表示一族平行曲线，同时也表示出平均每单位货物所需的费用 $C(Q)$，如图 9－9 所示。

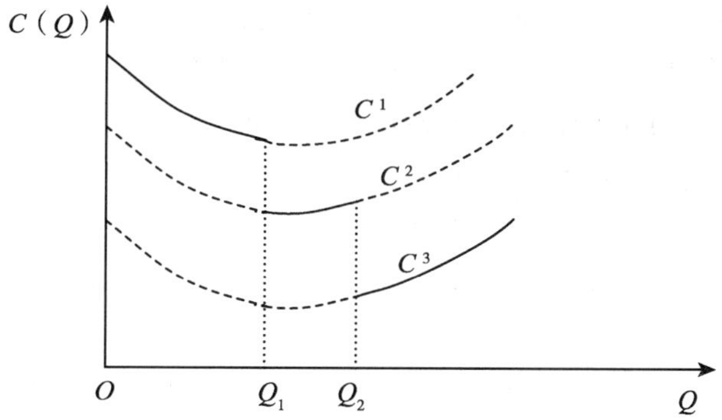

图 9－9

为求最小总费用，先求$\frac{dC(Q)}{dQ}=\frac{c_1}{2D}-\frac{c_3}{Q^2}$，再令其等于零，得 $Q_0=\sqrt{\frac{2c_3D}{c_1}}$，这就是模型一得到的经济订货批量。

然而，Q_0 究竟落在哪一个区间，事先难以预计，不妨设 $Q_1<Q_0<Q_2$，这时也不能肯定 $C^2(Q_0)$最小。从图 9－9 的直观感觉启发人们思考：是否 $C^3(Q_0)$的费用更小呢？按此思路，给出价格有折扣的情形下，求解最佳订货批量 Q^* 的计算步骤：

(1) 若对 $C^1(Q)$（不考虑定义域）求得极值点 $Q_0=\sqrt{\frac{2c_3D}{c_1}}$。

(2) 若 $Q_0<Q_1$，则计算 $C^1(Q_0)$、$C^2(Q_1)$和 $C^3(Q_2)$，取其中单位货物费用最小者对应的订购批量为 Q^*。

(3) 若 $Q_1\leqslant Q_0<Q_2$，则计算 $C^2(Q_0)$和 $C^3(Q_2)$，并由 $C^2(Q_0)$和 $C^3(Q_2)$的最小者来决定 Q^*。

(4) 若 $Q_0\geqslant Q_2$，则取 $Q^*=Q_0$。

这个过程首先计算每单位货物平均的总费用的共同部分$\frac{c_1Q}{2D}+\frac{c_3}{Q}$的最小值 Q_0，若 $Q_0<Q_1$，则保证了落入 $Q_0>Q_1$ 且 $Q\in(Q_0,Q_1)$的订货量不是最小费用；所以经济订货批量只能等于 Q_0 或者大于等于 Q_1；而在区间［Q_1，Q_2）中，总费用的最小值一定在 Q_1 处到达，因而区间［Q_1，Q_2）在 Q_0 的右侧，又因为函数$\frac{c_1Q}{2D}+\frac{c_3}{Q}$是增函数，以此类推，在区间［$Q_2$，∞）中，总费用的最小值一定在 Q_2 处到达，所以 Q_0 点的费用与各个端点处的费用相比较就能得到最小费用，从而就能确定出经济订货批量。同理，由于需求 D 是一个常数，函数$\frac{c_1Q}{2D}+\frac{c_3}{Q}$和$\frac{c_1Q}{2}+\frac{c_3D}{Q}$增减区间完全一致，也可比较单位时间内的平均总费用，从而求出经济订货批量。

【例 9.5】 图书馆设备公司准备从生产厂家购进阅览桌用于销售，每个阅览桌的价格为 500 元，每个阅览桌库存一年的费用为阅览桌价格的 20%，每次的订货费为 200 元，该公司预测这种阅览桌每年的需求为 300 个。生产厂家为促进销售规定：如果一次订购量达到或超过 50 个，每个阅览桌将打九六折，即每个售价为 480 元；如果一次订购量达到或超过 100 个，每个阅览桌将打九五折，即每个售价为 475 元。请决定其一年总费用最少的最优订货批量 Q^*，并求出这时一年的总费用为多少?

解：已知 $D=300$ 个/年，$c_3=200$ 元/次。

(1) 当一次订货 $Q<50$ 时，$K_1=500$ 元/桌，此时的库存费用为 $c_1=500\times20\%=100$（元/个·年）。

(2) 当一次订货 $50\leqslant Q<100$ 时，$K_2=500\times96\%=480$（元/桌），此时的库存费用为 $c_1=480\times20\%=96$（元/个·年）。

(3) 当一次订货 $Q\geqslant100$ 时，$K_3=500\times95\%=475$（元/桌），此时的库存费用为 $c_1=475\times20\%=95$（元/个·年）。

从而，我们就可以求得这三种情况的最优订货量，它们分别是：

①当一次订货 $Q<50$ 时，则有 $\bar{Q}_1=\sqrt{\frac{2Dc_3}{c_1}}=\sqrt{\frac{2\times300\times200}{100}}\approx35$（个）。

②当一次订货 $50\leqslant Q<100$ 时，则有 $\bar{Q}_2=\sqrt{\frac{2Dc_3}{c_1}}=\sqrt{\frac{2\times300\times200}{96}}\approx35$（个）。

③当一次订货 $Q \geqslant 100$ 时，则有 $\overline{Q}_3=\sqrt{\dfrac{2Dc_3}{c_1}}=\sqrt{\dfrac{2\times300\times200}{95}}\approx36$（个）。

由①、②和③可知，只有 $\overline{Q}_1\approx35\in$（$Q<50$）的范围内。此时需注意，每次订购越多，折扣也就越大，因此，还需考虑除①、②、③范围之外的另两个端点，即 $Q=50$ 和 $Q=100$。

因此，单位时间内平均总费用表示为：

$$C(35)=\frac{c_1Q}{2}+\frac{c_3D}{Q}+DK(Q)=\frac{1}{2}\times100\times35+\frac{200\times300}{35}+300\times500\approx153\ 464(\text{元})$$

$$C(50)=\frac{c_1Q}{2}+\frac{c_3D}{Q}+DK(Q)=\frac{1}{2}\times96\times50+\frac{200\times300}{50}+300\times480=147\ 600(\text{元})$$

$$C(100)=\frac{c_1Q}{2}+\frac{c_3D}{Q}+DK(Q)=\frac{1}{2}\times95\times100+\frac{200\times300}{100}+300\times475=147\ 850(\text{元})$$

从以上的数据可以看出，一年的总费用最少为 147 600 元，因此，最佳订货量为 $Q^*=50$ 个。

第三节　随机型存贮模型

前面介绍了五个确定型库存模型，在模型中均假设需求是固定不变的。实际上，在很多情况下需求不是固定不变的，而是随机变化的，如商场每天的销售量就是一个随机变量。由于需求的随机性，经常会因为缺货而失去一些获利的机会，或者因为商品的积压而使库存费用增加，这样对存贮系统的管理就变得更加困难。

对于随机型存贮模型，存贮策略优劣的评判标准通常是获利的期望值最大或损失的期望值最小。根据订货次数的多少，我们通常把随机型存贮模型分为单周期随机存贮模型和多周期随机存贮模型，两者区别是单周期只有一次订货，而多周期可以多次订货，下面具体介绍这两种模型。

一、需求是离散的随机变量存贮模型（模型六）

下面通过一个经典的报童问题来对其进行说明。

报童问题：报童每天售出的报纸份数 r 是一个离散随机变量，其概率 $P(r)$ 已知。报童每售出一份报纸能赚 k 元；如果剩报纸，每剩下一份赔 h 元。问报童每天应准备多少份报纸？

报童每天售出 r 份报纸的概率为 $P(r)$，$\sum\limits_{r=0}^{\infty}P(r)=1$。

设报童每天准备 Q 份报纸。现采用损失期望最小值来确定 Q。

当供过于求 $r\leqslant Q$ 时，因报纸售剩而遭到的损失期望值为：

$$\sum_{r=0}^{Q}h(Q-r)P(r)$$

当供不应求时，因失去销售机会而少赚钱的损失期望值为：

$$\sum_{r=Q+1}^{\infty} k(r-Q)P(r)$$

因此，当每天准备 Q 份报纸时，报童每天总的损失期望值为：

$$C(Q) = \sum_{r=0}^{Q} h(Q-r)P(r) + \sum_{r=Q+1}^{\infty} k(r-Q)P(r)$$

由于 $C(Q)$ 是离散的，故采用边际分析法：

$$\begin{aligned}
\Delta C(Q) &= C(Q+1) - C(Q) \\
&= \sum_{r=0}^{Q+1} h(Q+1-r)P(r) + \sum_{r=Q+2}^{\infty} k(r-Q-1)P(r) \\
&\quad - \sum_{r=0}^{Q} h(Q-r)P(r) - \sum_{r=Q+1}^{\infty} k(r-Q)P(r) \\
&= \left[\sum_{r=0}^{Q+1} h(Q+1-r)P(r) - \sum_{r=0}^{Q} h(Q-r)P(r)\right] \\
&\quad - \left[\sum_{r=Q+1}^{\infty} k(r-Q)P(r) - \sum_{r=Q+2}^{\infty} k(r-Q-1)P(r)\right] \\
&= h\sum_{r=0}^{Q} P(r) - k\sum_{r=Q+1}^{\infty} P(r) \\
&= h\sum_{r=0}^{Q} P(r) - k\left[1 - \sum_{r=0}^{Q} P(r)\right] \\
&= (k+h)\left[\sum_{r=0}^{Q} P(r) - \frac{k}{k+h}\right]
\end{aligned}$$

记 $F(Q) = \sum_{r=0}^{Q} P(r)$，$N = \frac{k}{k+h}$，$N$ 称为损益转折概率，则：

$$\Delta C(Q) = (k+h)[F(Q) - N]$$

显然 $\Delta C(Q)$ 与 $F(Q)-N$ 同号，且 $\Delta C(Q)$ 关于 Q 严格单调递增。

由于 $F(\infty) = \sum_{r=0}^{\infty} P(r) = 1$，故当 $Q \to \infty$ 时，$\Delta C(Q) \to h$。

由于 $\Delta C(0) = C(1) - C(0) = (k+h)[P(0) - N]$，故 $\Delta C(0)$ 与 $P(0)-N$ 同号。

若 $P(0) < N$，则 $\Delta C(0) < 0$。此时，由上面分析可知，随着 Q 不断增大，$\Delta C(Q)$ 从负值逐渐增大至正值，也即 $\Delta C(Q)$ 先下降至某最小值再逐渐增大。设 $Q = Q^*$ 时，$C(Q^*) = \min\limits_{0 \leqslant Q < \infty} C(Q)$，则对于 Q^* 有：

$$\begin{cases} \Delta C(Q^* - 1) < 0 \\ \Delta C(Q^*) \geqslant 0 \end{cases}$$

因此，Q^* 可由关系式 $F(Q^*-1) < N \leqslant F(Q^*)$ 确定。

若 $P(0) \geqslant N$，则 $\Delta C(0) \geqslant 0$。此时，和 $P(0) < N$ 时同样的理由，可知 $\Delta C(0) \geqslant 0$（$Q=0,1,2,\cdots$），即 $C(Q)$ 是关于 Q 不断递增的。因此，$C(Q)$ 的最小值是 $C(0)$，即 $Q^*=0$。但 $N \leqslant P(0) = F(0) = \sum_{r=0}^{0} P(r)$，故这种情况下，$Q^*=0$ 的确定仍可采用上面的关系式。

综上所述，模型六的最佳订购量 Q^* 可由下面关系式来确定：

$$\sum_{r=0}^{Q-1} P(r) < \frac{k}{k+h} \leqslant \sum_{r=0}^{Q} P(r) \tag{9.33}$$

如果采用获利期望值最大准则，可以证明确定最佳订购量 Q^* 的关系式仍是式（9.33）。这点作为一道习题留给读者自己证明。

【例 9.6】某工厂将从国外进口 150 台设备。这种设备有一个关键部件，其备件必须在进口设备时同时购买，不能单独订货。这种备件订购单价为 500 元，无备件时导致的停产损失和修复费用合计为 10 000 元。根据有关资料计算，在计划使用期内，150 台设备因关键部件损坏而需要 r 个备件的概率 $P(r)$ 见表 9－1。问工厂应为这些设备同时购买多少关键部件的备件？

表 9－1

r	0	1	2	3	4	5	6	7	8	9	9 个以上
$P(r)$	0.47	0.20	0.07	0.05	0.05	0.03	0.03	0.03	0.03	0.02	0.02

解：当某设备的关键部件损坏时，如有备件替换，则可避免 10 000 元的损失，故边际收益 $k=10\ 000-500=9\ 500$（元）；当备件多余时，每多余一个备件将造成 500 元的浪费，故边际损失 $h=500$（元）。因此，损失转折概率：

$$N=\frac{k}{k+h}=\frac{9\ 500}{9\ 500+500}=0.95$$

根据表 9－1，计算备件需要量 r 的累积概率 $F(Q) = \sum_{r=0}^{Q} P(r)$。

$$\sum_{r=0}^{7} P(r) = 0.93 < N = 0.95 < \sum_{r=0}^{8} P(r) = 0.96$$

因此，$Q^*=8$，即工厂应该同时购买 8 个关键部位的备件，可使损失期望最小。

二、需求是连续的随机变量存贮模型（模型七）

设单位货物进价为 k，售价为 p，且 $p>k$。又设货物需求 r 是连续型随机变量，其密度函数为 $f(r)$。如果当时销售不完，下一期就要降价处理，处理价为 w 元，且 $w<k$，问货物的订购量（或生产量）Q 为何值时，能使总利润期望值最大？

（1）如果订购量大于需求量（$Q \geqslant r$）时，盈利的期望值为：

$$\int_0^Q [(p-k)r-(k-w)(Q-r)]f(r)dr$$

（2）如果订购量小于需求量（$Q<r$）时，盈利的期望值为：

$$\int_Q^\infty (p-k)Qf(r)dr$$

故总盈利的期望值为：

$$\begin{aligned} C(Q) &= \int_0^Q [(p-k)r-(k-w)(Q-r)]f(r)dr + \int_Q^\infty (p-k)Qf(r)dr \\ &= (p-k)Q + (p-w)\int_0^Q rf(r)dr - (p-w)\int_0^Q Qf(r)dr \end{aligned} \tag{9.34}$$

此时有：$\dfrac{dC(Q)}{dQ} = (p-k) - (p-w)\int_0^Q f(r)dr$，令$\dfrac{dC(Q)}{dQ}=0$，可得：

$$\int_0^Q f(r)dr = \frac{p-k}{p-w} \tag{9.35}$$

记：

$$F(Q) = \int_0^Q f(r)dr$$

则有：

$$F(Q) = \frac{p-k}{p-w} \tag{9.36}$$

又$\dfrac{d^2C(Q)}{dQ^2} = -(p-w)f(r)<0$，故由式（9.36）求得的 Q 为 $C(Q)$ 的极大值点，即为总利润期望最大的最佳经济批量。

如果设单位货物进价为 k，售价为 p，库存费用为 c_1，则当期如不能出售，亏损应为 $k+c_1$，此时利润与亏损之和为 $(p-k)+(k+c_1)=p+c_1$，式（9.36）成为：

$$F(Q) = \frac{p-k}{p+c_1} \tag{9.37}$$

若缺货损失 $p<c_2$，只需将式（9.37）中的 p 用 c_2 替代即可，即 $F(Q)=\dfrac{c_2-k}{c_2+c_1}$。

【例 9.7】 某工厂生产产品，其成本为 220 元/吨，售价为 320 元/吨，每月库存费用为 10 元，月销售量服从 r：N（60，3）的正态分布。问工厂每月生产多少吨，可使获利的期望值达到最大？

解：由条件可知，$p=320$，$k=220$，$c_1=10$，$r:N(60,3)$，由式（9.37），可得：

$$F(Q)=\frac{p-k}{p+c_1}=\frac{320-220}{320+10}=0.303$$

其中 $F(Q)=\int_0^{\frac{Q-60}{3}}\frac{e^{-\frac{r^2}{2}}}{\sqrt{2\pi}}dr$，由正态分布得 $\frac{Q-60}{3}=-0.515$，所以 $Q^*=58.455$(吨)，可使获利的期望值达到最大。

三、需求为连续随机变量的(s,S)存贮模型（模型八）

设货物的单位成本为 k，单位存贮成本为 c_1，单位缺货损失费为 c_2，每次订货费为 c_3，需求 r 是连续的随机变量，概率密度为 $f(r)$，分布函数为 $F(a)=\int_0^a f(r)dr(a>0)$，其初存贮量为 I，订货量为 Q。问如何确定订货量 Q，使损失的期望值最小（或赢利的期望值最大）?

本阶段所需的各种费用有：

订购费：c_3+kQ。

存贮费：当需求 $r<I+Q$ 时，未能售出的部分应存贮起来，故应付存贮费。当 $r\geq I+Q$ 时，不需要付存贮费。于是所需存贮值的期望值为 $\int_0^S c_1(S-r)f(r)dr$，其中 $S=I+Q$ 为最大存贮量。

缺货损失费：当需求 $r\geq I+Q$ 时，($r-S$) 部分需付缺货损失费，其期望值为 $\int_S^\infty c_2(r-S)f(r)dr$。

所以本阶段所需总费用的期望值为：

$$\begin{aligned}C(S)&=c_3+kQ+\int_0^S c_1(S-r)f(r)dr+\int_S^\infty c_2(r-S)f(r)dr\\&=c_3+k(S-I)+\int_0^S c_1(S-r)f(r)dr+\int_S^\infty c_2(r-S)f(r)dr\end{aligned}\tag{9.38}$$

为求 C（S）的极小值，先求（利用含参变量积分的求导公式）$\frac{dC(S)}{dS}=k+c_1\int_0^S f(r)dr-c_2\int_S^\infty f(r)dr$，再令 $\frac{dC(S)}{dS}=0$，有：

$$\int_0^S f(r)dr=\frac{c_2-k}{c_1+c_2}\tag{9.39}$$

即：

$$F(S)=\frac{c_2-k}{c_1+c_2}$$

记 $N=\frac{c_2-k}{c_1+c_2}$，并称为临界值。

为得出本阶段的存贮策略，可先由式（9.39）确定 S 的值，再由 $Q^* = S - I$ 确定最佳订货批量。

再讨论确定 s 的方法。本模型中有订货模型 c_3，如果本阶段不订货，就可以节省订货费 c_3。因此我们设想是否存在一个数 $s(s \leqslant S)$ 使下面的不等式能成立：

$$ks + c_1\int_0^s (s - r)f(r)dr + c_2\int_s^\infty (r - s)f(r)dr$$

$$\leqslant c_3 + kS + c_1\int_0^S (S - r)f(r)dr + c_2\int_S^\infty (r - S)f(r)dr \tag{9.40}$$

即：

$$ks + c_1\int_0^s (s - r)f(r)dr + c_2\int_s^\infty (r - s)f(r)dr$$

$$\leqslant c_3 + kS^* + c_1\int_0^{S^*} (S^* - r)f(r)dr + c_2\int_{S^*}^\infty (r - S^*)f(r)dr \tag{9.41}$$

当 $s = S^*$ 时，式（9.41）显然成立，但问题的目的是选取一个使式（9.41）成立的尽可能小的 s 值。分析式（9.41）中左边各项随 s 变化而变化的特点，比 S^* 小的 s 是可能存在的。设使式（9.41）成立的最小 s 为 s^*，则 s^* 为(s,S)存贮策略中的订货点。

【例 9.8】 某商店经销一种电子产品，每台进货价为 4 000 元，单位存贮费为 60 元，如果缺货，商店为了维护自己的商誉，以每台 4 300 元向其他商店进货后再卖给顾客，每次订购费为 5 000 元。根据统计资料分析，这种电子产品的销售量服从在［75，100］内的均匀分布，即：

$$f(r) = \begin{cases} \dfrac{1}{25}, & 5 \leqslant r \leqslant 100 \\ 0, & 其他 \end{cases}$$

期初无库存。试确定最佳订货量及(s,S)策略。

解：此题属于需求是连续随机变量的多时间(s,S)模型。已知 $k = 4\ 000$，$c_1 = 60$，$c_2 = 4\ 300$，$c_3 = 5\ 000$，$I = 0$，临界值为：

$$N = \frac{c_2 - k}{c_1 + c_2} = \frac{4\ 300 - 4\ 000}{60 + 4300} \approx 0.069$$

由式（9.39），有 $\int_0^S f(r)dr = \int_{75}^S \frac{1}{25}dr = 0.069$，所以：

$$\frac{1}{25}(S - 75) = 0.069, S = 76.7$$

最佳订购批量：

$$Q^* = S - I = 76.7 - 0 = 77(台)$$

再求 s 的值。我们可先将不等式（9.41）视为等式求解，即：

$$4\,000s+60\int_{75}^{s}(s-r)\frac{1}{25}dr+4\,300\int_{s}^{100}(r-s)\frac{1}{25}dr$$

$$=5\,000+4\,000\times76.7+60\int_{75}^{76.7}(76.7-r)\frac{1}{25}dr+4\,300\int_{76.7}^{100}(r-76.7)\frac{1}{25}dr$$

经积分和整理后，得方程：

$$87.2s^2-1\,338s+508\,258=0$$

解此方程，得 $s=84.292$ 或 $s=69.147$。

由于 $s=84.292>76.7$，不合题意，应舍去。所以取 $s=69.147\approx70$（台）。

因此这个问题的最优策略是：最佳订购批量 $Q^*=77$（台），最大库存量 $S=77$（台），最低库存量 $s=70$（台）。

四、需求为离散随机变量的（s，S）存贮模型（模型九）

模型中需求 r 为离散随机变量。$r=r_i$ 的概率为 $P(r_i)$，已知，$0<P(r_i)<1(i=1,2,\cdots,m)$，且 $\sum_{i=0}^{m}P(r_i)=1$，$0<r_i<r_{i+1},i=1,2,\cdots,m-1$。

由于 r 是离散取值，为了简单，订货点 s 和最大存贮量 S 的值只在 r_1，r_2，…，r_m 中选取。当 $S=r_i$ 时，记 $S=S_i$，即 $S_i=r_i(i=1,2,\cdots,m)$。

除了需求为离散随机变量外，模型九和模型八的其他条件都相同。因此，两个模型的存贮策略的制定过程基本原理是相同的。

下面不加推导地直接给出模型九用于计算最大存贮量 S^* 和订货点 s^* 的公式（9.42）和公式（9.43）。

$$\sum_{r\leqslant S_{i-1}^*}P(r)<N=\frac{c_2-k}{c_2+c_1}\leqslant\sum_{r\leqslant S_i^*}P(r)\tag{9.42}$$

$$ks+\sum_{r\leqslant s}c_1(s-r)P(r)+\sum_{r>s}c_2(r-s)P(r)$$

$$\leqslant c_3+kS^*+\sum_{r\leqslant S^*}c_1(S^*-r)P(r)+\sum_{r>S^*}c_2(r-S^*)P(r)\tag{9.43}$$

模型八和模型九采用（s，S）存贮策略，当期初存贮 $I\geqslant s$ 时，本阶段不订货；当 $I<s$ 时，本阶段订货，订货量 $Q=S-I$，即补足最大库存量 S。在实际使用这种存贮策略时，如存贮不易清点致使实际存贮量很难随时得知时，可将存贮分两堆存放。一堆数量为 s，其余的另放一堆。平时从后一堆取货以满足需求。当后一堆取完，需要动用前一堆时，期末就订货；如至期末，前一堆仍未动用，则本阶段不订货。因此，这种存贮策略俗称双堆法。

【例 9.9】 商店销售某种商品。每月销量 r（件）为离散随机变量，其概率为：

$P(r=100)=0.1\qquad P(r=110)=0.2\qquad P(r=120)=0.3$

$$P(r=130)=0.2 \qquad P(r=140)=0.1 \qquad P(r=150)=0.1$$

订货费 c_3 为 100 元，每件商品进货成本 k 为 500 元。一个月中，每件商品存贮费 c_1 为 10 元，缺货费（销售损失等）c_2 为 800 元，求（s，S）存贮策略。

解：由式（9.42）可得，$N=\dfrac{c_2-k}{c_2+c_1}=\dfrac{800-500}{800+10}=0.37$。

又 $P(r=100)+P(r=110)=0.3<0.37$，$P(r=100)+P(r=110)+P(r=120)=0.6>0.37$。

所以，$S^*=120$ 件。

因为 $s\leqslant S^*=120$，所以 s 只能是 100，110 或 120。由于 s 要尽可能小，故先将 $s=100$ 代入式（9.43）检验。

对于本例，式（9.43）右边为：

$$\begin{aligned}&100+500\times120+\sum_{r\leqslant120}10(120-r)P(r)+\sum_{r>120}800(r-120)P(r)\\&=100+60\,000+10(20\times0.1+10\times0.2+0\times0.3)+800(10\times0.2+20\times0.1+30\times0.1)\\&=65\,740\end{aligned}$$

所以，式（9.43）为：

$$500s+\sum_{r\leqslant s}10(s-r)P(r)+\sum_{r>s}800(r-s)P(r)\leqslant65\,740$$

将 $s=100$ 代入，得左边 $=68\,400>$ 右边 $=65\,740$；

将 $s=110$ 代入，得左边 $=66\,210>$ 右边 $=65\,740$；

将 $s=120$ 代入，得左边 $=65\,640<$ 右边 $=65\,740$；

所以 $s^*=120$ 件。

因此，商店对该商品应采取 $(s,S)=(120,120)$ 的存贮策略。

通过【例 9.8】和【例 9.9】可以看到，要想从式（9.41）和式（9.43）中直接解出订货点 s^* 是十分困难的。但是，对于实际问题，当最大存贮量 S^* 确定后，只要记住 s^* 的三个性质，在数值上确定 s^* 是不困难的。s^* 的三个性质是：

（1）$s^*\leqslant S^*$。

（2）s^* 满足式（9.41）或式（9.43）。

（3）s^* 是所有满足式（9.41）或式（9.43）中最小的 s。

对于需求是离散随机变量的情况，可以按 r_1，r_2，…，$r_j=S^*$ 顺序，逐个代入式（9.43）中检验，首先满足式（9.43）的 $r_i(i\in\{1,2,\cdots,j\})$ 即为订货点 s^*；对于需求是连续随机变量的情况，可以在问题描述的精度上，将区间 $[0,\ S^*]$ n 等分，设等分点依次为 $d_0(=0),d_1,\cdots,d_n(=S^*)$，然后将各等分点依次逐个代入式（9.41）检验，首先满足式（9.41）的 $d_i=\dfrac{i}{n}S^*$，即为订货点 s^*。当然，无论两种情况中的哪一种，在逐个检验前，如能根据已知数据将式（9.41）和式（9.43）尽可能地化简（至少，关系式右边和订货点

s 无关，是可以算出来的），对于减少检验时的计算量是很有好处的。

本章小结

本章首先介绍了基于存贮系统的基本概念。其次讨论了两种类型的存贮模型：确定型存贮模型和随机型存贮模型。确定型存贮模型中，分别讨论了：经济订货批量（EOQ）存贮模型，生产批量的存贮模型，允许缺货、瞬时到货的存贮模型，允许缺货、补充时间较长的存贮模型，经济订货批量折扣模型；在随机型存贮模型中，分别讨论了需求为离散型随机变量的存贮模型、需求为连续随机型变量的存贮模型、(s,S)型连续存贮模型和(s,S)型离散存贮模型。

本章习题

1. 某厂为了满足生产的需要，定期地向外单位订购一种零件，假定订货后供货单位能即时供应。这种零件平均日需求量为 100 个，每个零件一天的存贮费为 0.02，订购费一次为 100 元。假定不允许缺货，求最佳订购批量、订购间隔时间和单位时间总费用。

2. 在题 1 中，假定供货单位不能即时供应，而是按一定的速度均匀供应，设每天供应量为 200 个，求最佳订购批量、订购间隔时间和单位时间总费用。

3. 在题 1 中，假定允许缺货，每个零件缺货一天的损失费为 0.08 元。求最佳订货批量、最佳缺货量、订购间隔时间和单位时间总费用。

4. 在题 3 中，假定是均匀供货，供货速度为每天 200 个，缺货损失费为每个每天 0.08 元。求最佳订货批量、最佳缺货量、订购间隔时间和单位时间总费用。

5. 在题 1 中，如果供货单位的交货期需延长 12 天，到时才能一次交货。求工厂仓库发出订单时的零件存贮量（即再订购点）。

6. 某公司有扩充业务的计划，每年需要招聘和培训新的工作人员 60 名（一年内的需求是均匀的）。培训采用办训练班的办法，开班一次需费用 1 000 元（不论学员多少）。每位应聘人员一年的薪金是 540 元。一方面，公司不愿意在不需要时招聘并训练这些人员。另一方面，在需要他们时却又不能延误，这要求事先进行成批训练。在训练期间，虽未正式使用，但仍要支付全薪。问每次应训练几名工作人员才经济？隔多长时间办一期训练班？全年的总费用是多少？

7. 某厂生产某种零件供装配车间使用，每年的需要量为 18 000 个，该厂每月可生产 3 000个。每次生产需固定开支 500 元，每个零件每月的存贮费为 0.15 元。求每次生产的最佳批量、最佳生产周期。

8. 某产品每月用量为 4 件，装配费为每次 50 元，存贮费每月每件为 8 元，不允许缺货，求产品每次最佳生产量及最小费用。若生产速度为每月 10 件，求每次最佳生产量及最小费用。

9. 某单位每月需要某种机械零件 2 000 个，每个成本 150 元，每年的存贮费用为成本的 16%，每次订购费 100 元，不允许缺货，及时供应，求最佳订购批量及最小费用。

10. 在题 9 中，如果允许缺货，缺货损失费为每月每件 5 元，求库存量 S 及最大缺货量。

11. 某厂生产某种产品每周的需求量为 4 000 件，每件每周的存贮费为 0.36 元，每次装配费 20 元。求最佳生产批量、最佳生产周期及最小费用。

12. 在题 11 中，假定每周生产量为 16 000 件，其他条件不变，求最佳生产批量，最佳生产周期和单位时间平均最小费用。

13. 在题 12 中，假定允许缺货，其缺货损失费为每周每件 1.10 元，求最佳订购批量，最大缺货量及最小费用。

14. 某电视机厂自行生产所需的扬声器，已知生产准备费为每次 12 000 元，存贮费为每件每月 0.3 元，需要量为每月 8 000 个，生产成本随产量多少变化，产量 Q 与单位成本 K_j（元/个）的关系为：

$$\begin{cases} k_1 = 11, & 0 < Q < 10\,000 \\ k_2 = 10, & 1\,000 \leqslant Q < 80\,000 \\ k_3 = 9.5, & Q \geqslant 80\,000 \end{cases}$$

求最佳的生产批量 Q^*。

15. 某医院药房每年需某种药 1 000 瓶，每次订购费为 5 元，每瓶药每年保管费为 0.40 元。每瓶单价 2.50 元。药厂提出的价格折扣条件为：

（1）订购超过 100 瓶时，价格折扣为 5%；

（2）订购超过 300 瓶时，价格折扣为 10%。

问该医院每次应订购多少最为经济？

16. 在题 15 中，如果医院每年对这种药的需要量为 800 瓶，其他条件不变，应采取什么存贮策略？如果每年需要量为 4 000 瓶呢？

17. 一食品商店要决定每天牛奶的进货量。根据过去的销售经验知，需求量（箱）的概率分布为：$P(25)=0.1$，$P(26)=0.3$，$P(27)=0.5$，$P(28)=0.1$。若每箱进货价 8 元，售价 10 元，又如当天不能售出因牛奶变质而全部损失。试确定最佳订购批量。

18. 某菜场每天售出蔬菜总数是一个随机变量，已知售出量（单位：千斤）的概率分布为：$P(25)=0.05$，$P(26)=0.1$，$P(27)=0.5$，$P(28)=0.3$，$P(29)=0.05$。蔬菜每斤进货价 8 元，售价 10 元，因蔬菜不易保存，若当天不能售出则改为每斤 3 元的处理价卖给饲养场作饲料。设菜场每天进货一次，求最佳订购量。

19. 某位报童每月销售当月的某种杂志。根据以往的经验，杂志的销售量服从 $\mu=150$，$\sigma=25$ 的正态分布。假定杂志的进价为每份 3 元，售价 5 元，如果当月销售不完，下月只能以每份 1 元处理掉；如果缺货，他不会有什么直接的损失。问报童每月应进货多少份报纸才能获得的利润期望值最大？

20. 某批发站供应一种季节性很强的商品，该商品在销售季节（一个时期）中的需求 r 服从指数分布：

$$f(r)=\begin{cases}\dfrac{e^{-r/10\,000}}{10\,000}, & r\geqslant 0\\ 0, & \text{其他}\end{cases}$$

批发站在时期开始时一次性进货，进货价是每件 10 元，市场上的零售价是每件 35 元。商品的存贮费是每件 1 元。批发站必须保证顾客的订货要求。当批发站进货不足时，只能从市场上以零售价进货然后再卖给客户。求批发站最佳的进货批量。

21. 在题 20 中，如果需求量 r 的概率分布如表 9－2 所示。其他数据不变，求最佳订购批量。

表 9－2

r	8 000	9 000	10 000	11 000	12 000	13 000
$P(r)$	0.10	0.20	0.25	0.20	0.15	0.10

22. 某厂对原料需求的概率如表 9－3 所示。每次订购费 2 825 元，每吨单价 850 元，每吨原料的存贮费 45 元，缺货损失费是每吨 1 250 元，该厂希望定制（s，S）策略，试求 s，S 之值。

表 9－3

r	80	90	100	110	120
$P(r)$	0.10	0.20	0.30	0.30	0.10

23. 某商店经销一种电子产品，根据过去的经验，这种电子产品的月销售量服从在区间［5，10］内的均匀分布，即：

$$f(r)=\begin{cases}\dfrac{1}{5}, & 5\leqslant r\geqslant 10\\ 0, & \text{其他}\end{cases}$$

每次订购费为 5 元，进价每台 3 元，存贮费为每台每月 1 元，单位缺货损失费为 5 元，期初存货，求订货策略。

参考文献

[1] 陈珽. 决策分析 [M]. 北京：科学出版社，1987.

[2] 邓成梁. 运筹学的原理和方法 [M]. 武汉：华中科技大学出版社，2002.

[3] 方述诚，S. 普森普拉. 线性优化及扩展——理论与算法 [M]. 北京：科学出版社，1993.

[4] 郭耀煌等. 运筹学原理与方法 [M]. 成都：西南交通大学出版社，1994.

[5] 郭耀煌等. 运筹学与工程系统分析 [M]. 北京：中国建筑工业出版社，1986.

[6] 韩大卫. 管理运筹学 [M]. 大连：大连理工大学出版社，2001.

[7] 何坚勇. 运筹学基础 [M]. 北京：清华大学出版社，2000.

[8] 胡运权，运筹学习题集（修订版）[M]. 北京：清华大学出版社，1995.

[9] 胡运权. 运筹学基础及应用 [M]. 哈尔滨：哈尔滨工业大学出版社，1998.

[10] 胡运权. 运筹学教程（第五版）[M]. 北京：清华大学出版社，2018.

[11] 胡运权. 运筹学教程 [M]. 北京：高等教育出版社，2005.

[12] 胡运权. 运筹学习题集 [M]. 北京：清华大学出版社，2002.

[13] 李引珍. 管理运筹学 [M]. 北京：科学出版社，2013.

[14] 梁工谦. 运筹学典型题解析集自测试题 [M]. 西安：西北工业大学出版社，2002.

[15] 刘光中. 动态规划——理论及其应用 [M]. 成都：成都科技大学出版社，1990.

[16] 刘满风等. 运筹学模型与方法教程：例题分析与题解 [M]. 北京：清华大学出版社，2001.

[17] 罗云峰. 博弈论教程 [M]. 北京：清华大学出版社，2007.

[18] 牛映武. 运筹学 [M]. 西安：西安交通大学出版社，1993.

[19] 沈荣芳. 管理数学——线性代数与运筹学 [M]. 北京：机械工业出版社，1988.

[20] 王众讬，张军. 网络计划技术 [M]. 沈阳：辽宁人民出版社，1984.

[21] 徐大勇. 运筹学 [M]. 北京：清华大学出版社，2018.

[22] 徐光辉等. 运筹学基础手册 [M]. 北京：科学出版社，1999.

[23] 徐玖平等. 运筹学（第二版）[M]. 北京：科学出版社，2004.

[24] 徐永仁. 运筹学试题精选与答题技巧 [M]. 哈尔滨：哈尔滨工业大学出版社，2000.

[25] 严颖等. 运筹学随机模型 [M]. 北京：中国人民大学出版社，1994.

[26] 袁亚湘，孙文瑜. 最优化理论与方法 [M]. 北京：科学出版社，1999.

［27］岳超源．决策理论与方法［M］．北京：科学出版社，2003.
［28］运筹学教材编写组．运筹学［M］．北京：清华大学出版社，2012.
［29］张建中，许绍吉．线性规划［M］．北京：科学出版社，1990.
［30］张莹．运筹学基础［M］．北京：清华大学出版社，2002.
［31］赵玮，王荫清．随机运筹学［M］．北京：高等教育出版社，1993.